Amor

Simon May

Amor

Uma história

Tradução:
Maria Luiza X. de A. Borges

ZAHAR

Para MLM e ADG

Título original:
Love (A History)

Tradução autorizada da primeira edição americana,
publicada em 2011 por Yale University Press, de New Haven,
Estados Unidos, e Londres, Inglaterra

Jorge Zahar Editor Ltda.
rua Marquês de S. Vicente 99 – 1º | 22451-041 Rio de Janeiro, RJ
tel (21) 2529-4750 | fax (21) 2529-4787
editora@zahar.com.br | www.zahar.com.br

Todos os textos da Bíblia são aqui reproduzidos
em acordo com a Editora Vozes.

Grafia atualizada respeitando o novo
Acordo Ortográfico da Língua Portuguesa

Preparação: Maryanne Linz | Revisão: Sandra Mager, Vania Santiago
Indexação: Nelly Praça | Capa: Dupla Design

CIP-Brasil. Catalogação na fonte
Sindicato Nacional dos Editores de Livros, RJ

May, Simon (Simon Philip Walter)
M42a Amor: uma história / Simon May; tradução Maria Luiza X. de A. Borges. – Rio de Janeiro: Zahar, 2012.

Tradução de: Love: a history
Inclui bibliografia e índice
ISBN 978-85-378-0885-6

1. Amor – História. 2. Amor – Filosofia. I. Título.

CDD: 128.46
12-3715 CDU: 177.61

Sumário

Prefácio

NÃO É O AMOR INDEFINÍVEL, uma questão de sentimento, não de pensamento? Pior: aprofundar essa emoção extremamente espontânea e misteriosa não é correr o risco de expulsar sua magia? E assim acabar matando aquilo mesmo que estamos tentando compreender?

Deparei repetidas vezes com estas questões, junto com ceticismo, até hostilidade, em relação à própria ideia de uma *filosofia* do amor. Segundo essa maneira de ver, tal filosofia é ou inútil (o amor não pode ser definido) ou causa o próprio fracasso (definir o amor é degradá-lo). O motivo para semelhante projeto é não apenas ingênuo, mas suspeito: filosofa-se sobre o amor porque não se é capaz de experimentá-lo; mas se não se é capaz de experimentá-lo, como então se pode filosofar sobre ele?

É interessante observar que esses críticos raramente veem outras emoções da mesma maneira. Quase ninguém acredita que filosofar sobre compaixão, ou generosidade, ou lascívia, ou melancolia, ou respeito, ou o anseio pela imortalidade destruirá a capacidade de experimentar esses sentimentos; ou que a motivação para fazê-lo revela a incapacidade para isso – de tal modo que um interesse, digamos, pelo ódio refletiria nossa incapacidade de odiar o bastante, ou o fato de termos sido pouco odiados, ou nosso fracasso em sustentar uma relação de ódio. De fato, poderiam até suspeitar do contrário.

Em contraposição, atitudes que dizem respeito a uma *psicologia* do amor parecem muito mais positivas. E em especial no tocante a uma psicologia evolucionária. Na verdade, não é incomum descobrir que aqueles que desdenham tentativas de filosofar sobre o amor se sentem intrigados por, digamos, explicações de por que e como amamos em termos de estratégias de acasalamento e aptidão evolucionária, ou de estados cerebrais e neurotransmissores, ou "histórias" sobre os vários tipos de relação amorosa que podem existir, ou padrões de afeto na infância, ou os funcionamentos do desejo: de intimidade, de sexo, de filhos. Livros acadêmicos, *talk shows*, músicas pop, sites de encontros amorosos na internet, manuais de autoajuda, todos fervilham de curiosidade sobre as condições para o amor bem-sucedido, o parceiro certo, os desafios da fidelidade e o ciúme, ou as virtudes da intimidade, como a empatia, o respeito e a tolerância. Embora se possa pensar que essas teorias reducionistas têm probabilidade de ser pelo menos tão bem-sucedidas quanto a filosofia em expulsar a magia do amor, parece bastante aceitável descrever as emoções das pessoas quando elas estão amando ou acabam de ser rejeitadas; mapear os sentimentos e histórias que podem obstruir a intimidade e como seria possível superá-los; explicar por que você, como o tipo de personalidade que é, se apaixona por uma pessoa e não por outra; explorar diferenças de gênero no cérebro e no comportamento de corte ou acasalamento; e assim por diante.

Por que a incoerência? Por que a conversa sobre o amor está em toda parte, e no entanto, em certo sentido, é também uma zona proibida?

Antes de arriscar uma resposta, vale a pena lembrar que não foi sempre assim. Se tivéssemos perguntado a alguns dos mais notáveis fundadores do amor ocidental como Platão, Aristóteles, Agostinho e Tomás de Aquino, ou a filósofos como Spinoza no século XVII e Schopenhauer no XIX, se o amor podia ser definido, ou se a reflexão irrestrita sobre sua natureza poderia permitir a alguém amar melhor, eles teriam se espantado com a pergunta. Não só todos podiam oferecer definições detalhadas do amor, como ele era central para sua filosofia, e, portanto, para campos hoje considerados distintos, na maioria dos aspectos, como ética, metafísica e estética. Para esses pensadores, ter ideias claras sobre o que é o amor, o que o inspira, o que buscamos nele, quais são as qualidades mais dignas dele e quais as menos dignas, que preço vale a pena pagar por ele e que preço não vale a pena, que virtudes devem ser cultivadas se quisermos persegui-lo com sucesso, onde podemos cair em erro conceitual e como podemos nos educar para reconhecer e evitar tal erro – tudo isto, sustentam eles, não impede o amor, mas lhe permite florescer. E em particular, permite-nos amar os objetos certos com o tipo certo de atenção.

Então o que está acontecendo hoje? A resposta talvez seja esta: estamos decididos tanto a fazer as expectativas tradicionais em relação ao amor se realizarem *quanto* a evitar questioná-las. É ótimo, na verdade é essencial, perguntar como é possível fazer o amor funcionar, por que ele não o faz, a que finalidades sociais ou evolucionárias poderia servir, que tipos de relações o expressam. Mas a natureza do amor – o que é ele exatamente; o que exigimos dele – é território sagrado. Ele é na realidade incondicional? É na realidade espontâneo, e em última análise insondável em seus motivos? Os pais amam de fato os filhos no mesmo grau, ainda que de maneiras diferentes? É o amor na realidade nossa emoção mais pessoal e íntima? Ele é sempre altruísta? Consiste, em sua essência, na valorização da outra pessoa como um todo – e está claro que "todo" é esse que valorizamos? A possessividade é de fato o inimigo do amor bem-sucedido e o oposto da rendição à realidade do ser amado? Amamos o outro por ele mesmo?

Supõe-se, em geral, que a resposta para perguntas desse gênero seja sim. O que por sua vez determina as expectativas de milhões de amantes: quando eles experimentam prazer, frustração, sucesso ou fracasso em suas relações, quando se sentem censuráveis ou realizados nelas. Ainda somos dominados por uma imagem de fundo do amor que pertence a certo tipo de Romantismo e que não mudou em seus aspectos básicos desde o final do século XIX. (No capítulo 1 resumirei o que me parecem ser os elementos essenciais dessa imagem.) Na verdade, quando se trata de amor, o "longo século XIX" estende-se não só pelo século XX adentro, até 1914 ou 1917, mas avança sem dúvida pelo século XXI.

Se isto estiver correto, estamos lidando com um paradoxo fascinante: a extraordinária liberação do sexo e do casamento durante os últimos cem anos foi acompanhada pela ossificação do amor, não por sua reinvenção. O "amor livre" não libertou o amor, no sentido de nos dar novas concepções dele. Ao contrário, as novas liberdades – decorrentes, acima de tudo, do divórcio, da contracepção e do amor gay: três das revoluções de mais longo alcance e ainda inacabadas que o século XX gerou – ofereceram um número cada vez maior de oportunidades para se perseguir o mesmo velho ideal. Auxiliadas pelo aborto e pelo feminismo, elas significaram que mulheres e homens não estão mais comprometidos uns com os outros pela gravidez ou pelas relações sociais tradicionais, mas livres para seguir sempre adiante na busca da pessoa "certa" e do amor "certo". E que os gays podem, cada vez mais, fazer o mesmo.

A busca também foi alimentada pela extensão do consumismo ao amor: a exigência de satisfação rápida nesta, como em outras áreas de desejo, e a disposição para trocar repetidamente de parceiro se ela não for alcançada. De fato, para continuar "trocando" ao longo de uma vida inteira. Ela foi auxiliada, também, por um *pool* de possíveis parceiros em constante expansão, graças a uma ampla mobilidade e ao alcance global dos sites de encontro da internet. E a maior riqueza, as vidas mais longas e a saúde melhor, tudo isso contribuiu para tornar a procura cada vez mais viável, ao libertar as pessoas dos grilhões da pobreza, da guerra e dos casamentos mortos, dando-lhes assim aquela condição indispensável para grandes realizações culturais: lazer. Apesar de seu ritmo agitado e de seu espírito orientado por processos, a vida contemporânea, mais que nunca, proporciona a um número de pessoas maior o tempo e a atenção necessária para a procura do amor.

Uma pessoa saída do século XIX não seria capaz de reconhecer nossas atitudes habituais em relação a moralidade, liberdade, posição da mulher, arte, raça, criação de filhos, homossexualidade, Igreja ou viagem. Ficaria assombrada ao testemunhar relações sociais comuns – como os sexos interagem, como crianças se comportam com relação aos pais, como negros falam com brancos, como gays se tocam –, mas se identificaria rapidamente com o que pensamos ser, ou dever ser, o amor. Único entre as grandes ideias que regem nossas vidas, ele parece estar congelado no tempo.

Por quê?

As semelhanças entre a experiência de crença religiosa e o enamoramento foram frequentemente notadas. Mas nas atitudes contemporâneas em relação ao amor estamos falando sobre uma outra coisa: o próprio amor como uma religião. Uma religião ainda mais notável por ser autoimposta por seus devotos em vez de supervisionada por uma Igreja.

Uma religião deve, entre outras coisas, postular um estado de coisas que é venerado como supremamente valioso, de fato como "sagrado", porque através dele a salvação de tudo que mais tememos pode em princípio ser alcançada. E porque ele nos permite compreender as questões mais difíceis sobre a natureza e o objetivo da vida. Em consequência, sentimos veneração por seu poder e grandeza, que experimentamos como muito além do cotidiano. Para muitos dos devotos de uma religião, portanto, o questionamento das crenças e práticas pelas quais ela é sustentada e observada parecerá absurdo, se não perverso.

De fato, qualquer pessoa que realmente questione prova, por essa intenção mesmo, ser alheia ao que está questionando. Sua tentativa invalida a si mesma. Seus argumentos são irrelevantes, ainda que pareçam plausíveis. Nenhuma religião poderia considerar alguém que não compartilha suas crenças fundamentais como qualificado para criticá-la.

Estou exagerando, mas só ligeiramente. Pois essas atitudes sugerem que devemos começar nossa investigação da natureza do amor com um fenômeno notável: o fato de que para muitos no mundo ocidental ele se tornou uma religião exatamente nesses sentidos, até mesmo (em especial?) entre aqueles que se consideram descrentes militantes.

Outros podem não ter experimentado essas reações fortes. Mas elas me pareceram um sintoma tão surpreendente e tão poderoso de atitudes contemporâneas em relação ao amor que, em certo sentido, tornaram-se parte do assunto deste livro. Na realidade, motivaram parcialmente suas questões mestras: Como o amor humano veio a ser modelado segundo o amor divino? Que ilusões sobre ele essa arrogância fomentou? E como podemos repensá-lo de uma maneira que não cometa esse erro e sacrilégio, contra o amor? Precisamente por não haver nenhuma necessidade humana maior que o amor, que é, como disse são Paulo, das grandes coisas "a maior", devemos assegurar que ele não termine se fazendo de Deus.

1. O amor faz-se de Deus

"Quase dois mil anos, e nem um único novo deus!" exclamou Nietzsche em 1888.[1]

Mas ele estava errado. O novo deus estava ali, na verdade, estava bem debaixo do seu nariz. O novo deus era o amor. O amor humano.

O amor humano, hoje ainda mais do que então, é comumente incumbido de realizar aquilo de que outrora apenas o amor divino era considerado capaz: ser nossa fonte suprema de significação, felicidade e de poder sobre o sofrimento e a decepção. Não como a mais rara das exceções, mas como uma possibilidade aberta para praticamente todos que creem nele; não como o resultado de ter sido incutido em nós por um Deus criador ou após longo e disciplinado treinamento, mas como um poder espontâneo e intuitivo de que, em certo grau, somos todos dotados.

Embora essa fé no amor como a única forma democrática, até universal, de salvação aberta para nós, modernos, seja o resultado de uma longa história religiosa que viu o amor divino como a origem do amor humano e como o modelo a ser imitado, ela se tornou independente, de maneira paradoxal, em razão de um *declínio* da fé religiosa. Só se tornou possível porque, desde o fim do século XVIII, o amor preencheu cada vez mais o vácuo deixado pela retirada do cristianismo. Por volta dessa época, a fórmula "Deus é amor" foi invertida em "o amor é Deus",[2] de tal modo que ele é agora a religião não declarada do Ocidente – e talvez sua única religião que goza de aceitação geral.

O que significa isso realmente? Significa que em culturas formadas pela tradição cristã, o amor genuíno tende a ser modelado segundo certa imagem do amor divino, quer sejamos ou não cristãos. Essa imagem tem menos a ver com as palavras atribuídas a Cristo – na verdade, como veremos, ele raramente menciona o amor (e quase nunca fala de sexo) – do que com crenças e práticas muito posteriores. As crenças essenciais são:

> O amor é incondicional: não é nem despertado nem diminuído pelo valor ou pelas qualidades do outro; é um dom espontâneo que nada busca para o doador. (Caso paradigmático: o amor dos pais pelos filhos.)
>
> O amor relaciona-se com o ser amado e o afirma em sua plena particularidade, tanto o "mau" quanto o "bom".
>
> O amor é fundamentalmente altruísta: um empenho desinteressado pelo florescimento dos seres amados em benefício deles mesmos.
>
> O amor é benevolente e harmonioso – um porto de paz.
>
> O amor é eterno: ele – ou suas bênçãos – nunca morrerá.
>
> O amor nos transporta além das confusas imperfeições do mundo cotidiano para um estado superior de pureza e perfeição.
>
> O amor redime as perdas e sofrimentos da vida: liberta-nos deles; dá-lhes sentido; domina-os com seu próprio valor; reconcilia-nos com aquele bem mais elevado do qual eles expressavam nossa separação.

Ideias deste tipo saturam a cultura popular. Elas são repetidas também por pensadores ousados sob outros aspectos, que promulgam clichês do tipo: o amor como "solicitude desinteressada pelo bem-estar" do ser amado "no interesse dele próprio", ou como a "atribuição de valor", ou como dirigido à "plena particularidade" do ser amado – e que se apressam a repreender antepassados notáveis como Platão e Proust por não terem endossado esses louváveis lugares-comuns.[3] Acima de tudo, esses ideais alimentam nossas expectativas de amor romântico e de amor dos pais pelos filhos. A um custo imenso, o amor humano usurpou um papel antes desempenhado apenas pelo amor de Deus.

Essa divinização do amor humano torna-se mais óbvia quando somos pessoalmente confrontados com uma perda severa, do tipo que pode esvaziar de súbito nossas vidas de significado e segurança. Diante da fragilidade de nossas realizações, posses, saúde, empregos; do sofrimento impotente da doença, da pobreza, da perda de um ente querido, do terrorismo ou do desemprego, o amor é convocado como a única medida de valor a que a maioria dos ocidentais, sejam eles crentes religiosos ou não, podem se apegar. Por que eu? Por que a criança inocente? Para que serve tamanha calamidade? Só o amor parece não ser derrotado por tais perguntas. Só ele parece ter a força todo-poderosa capaz de inundar horrores com sentido – "ele não morreu em vão" – ou, onde não pode fazer isso porque obviamente a morte foi em vão, atribuir à vida um valor inquestionável, "ele amou e foi amado, e isso justifica sua vida, e essa justificativa de sua vida oblitera a falta de sentido de sua morte".

A religião do amor não é menos atraente para o ateu intransigente que para o agnóstico ou o crente. Muitos ateus encontram no amor uma amostra do absoluto e do eterno que negam rigorosamente a qualquer outra esfera da vida. É raro o funeral de um humanista que, tendo começado com uma afirmação desafiadora de que aquela é uma celebração ateia, não busque conforto no amor que "sobrevive" à pessoa falecida e assim lhe confere uma medida de imortalidade: sobrevive em seus atos de amor e no amor de que era objeto; sobrevive nas lembranças que os ainda vivos têm desse amor.

Se perguntarmos depois a um ateu se o amor, ou suas consequências, continua vivo de alguma maneira quando mesmo aqueles tocados por ele tiverem morrido, ele desejará, em muitos casos – talvez na maioria deles –, dizer que "sim", como se o amor fosse uma energia moral que, uma vez expressa, jamais pode ser extinta. Para os herdeiros e sucessores do cristianismo, essa crença é sua última defesa contra o desespero. Eles concordariam com as palavras de são Paulo: "A caridade nunca acabará" (1 Coríntios 13:8). O verso final do poema de desencanto de Philip Larkin, "An Arundel Tomb", fala de toda uma civilização: "O que sobreviverá de nós é o amor."[4]

Em contraposição, desde que o Ocidente começou a perder sua fé em Deus nos séculos XVII e XVIII, todos os seus substitutos – todos aqueles objetos de culto que foram, em um momento ou outro, vistos como precursores de exaltação e redenção humana; como imbuindo de valor e significação tudo que estruturam – acabaram, um por um, sendo considerados insuficientes. Razão, Progresso, a Nação, o Estado, Comunismo e o bando de outros ídolos e "ismos" que foram, e em um ou dois casos – como nacionalismo e arte – ainda são esporadicamente, elevados a religiões de salvação para preencher o vazio deixado pela lenta "morte" de Deus, todos se mostraram incapazes de proporcionar a satisfação suprema ou promessa ilimitada que deles se esperava. A despeito de toda a significação espiritual e moral a eles associada, nenhum foi capaz de sustentar aquela visão de que a imaginação ocidental continua sendo tão dependente e em cujo benefício erige continuamente seus ídolos: a visão de um estado final de perfeição em que todas as coisas boas coexistem em harmonia. Nenhum pôde servir com sucesso como ideal ou experiência superior que dá sentido à vida como um todo e, nesse processo, redime, explica, justifica, remove ou derrota de outra maneira o sofrimento e a injustiça.

A liberdade – o único outro candidato perene a uma religião de massa – não funciona, até porque não pode ser ilimitada, nem mesmo teoricamente, em extensão ou valor. Embora quase universalmente aclamada no mundo contemporâneo como um grande bem, inclusive por seus inimigos (sempre um sinal de quão poderoso um valor se tornou), ela não pode, tal como o amor, atribuir valor a *qualquer coisa* genuinamente feita em seu nome. Nem todo aumento da liberdade é necessariamente bom no mesmo sentido em que pensamos que todo aumento do amor é.

A arte é melhor que a liberdade para atender às necessidades religiosas do homem, mas apenas para poucos (e, como criadores de arte, para um número ainda menor), sem falar do fato de que a arte contemporânea tornou-se deliberadamente irônica, com um tom intencionalmente corriqueiro demais, desdenhosa demais da ideia de salvação, de significações finais, do incondicional ou do duradouro, para estar em condições de exercer esse papel de maneira confiável. Outros ideais, contudo, como igualdade racial e de gênero, ou proteção do ambiente e direitos dos animais brotaram; mas por mais nobres, vitais e revolucionários que sejam, nenhum deles fornece a justificativa final do objetivo e significado da vida pela qual a mente ocidental ainda anseia. Quanto mais individualistas nossas sociedades se tornam, mais podemos esperar que o valor do amor, como a fonte suprema da felicidade proporcionada por uma relação segura e da redenção, continue se elevando. No deserto dos ídolos ocidentais, apenas ele sobrevive intacto.

Os perigos da arrogância

Dar um caráter divino a qualquer ideal humano não lhe faz nenhum favor. Pois o paradoxo – do qual tantos mitos antigos falam, de Adão e Eva furtando a maçã do conhecimento divino a Prometeu roubando o fogo divino ou à ambição dos babilônios de construir uma torre que chegaria ao céu – é que qualquer tentativa de se apropriar dos poderes de um deus ou de divinizar o humano termina em desastre.

O amor não é exceção. Ao atribuir ao amor humano características devidamente reservadas ao amor divino, como incondicionalidade e eternidade, falsificamos a natureza dessa emoção extremamente condicional, temporária e natural e a submetemos a expectativas intoleráveis. Essa divinização do amor humano é o mais recente capítulo na busca impulsiva da humanidade de roubar os poderes de seus deuses, a mais prolongada de suas tentativas de elevar-se acima de si mesma. Como as outras, ela está fadada a fracassar; pois a moral dessas histórias é que os limites do humano só podem ser ignorados a um custo terrível.

Mas, alguém poderia objetar, o mundo também está cheio de ceticismo com relação ao amor como religião, ou mesmo como uma história de otimismo hollywoodiano em que, após as inevitáveis provações, almas afins encontram e desfrutam uma perfeita felicidade pelo resto de suas vidas. Afinal de contas, há muitos hoje, como houve em tempos anteriores, que rejeitam de fato o modelo divino que esbocei antes; e que fazem eco a longas tradições que veem o amor em termos naturalísticos, tradições que iremos também considerar neste livro.

Por exemplo, há hedonistas como Ovídio que nos aconselham a desfrutar as delícias da corte, do sexo e da imaginação amorosa enquanto durem; a cultivá-las como um divertimento ou arte refinada; a nos precaver diante da loucura de "enamorar-se"; e a não nos deixar comover pela miragem de um significado mais elevado para o amor. Há deflacionistas como Schopenhauer que veem o amor apaixonado, com todos os seus ideais e ilusões, como as maquinações de um impulso reprodutivo que visa a deixar duas pessoas obsedadas uma pela outra por tempo suficiente para produzir e criar a geração seguinte. Há defensores do amor-amizade, como Aristóteles ou Montaigne, para quem a devoção ao bem-estar de um outro que experimentamos como nosso "segundo eu" é mais conducente ao nosso florescimento que o amor que se esforça por tomar o céu de assalto – e, pelo menos para Montaigne, igualmente intensa. Há, mais recentemente, psicanalistas, começando com Freud, que descrevem o amor como uma busca primal e muitas vezes regressiva de gratificação física e união protetora, e sua maturação como a libertação de seus padrões infantis. E há aqueles, como Proust, que veem o amor entre seres humanos em geral como uma missão cruel, volúvel e com frequência ilusória para escapar de nós mesmos na segurança e novidade de outrem.

No fim das contas, porém, o amor desempenha um papel importante demais na satisfação de nossas inevitáveis necessidades religiosas, hoje vastamente insatisfeitas, para que o modelo divino seja desalojado. No entanto, há ainda uma outra maneira de pensar sobre o amor que, como espero mostrar, faz justiça às necessidades poderosas e universais por trás dele, evitando ao mesmo tempo as explicações tanto divinas quanto deflacionárias que lhe são dadas. Nessa visão o amor nem é um compromisso incondicional com o bem-estar de outros em benefício deles mesmos, nem pode ser reduzido a exigências de reconhecimento, intimidade, procriação ou gratificação sexual.

O que é ele, então?

Uma teoria do amor: primeiros contornos

O amor, vou argumentar, é o enlevo que sentimos por pessoas e coisas que inspiram em nós a esperança de uma fundação indestrutível para nossa vida. É um enlevo que nos faz empreender – e sustenta – a longa busca de uma relação segura entre nosso ser e os delas.

Se todos nós temos necessidade de amor, é porque todos precisamos nos sentir em casa no mundo: enraizar nossa vida no aqui e agora; dar à nossa existência solidez e validade; aprofundar a sensação de ser; capacitar-nos para experimentar a realidade de nossa vida como indestrutível (ainda que aceitemos também que ela é temporária e terminará na morte).

Esse é o sentimento que chamo de "enraizamento ontológico" – a ontologia sendo aquele ramo da filosofia que lida com a natureza e a experiência da existência. Minha sugestão é que só amaremos aquelas (muito raras) pessoas, coisas, ideias, disciplinas ou paisagens que podem inspirar em nós uma promessa de enraizamento ontológico. Se puderem, nós as amaremos sejam quais forem suas qualidades: independentemente do quanto sejam belas ou boas; do quanto (no caso de pessoas) sejam generosas ou altruístas ou compassivas; do quanto sejam interessadas em nossa vida e projetos. E independentemente, até, da estima que tenham ou não por nós. Pois o empenho predominante do amor é encontrar um lar para nossa vida e ser.

A PRINCÍPIO, LAR É nossa mãe e nosso pai. Pouco a pouco suas possibilidades se tornam maiores e mais complexas: elas podem incluir nosso trabalho, nossos amigos, nossos filhos, a natureza, Deus. Ou lugares, ideias e ideais. Ou, contrariamente ao preconceito comum, dinheiro ou status e as pessoas que nos oferecem acesso a eles. Porque estas coisas podem também criar raízes profundas, ainda que sejam menos nobres e mais obviamente instrumentais que outros objetos de amor.

Não surpreende muito, portanto, que o amor possa gerar tanta confusão. Seu objetivo – fundação, enraizamento, sensação de estar em casa – é difícil de definir, e nunca podemos ter certeza de que o alcançamos, muito menos de que o fizemos de maneira estável. Ele pode ser satisfeito por diferentes tipos de objetos. Sua fé no amado como o agente dessa fundação nunca pode ser "iludida", embora possamos nos iludir com relação a seu caráter e constância, e sobre a medida em que ele retribui o nosso amor. Ele envolve atitudes aparentemente contraditórias: submissão e possessividade; generosidade e egoísmo; intensa gratidão e, em grau não menor, o desrespeito que é facilmente fomentado pela necessidade quando ela se torna esmagadora e até violenta.

Mas uma coisa já deveria estar clara: longe de ser incondicional, o amor está inevitavelmente condicionado a essa promessa de enraizamento ontológico. Ele pode *parecer* incondicional, ainda que apenas porque uma vez que encontremos pessoas (ou coisas) que possam inspirar em nós esse sentimento de fundação, nós nos submeteremos a elas de maneira tão irrestrita, desejaremos possuí-las de maneira tão segura, ansiaremos por nos entregar a elas de maneira tão completa, lhes atribuiremos uma bondade tão irresistível (mesmo que também as consideremos moralmente más sob certos aspectos), nos deliciaremos tão intensamente em sua presença, sentiremos tal gratidão e responsabilidade por sua existência, e consideraremos sua ausência tão insuportável que perderemos facilmente de vista a realidade de que todos esses sentimentos por elas, tradicionalmente associados ao "amor", são inteiramente dependentes de seu poder de cumprir tal promessa de nos fazer sentir em casa no mundo.

De fato, contanto que esta única condição para sua existência seja satisfeita, o amor não estará submetido a nenhuma outra: será, desse ponto em diante, incondicional. O amante se afirmará e se regozijará na existência da amada, sejam quais forem suas outras qualidades: seus poderes, sua aparência, sua inteligência, seu status. Sejam quais forem, também, as complicações nos sentimentos do amante e em seus compromissos com ela. E em tal grau que ele poderia estar disposto a morrer por ela, porque sem ela sua vida seria esvaziada de seu último "sentido": a descoberta de um lar que dá validade e solidez à sua existência. Nenhuma destrutividade, traição, mesquinharia ou declínio da parte dela poderia matar o amor que ele lhe devota. A menos – e esta é a *única* circunstância em que o amor pode ser morto – que ela não mais inspire nele a esperança de enraizamento ontológico.

Essa esperança é "certa coisa que ela tem" que é decisiva em todo amor. Com essa coisa nós a amaremos mesmo que tudo o mais esteja errado nela ou em nossa relação. Sem ela, tudo pode estar certo, mas nunca a amaremos.

Todos precisam de amor; muitos o encontram, mas poucos o vivem. Não por causa de uma escassez de seres apropriados para se amar, que, como acabo de sugerir, podem ser de muitas espécies. Isso ocorre antes por causa da dificuldade de lhes dedicar atenção de uma maneira que lhes permita desempenhar esse papel na fundação de nossa vida. Sem o tipo certo de atenção, em primeiro lugar não os reconheceremos, e mesmo que o façamos seremos incapazes de desenvolver o diálogo entre nossos dois seres que transforma esse reconhecimento inicial num lar que pode ser o fundamento de nossa vida. A dificuldade de manter-se atento (e as muitas distrações que nos impedem de fazê-lo, das quais a lascívia pode ser apenas uma, e talvez superestimada) é a razão por que a maior parte de nossos amores se frustram.

As complicações começam, é claro, com a concentração no objeto certo, um objeto cuja capacidade de nos fundamentar seja genuína e resista ao teste do tempo. Em geral esse objeto será alguém semelhante a nós, alguém cujo ser faça eco às profundezas do nosso; alguém cujas experiências e origens definidoras, autoconcepções e valores concordem com os nossos; alguém em quem nos reconheçamos e que tenhamos certeza de que poderia nos reconhecer, mesmo que não o faça. Mesmo que não retribua nosso amor.

Mas afetos podem ser tornar quase intratavelmente complexos quando encontramos o objeto e nos sentimos apaixonadamente ligados a ele. Pois o amor envolve vários sentimentos que, se não forem cultivados da maneira certa, convertem-se facilmente em tensão insolúvel.

Um exemplo, a que retornaremos várias vezes: como podemos ao mesmo tempo nos sujeitar ao nosso amado *e* possuí-lo? Submissão e posse são, como veremos, traços fundamentais do amor; e aparecem em quase todas as histórias sobre ele, de Platão e das Escrituras hebraicas aos nossos dias. No entanto, é fácil sentir que quanto mais houver de uma, menos deverá haver da outra.

De fato, elas só se excluem uma à outra quando a posse assume a forma crua de experimentar um outro como estando totalmente à nossa disposição, como inteiramente encerrado dentro de nosso mundo, e como um instrumento de total atenção. No amor por outras pessoas, este tipo de posse está descartado: como pode algo tão impossível de localizar como o eu humano ser controlado? E provoca também o próprio fracasso: se fôssemos possuí-lo dessa maneira ele perderia a independência soberana crucial para sua capacidade de nos enraizar; para não falar da destruição que tal possessividade, com seus tormentos de ciúme e frustração, infligiria a qualquer relação.

Mas a posse, como vou sugerir, pode ser algo inteiramente diverso: a assimilação da presença de uma outra pessoa mediante a atenção que dedicamos a ela e o que ela exige de nós. Assim como só "possuímos" uma peça de música ouvindo durante um período contínuo sua estrutura inata e legitimidade, só "compreendemos" a realidade de uma outra pessoa rendendo-nos a ela. Ao contrário do que sustenta a maior parte do pensamento tradicional, quer seja religioso ou não, não há dicotomia necessária entre submissão e posse, ou entre dar e tomar. Esses pretensos rivais, expressos em fórmulas batidas como "ágape versus Eros", não são rivais em absoluto. Não são sequer adversários que podem coexistir. Ao contrário, são diferentes modos da mesma relação.

A POSSE NO SENTIDO GROSSEIRO fica ainda mais fora de questão quando chegamos àquele grande objeto de amor que reaparece em todas as épocas: as origens. Como veremos, o amor está profundamente conectado com a devoção por nossas origens. Nada nos dá uma sensação mais intensa de fundação no mundo que encontrar uma relação viva com o que consideramos ser a fonte de nosso ser. Podemos localizar aqui o amor a Deus: criador de nossa vida; o amor à pátria: origem de nosso povo; e o amor aos ancestrais: fonte de nossa linhagem. Podemos também localizar aqui os anseios nostálgicos por um passado "autêntico" e os muitos mitos que descrevem o amor como o desejo de retornar a um estado primordial onde seremos completos novamente. E aqui também podemos localizar a sensação dos amantes de que provêm do mesmo rebanho – aquela sensação de que se conheciam desde todo o sempre, ainda que tenham acabado de se encontrar.

Ideias como esta foram expressas de muitas formas diferentes: nas Escrituras hebraicas, onde Javé é a origem e rocha de seu povo Israel; na filosofia grega, em que Platão, por exemplo, nos diz que a alma anseia por voar de volta para sua fonte espiritual e, em outra parábola, fala de duas pessoas procurando uma na outra sua metade perdida; num pensador cristão como Agostinho, que vê a forma mais elevada de amor – *caritas* – como o desejo ardente da alma de retornar a Deus, seu criador; em textos hindus que descrevem o santo como lutando para libertar sua alma da fascinação do mundo sensorial mediante o retorno a *Atman*, a base ou essência de sua (e de toda) individualidade; em Plotino, o pensador pagão do século III d.C., mais tarde tão central para o cristianismo, que fala da fusão com o bem supremo, o Uno – uma experiência em que o indivíduo é arrancado de si mesmo em, literalmente, "êxtase" ("colocar-se do lado de fora"); naqueles místicos muçulmanos, como Rumi, que celebram em canto o retorno da alma individual para fundir-se com Deus; e num ateu comprometido como Schopenhauer para quem o amor mais elevado transcende a condição da individualidade e empenha-se em fazer com que todo ser vivo seja um. Em todos estes casos (e como em todas as grandes transformações do eu), o amor é experimentado tanto como recuperação quanto como descoberta, como um retorno e como um avanço.[5]

MAS POR QUE NÃO PODEMOS nos sentir enraizados no mundo, em casa em nossa própria vida, sem alguém ou alguma coisa de *externo* a nosso próprio ser para amar? Afinal de contas, ouvimos com frequência que só podemos amar outros se primeiro nos sentirmos seguros dentro de nós mesmos – apenas se pudermos amar a nós mesmos antes.

A resposta reside no intenso sentimento de vulnerabilidade do indivíduo, desde o momento em que nasce. Não podemos encontrar o necessário enraizamento unicamente dentro de nós mesmos – em nossos sentimentos, em nosso corpo, em nossa "subjetividade" – porque a relação que é tão exasperante (bem como frutífera) para nós, e para a qual o amor é a resposta, é nossa relação com um mundo incontrolável e alheio no qual o nascimento nos jogou. É uma relação de vulnerabilidade que, a menos que a fantasiemos ou ocultemos ou sufoquemos de outra maneira, será enriquecida e aprofundada durante o curso de nossa vida. E isso significa que o amor será necessariamente dirigido para fora rumo àquela pessoa (ou deus, ou coisa, ou país) muito especial, ou talvez várias delas, que possam inspirar enraizamento ontológico em nós.

Essa relação exterior só consegue assegurar nossa vida se experimentarmos o amado como radicalmente distinto de nós. Sentir-se enraizado é experimentar uma relação com uma base além de si mesmo, uma base que deve parecer insuperavelmente independente de nós se for para ser um lugar em que poderíamos ancorar nosso ser (o que nada tem a ver com amar a outra pessoa "como um fim em si mesma" ou "por ela mesma").

Se estivermos simplesmente procurando o outro para nos estimar por nossas qualidades, ou nos dar um senso de status, ou "estar ali" para nós em nossa solidão – se, em outras palavras, o estivermos usando de uma maneira que não o veja como um grande e inatingível poder –, ele será incapaz de inspirar em nós uma convicção de nossa realidade indestrutível. Amá-lo é necessariamente experimentar, até celebrar, seu ser como completamente soberano e além de nosso alcance. Esta é uma razão por que o amor genuíno não pode ser narcísico. E por que ele evoca tanto medo.

É claro que pode haver amor-próprio: a alegria de sentir que se é um ser enraizado – e de ser *capaz* de ser um ser enraizado. Mas como sentir-se enraizado é experimentar uma relação com uma base além de si mesmo, ninguém pode amar somente a si. Amar a si mesmo é o mesmo que amar o mundo ou uma pessoa que proporciona tal fundamento.

Amor-próprio e amor a outrem são, portanto, dois lados da mesma moeda. Há uma identidade básica entre eles. É tão sem sentido dizer que devemos ser capazes de amar a nós mesmos antes de podermos amar outra pessoa quanto dizer que devemos ser capazes de amar outra pessoa antes de podermos amar a nós mesmos. Amar outra pessoa por inspirar enraizamento ontológico é amar a si mesmo. E amar a si mesmo como um ser embasado é amar aquele que inspira – e nessa medida é – esse embasamento de seu ser.

Uma vez que nasce em extrema vulnerabilidade e busca superar essa condição através de uma invulnerabilidade correspondentemente extrema, o amor sucumbe com facilidade à sua maior tentação: fazer-se de Deus. Imaginar ser incondicionado pelo valor do ser amado. Fingir ser soberano o bastante para ser desinteressadamente devotado a ele "por ele mesmo". Pronunciar-se eterno.

Essa arrogância pode ser, e foi, expressa tanto em linguagem secular quanto em crenças religiosas. Veremos cristãos dizendo que podemos nos tornar deuses por meio do amor, assim como encontraremos românticos que creem que os seres humanos se tornam divinos através do amor e até através do sexo. Sob muitos aspectos a história do amor é a história dessa tentação de fazer-se de Deus.

Isto me leva de volta a meu tema inicial: como o amor desencaminhou-se ao ser modelado segundo o divino (um modelo perfeitamente expresso pelo papa Bento XVI em sua primeira Encíclica: "A maneira de amar de Deus torna-se a medida do amor humano"[6]). Para compreender o que aconteceu, precisamos reconstruir passos fundamentais na história do amor ocidental a partir de suas principais fontes: as Escrituras hebraicas e a filosofia grega. Precisamos de uma história do amor que nos permita lançar um novo olhar sobre ideias que ficaram enrijecidas pelo peso da tradição.

Tal história deveria reexaminar suposições irrefletidas em ação nas nossas relações, reconhecendo que elas não estão gravadas em pedra, sendo antes o resultado de uma longa e poderosa herança cultural. E deveria procurar recuperar outras abordagens, talvez mais frutíferas, ao amor que foram perdidas no caminho; em especial, vou sugerir, aquelas modeladas de acordo com a maneira com que a humanidade recebeu ordem de amar a Deus.

Presumo ao longo de todo este livro que a emoção do amor é universal, mas que o modo como é *interpretada* varia enormemente de uma sociedade e época para outra. Em outras palavras, indivíduos em todas as culturas e tempos são assediados por devoção apaixonada por aqueles outros (sejam eles concebidos como naturais ou sobrenaturais) a quem experimentam como fundando sua própria existência, e a quem desejam por essa razão, bem como por uma bateria de esforços e sofrimentos tipicamente envolvida na busca dessa devoção. Mas a interpretação dada a essa misteriosa atração – por que ela existe, o que ela se esforça para alcançar, qual é seu papel numa vida bem-vivida, como deveria ser cultivada, sob que condições é bela e feia, boa e má – depende de tempo e lugar.

Minha história do amor, portanto, conta como essa força universal de desejo e devoção foi interpretada ao longo dos séculos na coleção particular de culturas que chamamos de "ocidental". Sugiro que essa história é marcada por quatro transformações, e cada uma delas evolui durante vários séculos. Como a maioria das revoluções, elas não têm qualquer início ou fim claro.

A primeira transformação diz respeito ao *valor* do amor. Entre o Deuteronômio e Agostinho – assim, durante bem mais de mil anos, até meados do século V d.C. – o amor é transformado pouco a pouco na virtude suprema. As Escrituras hebraicas ordenam que Deus seja amado "com todo o coração, com toda a alma, com todas as forças"; Jesus eleva o amor a Deus e ao próximo ao mais importante mandamento bíblico. João o Evangelista diz que a realidade máxima, Deus, é amor; Paulo e depois Agostinho o veem como a raiz de toda virtude verdadeira.

Na segunda transformação, que se estende do século IV ao século XVI d.C., de Agostinho a Tomás de Aquino passando por Bernardo de Claraval, e depois até Lutero, foi atribuído aos seres humanos um *poder* sem precedentes, literalmente divino, de amar. Mediante o desenvolvimento da ideia do amor como um dom da divina Graça, seres humanos podem, pelo menos em princípio, tornar-se divinos através do amor e até alcançar amizade com Deus, embora nossos semelhantes ainda devam ser amados por amor a Deus.

A terceira transformação, que emergiu no século XI e culminou no XVIII, diz respeito ao *objeto* de amor. Agora um único ser humano, ou na verdade a natureza de maneira mais geral, pode ser experimentado como corporificando o maior bem e ser digno da espécie de amor outrora reservada a Deus. E assim o limite entre o divino e o terreno, entre o sobrenatural e o natural, fica cada vez mais tênue.

Isso prepara o terreno para uma quarta transformação, iniciada no século XVIII, com Rousseau, e ainda em curso em grande parte, que diz respeito ao *amante*, que se torna autêntico através do amor. No amor ele se torna não abnegado, mas um eu. Não se perde, mas se encontra. Longe de lutar para transcender a natureza, busca ser guiado por sua própria natureza e em certo sentido dar lhe realidade. O verdadeiro e o bom situam se não além da experiência do sujeito individual, mas na sua exploração. De fato, à medida que essa transformação se desenvolve, o amante torna-se o foco do amor em tal medida que há momentos em que o amado é quase excluído do quadro, reduzido a um acessório de cena substituível no drama da vida do amante. O amor começa a se enamorar de si mesmo.

Como era inevitável, muita coisa foi deixada fora de minha história. Optei por me concentrar naqueles grandes inovadores que, a meu ver, ou disseram alguma coisa radicalmente nova ou expressaram velhas ideias com novo vigor. Várias figuras proeminentes, em especial Dante, Petrarca, Shakespeare e Kierkegaard, estão notoriamente ausentes, porque ao menos algumas das ideias que informam suas obras aparecem em outro lugar em meu relato, e porque me faltaram espaço e competência para cobrir todas elas. E embora eu trate Platão e as Escrituras hebraicas como as "origens" textuais da concepção dominante de amor em ação no mundo ocidental hoje, eles têm por sua vez importantes predecessores sobre os quais me calo – por exemplo o hinduísmo e o culto dos mistérios órficos no caso de Platão; ou os antigos mandamentos de amor do Oriente Próximo, que prevaleceram sob formas hititas, aramaicas e neoassírias muito antes das tradições testemunhadas na Bíblia judaica.

Em resumo, esta obra tem três objetivos principais. Primeiro, mostrar como o amor veio a se fazer de Deus – e assim a ser privado, em aspectos fundamentais, de sua humanidade. (E, é claro, como todos os deuses, a sofrer abuso e apropriação fraudulenta por parte de seus adoradores.) Segundo, investigar as origens das debilitantes ilusões dessa arrogância: acima de tudo, talvez, a crença de que o amor genuíno é incondicional. E terceiro, propor uma maneira de vê-lo que seja mais fiel à sua natureza fundamental – e assim não o sobrecarregue com expectativas infundadas. Desenvolverei aqui a ideia, há pouco esboçada, de que o amor é o desejo intenso por alguém, ou alguma coisa, que experimentamos como embasando e afirmando nossa própria existência. E de que esse desejo busca duas formas de intimidade, as quais, quando aprendemos a praticá-las em conformidade com sua natureza essencial, descobrimos serem as duas faces da mesma moeda: a intimidade de possuir uma outra pessoa e a intimidade de nos tornarmos irrestritamente disponíveis para ela. Apresentarei uma imagem do amor como um precursor do sagrado, sem pretender que ele seja uma solução todo-poderosa para o problema de encontrar sentido, segurança e felicidade na vida.

O objetivo de perguntar como o amor pode ser libertado de seu longo encarceramento por expectativas vãs e irreais não é degradá-lo a algo morno como zelo terno ou empatia benevolente, mas, ao contrário, alcançar uma compreensão mais bem-sucedida dessa emoção suprema e seu lugar numa vida bem-vivida. Meu tema global é que, especialmente numa era secular, deveríamos moldar o amor humano não segundo o modo como se diz que Deus nos amou, mas segundo o modo como recebemos ordem de amar a Deus.

2. O fundamento do amor ocidental: Escrituras hebraicas

As duas grandes ordens de amor

Se o amor no mundo ocidental tem um texto fundador, esse texto é hebraico. Antes de Platão e Aristóteles, as outras fontes dominantes dos conceitos ocidentais de amor, e muito antes de Jesus,[1] as Escrituras hebraicas fornecem, em duas frases vigorosas, ideias que guiaram o curso do amor desde então:

> Amarás o Senhor teu Deus com todo o coração, com toda a alma, com todas as forças.[2]

E:

> Amarás a teu próximo como a ti mesmo.[3]

A primeira ideia, amor a Deus, é caracterizada por intensa devoção; confiança absoluta; temor de seu poder e presença; e absorção enlevada em sua vontade: suas exigências, significações, caprichos e contradições. Suas disposições de ânimo são uma combinação da devoção de um vassalo, a intimidade de amigos, a fidelidade de esposos, a dependência de uma criança, a paixão de amantes, a obediência embriagada de um refém – e o terror despertado por todas estas formas de vulnerabilidade.

A segunda – que se tornou um, se não o, preceito central da moralidade ocidental – é uma relação mais sóbria de zelo e respeito pelos outros na comunidade, baseada em suas necessidades.

Aparentemente, estes dois grandes mandamentos falam de dois tipos de amor.[4] O amor a Deus é um anseio desenfreado pela fonte de todo bem e valor, um amor a que todos os outros amores devem necessariamente ser secundários, um amor cultivado e expressado por rituais e adoração incessantes. Moisés Maimônides (1138-1204), o filósofo judeu medieval, resume isso assim:

> O que é o amor a Deus adequado? É amar a Deus com um grande e extremo amor, tão forte que nossa alma [*nafsho*] deve ser cerzida com o amor a Deus de modo a ser continuamente enlevada por ele, como pessoas enamoradas cujas mentes [*da'atam*] não estão livres em momento algum de paixão por uma mulher particular e sentem-se incessantemente arrebatadas por ela ... mais intenso ainda deveria ser o amor a Deus nos corações daqueles que o amam; eles deveriam estar enlevados por esse amor incessantemente.[5]

No amor ao próximo, por outro lado, esse estado de enlevo está ausente. E é melhor que seja assim, pois suas grandes metas – respeito, justiça, imparcialidade – não são sempre mais bem-alimentadas pela emoção da paixão. Faz-se necessária aqui uma outra disposição de ânimo, não menos nobre: escrupulosa atenção aos interesses dos outros; uma defesa de seu ser tão robusta quanto nossa defesa de nosso próprio ser; atenção à sua diferença e santidade.[6]

De fato, na Bíblia hebraica a ordem de amar ao próximo como a si mesmo é precedida por uma litania de bondades que devemos mostrar a nosso próximo, tais como: deixa sempre parte de tua colheita para o pobre e o estrangeiro; não furtes dos outros ou negocie de maneira enganosa ou falsa; nunca ponhas uma pedra de tropeço à frente do cego; não odeies ou te vingues ou alimentes rancor. Estes são todos casos especiais de bondade amorosa (חסד ou *hesed*): uma devoção ao bem-estar de uma outra pessoa análoga ao amor-amizade.

Tratar nosso próximo com respeito e lealdade não é um favor que lhe fazemos, mas uma obrigação que é ordenada por lei divina e que não carece de nenhuma justificativa adicional. Como o Talmude explicita: "Aquele que exalta a si mesmo à custa de seu semelhante não tem quinhão no Mundo por Vir."[7] De maneira similar, a virtude da bondade amorosa é algo que devemos a todos os demais em todas as nossas ações.[8]

Isso não significa, porém, que tenhamos de negar nossos próprios interesses e desejos. Não há nenhuma suposição na Torá (os primeiros cinco livros da Bíblia hebraica) de que amar seja, como alguns místicos judeus e cristãos insistiram mais tarde, esvaziar o eu, aniquilar a vontade, e "morrer para o mundo".[9] Ao contrário, não apenas é legítimo ter interesses, desejos e necessidades – dirigidos para a fruição do mundo, não para sua negação –, como esses são, segundo o mandamento, um paradigma para o tratamento que dispensamos aos outros. As reivindicações de nosso próximo são equiparáveis às nossas e devem ser tratadas com a mesma seriedade moral. Na literatura rabínica antiga, isso é realçado no tratado mishnaico, *Avot*: "R. Eliezer disse: Deixa a honra de teu amigo ser tão cara para ti quanto a tua própria."[10] E o filósofo Namânides (1194-1270) comenta: o que se exige "é que julguemos todos os interesses de outrem tão importantes quanto os nossos".[11]

Quem são esses outros? Meramente outros israelitas, aqueles que pertencem por linhagem à nossa própria nação? Certamente não. O amor, na Bíblia hebraica, deve também abraçar o forasteiro.[12] O "forasteiro" é como o imigrante naturalizado de nossos dias, ou "residente estrangeiro", alguém que ingressou na comunidade e segue suas regras e costumes.[13] O Deuteronômio é explícito a esse respeito: "Amai também vós o estrangeiro, pois fostes estrangeiros no Egito" (10:19). O Levítico, pouco após ordenar aos israelitas: "Não te vingues nem guardes rancor contra teus compatriotas. Amarás a teu próximo como a ti mesmo" (19:18), insiste adicionalmente: "O estrangeiro que mora convosco será para vós como o natural do país. Amai-o como a ti mesmo porque fostes estrangeiros na terra do Egito" (19:34). E o Êxodo vai ainda mais longe: o amor deve ser estendido ao teu *inimigo*, deves amar teu próximo igualmente quer ele seja amigo ou adversário, nativo ou forasteiro, irmão ou estranho:

> Se encontrares extraviados o boi ou o jumento de teu inimigo, faze-os retornar a ele. Se vires o jumento de teu inimigo caído ao peso da carga, não o deixes no abandono; ajuda a descarregá-lo. (Êxodo 23:4-5)

Da mesma maneira, a sabedoria dos Provérbios nos aconselha a generosidade de sentimento:

> Se teu inimigo tem fome, dá-lhe de comer pão,
> se tem sede, dá-lhe de beber água[.] (Provérbios 25:21)

Os Provérbios nos aconselham, também a não nos deleitarmos com o sofrimento ou a justa punição daqueles que nos fariam mal:

> Se cair teu inimigo, não te alegres,
> se sucumbe não rejubile teu coração[.] (Provérbios 24:17)

Com amor ao nosso próximo temos, portanto, o tipo de imparcialidade e constância que o próprio Deus, em um de seus modos de ser[14], estende a seu povo como um todo: ele "não faz acepção de pessoas nem aceita suborno. Faz justiça ao órfão e à viúva, ama o estrangeiro, dando-lhe alimento e veste" (Deuteronômio 10:17-18). Não devemos ficar de braços cruzados quando a vida de nosso próximo está em perigo (Levítico 19:16),[15] nem nos aproveitar dos outros (Levítico 25:17), mas sim, nas palavras do profeta Isaías, compartilhar tudo que nos tenha sido dado:

> Reparte o pão com o faminto,
> acolhe em casa os pobres sem teto!
> Quando vires um homem sem roupa, veste-o[.] (Isaías 58:7)

O "próximo" deve incluir o estrangeiro e o imigrante, mas não necessariamente todos além dos muros da comunidade e da nação.[16] O amor ao próximo nos Evangelhos não é tampouco, como veremos, dirigido necessariamente a todos os seres humanos. É o mundo moderno que atribui um universalismo estrito a esses textos, como sua característica central. Na verdade, foi só a partir do século XVIII que um valor passou a ser visto como tendo autoridade moral apenas se for considerado como um dever para com todas as pessoas o tempo todo.

Retornarei em capítulos subsequentes à questão do grau de universalidade que o amor ordenado nas Escrituras, judaicas ou cristãs, poderia realmente ter. Mas o que devemos observar aqui, por ser fundamental para a história do amor ocidental, é a justiça extraordinária e radical subjacente ao mandamento do amor do Levítico. Não uma justiça fria em que recompensas merecidas são mecanicamente distribuídas, mas uma justiça que insere o outro, como um indivíduo com necessidades e interesses, numa relação de respeito. Todos os nossos próximos devem ser reconhecidos como iguais a nós mesmos perante a lei do amor. Justiça e amor, portanto, tornam-se inseparáveis.

Como o amor a Deus e o amor ao próximo se relacionam

O amor a Deus e ao próximo, embora eminentemente diferentes em caráter (inclusive nas diferentes virtudes que lhes são intrínsecas), estão intimamente ligados. A ligação surge da ideia, que encontramos no Gênesis, de que os seres humanos são feitos à imagem de Deus:

> Deus criou o homem à sua imagem,
> à imagem de Deus o criou;
> macho e fêmea ele os criou. (Gênesis, 1:27)[17]

Ser feito à imagem de Deus acarreta a obrigação de esforçar-se para imitá-lo. Devemos, como o Deuteronômio declara repetidamente, andar "por seus caminhos" (28:9, 11:22 e 19:9).[18] E o próprio Deus ordena: "Sede santos, porque eu, o Senhor vosso Deus, sou santo" (Levítico 19:2). Amar a Deus é, portanto, amar àquele a quem Deus ama. É amar ao nosso próximo. E assim imediatamente depois que nos é dito que Deus "ama o estrangeiro, fornecendo-lhe alimento e veste", vemos os seres humanos exortados a fazer o mesmo: "Amai também vós o estrangeiro, pois fostes estrangeiros no Egito" (Deuteronômio 10:18-19).

De fato, somente mediante a imitação de Deus os rituais de adoração ou a obediência aos mandamentos enchem-se de vida e significado. "Como Deus é misericordioso e compassivo, assim também deves ser misericordioso e compassivo."[19] Pois se tratamos os outros mal, não é só a eles que ofendemos, mas a Deus. "Quem oprime o fraco afronta o Criador; mas honra-o quem tem pena do pobre" (Provérbios 14:31).[20] Enganar o próximo com relação a algo que lhe foi confiado é, ao mesmo tempo, ser infiel a Deus.[21] O Talmude considera que até chamar alguém de feio é insultar a Deus, o projetista e criador da forma humana.[22] Mais uma vez, encontramos esse tema no Novo Testamento também, onde no Dia do Juízo o Rei do Céu diz aos pecadores: "Eu vos garanto: todas as vezes que fizestes isso a um desses meus irmãos menores, a mim o fizestes" (Mateus 25:40).

A razão para amar ao próximo como a si mesmo não é, portanto, em última análise, criar uma sociedade mais coesa e eficiente, ou maximizar a felicidade e contentamento. É simplesmente fazer como Deus faz por amor a Deus, à cuja imagem nós – você, eu e nosso próximo em igual medida – somos feitos. O amor, vemos aqui, tem força ética como uma relação com a fonte de nosso ser.

Por meio desses mandamentos – ama a deus "com todo o coração, com toda a alma, com todas as forças" e "ama a teu próximo como a ti mesmo" – as Escrituras hebraicas introduzem três inovações de importância incalculável na maneira como pensamos sobre o amor hoje. Uma é tornar divina a sua meta: doravante a flecha do amor é disparada, por assim dizer, para nada menos que o próprio Deus. Como o Deus das Escrituras hebraicas é, ou passa a ser, o Deus máximo possível, a fonte e origem de tudo que existe, e, diferentemente dos deuses gregos, sem rivais reconhecidos, isso significa que o amor a esse Deus é dirigido para a fonte e a origem de todo ser e todo valor.

Pois é isto que Deus é: o supremo e incognoscível "eu sou":

> Deus disse a Moisés: "EU SOU AQUELE QUE SOU [ou talvez, numa tradução mais precisa: EU SOU QUEM SEREI[23]]. Assim responderás aos israelitas: 'EU SOU' envia-me a vós." (Êxodo 3:14)[24]

De fato, o próprio nome de Deus, YHWH, vem a ser explicado pela palavra hebraica que significa "ser".[25]

A segunda inovação da Bíblia hebraica reside na ordem de imitar Deus: andar nos caminhos dele, amar a quem ele ama: nosso próximo. Esta é a principal fonte da *imitatio dei*, que o cristianismo desenvolverá tão extensamente.[26] Mas é também a origem daquele tremendo mal-entendido que levou seres humanos a modelar seu próprio amor segundo a maneira que passaram a acreditar que Deus os amava: por exemplo, a pensar em seu amor uns pelos outros como incondicional, eterno e redentor. Isso é um equívoco porque Deus é radicalmente diferente de nós. Sua maneira de nos amar, e qualquer incondicionalidade que poderíamos ver nela, não pode ser nossa. Nosso amor é *sempre* condicionado: talvez pelo amor de Deus por nós; talvez por ver nosso próximo como criação de Deus; talvez por concepções seculares da dignidade e da necessidade humana.

E a terceira inovação notável introduzida pelos dois mandamentos de amor é transformá-lo numa *obrigação moral*, algo muito mais significativo que uma emoção gloriosa, um sentimento nobre, uma "loucura divina", um caminho para uma vida florescente, ou uma força que "faz o mundo girar". Outros sistemas de pensamento pré-cristãos, como o budismo, o confucionismo e o platonismo também fizeram do amor – ou expressões dele como a compaixão, o respeito e o desejo por beleza ou bondade absoluta – uma virtude central. Mas em nenhum ele foi concebido como uma ordem tão esmagadora, emitida por Deus, em quem todo o poder está concentrado. E assim em nenhum ele chegou a ter a suprema significação que tem para os herdeiros do monoteísmo judaico: para a totalidade dos mundos cristianizado e islâmico e seus sucessores seculares.

A CRENÇA GENERALIZADA de que a Bíblia hebraica fala apenas de vingança e "olho por olho", enquanto os Evangelhos supostamente inventam o amor como um valor incondicional e universal, deve, portanto, ser considerada um dos mais extraordinários equívocos de toda a história ocidental.[27] Pois a Bíblia hebraica é a fonte não apenas dos dois mandamentos de amor, mas de uma visão moral mais ampla inspirada pelo assombro diante do poder do amor. "O amor encobre todas as ofensas" diz o Livro dos Provérbios (10:12).[28] "Porque é forte o amor como a morte",[29] exclama o Cântico dos Cânticos, o mais notável poema erótico da Bíblia, e continua:

> a paixão é violenta como o abismo:
> e suas centelhas são centelhas de fogo,
> labaredas divinas.
> Águas torrenciais não conseguirão apagar o amor;
> nem rios poderão afogá-lo.
> Se alguém quisesse comprar o amor,
> com todos os tesouros de sua casa,
> se faria desprezível. (Cântico dos Cânticos 8:6-7)

Gerações de rabinos, em seus extensos comentários, desenvolvem estes temas. "Faz tudo que fazes por amor."[30] "O mundo está baseado em três coisas; na Torá, no serviço divino e na prática da caridade", diz Simão o Justo.[31] O rabino Akiva ensina que o amor ao próximo é a regra suprema;[32] e o sábio, Hillel, formula a "Regra de Ouro" correspondente: "Não faças a teu próximo o que te é detestável; isto é toda a Torá. O resto é comentário."[33]

Diz-se que Hillel só formula sua frase de efeito depois que um gentio de passagem o desafia a resumir a Torá enquanto se equilibra sobre um pé só. Mas a resposta instantânea de Hillel está longe de ser trivial; ela é diretamente ecoada na mais famosa formulação da Regra de Ouro por um mestre judeu, nascido apenas algumas décadas depois: Jesus de Nazaré.

> Tudo que desejais que os outros vos façam, fazei-o também vós a eles. Pois esta é a Lei e os Profetas. (Mateus 7:12)[34]

Vemos que, nesta formulação do princípio do amor nos Evangelhos, Jesus reconhece explicitamente sua origem na lei judaica. Através de sua disseminação pelo cristianismo, as Escrituras judaicas dão ao mundo ocidental ambos os elementos essenciais do que foi chamado mais tarde de amor "cristão": por um lado, amor altruístico em que nos damos aos outros sem reserva ou discriminação; por outro, devoção apaixonada a Deus e seus mandamentos.

A invenção de "ágape"

No entanto essa disseminação global da lei moral de uma pequena nação poderia nunca ter acontecido sem a tradução da Torá para o grego, a língua internacional de grande parte do mundo mediterrâneo de então, o mundo em que ainda pensamos como o berço da civilização ocidental. Segundo a lenda, por volta de 270 a.C. o faraó egípcio Ptolomeu II Filadelfo convidou uma equipe de 72 eruditos israelitas, seis de cada uma das doze tribos da antiga Israel, para empreender essa vasta tradução. Embora a obra se destinasse à grande biblioteca que ele estava estabelecendo em Alexandria, seu motivo talvez tivesse sido tanto literário quanto político: reconhecer a importância dos judeus no Egito ao transportar suas tradições bíblicas para a única língua que muitos deles compreendiam, o grego.[35]

As traduções são um dos grandes catalisadores de revolução mundial. O pedantismo épico e a erudição dos que trabalham nelas, por vezes durante décadas, forneceram os textos para muitas das sublevações da história. Sem o bispo Úlfilas (c.311-c.383), um missionário ariano-godo em Constantinopla que traduziu a Bíblia para o gótico, talvez as tribos germânicas nunca tivessem se convertido ao cristianismo, e assim poderíamos não ter tido nenhum Sacro Império Romano e toda a história europeia que o seguiu. Sem a tradução do Novo Testamento para o alemão feita por

Lutero poderia não ter havido nenhuma Reforma, e portanto, segundo o sociólogo Max Weber, nenhuma ascensão do capitalismo (e desse modo nenhum mundo moderno) tal como o conhecemos. E sem a "Septuaginta", como essa tradução da Torá para o grego tornou-se conhecida por causa de seus setenta e tantos autores, o pensamento dos hebreus poderia nunca ter chegado aos vários autores do Novo Testamento que escreviam em grego, e assim a todo o mundo que se tornaria a Cristandade. De fato, durante a maior parte do primeiro século após o nascimento de Jesus, a Bíblia cristã não foi outra coisa senão as Escrituras hebraicas tal como traduzidas na Septuaginta.[36] A história, para parafrasear o filósofo Franz Rosenzweig, é por vezes procurada num dicionário.

De maneira decisiva, as várias palavras hebraicas para amor, fosse erótico ou amistoso, fosse por Deus ou por seres humanos, foram traduzidas em grande parte na Septuaginta como "ágape", até então um termo de uso pouco frequente.[37] Em consequência de sua adoção pelo cristianismo, ágape torna-se uma das palavras mais influentes já cunhadas. Veremos no capítulo 6 que, mais uma vez contrariando uma crença generalizada, o próprio Jesus é raramente mencionado como falando de amor, seja em termos de ágape ou não; e que ágape é usada de fato por são Paulo e outros fundadores do cristianismo que escreveram, e citaram as Escrituras hebraicas, em grego.[38] Assim essa se tornou pouco a pouco a palavra que designa a benevolência incondicional, altruística, obediente e humilde com que o "amor cristão" passou a ser claramente – mas, como veremos, nem de longe precisamente – identificado.

Sexo e amizade apaixonada

Embora os mandamentos de amar a Deus e ao próximo sejam as declarações supremas da Bíblia hebraica sobre o amor, ela tem muito mais a dizer sobre o assunto, inclusive sobre o amor como paixão erótica e no sentido de amizade íntima. Na maravilhosa música do Cântico dos Cânticos, a jovem declama:

Sua boca me cubra de beijos!
São mais suaves que o vinho tuas carícias,
e mais aromáticos que teus perfumes,
é teu nome, mais que perfume derramado;
por isso as jovens de ti se enamoram. (1:2-3)

E seu amante responde:

Como és formosa e encantadora,
ó delicioso amor!
Teu talhe assemelha-se a uma palmeira
e teus seios a cachos.
Eu disse: "Vou trepar pela palmeira
e agarrar-me às suas frondes."
Teus seios devem ser como racemos na cepa,
teu hálito como a fragrância das maçãs,
tua boca, como vinho generoso... (Cântico dos Cânticos 7:7-10)[39]

A linguagem do amor erótico que encontramos neste poema impregna o amor humano por Deus também. A Bíblia hebraica não expressa em lugar algum a enorme ansiedade com relação ao sexo presente na tradição cristã (menos nas palavras atribuídas a Jesus nos Evangelhos que em dogmas que se desenvolveram após sua morte, em especial com Agostinho). O cultivo amoroso da natureza, inclusive nossa natureza sexual humana, está muito mais próximo do espírito das Escrituras hebraicas que o aviltamento do sexo, do corpo ou do mundo natural de maneira mais geral que o cristianismo toma principalmente de fontes pagãs, em especial o platonismo. Toda a criação é uma emanação de Deus, e assim pode ser amada como uma expressão dele.[40] No Gênesis, onde nos são narrados em detalhe os estágios em que Deus criou a terra, a luz, o céu, os animais e o homem, e em cada caso "viu que isso era bom" (Gênesis 1:4-31), está claro que devemos amar a natureza, talvez nos agarrar a ela. De fato, ao entrar num templo uma pessoa deve ter não só uma vontade pura, mas também um corpo íntegro: "Não será admitido na assembleia do Senhor", anuncia o Deuteronômio, "o homem que tenha os testículos amassados ou o membro viril amputado" (Deuteronômio 23:1).[41]

Também encontramos nas Escrituras hebraicas casos de uma paixão quase erótica por amigos. Duas das amizades mais célebres da história, ambas por amigos do mesmo sexo, ocorrem aqui. São as amizades de Jônatas e Davi e de Rute e Noemi, narradas numa linguagem de tons sensuais, mesmo que a consumação física esteja fora de questão e seja de fato punível com a morte.

Davi, o belo e jovem guerreiro que mata o gigante filisteu Golias apenas com uma pedra arremessada com uma funda, é recebido pelo rei Saul após seu triunfo. O filho mais velho do rei, Jônatas, o vê e fica imediatamente enamorado: "Quando Davi terminou de falar com Saul, Jônatas se sentiu profundamente ligado a Davi e se lhe afeiçoou como a si próprio" (1 Samuel 18:1).

Jônatas não se envergonhou tampouco de declarar seu amor. Tirou no mesmo instante seu manto e armadura e ofereceu-os a Davi.[42] Em seguida jurou-lhe eterna fidelidade: "Jônatas concluiu uma aliança com Davi, pois o amava como a si próprio" (1 Samuel 18:3).[43]

Curiosamente, Davi não parece corresponder à intensidade do amor de Jônatas, o que talvez reflita a realidade da maioria das relações apaixonadas: que o amor não é precisamente retribuído. Ainda assim, quando Jônatas é subitamente morto no monte Gilboa pelos filisteus (1 Samuel 31:2), Davi expressa intenso pesar, dizendo: "Quanto estou dolorido por ti, Jônatas, meu irmão! Quanto me eras caro e querido! Tua amizade me era mais maravilhosa que o amor das mulheres!" (2 Samuel 1:26).

Mais maravilhosa que o amor do sexo oposto. Amar um outro como à sua própria alma. Sentimentos notavelmente semelhantes também entram no cristianismo (e no amor ocidental de modo mais geral) a partir do mundo grego, em especial na forma do conceito aristotélico de perfeita *philia*, ou amor-amizade; mas, permanecendo com as Escrituras hebraicas, podemos vê-los também na declaração de amor a Noemi feita por Rute, que parece mais próxima de um juramento de fidelidade que qualquer casamento entre um homem e uma mulher descrito na Bíblia.

> Não insistas comigo para que te deixe
> e me afaste de ti!
> Porque aonde fores irei contigo;
> Onde pousares, lá pousarei eu;
> teu povo será meu povo
> e teu Deus será meu Deus.
> Onde morreres, ali morrerei
> e serei sepultada.
> Que o Senhor me trate como quiser:
> somente a morte
> me separará de ti. (Rute 1:16-17)

Elas estão longe de ser cônjuges. Noemi é sogra de Rute, mãe de seu falecido marido. Rute é também de outro grupo étnico, os moabitas, e demonstra-nos de maneira comovente uma amizade apaixonada que transcende origens étnicas, religiosas e de família, e que acolhe uma forasteira no seio da família como um dos seus.

Não só como um dos seus, mas como a produtora de um herdeiro da máxima importância. A devoção de Rute, como numa jura de casamento, "até que a morte nos separe", se expressa acima de tudo em seu cumprimento de um dever sagrado, que é fornecer a Noemi, e a seu filho morto, um sucessor. Ela o faz casando-se com Boaz, um parente de seu falecido marido, e dando a Noemi uma criança chamada Obede. Com isto, Rute liberta Noemi de sua aflição, e parece até satisfeita por Noemi considerar a criança como seu próprio filho. As mulheres de Belém regozijam-se, e congratulam Noemi como se ela mesma tivesse acabado de dar à luz: "Noemi pôs o menino no colo, e passou a cuidar dele", enquanto as mulheres anunciam, "Nasceu um filho a Noemi!" (Rute 4:16-17).

Embora Rute e Noemi ganhem ambas algo que querem, seu amor-amizade é, ou se torna, muito mais que isso: dedicação absoluta ao bem-estar da outra; forte identificação com sua vida. Através de tal lealdade e bondade, *hesed*, uma pessoa que nasceu como não judia funda uma linhagem que culmina no mais famoso de todos os reis israelitas, o rei Davi, bisneto de Rute: poeta, amante de mulheres, harpista e cantor, e o estadista que uniu as doze tribos de Israel e estabeleceu a capital em Jerusalém.

Muitos leitores contemporâneos se sentirão repelidos pela intensidade dessa devoção. Noemi parece estar "passando dos limites" aqui. Nem sequer em segredo, mas para o aplauso da multidão. Solidariedade de família, intimidade entre pais e filhos, a fraternidade de estranhos e amizade estreita, todas essas coisas se confundem umas com as outras e parecem marcadas com uma paixão que beira o erótico, embora não haja nenhum indício de que elas, ou Jônatas e Davi, tivessem o que chamaríamos hoje de uma relação ativamente gay.

Mas se pensamos que esses amigos estão passando dos limites, é porque estamos pensando no amor de uma maneira artificialmente compartimentalizada. Tendemos (em especial sob a influência da teologia luterana) a distinguir amor Eros – o amor como desejo possessivo, que anseia pelos deleites da intimidade e até da união com o ser amado – do amor-amizade – uma devoção mais moderada, justa e recíproca ao bem-estar de outra pessoa que experimentamos como um "segundo eu". Tendemos também a separar esses dois "tipos" de amor, por sua vez, do amor como autodoação, a colocação de si mesmo de maneira altruísta e irrestrita à disposição do outro. Atribuímos o amor Eros a amantes românticos; perguntamos, tornou-se quase um clichê fazê-lo, se amantes podem também ser amigos, ou se lhes falta a sobriedade e o zelo pelo bem-estar um do outro que a amizade requer; e pensamos no amor de autodoação como tipificado pelas relações dos pais com seu filhos, pela caridade para com estranhos ou pela genuína devoção a Deus.[44]

No entanto, eu argumento neste livro, estes não são tipos distintos de amor, mas os três modos essenciais de atenção ou envolvimento de *todo* amor apaixonado, seja por amigos, filhos, pais, amantes ou cônjuges. Embora possam ser expressados de diferentes maneiras e em diferentes graus nessas várias relações, eles estão sempre vivos. É possível afirmar que podemos ver todos os três no amor de Jônatas por Davi e, de uma maneira mais restrita, no de Rute por Noemi. E, o que é mais importante, vemos todos os três modos de atenção no amor de Israel por Deus, expressado por vezes em tons erótico-enlevados que lembram o Cântico dos Cânticos, por vezes em termos da devoção, da proteção e da intimidade coloquial da amizade, por vezes em termos de irrestrita submissão à vontade do ser amado, uma vontade que fala das leis de seu ser.

Isto significa que nas Escrituras hebraicas o amor a Deus está muito longe de envolver a degradação do eu, a destruição do ego, que algumas tradições posteriores, judaicas e cristãs, exigem. O teólogo e filósofo do século XX Martin Buber expressa esta ideia em termos modernos quando diz que toda relação real "é uma ponte que transpõe a distância entre dois pilares firmes, o 'eu' do homem e o 'eu' de seu eterno parceiro". O judaísmo, continua Buber,

> rejeita o "eu" que conota egoísmo e orgulho, mas acolhe de bom grado e afirma o "eu" da relação real, o "eu" da parceria entre Eu e Tu, o "eu" do amor. Pois o amor não invalida o "eu", ao contrário, prende o "Eu" mais estreitamente ao "Tu".[45]

Essa robustez do "eu" amoroso não surpreende. O amor envolve uma relação de nosso próprio eu com o de outrem em que todo o poder de atenção e afirmação entra em jogo. Como poderia tal orientação envolver o esmagamento do eu? Submeter-se às leis do outro, seja ele Deus ou uma outra pessoa; proteger e louvar a existência única dele; desejá-lo na linguagem que vimos no Cântico dos Cânticos: este é o mais elevado exercício da vontade quando purificada de tudo que destrua nossa capacidade de dedicar atenção a um outro ser – acima de tudo, as obstruções criadas pelo orgulho.

Amor e submissão

Mas agora precisamos lançar um olhar mais profundo sobre o que podemos aprender com as Escrituras hebraicas a respeito desse paradoxo do amor a que acabo de aludir: que no amor o mais elevado exercício da vontade pode ser encontrado na submissão ao outro – à sua vontade; à legitimidade de seu ser. Pois a submissão é central para o amor a Deus que as Escrituras hebraicas ordenam, e no limite, depois que toda interpretação e interrogação do significado da vontade de Deus foram esgotadas, essa submissão deve ser cabal. O dever de Israel de amar a Deus, concebido como a fonte de todo ser e valor, envolve absoluta obediência à sua lei. Deve-se obedecer quer se considere ou não suas ordens benéficas ou mesmo justas.

Nisto as Escrituras hebraicas diferem drasticamente do pensamento grego, a outra grande fonte das ideias ocidentais sobre o amor. Para gregos como Platão e Aristóteles, o amor é um desejo natural de possuir bondade ou virtude, ou cultivá-las, ou estar unido a elas. A natureza, inclusive a natureza humana e as condições para seu florescimento, é o padrão supremo para leis e decisões sobre o que é bom e mau; e para muitos gregos a natureza no sentido mais amplo constrange até os deuses. Em contraposição, para as Escrituras hebraicas (e as cristãs depois), a lei é determinada unicamente por Deus e sua revelação. Devemos amar a Deus independentemente de considerações de bem-estar e em desafio a quaisquer bens conflitantes que a natureza poderia oferecer. Amar a Deus é também temê-lo e obedecer-lhe, embora, como vou sugerir, o medo e a obediência de um agente genuíno envolvam fazer da lei do outro a nossa própria: isto é, envolva um profundo compromisso com o que sua presença exige de nós. E isso pode significar, no fim das contas, fazer coisas que detestamos ou consideramos imorais. Não faria nenhum sentido dizer que amamos a Deus com todo o nosso coração, alma e força, mas ainda assim decidir, caso a caso, se vamos ignorar ou cumprir sua vontade.

A MANEIRA COMO A OBEDIÊNCIA a Deus suplanta todos os outros valores, inclusive todos os outros amores, é sintetizada por ninguém menos que o pai do povo judaico, Abraão, com quem Deus faz sua primeira Aliança e para quem ele promete a terra de Israel. Um dia, e de maneira bastante abrupta, Deus ordena a Abraão que sacrifique seu filho Isaac. Ele não só deixa Abrãao na ignorância quanto ao objetivo dessa ordem terrível, mas insiste no fato de que Isaac é o filho amado e único de Abraão.

> Depois destes acontecimentos, Deus submeteu Abraão a uma prova. Chamando-o, disse: "Abraão", e ele respondeu: "Aqui estou." E Deus disse: "Toma teu único filho Isaac a quem tanto amas, dirige-te à terra de Moriá e oferece-o ali em holocausto sobre um monte que te indicar." (Gênesis 22:1-2)

Sem a menor resistência, ao que parece, sem nenhuma busca manifesta de explicações ou justificações, Abraão leva seu filho ao lugar onde Deus lhe diz que o sacrifício deve acontecer. Não é que Abraão não tenha tempo para se angustiar. Deus o faz viajar até o monte Moriá, uma viagem de três dias, amarrar Isaac, deitá-lo sobre um altar, e matá-lo. Mas então, no momento exato em que levanta a faca sobre o filho, Abrão tem a mão sustada por um anjo, um mensageiro de Deus. Mais uma vez, ele obedece à ordem divina, sem expressar surpresa ou mesmo alívio ante a abrupta mudança de plano. E mais uma vez não busca nem explicar nem justificar.

Mas por que isto faz de Abraão um herói? Sua obediência não é revoltante? E a que espécie de Deus poderia ela agradar? Que espécie de Deus poderia ordenar a um homem assassinar tanto o próprio filho quanto seu senso do que é correto e justo fazer?[46] Isto soa como religião em seu aspecto mais perverso, levando seres humanos, inclusive seres humanos excelentes e nobres como Abraão, a fazer o mal em benefício do que pensam ser a vontade de Deus e a se imaginar abençoados por isso. Este é o tipo de fé que põe a fidelidade a Deus antes da humanidade para com nossos semelhantes, não mostra nenhum remorso ou compaixão pelo sofrimento que causa e não deseja nenhuma explicação para suas ações além da necessidade, tal como a vê, de obediência ao poder supremo. Pior, Abraão, como um cruzado, um inquisidor ou um homem-bomba, não considera nem mesmo sua vítima deficiente ou culpada. Isaac, de sua parte, mostra-se resignadamente submisso, viajando para o local de seu massacre sem sequer questionar as ações do pai. E Deus parece não apenas cruel, mas hipócrita, pois esse mesmo Deus emite uma ordem a toda a humanidade para não matar e depois exige que o Pai do povo judeu, na verdade o Pai das três religiões abraâmicas – judaísmo, cristianismo e islamismo –, um modelo moral se algum dia houve um, faça exatamente isso.

Em termos éticos, estas são todas objeções válidas. Deus *está* deixando claro que, no limite, a obediência a ele dever suplantar a própria moralidade que ordena: não matarás. *Está* exigindo o sacrifício da vontade ou do espírito de Abraão, e em especial do que em termos modernos seria chamado de "vontade moral autônoma"; e de fato esse é precisamente o sacrifício que Abraão termina de fato por fazer e que Deus não revoga. Isso aponta para uma das mais radicais inovações da Torá: que dali por diante se deve oferecer a Deus não tanto coisas materiais, como animais ou ouro, mas todo nosso próprio mundo interior, aquele labirinto de intenções, desejos e intuições morais de que nossas ações são apenas expressões rudimentares. A Torá não apenas proíbe essas ações explícitas, como o furto, o incesto, a trapaça e o falso testemunho.[47] Ela também penetra em nossas emoções e pensamentos mais secretos: "Não odeies a teu irmão no coração." (Levítico 19:17). "Não te vingues nem guardes rancor" (Levítico 19:18); "Não cobiçarás a casa do próximo" (Êxodo 20:17). E de maneira muito expressiva em Provérbios: "Lâmpada do Senhor é o espírito do homem, que esquadrinha o íntimo das entranhas" (Provérbios 20:27).

Essa exigência extraordinária de sacrificar vontade ou espírito em vez de bens materiais é perfeitamente expressa no Salmo 51, mais tarde citado com aprovação por santo Agostinho:

> Abre, Senhor, os meus lábios,
> e minha boca proclamará teu louvor.
> Não queres que eu te ofereça um sacrifício
> nem aceitarias um holocausto.

Em vez de sacrifícios, ó Deus,
um espírito contrito,
sim, coração contrito e humilhado[.][48]

O profeta Samuel faz eco a esse apelo por obediência e escuta:

O Senhor quer holocaustos e sacrifícios pacíficos
ou quer obediência à sua voz?
Eis que a obediência vale mais que o sacrifício,
e a docilidade é melhor que gordura dos bodes! (1 Samuel 15:22)

Ou como o Salmo 40:7 declara: "Não quiseste sacrifício nem oferenda,/ mas abriste-me os ouvidos." (É impressionante como a audição parece ser o idioma dominante no Antigo Testamento, diferentemente do Novo, onde a visão, ver Jesus, ver milagres e de maneira geral testemunhar, é tão proeminente, talvez em decorrência das influências gregas que este último recebeu.) A suprema lealdade que Abraão manifesta é, claro, rara e dura, como Deus lamenta:

Que te farei, Efraim?
Que te farei, Judá?
Vosso amor é como a nuvem da manhã,
como orvalho que cedo desaparece. (Oseias 6:4)

E mais adiante:

Porque eu quero amor e não sacrifícios;
conhecimento de Deus mais que holocaustos. (Oseias 6:6)

A OBEDIÊNCIA DE ABRAÃO parece impensada. Mas será mesmo?

Se examinarmos com mais atenção, veremos que Abraão sacrificou sua vontade somente no sentido de que obedece à ordem de Deus. Em um outro sentido, fez tudo, menos abandoná-la: pois concordou, e concordou da maneira mais profunda possível, com o que hoje poderíamos chamar de toda a sua consciência, com essa postura de obediência. A consciência não pode obstruir a obediência se a própria consciência a exige.

Dizer que a obediência de Abraão é ditada por sua consciência é dizer que é ditada por seus valores mais profundos. Pois que mais é consciência se não uma hierarquia de nossos próprios valores mais profundos, aqueles que nos estruturam, nos definem e não podem ser substituídos ou racionalmente excluídos por nós? E o que mais são as deliberações da consciência se não tentativas de compreender as exigências dessa hierarquia nas situações concretas que enfrentamos em nossas vidas reais? Assim, se o mais elevado valor da consciência é sempre a obediência ao mandamento de Deus, a própria consciência, com todos os seus poderes de reflexão e raciocínio, a endossará sem hesitação. (Isto nada tem a ver com a obediência do zumbi, cuja internalização de uma ordem é fria e sem vida e que não tem nenhuma consciência porque não adotou nenhuma hierarquia de valores.)

De fato, as Escrituras hebraicas proclamam a obediência a Deus como uma virtude suprema, e assim parecem propor a fórmula paradoxal: "Só encontrarás liberdade abandonando tua vontade caprichosa à lei de Deus. Serás poderoso sobre o mundo por submissão ao Absoluto. Encontrarás teu eu sacrificando-te." Esse sacrifício, longe de ser resignado, transforma a ordem de Deus numa ordem com que concordas e te comprometes "com todo o coração, com toda a alma, com todas as forças" (Deuteronômio 6:5). Obedecer por força de um profundo assentimento de todo o nosso ser, inclusive nossa consciência e sua capacidade de raciocínio e reflexão, é obedecer em liberdade. Na verdade, significa que a obediência se torna o caminho para a liberdade. E para a individualidade.

Mais uma vez não deveríamos fugir ao dilema: esta pode ser também a estrada para a perversidade moral. Aqui os ateus estão certos: se a devoção se sobrepõe a tudo, por mais que os teólogos insistam que podem "interpretar" textos bíblicos à luz de valores humanos, ou informar nossas ideias de Deus com uma moralidade de respeito pela dignidade, igual valor e diversidade de todas as vidas humanas – ideias que podem elas próprias ser colhidas de algumas, se não todas, passagens das Escrituras –, a realidade é que essa moralidade está fadada a sair perdendo se conflitar com a obediência a ordens divinas. Render-se a ordens absolutas que devem ser obedecidas a qualquer preço é o berço da desumanidade e do totalitarismo. Mesmo que essas ordens tenham o bem-estar humano como objetivo.

A teologia pode tentar resolver esse desagradável problema seja reinterpretando os textos bíblicos à luz de valores humanos, seja solapando-os como "produtos de seu tempo" que falam uma linguagem que não faz mais sentido para nós. Pode ainda furtar-se à questão, declarando que eles são "mistérios" além do entendimento humano. As religiões sempre afirmarão que tais soluções podem ser encontradas. Ateus, citando o mal praticado em nome da religião desde as Cruzadas ao 11 de Setembro, passando pela Inquisição, sempre discordarão. É um debate sem fim.

Mas o que a piedade da religião monoteísta, a começar pelas Escrituras hebraicas com seu magnífico mandamento de amar a Deus, de fato nos ensina e não pode ser contestado é que o amor exige submissão irrestrita às leis essencialmente inescrutáveis do amado. Essa relação significativa com outrem pressupõe uma obediência através da qual podemos tornar nossa a sua lei, mesmo que isso também envolva muita discussão e afastamento esporádico. Nesse caso, a conclusão é clara: o amor, precisamente através de seu respeito ilimitado pelo amado, *é* potencialmente tão imoral quanto a disposição de Abraão de matar seu filho – com o pleno assentimento de sua consciência. O amor está disposto a suspender a moralidade e a consciência humana para com outros se o amado supremo o exigir. Ele estará, como Abraão, disposto a matar qualquer outra coisa que repute sagrada.

Mas essa própria suspensão permite ao amor ser tão criador de vida: desatrelar a vontade para valorizar, defender e afirmar o supremamente amado, criar empatia com ele, entregar-se a ele da maneira mais intensa possível. Esta terrível lei interna do amor, o fato de estar pronto para suspender a moralidade para com todos no intuito de alcançar a moralidade mais elevada para com um, é o que as Escrituras hebraicas enfrentam de frente. A partir daqui começa o longo fio até o Romantismo do século XIX que investigarei ao longo de grande parte deste livro.

Os sofrimentos de Jó fornecem uma parábola talvez ainda mais notável do que é submeter, sacrificar a própria vontade. Pois, diferentemente da provação de Abraão, as de Jó são tortuosamente longas.[49] E embora possam parecer ter um final feliz – Deus por fim dá a Jó paz e progênie em abundância: "e duplicou todas as suas posses" (Jó 42:10) –, esses dons dificilmente anulam as perdas sofridas, acima de tudo de seus filhos. Essa não é uma narrativa de sofrimento recompensado.

É exatamente isso que a história demonstra: a submissão, que está no cerne da relação de amor, não é genuína se espera apenas recompensas ou redenção do sofrimento. Jó não é um desviante que está sendo punido por se recusar a obedecer às leis de Deus: ao contrário, ele as respeita escrupulosamente. Deus revela até, *antes* que o tormento comece, que Jó é um "homem íntegro e reto; temia a Deus e se afastava do mal" (Jó 1:1). Além disso, sua angústia é "sem motivo" (Jó 2:3). A desgraça é perder quase tudo que lhe é caro: seus animais, seus servos e, o pior de tudo, seus sete filhos e três filhas. Como um arremate para esse tratamento, ele é acometido por uma lepra que se manifesta em penosas feridas por todo o seu corpo, e que tenta em vão raspar com um caco de telha.

Nada desse sofrimento injustificado desperta a mais leve comiseração do Deus de Justiça, que, ao que parece, permitiu que pelo menos dois de seus próprios mandamentos fossem quebrados no processo: contra o assassinato e o roubo. No entanto, embora Jó proteste sua inocência, lamente que seu sofrimento tenha tornado sua vida inútil, deseje nunca ter nascido e anseie pela morte, sua reação imediata é de aceitação e piedade: "Nu saí do ventre de minha mãe e nu voltarei para lá; o Senhor deu, o Senhor tirou, bendito seja o nome do Senhor." (Jó 1:21).

Quando ouvem falar de seus infortúnios, os amigos de Jó vão visitá-lo, lamentam suas perdas e esforçam-se para consolá-lo. Durante sete dias e sete noites ficam em silêncio ao seu lado enquanto ele permanece sentado na cinza e raspa suas feridas. Mas esses consolos só lhe agravam a angústia: ele exclama que não merece sua punição – e caso a mereça, Deus deveria lhe dizer por quê; questiona a justiça e a bondade de Deus; lamenta que os inocentes sofram calamidade e que a terra tenha sido "entregue ao poder do ímpio" (Jó 9:24).

Seus amigos lhe dizem que não pode ser assim. Seu sofrimento, explicam, deve ter uma causa: ele com certeza pecou para merecer tudo isso. Como não há sofrimento sem sentido, ele deve ser culpado. Recompensa e punição são centrais na ordem de Deus. Como um dos amigos, Elifaz, pergunta: "Recordas-te de um inocente que tenha perecido? Onde já se viu que justos fossem exterminados?" (Jó 4:7).

Mas a provação de Jó sugere indiretamente algumas coisas profundas sobre Deus, e assim sobre como amá-lo – e como amar em geral. Recebemos o bem, de fato recebemos a própria vida, das mãos desse ser supremamente amado, mas também recebemos o mal. Recebemos a maior bondade amorosa, mas também a pior crueldade. Recebemos uma promessa de sustentar nossa vida e nosso ser, e ao mesmo tempo nos é infligida aterradora "injustiça" – contra a qual não temos qualquer recurso.

Isto, eu sugiro, é verdadeiro acerca de todo amor genuíno. Uma relação real com alguém que experimentamos como fundando nosso ser, ou mesmo como a fonte de nosso ser, como Deus ou um genitor ou uma nação, exige aceitação obstinada e não oferece quaisquer benefícios previsíveis ou calculáveis. Dentro de uma relação de amor, a negociação está fora de questão. Como Deus diz: "favoreço a quem quero favorecer, e uso de misericórdia com quem quero usar de misericórdia" (Êxodo 33:19).[50] Questões sobre por que o bem-amado nos dá as cartas que dá, ou sobre estar ele moralmente justificado ou não ao fazê-lo, são fora de propósito. Seja o objeto de nosso amor Deus, uma outra pessoa ou a própria vida, o afirmamos mais verdadeiramente quando nem sequer *tentamos* justificar seus procedimentos.

Jó não procura justificar ou mesmo explicar o que Deus faz. Em vez disso, como vimos, diz com magnificência: "O Senhor deu, o Senhor tirou; bendito seja o nome do Senhor" (Jó 1:21). Ele poderia concluir que não há nenhum Deus, pois, se houvesse, o mundo não seria tão injusto. Em vez disso, afirma a existência de Deus: "Eu sei que meu Redentor está vivo" (Jó 19:25).[51] Ou poderia desistir da luta para viver uma vida tão pesadelar, amaldiçoar Deus e morrer, como em certa altura sua mulher o incita a fazer.[52] Mas ele lhe responde com uma de suas mais profundas observações sobre a aceitação que está no cerne de toda relação de amor genuína: "Se aceitamos de Deus os bens, não deveríamos aceitar também os males?" (Jó 2:10)

Acima de tudo, Jó não procura um "sentido" para o sofrimento. Em vez disso, chama a atenção para um ideal de como ser, *dada* a existência do sofrimento. Trata-se do ideal de dispensar respostas para as perguntas: "Por que o sofrimento?" e "Qual é o sentido de meu sofrimento?" De fato, trata-se do ideal ainda mais difícil de não *fazer* a pergunta, em primeiro lugar, de ser forte o suficiente para viver sem sequer se apegar à pergunta não respondida.

Quando Deus chega a falar, zomba de toda a ideia de que alguém possa sondar o universo profundamente o bastante para determinar o que é justificado e o que não é. E quando por fim restaura as riquezas de Jó, "abençoou a Jó pelo fim de sua vida mais do que no princípio" (Jó 42:12), isso parece não se dar porque ele orou por esse resultado[53] ou porque quaisquer outras condições para a felicidade tivessem sido agora preenchidas. Ao contrário, a bênção, como o sofrimento, acontece porque acontece.

A pergunta: "Por que há inocentes sofrendo?" é a pergunta errada a partir do ponto de vista da submissão a Deus e do temor a ele. Isto é: do ponto de vista do amor. Amar a Deus é aceitar isso. Como Abraão também aceitou.

Por que amar a Deus?

Mas o que há em Deus que evoca tamanho amor de seu povo e que os leva a responder, ainda que esporadicamente e de maneira muito imperfeita, à sua ordem de amá-lo?

A resposta parece ser: é seu poder sobre eles, para bem ou para mal, seu poder, tal como eles o percebem, de lhes dar vida ou tomá-la, de aumentar ou diminuir seu ser, de dar-lhes ou negar-lhes um lugar no mundo (inclusive no mundo moral). A injunção das Escrituras de amar a Deus está irrestritamente ligada a seu poder absoluto sobre exatamente essas questões fundamentais da existência.

É por isso que o temor a Deus é tão central para as Escrituras hebraicas. Todo grande amor envolve medo (embora, é claro, nem todo medo envolva amor). Pois a perda do amado é sempre uma possibilidade, e por isso desperta medo mesmo antes que o amante a tenha realmente sofrido. Assim também é nossa vulnerabilidade à violência e à vingança por parte do amado.[54] Em especial quando ele é imprevisível.

Mas maior ainda que o medo de perder Deus é o medo de *vê-lo*. Alguém que possui um poder tão imenso sobre nossa existência inspirará um terror que facilmente ameaça nos esmagar, mesmo que acreditemos que ele nunca vá nos abandonar ou destruir. Como o conceito do "sublime" de Kant, postamo-nos, exaltados e humilhados, perante o "*absolutamente grande*".[55] Sua grandeza nos faz sentir ao mesmo tempo poderosos e impotentes não apenas para possuir o amado, mas em nossa própria existência: a existência que ansiamos que o amado ancore. Estar numa relação de amor é, em outras palavras, estar numa relação de medo; na verdade, quanto maior o amor, maior o medo.

GRANDE PARTE DISTO não condiz com nosso gosto contemporâneo, pois estamos excessivamente comprometidos com a visão, grega em origem, de que o genuíno amor é evocado apenas pelo bem, de que ele persegue apenas o bem e promove apenas o bem. E de que sua obtenção é marcada pela harmonia, estabilidade e compreensão. Nessa visão, se amamos malfeitores é pelos pontinhos de bem que vemos neles. Ou, se nos enamoramos de pessoas destrutivas, isso não é amor genuíno, mas o resultado de uma repetição "patológica" de relações infantis com pais destrutivos ou de impulsos masoquistas.

Mas se olharmos com mais atenção, veremos que isso não é verdade. Por que reféns acabam não apenas se solidarizando e se identificando com seus captores (a chamada "síndrome de Estocolmo"), mas realmente os amando? Por que uma criança ama e defende instintivamente os pais antes de ter idade suficiente para saber se eles são bons ou maus, de fato antes de ter os conceitos de bem e mal? Por que o adulto pode continuar a amar até um genitor que ele descobre ter violado gravemente a ele ou a outrem? Por que muitos povos oprimidos amam, em vez de apenas venerar, seus líderes assassinos – e choram em vastos números, aberta e genuinamente, em seus funerais – talvez mais do que povos livres? (Aqui não podemos ignorar, por exemplo, a extraordinária efusão de sentimento por Stalin por parte de tantos que viveram durante seu Grande Terror; o sincero pesar de milhões quando de sua morte não pode ser reduzido a mero medo, propaganda ou lealdade servil, porque revela muitas das características do amor: devoção transformacional, autossacrifício, submissão, escuta, afirmação, anseio por proximidade, ternura de sentimento, assombro perante sua alteridade inatingível.) Se dizemos: "Bem, tudo isso simplesmente não é amor", ignoramos os grandes perigos inerentes ao amor humano em sua dimensão mais genuína.

Muitas das respostas convencionais não funcionam aqui: não é a "humanidade comum" que amamos nesses monstros; nem são quaisquer semelhanças étnicas ou culturais conosco que detectamos neles; nem é o raio de bondade em suas almas escuras; nem o fato de serem também eles "filhos de Deus". É, muito simplesmente, nossa crença em seu poder ontológico: seu poder de dar ou tirar nossa vida e ser. Inclusive o poder que surge do mal ou faz mal.

Amor e "enraizamento ontológico"

As Escrituras hebraicas evocam uma imagem mais verdadeira dos *motivos* para o amor, não apenas para sua inspiração inicial, mas para sua sobrevivência e maturação, que qualquer das outras tradições que moldaram as concepções ocidentais de amor. O povo de Israel ama a Deus por fé em seu *poder* ontológico, embora só o possam conhecer, quando muito, de maneira obscura: eles o amam como seu criador e origem; como o árbitro de sua sobrevivência e florescimento; e, ao libertá-los da escravidão e conceder-lhes lei e terra, como lhes dando um lugar claro no mundo.

Deus os ama como guardiões de sua lei; e a "escolha" deles para receber a lei, dada a Moisés no monte Sinai, é ela própria um ato de seu amor, embora com a ressalva essencial de que isso não pode ser explicado por nenhum mérito especial da parte de Israel.[56] Como a Criação, o ato original de amor de Deus, ela é expressão de sua vontade fundamentalmente inescrutável e soberana – e nessa medida incondicional. (Aqui está a origem da ideia de "graça", mais tarde tão central para as ideias cristãs de amor.)

E, é claro, esse mesmo Deus que dá vida e lei pode também agir com extraordinária crueldade e aparente injustiça. Ele pode ser ciumento, impiedoso e vingativo.[57] Pode desaparecer, deixando seu povo em apuros nos momentos de maior perigo, desde a destruição do segundo templo no século I d.C. até a expulsão da Espanha no XV e o Holocausto de Hitler no XX. Ele oferece um amor, na forma da Aliança no Sinai, que é incondicional no sentido de que seu povo não o merece e não pode merecê-lo, mas que, uma vez que foi dado, pode também ser condicionado por seu comportamento. (De fato, na Torá é difícil encontrar casos claros em que Deus estende a mão espontaneamente para Israel quando ela o desapontou – e é muitas vezes necessária a intercessão de uma figura como Moisés para que Deus renove seu amor a seu povo.)[58] Eles devem no entanto amá-lo com todo o seu coração e alma e força, embora nunca possam contar com sua presença quando precisam dele. Devem, em princípio, estar preparados para seu amor não ser correspondido.

É assim que todo amor funciona. Como o amor de Israel por Deus, o amor não precisa de um profundo conhecimento do outro para ser evocado e sustentado, embora, uma vez inspirado, deva buscá-lo. O amor é evocado não por beleza ou excelência moral (no sentido de bondade), mas pela misteriosa promessa do amado de ancorar e sustentar nossa vida, de modo que possamos nos sentir em casa no mundo. O amor nunca pode contar com recompensa ou justiça, e talvez seja mais genuinamente amor se não o fizer. Ele é sempre um movimento para um futuro opaco por força da natureza mutável do amado – e pelo fato de que qualquer amor que ele nos demonstre sempre tem suas condições, mesmo que a magnitude de seus dons ou a intensidade de nossa resposta a eles pareça sugerir que é incondicional. Busca afirmar a legitimidade inata do amado e obedecer a ela, a legitimidade que fala de seu ser (o que Heráclito, falando sobre a lei do Ser ou Cosmo como um todo, chamou de *logos*).

AQUI, NO AMOR DE ISRAEL POR SEU DEUS, vemos o exemplo paradigmático da busca pelo que, no capítulo 1, chamei de "enraizamento ontológico". O amado tem o poder de inspirar – ou solapar – no amante o sentimento de que existe como um ser real, legítimo e sustentável; o sentimento de que há um lugar para ele no universo, ainda que nunca consiga ocupá-lo. No caso extremo, como com pais, captores, governantes todo-poderosos, amores românticos ou amores-amizade muito intensos e, acima de tudo, o Deus hebreu, esse é o poder sobre a vida ou sobre a própria morte.

O amor, como eu argumento em todo este livro, envolve centralmente a experiência de estar relacionado a um poder como esse – razão por que a religião, em especial o monoteísmo e, de maneira ainda mais especial, o monoteísmo não adoçado pela presunção de que Deus é um pai que é todo bondade, todo clemência e todo proteção, tem muito a nos ensinar a esse respeito. O amor envolve a fé de que o amado pode afirmar, alimentar e ancorar nosso ser (e assim está sempre acompanhado pelo medo de que ele desapareça, ou deixe de exercer esse poder, ou o faça de maneira destrutiva). E envolve a disposição de pagar um preço tremendamente alto por esse bem supremo, um preço que poderia parecer perverso a quem estivesse de fora, mas pouco significa para aquele que experimenta a promessa de enraizamento ontológico.

Não há necessidade humana maior que a de encontrar essa afirmação, nutrição e ancoragem do próprio ser, e só podemos obter isso através de relações com um mundo em que estamos incrustados. É por isso que quando pensamos ter descoberto alguém – ou de fato alguma coisa, como uma vocação ou arte ou natureza – com poder ontológico sobre nós, mergulhamos nela com um desejo tão irresistível. É também por isso que podemos nos enamorar (e permanecer enamorados) não apenas daqueles que usariam esse poder para afirmar e melhorar nossas vidas, mas também, até precisamente, daqueles que nos veem como inimigos, ou de pessoas cuja riqueza inspira um sentimento (robusto ou não) de enraizamento ontológico, ou de fraudadores que nos dão uma confiança ilusória em nós mesmos, ou de outros que poderiam nos destruir, ou daqueles de cujo amor por nós duvidamos permanentemente. Os tipos de pessoas que acreditamos terem poder ontológico sobre nós começam com nossos pais e estendem-se mais tarde na vida a todos aqueles a cuja mercê nossa identidade, nossa segurança, nosso florescimento, talvez até nossa existência, parecem se encontrar.[59] Nossa fé no poder de tais pessoas sobre nós forja a *confiança* que está no cerne do amor intenso: a confiança de se submeter a uma lei cujos funcionamentos internos, como Abraão, Jó e o povo de Israel souberam tão bem, não podemos em última análise compreender ou justificar.

3. Do desejo físico ao paraíso: Platão

Platão concebia o amor por um belo corpo como o início de um longo caminho que termina no paraíso. Ele é responsável por uma das obsessões definidoras do pensamento ocidental: que Eros pode tomar o céu de assalto, ascendendo do desejo físico ao entendimento, do finito ao infinito, do contingente ao absoluto.

No cerne dessa obsessão está uma exigência lancinante: o amor espiritual deve superar os próprios desejos pela gratificação física em que se origina, e por fim até as condições da própria vida – tempo, espaço e sofrimento. Deve superá-las não reprimindo ou extirpando o desejo erótico, o "amor platônico" nunca o faz, mas mediante um refinamento do desejo que o dirige da beleza física para a beleza divina.

Através desse refinamento o amante alcança uma liberdade divina das deficiências do Eros bruto: sua capacidade de ciúme, ira, carência e vulnerabilidade;[1] sua degradante crueza; sua contaminação pelo tempo, pela carne e pela mortalidade. Do mais cego dos desejos, o amor se transforma no mais clarividente.

Finalmente, o amante vê seu florescimento individual numa contemplação da beleza que transcende toda individualidade. O amor enreda-se num notável paradoxo: Eros, a grande força vital, não deseja nada mais que transcender às condições fundamentais da vida.

Antes de Platão os gregos tinham visto o amor como uma grande força humana e até cósmica, mas nenhum dos seus textos sobreviventes lhe atribui uma significação ética tão vasta. Empédocles (c.492-c.432 a.C.), por exemplo, havia afirmado que o amor e a discórdia governam o universo, cujos quatro elementos – terra, ar, fogo e água – eles mantêm em constante fluxo. Quando o amor domina, esses quatro elementos se unem numa mistura íntima; quando a discórdia leva a melhor, eles são dispersados de novo em quatro massas distintas.[2] O ciclo de mudança é interminável e o amor, embora possa prevalecer por um período, será esmagado por fim pela discórdia:

> E eles nunca cessarão de se alternar continuamente,
> ora todos se unindo num só pelo Amor,
> ora cada um sendo de novo separado pela inimizade ou Discórdia.[3]

Outros reverenciavam o amor como uma força demoníaca que dominava tanto os deuses quanto os homens. "Amor ... nem os deuses imortais, nem os humanos de vida transitória podem fugir a teus golpes – quem foi por ti ferido perde o uso da razão", diz o Coro na *Antígona* de Sófocles. "Tu arrastas, muita vez, o justo à prática da injustiça".[4] Mas quando, antes de Platão, pessoas ou deuses sucumbiam a essa força, sacrificavam tudo por amor, iniciavam guerras por amor, eles não experimentavam necessariamente o desejo de possuir sexualmente o corpo de outrem como o início de uma busca espiritual pela beleza e a bondade absolutas. As guerras troianas, narradas por Homero, dizem respeito ao desejo esmagador de um homem (Páris) por uma mulher casada (Helena de Troia) e o inferno a que ele estava disposto a submeter povos inteiros para ficar com ela. Contudo, esse playboy não pensava em seu amor por Helena em termos éticos; nem o via como uma mera pausa prazerosa numa jornada espiritual mais séria.

E depois Platão, inspirando-se em tradições mais antigas, que provavelmente incluíam o orfismo e outras religiões misteriosas, rompeu de maneira radical com isso. Ele desenvolveu a ideia de que o amor, precisamente como um esforço espiritual, é essencial para a transformação de alguém num indivíduo florescente. Preparou o terreno para que ele se tornasse a virtude suprema, suplantando virtudes mais tradicionais como a coragem e a honra, mesmo que tenha deixado para outros dar mais esse passo. Deu ao amor um papel privilegiado na realização daquele velho sonho humano: um reino ideal de pureza e paz livre da confusão da vida, de sua intratabilidade, sua destruição de progressos arduamente realizados, sua indiferença e crueldade.

Platão efetuou esse movimento radical formulando (como era seu costume) uma pergunta aparentemente inócua.

Não é uma vergonha, pergunta ele perto do começo de seu grande livro sobre o amor, *O banquete*, que "nenhum em toda a multidão dos poetas tenha jamais composto um único panegírico de um deus tão antigo e poderoso quanto o Amor?"[5] Embora homens cultos tenham louvado, por vezes em minúcia, a utilidade de coisas como o sal, nenhum deles teve coragem de fazer justiça ao amor.

Esta pergunta é um momento decisivo na história do amor. Pois no *Banquete* – a primeira discussão extensa do tema na filosofia ocidental e, juntamente com os mandamentos do Deuteronômio e do Levítico, o texto mais influente a esse respeito no mundo ocidental – encontramos quatro poderosas imagens do amor, todas facilmente reconhecíveis por nós hoje.

1. O amor nos torna "inteiros" como indivíduos. Não serei eu mesmo sem "minha outra metade". (Platão de fato introduziu esta expressão hoje batida.)

2. O amor é despertado pela beleza. A beleza não tem a ver apenas com os encantos físicos de alguém: está ligada à sua beleza de caráter, à beleza de sua alma, à beleza de seus atos virtuosos e, portanto, à sua bondade.[6] Posso admirar, apreciar ou cobiçar o que não acho belo, mas não posso *amá-lo*.[7]

3. O amor nos permite ir além de uma relação superficial com as coisas – pessoas, natureza, objetos –, chegando ao que elas têm de absolutamente valioso.

4. O amor extrai o melhor de nós como amantes, acima de tudo, virtude e sabedoria. Embora comece na atração sexual, o amor mais elevado nos permite dar à luz o que há de mais nobre em nós: a verdadeira virtude.

Estas ideias sobre o amor são expressas por vários participantes de um banquete ou simpósio, cada um dos quais faz um breve discurso sobre o tema. Na Grécia, um simpósio não era uma assembleia no auditório úmido de uma universidade em que os pensamentos se voltam secretamente para o sexo, mas sim um festim da alta sociedade, em que a comida era acompanhada por álcool em abundância (*symposium* significa literalmente "beber juntos"), e os convidados, todos homens, reclinados em divãs, eram servidos por escravos e entretidos por belas flautistas que, não raro, estavam também disponíveis para sexo. Era também uma ocasião em que os convidados podiam buscar inspiração intelectual na beleza erótica e muitas vezes não apenas fantasiando sobre sexo, mas de fato acariciando alguém.

Esse alguém, claro, é um belo mancebo. E o amor discutido nesse banquete tende a ter a homossexualidade como pano de fundo. A maior parte dos oradores dá por certo que apenas o amor homossexual entre um homem e um rapaz é conducente às aspirações mais nobres, como a busca da aprendizagem, a política e as maneiras refinadas. Tal amor, aprendemos, pode dar início a uma amizade intelectual para a vida toda entre duas pessoas de natureza semelhante, em que o sexo será substituído por uma "gestação da alma", uma criatividade de grande alcance da qual podem se originar atos virtuosos, leis, poemas, feitos gloriosos e outros frutos imortais.[8]

Em contraposição, alguns dos oradores, mas, como veremos, por certo não todos, consideram o amor heterossexual totalmente inferior: um impulso em grande parte físico cujo principal valor é a procriação física. O amor entre um homem e uma mulher, sustentam eles, não é um ponto de partida para o crescimento espiritual. Em tal medida que, se um homem mais velho deseja uma mulher mais jovem dessa maneira – em outras palavras, para intimidade sexual levando a amizade espiritual e gestação da alma –, talvez os dois precisem fingir que ela é um rapaz, ou pelo menos ignorar o fato de que não é.[9] Baudelaire talvez estivesse defendendo essa ideia platônica quando escreve: "Amar uma mulher inteligente é um prazer pederástico."

O amor homossexual existia, sobretudo, em meio às classes mais altas, as que tinham liberdade e tempo disponível para atividades como a política, a filosofia ou discussões num banquete. E era muito comum que seus devotos fossem também heterossexuais e tivessem esposas em casa, embora raramente se casassem por amor. O sexo com outro homem, contudo, tendia a ser unilateral: era aceitável que um homem mais velho, mais experiente, tivesse uma ligação erótica com um adolescente, cujo rosto ou genitais poderia acariciar; mas esperava-se que o jovem respondesse somente com *philia*, um afeto de amizade admirativa, não fisicamente.

Segundo a convenção erótica grega, a parte mais jovem só devia se submeter aos avanços do homem mais velho após um período decente de resistência. E não deveria gostar do sexo que se seguiria. Esperava-se, ao contrário, que ele próprio fosse desprovido de quaisquer sensações eróticas, ou, se isso não ocorresse, que as controlasse, a ponto de ser capaz de sustentar um pênis flácido mesmo em circunstâncias em que isso poderia ser considerado impossível.[10] Ele sorriria encantadoramente e olharia com recato para outra direção enquanto permitia ao amante esfregar o pênis entre suas pernas, evitando porém penetrar qualquer orifício corporal. (Intercurso completo entre homens é raramente mencionado na literatura grega.)[11]

Embora Alcibíades, um outro participante do banquete, ame Sócrates com tal intensidade que se sente impelido a ir além de uma relação assimétrica para uma em que ele seja o amante ativo e em que até plena reciprocidade emocional seja possível, essa não é a norma. Na convenção grega, uma relação entre iguais genuinamente recíproca é uma relação de *philia*, de querer e fazer bem a um outro a quem se experimenta como um "segundo eu". E embora a *philia* possa se desenvolver a partir de uma relação homossexual unilateral entre um homem mais velho e um mais jovem, em si mesma ela não é mais sexual. Sua principal meta são as formas mais sutis de intimidade, bem como de inspiração intelectual.

No entanto o erotismo que desencadeia essas atividades refinadas por certo não é da variedade morna comumente (ainda que enganosamente) associada a intelectuais espiritualizados, como Sócrates deixa muito claro ao descrever o alvoroço provocado nele por um belo rapaz chamado Cármides:

> Bem, nessa altura, meu amigo, eu estava em dificuldades, e a autoconfiança que sentira antes de lhe falar me fora facilmente arrancada… ele me lançou um olhar que é impossível descrever e preparou-se para me perguntar algo… quando vi o que estava dentro de sua capa. Fiquei em chamas, perdi a cabeça …[12]

Como nem é preciso dizer, Sócrates logo consegue controlar sua lascívia e passa a educar o jovem Cármides sobre – talvez não por coincidência – a natureza da temperança.

Por que o amor nos faz sentir "completos"

A primeira razão importante para levar o amor a sério que emerge do *Banquete* – a ideia de que ele nos torna completos – é expressada pelo dramaturgo cômico Aristófanes, de quem Platão faz o porta-voz de uma extraordinária fantasia.

Aristófanes narra um mito que lhe parece explicar a intensa atração que podemos sentir de súbito por uma pessoa entre as milhares que encontramos em nossa vida, alguém que poderia não ser sequer particularmente confiável ou bondoso ou adequado sob outros aspectos; mas que temos de imediato a sensação de "reconhecer". Muito tempo atrás, diz ele, os seres humanos estavam perfeitamente satisfeitos: eram redondos e tinham dois rostos e dois pares de olhos, ouvidos, braços e pernas. (A forma circular, imaginava a filosofia grega antiga, era a forma de um deus. A perfeição estava na forma de uma esfera, e não de uma criança desamparada.)

Essas figuras autossuficientes eram de três sexos: homens, mulheres ou hermafroditas. Com tantos membros e órgãos dos sentidos, elas gozavam de muitas vantagens, e sabiam disso. Por fim, decidiram desafiar o poder dos deuses, levando os conselhos celestes a um dilema: matá-los ou reprimi-los. O problema com a primeira opção era que os deuses ficariam sem nenhum ser humano para adorá-los. Assim, como não se envergonham de seu apreço a lisonjas e sacrifícios, os deuses gregos decidiram poupar a humanidade. Zeus, seu rei, atinou com a solução de podar a excessiva autoconfiança dos seres humanos cortando-os pela metade. (E advertiu que se essa punição não lhes sustasse a arrogância, os fenderia de novo, deixando-os com um rosto tão chato quanto um perfil numa lápide.)

Desde essa catástrofe os seres humanos erram pela Terra, infelizes, à procura de sua única outra metade, ansiando por voltar a ser completos e descobrir uma felicidade perdida.[13] Esse anseio, diz Aristófanes, é por mais do que companheirismo ou satisfação sexual. Amor é "simplesmente o nome para o desejo e a busca da totalidade"[14], uma definição sucinta do que muitas vezes nos parece uma emoção indefinível. Sua meta é fundir-se com um espírito análogo, superando assim de uma vez por todas a vulnerabilidade da condição incompleta. "O caminho da felicidade para nossa raça [tanto homens quanto mulheres] reside no cumprimento das ordens do Amor":[15] temos de encontrar para nós mesmos o parceiro que de fato nos pertence, de modo a podermos recobrar nossa natureza original.

Assim, quando uma metade encontra por fim a outra, as duas se perdem em assombrada intimidade e anseiam por passar suas vidas inteiras juntas. Recusam-se a se separar até para procurar alimento. E são capazes de desfrutar intercurso, graças à compassiva decisão de Zeus de deslocar os órgãos genitais humanos para uma mais conveniente posição central avançada. (Antes, a procriação acontecia sem intercurso, "por emissão no solo, como ocorre com os gafanhotos.)[16]

Esse mito, como muitos outros, expressa realidades humanas profundas.[17] Ainda dizemos que "nos encontramos" e nos sentimos "inteiros" quando nos deparamos com aquela pessoa única que nos "completa". Ainda acreditamos que deve haver uma pessoa "certa" para cada um de nós, o "encaixe" perfeito. Vemos o sexo como uma expressão e uma celebração do desejo de união com ela. Sentimos, como o mito sugere, que ela é nossa metade "perdida". Pois temos a sensação de (re-)conquistar algo que pertence à nossa própria natureza, de restaurar algo primal. (A igualdade para os gays está incorporada nesta ideia, pois eles nada mais são que as metades dos todos originais inteiramente masculinos ou femininos, ao passo que os heterossexuais são andróginos divididos ao meio. Não que Aristófanes pensasse em orientações sexuais exclusivas.[18])

Mais de dois mil anos depois, vemos Freud retratar a experiência da união dos amantes em termos notavelmente semelhantes. Ele descreve o desejo de fundir-se com o ser amado – e a "sensação oceânica" dos amantes de que os limites entre eles estão se dissolvendo – como uma regressão a um estágio primitivo de desenvolvimento em que o bebê estava unido à mãe. Ela, como as criaturas originais de Aristófanes, é a origem de nosso ser; e o amor visa restaurar essa condição original, essa unidade perdida, em que ainda não éramos um indivíduo distinto, e em que a dor e a impotência da separação ainda não haviam sido experimentadas. O amor, diz Freud, "esforça-se para tornar o ego e o objeto amado uma só coisa, abolir todas as barreiras espaciais entre eles".[19]

Apesar disso, o mito de Aristófanes suscita poderosas questões sobre a busca de "completamento" do amor. Embora sua história pareça ter um final feliz – homens e mulheres conseguem encontrar suas outras metades, pelo menos se tiverem sorte –, o quadro que ele pinta é mais complexo. O fato é que o amor não foi capaz de devolver seus seres humanos divididos ao meio a seu estado original de integridade. Ele conseguiu, no máximo, tentar "chegar o mais perto disso que nossas atuais circunstâncias permitem".[20] Só um deus pode restaurar a integridade. No mito, esse é o deus Hefesto (Vulcano para os romanos), o deus do fogo e um ferreiro que, segundo consta, teria sua forja debaixo do monte Etna, o vulcão da Sicília, e, talvez de maneira significativa, era casado com a deusa do amor, Afrodite (Vênus para os romanos). Somente um deus poderia unir o que um deus havia separado.

Mas se um deus acaso nos permitisse conseguir o que o amor não consegue – tornarmo-nos íntegros – iria isso realmente nos fazer felizes? O fato é que não sabemos. Como diz Aristófanes, "ninguém recusaria a oferta" se o deus dissesse: "Estou disposto a derreter-vos e soldar-vos juntos, de modo que, em vez de dois, vos torneis um." Mas quando Hefesto pergunta de maneira específica aos amantes: "O que vós, mortais, esperais ganhar um do outro?" eles não são capazes de responder. Sabem apenas que não querem nunca mais "continuar separados um do outro por mais um dia ou noite", mas não sabem por quê. Eles tampouco respondem à pergunta: "Iria semelhante destino contentar-vos, e satisfazer vossos anseios?"[21]

E assim a escala da ambição do amor de restaurar uma união primal logo o faz cair num dilema, que Aristófanes deixa no ar. Por um lado, essa ambição é tão abstrata que os amantes se sentem confusos quanto ao que realmente querem, bem como frustrados por não o estarem obtendo. Por outro lado, a completude pela qual anseiam poderia de todo modo nunca satisfazê-los. Pois seria um pesadelo de perfeito contentamento, sem apetite, desejo ou movimento. Não ser inteiro é tortura; mas depois que experimentamos o desejo e suas deliciosas, ainda que fugazes, satisfações e tormentos, não seria também uma tortura ser íntegro? (Este, também, é o dilema de todos os sucessores de Adão e Eva na história judaico-cristã: depois que fomos embriagados pela interminável variedade de esperanças, perigos e novidades fora do Jardim do Éden, desejaríamos de fato retornar a uma vida em que não existe nenhum desejo?)

No entanto, a tragicomédia ainda não terminou. Tudo isto pressupõe que haja uma outra metade correspondente lá fora com que queiramos nos fundir. Contudo, se lemos o mito com atenção, percebemos que as únicas pessoas que têm metades perdidas a recuperar são aqueles ancestrais que Zeus cortou em dois. Todos os seres humanos desde então já nasceram como indivíduos divididos e não têm uma outra metade real a que tenham pertencido originalmente (se deixarmos de lado, por um momento, nossas mães, ponto a que retornarei no capítulo 15). Assim, embora todos nós tenhamos a sensação de que há um alguém perfeito esperando para ser descoberto, na verdade não há. Não há nenhuma pessoa única – ou tipo de pessoa – que vá corresponder a nós de maneira perfeita e sem problemas. E assim a totalidade que dois indivíduos que se amam constituem nunca será perfeita; nem nos levará de volta a um estado original de inocência.

Mas se a completude pela qual o amor anseia é impossível ou indesejável, e se não há nenhuma outra metade perfeita a ser encontrada, estaríamos nós superestimando-a? E para que serve o sexo, que se torna o servo do amor depois que os seres humanos originais foram divididos em dois e tiveram seus genitais deslocados? Afora o prazer do sexo e sua importância para a reprodução, o mito de Aristófanes atribui um caráter levemente absurdo aos ferrenhos esforços que os seres humanos fazem durante grande parte de suas vidas para inserir uma parte não particularmente atraente de suas anatomias em uma outra – e sua disposição a arruinar famílias, fortunas, reputações e até países para isso. Mais ou menos como poderíamos rir quando vemos dois cães copulando febrilmente à beira da estrada ou o desajeitamento de um elefante macho montando em sua fêmea. Há, portanto, uma outra abordagem à questão: qual é o objetivo supremo do amor? *O Banquete* sugere que há um: possuir beleza e bondade. Onde Aristófanes disse que o amor é motivado pelo desejo de encontrar nossa outra metade, mas indicou que ele ou ela poderia ter quaisquer qualidades, contanto que encontrássemos nossa completude, Sócrates, em suas intervenções, acrescenta condições essenciais: o amor deseja beleza (*kalon*[22]) e bondade (*agathon*[23]).

A beleza e a bondade parecem ser aqui apenas duas maneiras de descrever a mesma qualidade buscada pelo amor, de tal modo que eticamente a vemos como boa e esteticamente como bela. Não pode, portanto, haver amor pelo feio;[24] nem um amante buscará sua outra metade a menos que saiba que ela é boa.[25]

Amor como desejo de possuir beleza e bondade

As condições de Sócrates poderiam parecer vagas; mas têm enorme significado. Não podemos, ele sugere, amar genuinamente nossa outra metade, ou alguma coisa em nós mesmos, ou o todo que nós dois formamos juntos, a menos que a consideremos boa e bela. O amor, neste sentido, é tudo menos incondicional.

Mas que tipo de beleza e bondade apreciamos em outros? O que nos atrai neles especificamente? Afinal, há inúmeras ocorrências de beleza e bondade no mundo e não amamos todas elas. A que nos falta, responde Sócrates. Acho belo ou bom aquilo que não possuo; você acha belo ou bom o que não possui.

O raciocínio por trás disto é simples: o amor é um desejo,[26] e o que desejamos é aquilo que ainda não temos.[27]

Como nossas carências são muitas vezes reveladas com mais clareza por alguém diferente de nós, talvez nos sintamos atraídos, no final das contas, não pela semelhança, mas pela diferença. Esta possibilidade não é uma decorrência necessária das considerações de Sócrates sobre a lógica do desejo, mas é sugerida por elas. Nesse caso, o amor floresceria pela consciência precisamente da beleza e bondade que sentimos não possuir nós mesmos. E assim a chave para o amor bem-sucedido seria renovar de maneira incessante nossa percepção da diferença do amado em relação a nós: não apenas tolerar a diferença, mas ansiar por ela.

Essa ideia de que somos atraídos pelo que não temos suscita a intrigante possibilidade de que parte (mas apenas parte) da atração de um homem por mulheres, tanto por seus corpos quanto por suas mentes, surja de um desejo de possuir uma feminilidade que ele não tem em si mesmo. E o inverso para a atração de uma mulher por homens. Segundo esta teoria, homens gay sentiriam uma falta de virilidade ou um excesso de feminilidade em si mesmos. Eles seriam atraídos, sobretudo, pela masculinidade de seus parceiros. De maneira similar, lésbicas seriam atraídas pelo feminino – não pelo masculino – em outras mulheres.

Esta especulação emerge em nosso próprio tempo tanto em romances quanto em investigações psicológicas. Em *A la recherche du temps perdu* (*Em busca do tempo perdido*), o Narrador de Proust, Marcel, concebe os homens gays como sendo psicologicamente femininos. Sobre Charlus, um amante gay frustrado, ele diz: "Ele pertencia a essa raça de seres, menos paradoxais do que parecem, cujo ideal é másculo simplesmente porque seu temperamento é feminino."[28] O infeliz dilema do homem gay proustiano é que ele tende a desejar homens heterossexuais por seu temperamento másculo, mas estes, é claro, desejam apenas mulheres; ao passo que é repelido por outros homens gays por causa de seu temperamento feminino, e assim está condenado à solidão. Sócrates diria que ele não precisa estar assim condenado, pois haverá por certo outras propriedades belas ou boas de um homem gay que faltarão a Charlus, e pelas quais ele pode, portanto, ser atraído; mas Proust parece recusar esse consolo, como veremos no capítulo 16, para ver a paixão erótica, gay ou não, como fadada à decepção.

Sócrates pensa que o amor se origina na falta, Aristófanes, que ele se origina na perda. Sócrates, agora repetindo as palavras de uma sacerdotisa sábia e (quase certamente) fictícia chamada Diotima, desenvolve depois essa ideia do amor surgindo da falta descrevendo-o como o filho da Pobreza (seu outro genitor é o Expediente, filho da Invenção, também traduzido como Fartura, filho da Astúcia[29]). Numa passagem brilhante ele expressa com implacável clareza a natureza maquinadora do amor:

> com Expediente por pai e Pobreza por mãe, ele [Amor] tem o seguinte caráter. É sempre pobre e, longe de ser sensível e belo, como a maioria das pessoas imagina, é duro e castigado pelo tempo, sem sapatos e sem casa, sempre dormindo ao relento por falta de cama, no chão, em soleiras, na rua. Isso na medida em que puxa à mãe e sofre privações. Mas, sendo também um filho de seu pai, ele maquina para conseguir tudo que seja belo e bom; é audaz, atrevido e persistente, sempre arquitetando truques como um astuto caçador; anseia por conhecimento, é cheio de aptidões e um amante da sabedoria durante toda a sua vida, um mágico habilidoso, um alquimista, um verdadeiro sofista.[30]

Esta imagem – de que o amor é um matreiro moleque de rua, de que embora deseje beleza ele não se comporta necessariamente de maneira bela – é muito sugestiva. Pois pode a experiência da pobreza herdada ser algum dia superada? Pode ela cessar algum dia de impulsionar nossa vida ou alimentar nossas lembranças? Pode algum dia ser compensada, não importa quanto bem nos motive a alcançar? Quer se origine na perda ou na falta? Na esfera do amor humano estas perguntas reduzem-se a uma: podem suas necessidades ser finalmente satisfeitas? A resposta sugerida pela linhagem materna do amor é não.

Mas sua paternidade está longe de dotá-lo de calma também. Fartura ou Expediente alimenta a plenitude natural que, segundo Sócrates, todos nós temos e que busca libertação através do amor e especificamente através do desejo de procriar do amor.

Essa ideia da procriação permite a afirmação de que o amor deseja que a beleza seja mais nuançada. Amor, diz Sócrates agora, é o desejo pela "procriação no que é belo". E "tal procriação pode ser física ou espiritual".[31] Em outras palavras, ela pode resultar em filhos ou em criações como arte, filosofia e atos virtuosos. Todos têm "um impulso procriativo, tanto físico quanto espiritual, e quando chegam à maturidade desejam gerar filhos, mas só o podem fazer na beleza e nunca na feiura".[32] Em outras palavras: em e por meio do amor somos capazes de criar. E através dessas criações de ser imortais.

Assim o amor brota tanto da deficiência quanto da abundância. É ao mesmo tempo necessitado e engenhoso. O amante sente-se ao mesmo tempo vazio demais, o que o incita a criar, e pleno demais, o que lhe permite fazê-lo. Careço do outro, mas também tenho, por assim dizer, demais de mim mesmo, um excesso de espírito que não se manifestou em realizações criativas; e são estas que o amado pode me ajudar a libertar. Há uma perpétua tensão no amor, ou pelo menos no amor que busca constantemente: "O que ele ganha ele sempre perde, e não é nem rico nem pobre, nem sábio nem ignorante."[33] O amor parece estar sempre não resolvido, sempre a caminho, sem chegar a um destino claro e final.

Como no mito de Aristófanes, isto sugere mais uma vez que talvez nunca chegue um momento em que teremos alcançado um amor que estará satisfeito de uma vez por todas. Não porque fomos de algum modo incapazes de descobrir a fórmula para o amor bem-sucedido; ou porque não tenhamos "trabalhado nele" com suficiente afinco. Menos ainda por causa de impedimentos externos – barreiras de classe, preconceito étnico, as pressões da vida cotidiana, rivais e coisas semelhantes. Mas porque o amor é, em sua própria origem e essência, insaciável. Os desejos que, de acordo com Aristófanes e Sócrates, o alimentam – restaurar uma integridade primal; encontrar um tipo de bondade e beleza que não possuímos em nós mesmos; criar a partir da plenitude – não podem ser estavelmente satisfeitos. Ou, se pudessem, então, como Hefesto sugeriu em sua pergunta para amantes em busca de completude, poderíamos nos ver fixados num estado de fatal perfeição.

Este é o dilema trágico de todo amor entre pessoas, para o qual a vida não oferece saída.

O amor como o desejo de possuir beleza e bondade absolutas – perpetuamente

Precisamos, no entanto, fazer uma pausa neste ponto e formular uma pergunta que Sócrates/Diotima até agora atenuaram. Que tipo de beleza e bondade que nos falta o amor deseja essencialmente?

Na resposta a esta pergunta, o amor ocidental começa a acumular sérios problemas: a gerar expectativas às quais o amor não pode satisfazer na prática.

O desejo máximo do amor, diz Sócrates, é estar "em constante união" com a própria essência da beleza, da bondade e da verdade em si.[34] Estar unido à essência, digamos, da beleza não significa estar unido a esta ou aquela coisa bela, mas estar unido à própria beleza, ao que é ser belo, ao que é comum a todas as coisas belas e nos permite identificá-las como belas. Trata-se de uma realidade absoluta, imortal e imutável.

Sócrates descreve essa visão de beleza absoluta na linguagem da experiência religiosa:

> Essa beleza é antes de tudo eterna; ela nem vem a ser nem se extingue, nem aumenta nem diminui ... [não é] como a beleza de um rosto ou mãos ou qualquer outra coisa corpórea, ou como a beleza de um pensamento ou ciência ...; [nós] a veremos como absoluta, existindo só consigo mesma, única, eterna, e todas as outras coisas belas como participando dela ... Qual podemos supor ser a alegria do homem que vê beleza absoluta em sua essência, pura e sem mistura, que, em vez de uma beleza contaminada por carne e cor humanas e uma grande quantidade de lixo perecível, é capaz de apreender beleza divina onde ela existe à parte e sozinha?[35]

Dominados por essa visão de divina beleza, contamos com o amor para nos levar de um mundo imperfeito, transitório, para um reino de perfeição e eternidade. Esperamos que ele culmine numa experiência de absoluta beleza e bondade – e que nosso bem-amado inspire em nós tal experiência. Sua função, relata Sócrates, é "interpretar e transmitir mensagens dos homens para os deuses e dos deuses para os homens".[36] De fato, o amor permite a nós seres humanos encontrar uma completude divina; ter "o privilégio de ser amado por Deus, e tornar-se, se algum dia um homem o pode ser, ele próprio imortal".[37]

Mas não nos tornamos capazes de um amor tão exaltado de um momento para outro. O amor, como a habilidade, requer instrução e treino. Devemos cultivar o conhecimento, a maturidade e as virtudes necessárias para galgar a escada do amor. E para isso precisamos de um mestre, um guia.

A princípio, o amor será naturalmente dirigido para um belo corpo. "O homem que persiga o caminho certo para essa meta deve começar, quando jovem, aplicando-se à contemplação da beleza física", diz Diotima, acrescentando que se o amor o conduzir acertadamente, ele deveria nesse estágio inicial "enamorar-se de uma bela pessoa particular e gerar sentimentos nobres em parceria com ela".[38]

À medida que o amor amadurece, seu foco passa de um belo corpo para os belos corpos em geral. Pois o amante, concentrado como está na beleza, logo percebe que "a beleza física em qualquer pessoa está estreitamente aparentada com a beleza física em qualquer outra",[39] de modo que fixar-se na beleza de apenas um corpo é fútil e desprezível.

Depois o amante torna-se capaz de amar a beleza de almas, que lhe parece mais nobre que a beleza de corpos, e interessa-se por "aquelas noções que podem servir para tornar os jovens melhores", e depois nas "atividades e instituições" que essas ideias expressam. Mas essas atividades e leis são elas mesmas expressões de conhecimento, e agora o amante deseja o grande mar de beleza, o que o inspira a "produzir na abundância de seu amor à sabedoria muitos sentimentos e ideias belos e magníficos".[40]

Por fim, damo-nos conta de que a razão e força propulsora por trás dessa ascensão do amor é o desejo pela própria essência da beleza, por si mesma. Como vimos, a essência da beleza – ou bondade – ocupa um reino mais elevado, como o de Deus, abstraído de nossa vida cotidiana comum e assim de tudo que dela obtém sua beleza. Nesse reino as coisas não são perecíveis, ou dependentes de outras para sua existência e valor, mas existem e são valiosas eterna e incondicionalmente. Nesse reino, portanto, o corpo e seus desejos, o tempo e seus estragos, tornam-se possíveis objetos de repugnância.

Esse quadro da ascensão do amor do físico ao divino moldou a história do amor ocidental de maneiras tão imensas e variadas que não posso fazer mais que escolher algumas de suas influências, embora muitas outras irão se manifestar à medida que considerarmos outras concepções de amor que, a despeito de toda sua aparente diferença, dependem decisivamente do pensamento de Platão (seja adotando-o ou opondo-se a ele).

A primeira dessas influências é criar a base para fazer do amor o caminho para o valor supremo: para as bênçãos da beleza e da bondade mais elevadas; para a verdadeira virtude; para o que é puro e eterno. Como diz Sócrates: "na aquisição dessa bênção a natureza humana não pode encontrar melhor auxiliar que o Amor. Declaro que é dever de todo homem honrar o Amor".[41] Tomado junto com os mandamentos de amar a Deus e ao próximo das Escrituras hebraicas, isto deixa o terreno preparado para o cristianismo fazer do amor o valor supremo do mundo ocidental, a virtude e significado supremos da vida.

A segunda é pensar que o desejo sexual pode se situar no início do caminho para o amor mais elevado, mas *não* é aquilo em que o amor mais elevado consiste ou é realmente consumado. Tanto na exposição de Sócrates sobre a ascensão do amor à beleza absoluta quanto no mito de Aristófanes sobre o encontro de nossa outra metade, o sexo é um meio, mas não o fim. Surpreendentemente, nenhuma medida de liberação sexual afugentou esta visão. Poucos consideram o amor centrado no sexo como comparável em resiliência ou riqueza ao amor baseado em coisas "mais elevadas" que compartilhamos com nossos parceiros, como valores ou ideais comuns. Poucas figuras na história ocidental não pensaram, no íntimo, que o sexo deve ser servo e não senhor numa relação amorosa. Decorridos mais de dois séculos, o marquês de Sade ainda é uma célebre exceção, ainda um objeto de fascinação, mesmo nestes tempos liberados.

A terceira ideia platônica que ainda está conosco é a ligação entre amor e imortalidade. O amor mais elevado nos permite não só vislumbrar coisas imortais de valor eterno; através dele podemos nos tornar, "se um homem pode sê-lo, imortais".[42] A visão culminante do *Banquete* – a visão do amor como um passaporte para a essência imutável da beleza e da bondade, e portanto para um mundo livre de muito do que nos torna humanos, como transitoriedade, perda, sofrimento, acaso e mal, sejam eles naturais ou produzidos pelo homem – passa a cativar a imaginação ocidental como poucas outras ideias jamais o fizeram.

No entanto, a despeito de toda a sua majestade, essa visão do amor como dirigido por fim para a essência atemporal da beleza solapa gravemente o valor do amor entre pessoas. Ela transforma em vício uma das maiores virtudes do amor: prestar atenção precisamente à particularidade temporária dos indivíduos. Torna as pessoas, de fato qualquer coisa transitória, menos dignas de nosso amor pela mera razão de sua impermanência. Ela achata sua individualidade, a tal ponto que poderíamos de fato trocar nosso amado por qualquer outra pessoa, contanto que ela corporificasse ao menos o mesmo grau de beleza. Torna os seres amados valiosos apenas como meios para alcançar nosso bem maior como amantes, notavelmente nossa criatividade, nossa imortalidade e nossa percepção da beleza absoluta – e só desperta em nós, quanto ao mais, pouco ou nenhum interesse em suas vidas ou em aprofundar nossa relação com eles. Assim, no interesse do florescimento do próprio amante, acaba arrastando o amor mais verdadeiro do pessoal para o impessoal, do individual para o geral, e do humano para o, literalmente, desumano. Uma tendência que, como veremos, é intensamente fomentada pela carreira do platonismo dentro do cristianismo e que culmina com a celebração da *Liebestod*, ou morte por amor, no século XIX.

Além disso, a ideia de que o amor é necessariamente despertado pela beleza não parece crível. Por um lado, o número das pessoas e coisas que amamos é, de maneira patente, menor que o das que consideramos belas. Alguém poderia considerar muitas mulheres bonitas, ou muitas pinturas, vasos ou paisagens, mas amar de fato apenas uma. Por outro lado, a "verdadeira" beleza que Platão tem em mente é inseparável, em sua explicação dela, da bondade, isto é, bondade ética; e é óbvio que as pessoas amam muitas coisas que elas próprias não consideram eticamente boas. A mulher que se apaixona pelo assassino que reconhece como mau (e de fato pode até achar atraente em razão dessa maldade); o amor do refém por seu captor que consideramos no capítulo 2; a facilidade, discutida ali também, com que o amor é despertado pelo poder, até pelo poder brutal; o amor da criança pelos pais antes de ter qualquer noção desenvolvida de sua bondade ou maldade, e muitas vezes depois de ser maltratada por eles – tudo isto sugere que o amor não é despertado unicamente pelo bem.

O amor pelo belo tampouco vai de par com o amor pelo bom. Ver o guarda do campo de Auschwitz que ama a música como uma contradição e angustiar-se pensando "como isso é possível?" é um legado de Platão. Isso é inteiramente possível: pois um amor à beleza não acarreta de maneira necessária um compromisso com a moralidade. (Deixarei de lado aqui a questão da existência ou não de circunstâncias em que um amor à beleza, seja como criador de arte ou como intérprete de obras alheias, poderia de fato ser inibido pela moralidade e fomentado pela liberdade dela.)

Se o amor for, como propus, inspirado pela esperança de enraizamento ontológico – a esperança de sentir que nossa vida está indestrutivelmente ancorada numa realidade cujo valor consideramos absoluto –, a beleza será uma consequência do amor, não sua causa. De maneira semelhante, a alegria de ter encontrado tal esperança lançará uma luz geral de bondade sobre o amado, não uma bondade moral, mas uma bondade análoga à que Deus encontrou no mundo que havia criado. Em outras palavras, um sentimento de deleite, gratidão, até reverência, diante da existência daqueles que amamos.

Devo deixar o desenvolvimento deste pensamento para o capítulo final, mas ele me leva de volta para o enraizamento ontológico, possivelmente a mais profunda de todas as necessidades humanas depois de comida, água, abrigo, reconhecimento e proteção.

Os mitos preponderantes do *Banquete* – aqueles atribuídos a Aristófanes e Diotima – são algumas das maneiras mais poderosas de descrever essa necessidade que podem ser encontradas na herança ocidental.

Trata-se de uma necessidade que pode ser mais bem-expressa em termos míticos. Pois o desejo de experimentar nosso ser, de tal modo que nossa existência individual se sinta seguramente enraizada, é tão difícil de especificar quanto poderoso.

Aristófanes apresenta essa ambição em termos de um "retorno" a uma integridade primordial e imutável; Sócrates/Diotima, como um movimento para a frente, ou para cima, em direção a uma essência divina. Ambos fazem algo que governou a sensibilidade ocidental desde então: atribuem ao amor o papel de assegurar o imutável e o eterno.

Mas com a caracterização do objeto do empenho do amor como algo imutável e eterno, está preparado o terreno para Eros, aquele que é o maior dos impulsos de vida, ser – paradoxalmente – um impulso de morte. Pois Eros deseja então uma satisfação que, literalmente, envolve a superação da vida humana na única forma em que a conhecemos: como indivíduos cujas vidas são estruturadas pelo tempo e a transitoriedade, e pela possibilidade de solidão, perda e incompletude em todos os sentidos. Em outras palavras, nos textos de Platão está preparado o terreno para que o amor se torne uma imensa força para a destruição – não em resultado de ira, ciúme e possessividade louca, mas motivado e justificado por nada menos que seus ideais mais nobres; não de uma maneira abertamente violenta, mas com uma brutalidade refinadamente sublimada.

Essas ambições são particularmente perigosas quando a arena final do amor são as relações humanas, como sem dúvida não ocorre no *Banquete*. Quando isso acontece, talvez da maneira mais notável no Romantismo alemão do século XVIII ao XIX, as relações humanas passam a ficar inevitavelmente sobrecarregadas com expectativas irrealizáveis. A elas é atribuída a tarefa de permitir aos amantes entrar em contato com o divino e até tornarem-se divinos; esforçar-se, através de seu amor, para alcançar a imortalidade, e, por fim, aniquilar sua existência como indivíduos encarnados.

Essa seria uma carga suficiente para impor a qualquer relação pessoal, e na verdade ela levará mais de duzentos anos para chegar à sua apoteose. Mas então percebemos uma outra coisa, para a qual Hefesto já apontava: a meta suprema do amor – a alegria da completude, da indestrutibilidade – não pode ser especificada. O amor não pode *saber* precisamente o que quer. Quando os protagonistas de Platão dizem que os objetivos do amor são a completude, a beleza em si mesma, ou a essência do bem de que todas as coisas boas particulares são exemplos, eles falam de objetivos que são como o objeto de contemplação do místico: nenhuma definição, representação ou objetivo pode apreendê-los.[43] (De fato a palavra "bem", mesmo que não seja usada nesse sentido platônico estrito, é, como a palavra "verdade", provavelmente indefinível. E séculos de esforço não permitiram aos filósofos explicar a natureza exata desses conceitos.)

O problema, e um desafio que tento enfrentar neste livro, é este: como pode a busca por uma fundação indestrutível para nosso ser individual por meio do amor, a que Platão dá uma expressão tão magistral, afirmar a vida humana, inclusive as relações humanas, em vez de buscar superá-la?

Em outras palavras, como pode o amor, *contra* Platão, tornar-se o meio privilegiado de relacionar-se precisamente com o tempo, a brevidade, a perda, o sofrimento, a imperfeição e a particularidade de indivíduos encarnados, e assim honrar o próprio fenômeno que o amor mais elevado de Platão quer transcender?

Neste contexto deveríamos retornar a uma outra coisa que os mitos de Aristófanes e Diotima nos dizem: o amor é inteiramente condicional. É condicionado ao encontro de uma "outra metade" muito particular (visão de Aristófanes) ou ao grau em que alguém exemplifica a beleza (visão de Sócrates/Diotima), ou talvez em especial àqueles aspectos da beleza que faltam a cada um de nós. Se, como acabo de sugerir, estas forem apenas duas maneiras, entre muitas, de representar o desejo humano de alcançar uma relação fundamental com o Ser (expresso nas tradições judaica e cristã como uma relação certa com Deus; um tornar ou re-tornar à fonte de nosso ser), então o amor estará condicionado a alguém ou alguma coisa que nos apareça como a promessa encarnada desse paraíso.

Sugerir que o amor tem tais condições está longe de torná-lo caprichoso ou narcísico, pois vivê-lo exige atenção sustentada e escrupulosa a nosso objeto de amor e ao mundo além de nós, uma atenção que é o oposto do narcisismo e seria derrotada pelo capricho.

Talvez depois de ter sido inspirado pela satisfação dessas condições, o amor se torne "incondicional" na medida em que perseguirá seu objeto e zelará por ele com entusiasmo e sem ressalvas. Em sua origem e objetivos, porém, ele não é de maneira alguma incondicional, como querem muitos clichês.

POR FIM, PODEMOS APRENDER com Platão como o amor deve ser educado, precisamente se seus fins forem tão exaltados. Ele é como o talento para qualquer coisa – inato, mas precisando ser continuamente desenvolvido para poder florescer um dia. Especificamente, é difícil demais controlar a atenção do amor a seu objeto sem longo esforço. A capacidade de buscar a presença real de um outro e o que ele exige de nós não amadurece da noite para o dia. Reconhecemos rapidamente nossa situação como a do jovem em *The Age of Anxiety* de W.H. Auden: "Assim, aprendendo a amar, por fim ele é ensinado/ A saber que não ama."[44]

A insistência de Platão de que a pessoa mais velha pode ensinar uma ou duas coisas sobre o amor à mais jovem há muito merece ser revivificada. Assim também a ideia de que uma afeição eroticamente carregada, e a confiança especial que ela fomenta, tem um papel pedagógico numa relação como essa entre um homem (ou uma mulher) mais velho e uma pessoa mais jovem. Sem, é claro, a pederastia que era praticada em Atenas, e que não pode ser vista senão como abominável por nosso próprio tempo. A relação entre o mentor e o jovem deve, em outras palavras, ser espiritual.

Há um ponto relacionado aqui: a capacidade de amar é fruto da idade, não um monopólio da juventude. Há prodígios de amor – Baby no filme *Dirty Dancing – Ritmo quente* talvez seja um deles; Vladimir em *Primeiro amor* de Turguêniev é outro. Em geral, porém, quando somos jovens falta-nos a receptividade refinada que torna o amor não cego, como muitas vezes se pensa, mas, como Platão salienta, potencialmente a mais clarividente das paixões; não caótico e afoito, mas um exemplo de ordem e forma; não uma glorificação extravagante, mas rendição perspicaz; não incondicional, mas inevitavelmente condicional; não iludido, mas consciente.

Em nossa juventude ainda não descobrimos tampouco que o amor é um empreendimento arriscado em que podemos nunca encontrar nossa outra metade verdadeira ou, se a encontrarmos, ser incapazes de harmonizar duas vidas, com frequência inescrutáveis e incontroláveis. Mais a tentativa que o sucesso, mais a jornada que o destino, é o que interessa. A jornada é *aprender* uma atenção apaixonada que nos abre para as vidas de nossos amados. Nesse processo poderíamos chegar nós mesmos à fruição criativa – ou, para expressar o pensamento platônico de uma maneira moderna, "gerar a nós mesmos".

Contrariamente ao que Sócrates pretendia, essa abertura gradual para a presença da outra pessoa tende a nos tornar mais vulneráveis à perda e à sorte, não menos. Mais lançados no mundo da mudança e do acaso, não mais isolados dele. Precisamos, portanto, explorar o que poderia ser fazer descer à terra as ambições transcendentes de Sócrates – não fazê-lo por fazer, mas porque o primeiro objetivo e necessidade do amor é enraizar nossa vida neste mundo. A pessoa para nos ajudar a fazer isso é Aristóteles, o mais talentoso discípulo de Platão. E é para ele que devemos nos voltar agora.

4. O amor como amizade perfeita: Aristóteles

Aristóteles (384-322 a.C.) recupera o amor para este mundo: para a natureza, o tempo e o caráter humano;

Ele o vê como um vínculo entre indivíduos em benefício de seu florescimento,[1] e não, como lemos no *Banquete* de Platão, uma maneira de olhar além dos indivíduos para uma realidade atemporal de beleza absoluta. Ele acredita que os seres humanos são animais sociais por natureza, de modo que viver nossas vidas em intimidade com outros escolhidos é parte de nosso pleno florescimento, diferentemente da visão de Diotima dos afetos humanos como, na melhor das hipóteses, um meio para alcançar um amor que se esforça para chegar ao céu. Aristóteles reconhece, de fato celebra, nossa necessidade de valorizar os seres amados e de ser valorizados por eles.

De maneira decisiva, ele faz da amizade, não das relações sexuais ou da contemplação do Bem, a forma suprema de amor. De fato, eleva de tal maneira a melhor espécie de amor-amizade – que chama de perfeita *philia*: querer e fazer o bem para os outros no interesse deles mesmos; identificar-se intensamente com eles como se fossem "um segundo eu"; buscar profunda harmonia mútua – que todas as outras formas de relação, seja com cônjuges, irmãos, filhos, pais ou parceiros sexuais, só lhe parecem valiosas na medida em que exibem as características dessa *philia*.[2]

O último ponto é de grande importância: *philia* é uma forma de devoção cuja melhor tradução é "amor-amizade", mas que floresce não apenas entre o que costumamos chamar de "amigos", como também em todos esses outros tipos de relação em sua melhor forma. Assim, a intimidade sexual, por exemplo, não é em princípio oposta ao "amor-amizade"; mas como é motivada meramente pela esperança de prazer, Aristóteles a considera não mais importante para uma vida florescente (e possivelmente menos) que, digamos, um bom senso de humor, uma renda adequada ou a tolerância à bebida.

Essa elevação decisiva da *philia* alimentou uma das controvérsias mais prolongadas na história do amor ocidental. A questão é esta: Aristóteles está certo ao sugerir que o amor-amizade é mais importante para nosso florescimento, mais constante, mais harmonioso, mais recíproco, e, em última análise, mais ético que o amor sexual? Neste grupo encontramos figuras como Cícero, Plutarco, Montaigne e, de certa maneira, Nietzsche. Ou, ao contrário, a amizade é uma espécie débil de amor, que não possui o entusiasmo e a sensualidade da paixão erótica e sua indiferença à convenção, bem como nenhum compromisso forte com uma ideia transcendental (Deus, união espiritual, arte e coisas semelhantes)? Os que diriam sim formam uma estranha aliança: românticos como Rousseau, que considera a amizade como inferior ao amor erótico; cristãos de muitos tipos, de santo Agostinho a Kierkegaard, para quem a amizade é uma distração do amor espiritual e essencialmente egoísta; e pessimistas como o narrador de Proust, que amaldiçoa a amizade como uma "abdicação de si mesmo ... desprovida de virtude".[3] Essas divergências quanto ao valor e ao papel da amizade vêm se estendendo há 2 mil anos, e ainda não estão resolvidas.

Para Aristóteles há muito em jogo aqui. Para ele o amor mais puro, aquele que se baseia em querer e fazer o bem aos outros no interesse deles mesmos, e não apenas por prazer ou ganho pessoal, é, em sua própria essência, ético. Ele só é possível entre dois indivíduos bons, e de fato bons de maneiras semelhantes. O que Aristóteles quer dizer por "bom" é muito mais do que a simples aceitação de regras como dizer a verdade, ou não furtar, ou cumprir promessas. Ele quer dizer que eles compartilham toda uma concepção da melhor maneira de viver a vida, dos fins justos da vida e das excelências de caráter com que nossas escolhas e ações devem estar de acordo.[4] Apenas o amor-amizade, sustenta ele, pode exemplificar plenamente esse tipo de relação ética. Associações eróticas são impulsionadas por prazer e ganho; e embora possam ser acompanhadas por amor-amizade que busca o bem do outro independentemente de prazer ou ganho pessoal, ou mesmo desenvolver-se em amor-amizade, não se fundam elas próprias em tal amor, não sendo por isso intrinsecamente associações éticas.

Essa ideia de que o amor-amizade é necessariamente uma relação ética de uma maneira que o amor erótico não é está em consonância com certas intuições contemporâneas. Por exemplo, podemos nos apaixonar por um assassino, mas é pouco provável que queiramos ser amigos dele. O amor erótico, como a ambição pelo poder, pode matar aqueles que se interpõem em seu caminho ou se recusam a se render. Uma certa violência possessiva que não dá importância alguma à moralidade, ou ao menos aos costumes convencionais, parece pertencer à sua natureza, e, na verdade, é muitas vezes vista como prova de sua autenticidade e força. Desaprovamos, mas não ficamos de todo assombrados quando amantes perseguem seres amados que não lhes correspondem ou se voltam contra eles.

Já se um amigo começasse a se comportar assim conosco, consumido pelo ciúme de nossos outros amigos, determinado a nos possuir, e furioso se não retribuíssemos em grau suficiente suas afeições, ficaríamos impressionados não pela força de seus sentimentos de amizade, mas por sua pobreza.

Isso não ocorre por ser a amizade um laço anêmico comparada ao amor erótico ou romântico. Ela é uma espécie muito diferente de amor. É, em essência, uma relação bilateral. "Amizade não retribuída" não pode existir, ou, se pode, não nos parece particularmente nobre ou benéfica. (Diferentemente do Eros platônico, em que amo o belo, não ele a mim.[5]) E a reciprocidade na amizade não envolve possuir o outro ou "fundir-se" com ele. Pelo menos não de uma maneira que oblitere a ação independente do amado. Embora na perfeita *philia* experimentemos nosso amigo como nosso "outro eu", e nessa medida como contínuo ou mesmo idêntico a nós mesmos, nós o fazemos de uma maneira que respeita explicitamente sua integridade, capacidade de agir e vida distinta, e é dedicada a encontrar, cultivar e desfrutar o bem que existe nele.

Por que o amor-amizade é condicional

A insistência de Aristóteles de que *philia* depende de, e até mesmo é em essência, uma relação ética significa que ele se opõe de maneira decidida aos dois primeiros mitos sobre o amor ideal que mencionei no capítulo 1: que ele é incondicional (ama o outro sejam quais forem suas qualidades ou as mudanças em suas qualidades); e que afirma totalmente o ser amado, tanto o que ele tem de "mau" quanto de "bom".

A *philia* está inevitavelmente condicionada às excelências de caráter que percebemos em outra pessoa. Visto que o caráter é percebido em atos concretos e desejos no curso de uma vida vivida,[6] amamos alguém não só pelas disposições que detectamos nele, mas pelo modo como estas são reveladas, ao longo do tempo, em sua vida real. Reveladas em ações heroicas ou crises pessoais ou atividades como pensamento, criação artística e liderança política; e também na vida cotidiana ordinária: ao comer, beber, fazer sexo, dar festas e até contar piadas – que podem todas ser realizadas com diferentes graus de excelência ou baixeza.[7] Para Aristóteles, portanto, o amor ideal é "um compartilhamento completo e irrestrito em *todas* as atividades que as pessoas julgam ser pertinentes a seu bem viver humano", isto é, todas as atividades "concordantes com as reconhecidas excelências de caráter".[8]

Mas se o amor é assim condicional, então, contrariando um outro mito sobre o amor ideal, ele não é necessariamente constante, muito menos eterno. Não continuamos a amar uma pessoa quer ela continue ou não a mesma. Aristóteles discordaria das palavras de Shakespeare: "Não é amor o amor que se altera quando alteração encontra."[9] O amor será solapado precisamente na medida em que o amado mudar para pior. Como através de uma deterioração moral que não é revertida. Ou através da deterioração da velhice, que pode "causar uma perda de sensibilidade e do prazer que pode levar à dissolução ou ao menos à diminuição do amor".[10] Ou através da partida do ser amado. É assim que a separação e a morte podem, após tempo suficiente, ajudar-nos a nos recobrar da perda de um amor.[11] (E isto não é forçado: afinal, algumas pessoas conseguem encontrar novos amores quando são abandonadas ou casar-se de novo quando o cônjuge morre.) Tudo que solape gravemente a confiança pode também destruir o amor: a desconfiança, o ciúme, o medo, a autodefesa são todos inimigos da *philia*.[12]

Não se trata apenas de não se poder esperar que a *philia* seja constante se a outra pessoa se tornar irreversivelmente má. Aristóteles parece ir mais longe: devemos abandonar um amigo nessas circunstâncias. Pois "[o que] é mau não deve nem pode ser amado".[13] Uma amizade, ele sugere, deveria ser rompida mesmo que uma parte tenha "permanecido a mesma enquanto a outra se tornou melhor e a superou de longe em excelência":[14]

> se um amigo continuasse uma criança em intelecto enquanto o outro se tornasse um homem plenamente desenvolvido, como poderiam eles [continuar a] ser amigos, quando nem aprovavam as mesmas coisas nem se deleitavam ou se contristavam com as mesmas coisas? Pois nem mesmo com relação um ao outro seus gostos concordarão, e sem isso … eles não podem ser amigos…[15]

Via de regra, é claro, esperaríamos que a *philia* sobrevivesse porque ela se baseia em algo tão robusto quanto as excelências de caráter do amigo ("sua amizade dura enquanto eles forem bons, e a excelência é algo duradouro"[16]). Essas qualidades são tão fundamentais para quem alguém é, que amá-lo dessa maneira é amá-lo "por si mesmo".[17] É amá-lo por quem ele é, e não meramente porque nos é útil ou agradável. Quando isso acontece, nós nos identificamos tão estreitamente com ele, com suas virtudes e escolhas, desejos e valores, que ele parece ser "um outro eu".[18]

Já vimos sentimentos semelhantes em ação, até uma conversa semelhante sobre amar o outro como à própria alma, nas grandes amizades do Antigo Testamento, as de Jônatas por Davi e Rute por Noemi, embora sem o embasamento específico da amizade nas excelências de caráter do amado.

O AMOR-AMIZADE TEM UMA SEGUNDA CONDIÇÃO: a bondade do *amante*. É preciso ter virtude para reconhecê-la, desejá-la e ansiar por unidade com uma outra pessoa que a possua. Só amantes eles próprios virtuosos são capazes de amar o bem em outrem e têm motivação para tal. Somente eles podem fazer tudo que o amor genuíno deve fazer: atestar a vida do outro e especificamente sua qualidade como um ser ético.

Assim o amor-amizade "perfeito", o tipo que não apenas usa o outro para prazer ou utilidade, mas deseja o melhor para ele por ele mesmo, só é encontrado entre duas pessoas virtuosas.

Mas não apenas pessoas virtuosas, mas pessoas de virtude *semelhante*. O semelhante é atraído pelo semelhante e a ele se adéqua. Ligamo-nos a outrem através de nosso amor por ideias semelhantes, através de nossa posse de virtudes semelhantes. "A amizade perfeita é a amizade de homens bons, e semelhantes em excelência."[19]

De fato semelhança *é* amizade.[20] Esta afirmação de Aristóteles é surpreendentemente extrema. Em sua amizade ideal a semelhança dos amigos abrangeria não apenas a virtude deles – e as escolhas, desejos, motivações e gostos essenciais que ela expressa – mas também seu status social, bem como todos os prazeres e vantagens que proporcionam um ao outro.

Isto exclui um bom número de relações da amizade. Esposos, por exemplo; ou homens e mulheres em geral. Como a virtude feminina é, pensa ele, naturalmente inferior à masculina, a melhor mulher nunca se iguala ao melhor que um homem pode ser. Desse modo, a perfeita *philia* não poderia existir entre um homem e uma mulher, por mais virtuosa que ela fosse.[21]

Não pode tampouco existir entre pais e filhos,[22] pois eles também são desiguais, pelo menos até que os filhos tenham atingido a maturidade ética. E por certo não entre senhores e aqueles que, acredita Aristóteles, são escravos por natureza, não estando meramente em posições subservientes por força de má sorte ou nascimento. Ele acrescenta que embora possamos ser amigos de uma tal pessoa na medida em que ela é um homem, não podemos ser amigos do escravo em sua natureza.[23]

Mas se pusermos de lado essas crenças, inaceitáveis e sem fundamento para nossa sensibilidade igualitária moderna, de que mulheres são eticamente inferiores e de que algumas pessoas são escravos naturais, resta um poderoso cerne de verdade na afirmação de Aristóteles de que o amor mais profundo e mais duradouro floresce na semelhança na natureza de duas pessoas, e em especial em sua natureza ética amplamente concebida: aquilo que elas concebem como seus bens, valores ou objetivos mais elevados.

Poderíamos, é claro, também desejar tipos opostos, aqueles que nos trazem algo inteiramente novo e desconhecido, considerando-os fascinantes e encantadores, assim como uma fuga bem-vinda de nós mesmos e das dificuldades de abrir nosso próprio sulco na vida. Em particular, quando o prazer ou a utilidade motivam nosso interesse por outrem, poderíamos esperar descobrir deleites e bens que ainda não possuímos, e o próprio Aristóteles supõe que "a amizade no interesse da utilidade parece ser a que existe mais facilmente entre contrários".[24] Mas, em última análise, tendemos a nos sentir mais à vontade, e mais profundamente ligados, com pessoas cuja natureza é fundamentalmente semelhante à nossa.

MUITOS OUTROS FILÓSOFOS concordaram com isto, de Empédocles, que chegou a ponto de dizer que o semelhante não pode ser conhecido *exceto* pelo semelhante (e que Aristóteles cita como dizendo que "o semelhante aspira ao semelhante")[25] a Cícero, e de Montaigne a Nietzsche. Curiosamente, dissidentes como Schopenhauer e Proust, para os quais o amor, ou pelo menos o amor romântico-erótico, busca a diferença e não a similaridade, são também menos otimistas acerca de sua contribuição para uma vida rica e satisfatória.

Evidentemente, a ideia que as pessoas fazem sobre sua "natureza essencial" – e até sobre a existência de tal coisa – varia segundo a época, a cultura ou a pessoa. Talvez não pensemos mais nas virtudes de caráter, estritamente falando, como definindo nossa natureza, e consideremos decisivas outras categorias, como gosto, profissão, ideias, interesses, origens étnicas, nacionalidade ou religião. Como quer que nos definamos, porém, tendemos a ter uma predileção pela similaridade, como muitos estudos psicológicos sobre o casamento, o acasalamento e a separação confirmaram.[26] O amor é notavelmente conservador, quer se expresse em amizades, casamentos, parcerias, relações pais-filhos ou outros vínculos estreitos. Pessoas que dedicam suas vidas à igualdade racial, econômica, educacional e social, e que celebram genuinamente a "diversidade", muitas vezes, se não usualmente, acabam se casando com alguém de seu próprio grupo.

Provavelmente com boa razão. Ser espelhado por uma outra pessoa, essencialmente semelhante a nós, não nos dá apenas uma forte sensação de estar validados e ancorados no mundo; pode ser também a melhor base para perceber, compreender, apreciar, e, se não sempre apreciar, tolerar sem reservas, a singularidade de nosso amado. Assim como, mesmo com a maior boa vontade, não podemos compreender e saborear as sutilezas de uma língua a menos que sejamos um de seus falantes consumados, não podemos compreender e saborear a particularidade de uma outra pessoa a menos que ela seja, num sentido similar, nativa para nós.

Podemos ser amigos de nossos amantes?

A filosofia de Aristóteles sugere uma resposta simples para esta antiga pergunta: amor-amizade e amor erótico são espécies tão díspares de devoção que só podem florescer dentro da mesma relação se nos lembrarmos de não esperar do amor erótico coisas que de fato não lhe pertencem, e de maneira semelhante da amizade.

Para resumir as características do amor-amizade: ele é mútuo – a amizade é benevolência recíproca – e visto por ambas as partes como tal.[27] Envolve querer bem ao outro por ele mesmo.[28] Demanda claro reconhecimento dos dois amigos da independência de cada um: apesar de se verem um ao outro como seu "segundo eu", eles não esperam se "fundir" naquela união indistinguível celebrada, como veremos, por grande parte da tradição místico-erótica, desde o neoplatonismo antigo até o Romantismo do século XIX, passando pelo misticismo da unidade cristã. A amizade leva tempo para se desenvolver: duas vidas e sua miríade de atividades devem ser mutuamente entrelaçadas por tempo suficiente para permitir a ambas as partes chegar a conhecer bem e amar os caracteres uma da outra e também para se beneficiarem de suas atividades comuns. E é duradoura na medida em que boas qualidades de caráter, os objetos desse tipo de amor, são estáveis. Em contraposição, essas condições não são necessárias para o amor erótico, que pode ser tanto apaixonado quanto genuíno sem ser correspondido, ou sem fazer do bem-estar do outro um objetivo central, ou sem respeitar escrupulosamente sua independência, ou sem levar muito tempo para amadurecer, ou sem ser particularmente duradouro. Relações eróticas são frágeis porque dependem de expectativas de beleza ou prazer sexual que ou ficam insatisfeitas ou não duram:

> ... na amizade de amantes por vezes o amante se queixa de que seu excesso de amor não é correspondido com amor (embora talvez não haja nele nada de louvável), ao passo que muitas vezes o amado se queixa de que o amante que outrora lhe prometeu tudo agora nada cumpre. Esses incidentes acontecem quando o amante ama o amado por amor ao prazer, ao passo que o amado ama o amante por amor à utilidade, e ambos não possuem as qualidades que deles são esperadas ...; pois cada um não amava a outra pessoa em si mesma, mas as qualidades que ela possuía, e estas não eram duradouras; é por isso que as amizades também são passageiras. Mas o amor de caracteres, como foi dito, dura porque só depende de si mesmo.[29]

Aristóteles é claro: sexo não é necessário para o amor mais satisfatório.[30] Assim, se o sexo "interpõe-se" no caminho do amor-amizade, seja induzindo intensa possessividade do outro em detrimento da ação no interesse de seu bem-estar, ou uma ênfase excessiva na beleza física e não na atratividade ética, ou na espontaneidade e não na constância, podemos inferir que o primeiro termo desses pares terá sempre de se render ao segundo. Pelo menos para que possamos alcançar a *philia* perfeita, em que duas pessoas se amam uma à outra em benefício da outra e não meramente por prazer ou utilidade.

Mas como ficam as relações que buscam tanto *philia* quanto Eros, relações como casamentos e outras formas de rica intimidade? A conclusão que a filosofia de Aristóteles sugere, embora ele próprio não chegue a ela de maneira explícita, é que *philia* e Eros, e, portanto, relações que envolvam os dois, serão sempre vulneráveis a tensões, o respeito pela autonomia competindo com a possessividade, uma ênfase no caráter e na virtude com uma fixação no prazer e na beleza física, os prazeres da reciprocidade com a dor do desejo não correspondido, a harmonia com a turbulência, a confiança com o ciúme. As batalhas em todo amor desse tipo são travadas nem tanto entre os sexos como entre as diferentes formas de amor que uma relação particular encerra.

Amor-próprio e autoconhecimento

Mas, a despeito de tudo que Aristóteles diz sobre a *philia* fazer do bem-estar do outro um fim em si mesmo, não seria mesmo a *philia* "perfeita" extraordinariamente egoísta, uma vez que só amamos pessoas dessa maneira se suas virtudes de caráter forem similares às nossas – se elas nos parecerem ser um "segundo eu" e forem assim, em certo sentido, nós? Embora Aristóteles afirme que a *philia* é a forma mais elevada de amor, não se reduz ela essencialmente ao amor de nós mesmos num outro? A uma sociedade bastante óbvia de mútua admiração?

A resposta a estas perguntas é um desavergonhado sim. Isso não é um problema para Aristóteles. Ele não vê nenhum conflito necessário entre amar o outro e a si mesmo. Nem entre altruísmo e interesse pessoal. O altruísmo, em que faço alguma coisa por alguém porque suas necessidades ou vontades são razão suficiente para que eu o ajude, é perfeitamente compatível com a possibilidade de eu me beneficiar por fazer tais coisas.

É compatível até mesmo com a possibilidade de eu ter uma razão interesseira para fazê-las.

De fato, Aristóteles vai ainda mais longe: ele acredita que o amor mais elevado envolva essencialmente o desejo de *nosso próprio* bem. Como o objetivo natural e apropriado da vida é realizar nosso potencial humano, nosso primeiro interesse em tudo que fazemos, inclusive amar os outros, *deveria* ser nosso próprio florescimento.[31] Não no sentido de esperarmos um retorno para cada coisa boa que fazemos por outra pessoa, mas antes no sentido de que florescemos precisamente por amá-la por quem ela é "em si mesma". Sendo ela um "segundo eu", seu florescimento é também meu próprio florescimento. E assim cuidando de sua vida eu cuido da minha.

Quais são, então, as bênçãos que fluem para nós por amar uma outra pessoa? Há duas principais que podemos inferir amplamente da discussão de *philia* por Aristóteles.

A primeira delas é o amor-próprio. Em particular, amizades estreitas aprofundam nossa estima por nós mesmos[32] e nos dispõem a agir de maneiras que expressem o que temos de melhor – que são, como diríamos hoje, "fiéis a nós mesmos". Pois amar outras pessoas inspira a energia e a tenacidade de que precisamos para nos dedicar ao nosso próprio florescimento. Temos mais êxito em nos envolver estreitamente com o que consideramos importante, ou em sustentar nossa própria motivação, se compartilhamos nossa vida com um ser amado:[33] "não é fácil ser continuamente ativo por si mesmo, mas com outros e para outros é mais fácil".[34]

Isto não significa que dois amigos precisem viver sob o mesmo teto, mas envolve a mais estreita associação regular em todas as atividades que lhes pareçam necessárias para se viver uma boa vida, das coisas comuns como comer, beber e dar festas, a pensar, raciocinar, conversar, trabalhar e enfrentar perigos.[35] ("Pois é isto que viver juntos me pareceria significar no caso do homem, e não, como no caso de gado, comer no mesmo lugar.")[36]

Essa contínua associação não consiste, portanto, em encontrar-se para fazer uma pausa nas preocupações mais opressivas. Ao contrário, envolve dedicar tempo precisamente àquelas atividades mais centrais para a vida um do outro e esforçar-se para evitar as separações prolongadas que, Aristóteles insiste, ameaçam a firmeza e a confiança de uma amizade.[37]

Claramente, nenhum homem contemporâneo com um emprego, uma hipoteca e uma família poderia ter tempo para muitas amizades dessa espécie, e é difícil imaginar uma esposa que ficaria feliz se o marido empreendesse tudo que lhe fosse mais caro com seu amigo. Mas se descartarmos a suposição de Aristóteles de que as mulheres são inferiores aos homens, tanto eticamente quanto em termos de entendimento, e por isso incapazes da mesma qualidade de amor-amizade, fica claro que a arena ideal para esse tipo de intimidade contínua seria o casamento, ou outra parceria a longo prazo em que todas as aspirações e valores que tornam a vida mais digna de ser vivida para ambas as partes são conciliadas.

Aristóteles insiste que o florescimento humano precisa dessa intimidade a longo prazo, como quer que ela seja obtida; e que é precisamente isso que nos distingue de animais selvagens – bem como de Deus, que não requer nenhuma companhia para ser plenamente ele mesmo:

> ... conosco [seres humanos] o bem-estar envolve um algo além de nós, mas Deus é seu próprio bem-estar.[38]

> ... aquele que é incapaz de viver em sociedade, ou que não precisa disso por ser suficiente para si mesmo, deve ser ou um animal ou um deus ...[39]

Isto nos leva à segunda grande bênção do amor para Aristóteles: autoconhecimento.[40] O autoconhecimento foi muito valorizado por pensadores e místicos gregos, "conhece-te a ti mesmo" era a célebre incumbência que o Oráculo de Delfos impunha a seus devotos; e Sócrates, o mestre de Platão, e assim o avô intelectual de Aristóteles, percorria Atenas pregando que "a vida não examinada não merece ser vivida". Mas Aristóteles pensa que uma espécie de autoconhecimento é particularmente essencial para nosso florescimento: conhecer nossos motivos para agir das maneiras como o fazemos. A razão é esta: nossos motivos não são caprichos arbitrários; eles encarnam nossas concepções inerentes do que é bom, expressam nossos "valores essenciais" (como diríamos hoje). Para compreender que tipo de vida estamos levando precisamos estudar não apenas nossas ações, mas também o que as impele; precisamos saber se escolhemos as ações certas pelos motivos certos.[41] Dar dinheiro a uma criança que tem fome, por exemplo, tem uma qualidade ética muito diferente se lhe jogamos a esmo uma moeda no colo ou se nosso propósito é fazê-la parar de nos importunar com seu sofrimento, do que se o fazemos por genuína empatia e desejo de ajudá-la a florescer. Levar uma boa vida não significa perseguir coisas meritórias no piloto automático.

Portanto, só examinando nossos motivos podemos descobrir nossas concepções ocultas do que é bom. Só compreendendo que valores nos movem podemos ter certeza de que nossas ações são fiéis a eles, e assim a quem somos.

Mas por que devemos amar *uma outra pessoa* para obter esse autoconhecimento? Por que não o podemos obter olhando para dentro de nós ou observando a nós mesmos em ação?

Porque, diz Aristóteles, é muito difícil conhecer a nós mesmos. O que, por exemplo, fica "claro pela maneira como censuramos os outros sem nos dar conta de que nós mesmos fazemos as mesmas coisas". [42] Ou como reivindicamos virtudes que não possuímos. Como Nietzsche diria mais de 22 séculos depois: " … somos necessariamente estranhos para nós mesmos, não compreendemos a nós mesmos, *temos* de nos compreender mal, para nós a lei 'É de si mesmo que cada um está mais longe' aplica-se para toda a eternidade, não somos 'homens de conhecimento' com relação a nós mesmos".[43]

Nietzsche vai muito mais longe que Aristóteles: ele acredita que nunca podemos realmente compreender nossas ações, muito menos seus motivos; eles são complicados demais, opacos demais. Se pensamos saber com precisão o que somos, estamos enganados. Aristóteles pensa que podemos adquirir conhecimento de nós mesmos tanto emocional como fisicamente; mas precisamos da ajuda de espelhos – neste caso, o espelho de alguém que seja exatamente como nós em sua natureza essencial, um "segundo eu" a quem amemos; não um inimigo (embora, possamos acrescentar, inimigos – nossa escolha deles e o comportamento que eles evocam – possam sem dúvida nos dar valiosa compreensão de nós mesmos):

> [Assim como] quando desejamos ver nosso próprio rosto, o fazemos olhando o espelho, assim também quando desejamos nos conhecer podemos obter esse conhecimento olhando para o nosso amigo. Pois o amigo é, como afirmamos, um segundo eu. Se, então, é agradável conhecer a si mesmo, e não é possível fazê-lo sem ter alguém mais por amigo, o homem autossuficiente precisará de amizade para conhecer a si mesmo.[44]

Em outras palavras, aprendemos sobre nós mesmos através de uma pessoa amada não tanto por causa do que ela nos diz, mas antes observando nela nossos próprios reflexos. Chegando a conhecê-la como um "segundo eu", chegamos a conhecer a nós mesmos. Descobrindo que nossas intuições de afinidade com ela são confiáveis e bem-fundadas, descobrimos nosso próprio caráter e a razão por que escolhemos e agimos como o fazemos.

A ideia de Aristóteles de amigos como espelhos está longe de esgotar as maneiras pelas quais a intimidade pode promover o autoconhecimento. Tão importante quanto espelhar é, por certo, o que aprendemos com as muitas maneiras inesperadas pelas quais um relacionamento estreito nos faz sentir seguros ou amedrontados, relaxados ou constrangidos, felizes ou zangados, poderosos ou fracos, seguros ou inseguros de nossos próprios valores e projetos. Mas Aristóteles nos oferece uma compreensão decisiva: que nossa ideia de quem somos é formada através de relações íntimas e sustentadas com outros, baseadas num sentimento de profunda afinidade que resistiu à prova do tempo. Em outras palavras, a individualidade é fundamentalmente relacional.

Isto nos leva de volta à concepção de Aristóteles de que esses benefícios do amor só fluirão se amante e amado forem suficientemente virtuosos. Sua ideia de que o amor é injustificado – e injusto – se não for enraizado em excelências apropriadas de caráter poderia parecer desagradável. Mas é mais profunda do que parece. Faz eco a uma ideia grega arcaica de que o cosmo tem uma ordem essencial, uma ordem "justa", com que tudo, seja humano ou inanimado, deve estar em harmonia para poder florescer. A justiça, no sentido de tal harmonização, não é, portanto, simplesmente uma questão de respeitar regras, como cumprir promessas ou não mentir, que separamos numa área da vida chamada "moralidade". Em vez disso, justiça consiste em agir em conformidade com aquelas que são consideradas as leis mais profundas do Universo. Tudo que desobedece a elas o faz por sua conta e risco. Heráclito observa que isso inclui até o Sol: "O Sol não transgredirá suas medidas. Se o fizer, as Fúrias, ministras da Justiça, o flagrarão."[45]

Aristóteles está firmemente inserido nessa tradição quando afirma que tudo que é injusto é ilegal e tudo que é justo é legal. O grego tem uma palavra especial para essa legitimidade: *dikaios*, que significa "imparcial", "justo", "certo" *ou* "de acordo com as leis". O amor é *dikaios* quando é estritamente justificado por seu caráter, quando dá à pessoa o que lhe é devido. Se o amor não estiver nessa conformidade, é inautêntico e vão. (Como tudo é falso quando é infiel às leis que o governam.)

Cada um de nós só pode, portanto, amar e ser amado por pessoas muito particulares. O vínculo que sentimos com elas não é resultado de alguma "química" misteriosa, mas baseia-se em características tangíveis e observáveis de seu caráter e de suas concepções do que é bom. O amor afirma apenas aquelas características virtuosas e boas do amado, e quanto ao mais está longe de "aceitar tudo". E embora possamos nos enamorar de pessoas inadequadas – para Aristóteles, aquelas que são desprovidas de virtude, ou não compartilham ideias semelhantes, ou não desejam ou fazem bem uma à outra –, isso não funcionará. Tal impulso irá contra as leis da natureza (humana): e assim, com tais pessoas, nenhuma intimidade duradoura será possível.

A moral? Provavelmente somos demasiado descuidados em nossa escolha de amantes; pois a escolha errada pode arrancar nossa vida de um curso florescente. Paixão e química não são nenhuma prova de amor, muito menos de que uma relação nos será benéfica. Movidos por nossa forte ânsia de nos tornarmos semelhantes àqueles por quem nos sentimos atraídos, seguir seu conselho, emular seus valores e gostos, pagamos um preço real e com frequência desastroso por nos associar às pessoas erradas: aquelas com virtude insuficiente, aquelas cujos valores são demasiado diferentes dos nossos. Tornamo-nos piores com uma pessoa pior, melhores com uma melhor; mas o segredo do amor duradouro está em duas pessoas serem não apenas virtuosas, mas *similarmente* virtuosas.

É FÁCIL SUBESTIMAR QUÃO EXTRAORDINARIAMENTE o pensamento de Aristóteles é contrário àqueles dogmas contemporâneos sobre o amor que mencionei no capítulo 1: por exemplo, que ele é incondicional, espontâneo, altruísta, afirmativo da pessoa em sua totalidade e, em sua própria natureza, constante. Assim, onde poderíamos pensar que o amor não impõe qualquer condição, Aristóteles nos diz que ele é absolutamente condicional à bondade e à semelhança de caráter entre ambas as partes. Onde poderíamos ver o amor altruístico como competindo com o amor-próprio, Aristóteles sugere que amar outra pessoa por si mesma faz parte do exercício do amor-próprio. Onde poderíamos supor que devemos amar a nós mesmos antes de sermos capazes de amar outra pessoa, Aristóteles indica o oposto. Onde poderíamos imaginar que para ter discernimento sobre os outros deveríamos primeiro ter discernimento sobre nós mesmos, Aristóteles propõe o inverso. Onde poderíamos proclamar que o verdadeiro amor é constante "aconteça o que acontecer", Aristóteles sustenta que ele pode, e até deve, mudar se o amado muda. Onde poderíamos supor que o amor é uma emoção espontânea para a qual não há explicação, Aristóteles o vê como um sentimento supremamente razoável e inteiramente explicável. Onde poderíamos ver o amor com inatamente injusto e possessivo, Aristóteles insiste que ele é necessariamente justo e só floresce entre dois indivíduos independentes.

Embora os dogmas sobre o amor a que a *philia* se opõe sejam eles próprios herdados de várias tradições cristãs, ela também é absorvida pelo cristianismo católico, acima de tudo sob a influência de Tomás de Aquino. De fato a capacidade multiforme do cristianismo para cooptar as mais diversas tradições – as Escrituras hebraicas; o "paganismo" de Platão, Aristóteles e Ovídio; o igualitarismo do Iluminismo – significa que concepções radicalmente diferentes de amor colidirão, disseminando uma confusão que dura até os nossos dias. No entanto, antes de nos voltarmos para o modo como isso aconteceu, e para o modo como poderíamos desemaranhar tanta confusão, devemos fazer uma pausa naquela cidade "eterna" onde as ideias gregas e a recém-formada seita cristã deveriam se encontrar tão intimamente: Roma.

5. O amor como desejo sexual: Lucrécio e Ovídio

No amor, como na política e na engenharia, Roma é a pátria de pragmatistas de gênio. Entre eles encontramos dois dos maiores expoentes do amor como um impulso puramente natural que é corrompido ao ser objeto da expectativa de que redima o sofrimento, o mal e a morte. Eles conferem ao amor, e em especial à amizade, um lugar central na vida florescente; mas recusam-se a endeusar a paixão, vendo-a antes, como muitos antigos, como uma espécie de escravidão e destino infeliz. Examinam com implacável precisão as maquinações do desejo sexual e sua irresistível ânsia de procriação e prazer, na esperança de que o controlemos em vez de permitir que ele nos controle – e assim nos libertemos do medo, da loucura e da ilusão com que o desejo pode nos esmagar.[1]

Para Lucrécio e Ovídio (respectivamente c.99-c.55 a.C. e 43 a.C.-c.17 d.C.), o que duas pessoas eroticamente embriagadas uma pela outra chamam de "amor" nada mais é que o servo inconsciente do instinto de autoperpetuação. Este é um instinto tão fundamental que, segundo algumas concepções, é possível identificá-lo com a própria força vital. Seu *modus operandi* é poder e manipulação, guerra e ilusão. Longe de ser um precursor de virtude, é um precursor de perigo; e a arte do amor é viver esse instinto impulsivo e imprudente sem ser prejudicado por ele. Não há muita espiritualidade a ser encontrada nesses leitos romanos.

Mas a partir desse fundamento comum os dois poetas extraem conclusões muito diversas, em especial nos valores estéticos que associam ao amor sexual.

Lucrécio, um contemporâneo de Júlio César, é tão pouco idealista quanto possível com relação ao amor sexual. Em seu magnífico poema "Sobre a natureza das coisas" (*De Rerum Natura*), ele descreve o espetáculo de um homem atraído por uma mulher: "Ele corre para a pessoa … e quer copular/ E plantar naquele corpo o fluido de seu próprio corpo;/ Seu desejo mudo sugere que isso lhe dará prazer."[2]

O sexo vicia: o desejo nunca é satisfeito de maneira definitiva e, ao contrário de outros desejos, digamos por comida e água, quanto mais o satisfazemos, mas o inflamamos.[3] Contudo, se o recusarmos por completo ele nos atormentará com fantasias. Deveríamos, portanto, gratificar nosso apetite sexual com moderação, mas também nos livrar de sua tirania. Ao mesmo tempo e de maneira inteiramente coerente, Lucrécio cultua Vênus, a deusa do amor e mãe do povo romano (chamada de Afrodite pelos gregos). Ele o faz em razão da ilimitada procriação que ela inspira: "… tudo sob as estrelas … está cheio de ti: cada uma das coisas vivas é concebida/ Por teus métodos e assim vem à luz do dia".[4]

Ele chega até a pedir a ajuda de Vênus ao escrever seu poema: "Como só tu controlas o trabalho da natureza …/ E nada é jubiloso ou amável sem ti/ Busco teu auxílio ao escrever estes versos."[5]

Não há nem ambivalência nem paradoxo aqui. Lucrécio rejubila-se no impulso amoroso na medida em que o identifica com o vasto poder generativo de Vênus, ou o vê como servindo a esse poder. A vitalidade emociona-se consigo mesma. A vitalidade é o deleite que mantém a vida querendo mais de si mesma. Querendo, em outras palavras, procriar.

Mas, de maneira decisiva, não porque a vida seja boa em si mesma. Aqui devemos enfatizar mais uma vez a estranheza, aos nossos ouvidos modernos, de Lucrécio e mais tarde de Ovídio. Schopenhauer, por exemplo, também verá a paixão sexual como expressando uma energia erótica cósmica, uma força vital procriativa que impregna toda a natureza, que ele chama de "vontade de vida". Mas sua insaciabilidade e o sofrimento a que ela a seu ver conduz, como todo desejo, o faz incriminar o valor da vida como tal.

Enquanto isso, Lucrécio parece não ter nenhum interesse em julgar o valor da vida como um todo. E corretamente: pois nós criaturas vivas não podemos nós mesmas sair da vida, seja a vida como tal ou nossa própria vida, e examinar se, tudo pesado e medido, ela se mostra satisfatória ou não. Se o peso de seu sofrimento, desapontamento, fragilidade, vulnerabilidade e morte certa é de algum modo excedido e justificado por um bem supremo, seja ele natural ou sobrenatural.

Lucrécio é, portanto, desalentado, mas não pessimista. Ele retrata os horrores da vida com implacável clareza, mas sem extrair a conclusão de que, tudo considerado, ela é "má" – a conclusão que justificaria qualificá-lo de pessimista. Ele sabe que as pessoas podem se render ao desespero quando a esperança da continuação da vida é suplantada pelas forças da deterioração: doença, velhice, má sorte. Ele oferece maneiras de lidar com a desesperança, por exemplo em relação à morte, mas não pensa que o amor deveria ser incumbido da tarefa de redimi-la.

Os desesperos de amor atraem seu particular desdém, em especial quando fluem da idealização de nosso parceiro ou do próprio ato sexual. Grande paixão, Lucrécio adverte, gera grande estupidez. Os amantes são tomados pela ânsia impossível de se fundir, com se quisessem que todo o seu corpo fosse absorvido no do outro.[6] São assediados pelo ciúme e a inveja. Dissipam suas energias. E facilmente tornam-se sádicos:

> Esmagam o corpo que buscavam até que ele grite
> E muitas vezes, ao colar um beijo, seus dentes fazem nos lábios
> Um corte que por certo não é puro prazer.
> Não verdade, estão antes incitados a ferir o objeto,
> Seja ele qual for, que causa esse ataque de loucura.[7]

Se essas ilusões parecem divertidas a Ovídio, ainda que por vezes ridículas, para Lucrécio toda a questão da idealização parece tediosa:

Muitas vezes vemos mulheres disformes, repugnantes,
Consideradas encantadoras, poderíamos dizer até adoradas...
Uma moça escura parece mel; uma suja é natural;
A rameira de olhos de gato é uma deusa; a pegajosa é uma sílfide;
A anã, que não cresceu, uma gema diminuta;
O monstro que cresceu demais tem extraordinária dignidade...[8]

No mundo antigo, grego e romano, era um lugar-comum precaver-se contra a loucura do amor, inclusive sua tendência a idealizar e, quando desapontado, a demonizar. Mas Lucrécio considera esses males do amor como precisando meramente de remédios, e não como sintomas de um impulso que, propriamente canalizado, pode nos pôr em contato com excelentes bens éticos e espirituais.

Em essência, ele vê apenas três remédios, que, em ordem descendente de nobreza, são: contemplação, casamento e promiscuidade.[9] A tirania do sexo pode, pensa ele, ser acalmada pela contemplação, contida pelo casamento e, se tudo o mais falhar, despendida pela promiscuidade.

A contemplação, tal como Lucrécio a descreve, é meditação destinada a aplacar nossos desejos, bem como nos permitir desfrutar prazeres simples e sociáveis. É um método menos exigente, menos espiritual, de transcender o desejo sexual que a maioria das abordagens encontradas na história ocidental, que tendem a envolver atenção apaixonada a uma realidade concebida como supremamente valiosa, como a busca da essência da beleza de Platão, ou a devoção cristã a deus ou o *amor intellectualis Dei* de Spinoza, ou a contemplação da arte e a estética de Schopenhauer, embora, como veremos, Schopenhauer se aproxime da posição de Lucrécio.

A meditação nos permite olhar o mundo, e de maneira particular pessoas sexualmente atraentes, sem ser dominados pela lascívia, o medo, o ciúme, a possessividade, ou outras emoções dissipadoras.

Em tudo isto Lucrécio é fiel a Epicuro (341-270 a.C.), o filósofo grego a quem ele reverencia com uma paixão que lembra sua veneração por

Vênus. De fato, a influência de Epicuro sobre Lucrécio é tão imensa que se faz necessário um brevíssimo desvio pela sua filosofia.

Em primeiro lugar, Epicuro nada tinha de "epicurista". Não era devotado à luxúria e à embriaguez, nem ao cultivo dos deleites dos sentidos: sexo, vinho, comida e uma vida fascinante. Embora deseje maximizar o prazer, insiste em que o façamos vivendo uma vida frugal em que desejos físicos em particular sejam estritamente limitados:

> Quando, portanto, sustentamos que o prazer é o fim, não nos referimos aos prazeres de devassos e àqueles que consistem em sensualidade, como supõem alguns que ou são ignorantes ou discordam de nós ou não nos compreendem, mas à liberdade da dor no corpo e de inquietação na mente.[10]

Necessidades básicas como comida, bebida, roupas e abrigo devem ser tão modestas quanto possível, ou nos trarão mais sofrimento que alegria. A satisfação sexual deve ser buscada apenas com moderação: "o intercurso nunca fez bem ao homem e ele tem sorte se não lhe fez mal".[11] Quanto ao poder e à fama, Epicuro aconselha contra eles. O desejo por coisas desse tipo é sempre insaciável. E o desejo insatisfeito causa dor, que ele sempre busca superar com mais desejos e sua satisfação, e assim por diante.

A verdadeira felicidade, insiste Epicuro, é a tranquilidade de espírito. E isso vem de liberdade e amigos. Devemos buscar liberdade de embaraços exigentes no mundo, inclusive política, cônjuges e filhos, bem como do medo da pobreza, da morte e dos deuses, e do que o futuro poderia nos reservar em geral. E devemos encontrar amigos com maneira de pensar semelhante à nossa, com quem desfrutar prazeres bucólicos. ("De todas as coisas que a sabedoria adquire para produzir a bem-aventurança da vida completa, a maior é de longe a posse de amigos.")[12]

A reflexão é crucial para a obtenção dessa felicidade, pois nos permite compreender o absurdo de nossas aflições. Assim, não deveríamos temer a morte, diz-nos Epicuro, "pois aquilo que se dissolve é desprovido de sensação; e o que não possui sensação não é nada para nós".[13] Era isso, afinal de contas, que se passava antes que nascêssemos, por que deveríamos então temer que venha a se passar de novo depois que falecermos?

E não precisamos temer os deuses, já que, ao contrário do que sustenta a superstição popular, eles não interferem no mundo, nem são irados ou violentos. Ao contrário, possuem apenas a autossuficiência e felicidade que nós seres humanos deveríamos ter como objetivo: "A natureza abençoada e imortal não conhece ela própria nenhuma inquietação nem causa inquietação a qualquer outra, de modo que nunca é coagida pela ira ou a benevolência. Pois todas essas coisas só existem nos fracos."[14]

Assim, o que deveríamos fazer quando nos vemos desejando fortemente alguém? Deveríamos nos concentrar em desenvolver uma amizade com essa pessoa, e em desfrutar deleites modestos com ela, inclusive deleites sexuais modestos. Talvez, como o próprio Epicuro, devamos ser parte de um grupo isolado de amigos: pois essa, e não o Estado, é sua sociedade ideal.

No entanto, como Epicuro ensina e Lucrécio repete, é extraordinariamente difícil disciplinar nossos impulsos sexuais – e nosso desejo de emoção embriagadora em geral. Para aqueles de nós que não formos capazes disso, Lucrécio recomenda casamento e filhos. Essa combinação logo porá fim a ilusões sobre nosso bem-amado e fará as partes se verem uma à outra com realismo, a única base para relações humanas bem sucedidas. O desejo será contido pela satisfação ocasional, bem como pelas rotinas da vida conjugal; e o sexo será canalizado para seu fim próprio: produzir prole.

Este conselho não é dado com cinismo, à maneira daqueles que consideram o casamento tão enfadonho que podemos contar com ele para apagar as chamas da paixão ("Deveríamos estar sempre enamorados. Esta é a razão por que nunca deveríamos nos casar.")[15] Ao contrário, Lucrécio elogia o casamento por resolver o eterno problema de como socializar *e* satisfazer nossas ânsias desregradas – e nesse processo formar uma relação duradoura e feliz.

Mas quem é a pessoa certa a desposar? A resposta de Lucrécio é novamente biológica: quem quer que tenha a semente mais compatível – e em particular a semente da consistência certa. Se o sêmen for denso demais ele "sai mais sólido do que é adequado e ou não penetra até uma altura suficiente" para chegar ao óvulo da mulher ou "é mal-adaptado para se misturar à semente da mulher". Por outro lado, se o sêmen for fluido demais ele também não "se cola onde deveria, mas flui de volta imediatamente antes que o trabalho seja feito".[16]

Duas coisas podem ajudar aqui. Uma é a dieta correta. "Por alguns alimentos a semente é engrossada no corpo./ Por outros é raleada e debilitada."[17] A outra é a posição coital. Lucrécio recomenda a maneira dos cães: "A maneira que a fêmea quadrúpede adota/ Parece em geral a melhor para assegurar a concepção./ A semente pode chegar melhor a seu objetivo/ Se esposas põem seus peitos para baixo e os traseiros no ar."[18] E observa: "As esposas não têm nenhuma necessidade de empreender movimentos lascivos." De fato, a concepção é atrapalhada se "ela meneia as nádegas em busca de prazer,/ E estimula em demasia ao apresentar uma frente sem ossos,/ Ela lança o sulco fora da área certa,/ e impede que a charrua e o jorro de semente cheguem ao alvo". Prostitutas poderiam fazer isso para agradar a seus homens, mas "nada desse gênero parece necessário para esposas".[19]

Se tudo o mais falhar, há a promiscuidade. Aqueles torturados por uma obsessão vã deveriam controlar sua imaginação, lembrar-se de que há outras amantes atraentes por aí, e buscar alívio onde quer que o possam encontrar:

> Mantenha longe da imaginação e afugente
> Tudo que estimula o amor; volte sua mente para outros lugares,
> Livre-se do fluido em qualquer corpo que puder
> Em vez de guardá-lo para uma só pessoa
> O que está fadado a levar a infortúnio e terminar em dor.[20]

Como não é de surpreender, os cristãos nem sempre se enamoravam pelo pensamento de Lucrécio, com sua preocupação de maximizar o bem-estar nesta vida, seu culto à natureza e sua crença de que a alma é material. Consta que, mais de quatro séculos após a morte do poeta, são Jerônimo (c.347-c.420) espalhou a história de que, longe de escapar do amor obsessivo, Lucrécio fora levado ao suicídio por, entre todas as coisas, uma poção do amor. "O poeta Tito Lucrécio nasceu. Mais tarde na vida, uma poção do amor o enlouqueceu; nos intervalos de sua loucura, ele compôs vários livros, mais tarde editados por Cícero. Ele morreu por sua própria mão aos 44 anos."[21]

Embora essa história nunca tenha sido confirmada, Tennyson a põe em versos, acrescentando que a poção do amor que levou à merecida punição do poeta não havia sido administrada por ninguém senão Lucila, sua esposa sexualmente frustrada. Encolerizada por seu autocontrole e absorção em seu trabalho,

> Isso ela não suportava. Mas irada, petulante,
> Imaginando alguma rival, procurou e encontrou uma bruxa
> Que preparou o filtro que tinha o poder, ao que diziam,
> De reconduzir ao lar uma paixão transviada.
> E por vezes o misturava à sua bebida,
> E isso o destruiu; pois o caldo repulsivo
> Confundiu o trabalho químico do sangue,
> E fazendo cócegas no cérebro bruto dentro do homem
> Causou estragos entre aquelas tenras células, e sustou
> Seu poder de inventar[.][22]

Ovídio: amor como guerra e deleite

Nenhuma ira semelhante poderia ter sido inspirada por Ovídio. Ele é encantador demais, brincalhão demais, para atrair inimizade. Ali onde Lucrécio adverte, Ovídio diz: "Desfruta!"

Em seu poema didático, *Ars Amatoria*, ou *A arte de amar*, um dos primeiros guias para o amor no Ocidente, Ovídio reconhece nos seres humanos o mesmo desejo erótico impulsivo, possessivo e ilusório que Lucrécio, mas celebra-o. O amor é um esporte:[23] vigoroso, delicioso e sutil. Deveríamos persegui-lo não apenas para ganhar, mas por sua beleza. Onde as pessoas dizem hoje que o amor não deveria se assemelhar a um jogo, Ovídio responderia: "Oh sim, deveria!" Ele perde muito de seu sentido se não envolver jogos. Pode por certo ser perigoso: "O amor é uma espécie de guerra, e não é tarefa para covardes";[24] mas é possível ser exímio nele com talento, habilidade, astúcia, entusiasmo – e autocontrole.

Ovídio investiga alegremente os opostos do amor: atração e desprezo; ternura e rancor; confiança e ciúme; a ânsia pela carne de outrem que nossa razão condena.[25] E vê o poder erótico das mulheres sobre os homens em termos ainda mais duros que Lucrécio, refletindo talvez a maneira como as mulheres romanas eram com frequência as principais jogadoras na intriga romântica, apesar de sua subserviência aos homens em outros aspectos. Como Octavio Paz observa:

> As mulheres, mais precisamente, as patrícias, ocupam um lugar de destaque na história de Roma, seja durante a República ou durante o Império … porque possuíam, num grau sem precedentes, liberdade para aceitar ou rejeitar seus amantes. Eram as senhoras de seus corpos e de suas almas.[26]

O prazer sexual é central para o jogo. Aqui a plena reciprocidade entre homens e mulheres pode ser encontrada: "Que a mulher sinta o ato de amor até a medula,/ Que o desempenho proporcione igual deleite aos dois."[27]

No entanto, observa Ovídio, a instituição repressora do casamento por certo não promove a cortesia e a consideração que podem ser encontradas numa relação desfrutada apenas por amor:

> Maridos e mulheres, por direito, podem se atormentar mutuamente com censuras;
> Que acreditem, como devem, ser essa sua natureza e lei.
> Isso está muito bem para esposas: o dote de uma esposa é a discórdia;
> Que tuas amantes não ouçam nada senão o que desejam.
> Não chegaste a um leito em nome da lei, mas mais livremente.
> O amor é tua justificação e título, o amor exerce a função de lei.[28]

ANTES QUE ISSO POSSA ACONTECER, um amante precisa ser conquistado. Aqui também há regras para ganhar o jogo e evitar suas ciladas. Ovídio começa com alguns conselhos muito práticos para os homens:

1. Empenhe-se: "Primeiro, meu tosco recruta, meu inexperiente soldado,/ Dê-se a algum trabalho para encontrar uma moça que possa realmente amar."[29]

2. Cace nos lugares certos: "A curva do teatro é um lugar muito bom para sua caçada. Há mais oportunidade ali, talvez, que em qualquer outro lugar./ Ali você pode encontrar alguém para amar, ou possivelmente apenas com quem se divertir./ Alguém para tomar por uma noite, alguém para ter e conservar."[30]

3. Não seja tímido demais: "Seja uma alma confiante, e lance sua rede com segurança. Mulheres sempre podem ser apanhadas: esta é a primeira regra do jogo."[31]

4. Escolha o momento certo: "Vale a pena fazer uma tentativa quando ela está sofrendo por causa de um rival,/ Ela logo tratará de se vingar se você estiver convenientemente ali."[32]

5. Não seja orgulhoso demais para implorar ou persistir, e seja eloquente de uma maneira relaxada, sem tentar parecer instruído. "Rapazes de Roma, eu os aconselho a aprender a arte do litigante,/ Não tanto em benefício de algum pobre infeliz no tribunal,/ Mas porque mulheres se comovem, tanto quanto o povo ou o Senado,/ Possivelmente mais que um juiz, conquistadas por palavras eloquentes."[33]

6. Na aparência, certifique-se de estar bem-arrumado, mas informal: "Os homens não deveriam se importar demais com a boa aparência: o descuido é conveniente." "Deixe sua pessoa ser limpa, seu corpo bronzeado pelo sol, … / Retire os pelinhos de seu nariz e orelhas,/ Deixe seu hálito ser doce, e seu corpo livre de odores desagradáveis,/ Não exagere; um homem não é uma fada ou uma prostituta."[34]

7. Se ela for casada, conquiste a boa vontade do marido: "Tenha também como objetivo fazer o marido dela apreciá-lo;/ se puder torná-lo seu amigo, verá que ele lhe será útil."[35] "Proponha 'Saúde para a dama! Saúde

para o homem que dorme com ela!' Fazendo seu brinde silencioso: 'Maldito seja o marido dela!'"[36]

8. Emocione-se se for capaz: "Lágrimas são uma boa coisa, também; elas movem as naturezas mais inflexíveis./ Deixe-a, se possível, ver lágrimas em suas faces, em seus olhos./ Isso não é fácil: por vezes os olhos não gotejam por ordem sua./ Como isso pode ser remediado? – molhe as mãos, e aplique."[37]

9. Lembre-se de que embora as mulheres se sintam atraídas por dinheiro e boa aparência, seu amor será mais propenso a durar se o homem também tiver alguma educação. "Você poderia ter toda beleza que atraísse as ninfas do mar, ou Homero;/ Isso não basta, como descobrirá; acrescente alguma distinção de espírito ... A cultura sem dúvida vale a pena, e as artes liberais são uma bênção./ Dê-se ao trabalho de aprender bem duas línguas importantes./ Bonito, Ulisses não era, mas sua eloquência encantava com seu poder."[38]

Ovídio diz que pouparia as mulheres de seus conselhos, mas Vênus insistiu que ele também lhes transmitisse algumas de suas sugestões pessoais:

Em primeiro lugar, não seja pudica. Se for, vai se arrepender: "Assim quando uma mulher diz a um homem: 'Isso não parece respeitável!' Que está fazendo se não desperdiçar o que sua própria sede exigirá?"[39]

Preste atenção à higiene pessoal e raspe as pernas: "Devo aconselhá-la a manter o bode fedorento longe de suas axilas/ Aconselhá-la a manter as pernas livres de pelos ásperos e eriçados?"[40]

Disfarce imperfeições: "A arte fornece os meios para consertar uma sobrancelha incompleta."[41]

Se seus dentes forem manchados ou irregulares, mantenha a boca fechada: "Não preste atenção a piadas; o riso poderia denunciá-la."[42]

Ria e chore com moderação, cultive a arte de cantar e, é claro, escolha com cuidado o momento de sua rendição: "Não seja uma moça afoita, rápida demais com uma promessa, fácil demais./ Por outro lado, não recuse de maneira peremptória./ Mantenha-o esperando e temendo."[43]

Tenha um homem diferente para satisfazer cada necessidade: "Faça uma inspeção e ponha cada um de nós em seu lugar./ Deixe o rico trazer presentes, obtenha conselho legal dos advogados."[44]

Escolha posições sexuais que exibam seus melhores traços: "Deite-se de costas, se seu rosto e todos os seus traços forem bonitos;/ Se suas costas forem graciosas, é melhor ser vista por trás ... / Se tiver lindas pernas, permita que sejam levantadas."[45]

Diga palavras obscenas e gema: "Lisonjeie, agrade e provoque com murmúrios inarticulados. Até com palavras sexuais, na excitação do jogo."[46]

Mas aconteça ou que acontecer, certifique-se de que ele pensa que a satisfez: "E se a natureza, ai! lhe negar a sensação final/ Grite como se tivesse gozado, faça o possível para fingir."[47]

No universo de Ovídio as mulheres não são menos fixadas em sexo que os homens. Ao contrário, a lascívia feminina pode ser "mais ardente, mais imoderada que a nossa".[48] Ela pode destruir os homens, ou transformá-los à força em criaturas alheias à sua verdadeira natureza.

Ovídio recorre aqui a uma antiga tradição mitológica que fala da violência do desejo feminino: as canções sedutoras das Sereias contra as quais Odisseu se protege fazendo-se amarrar ao mastro de seu navio, e defende seus homens obstruindo-lhes os ouvidos com cera; a obsessiva deusa Circe, uma bela feiticeira que transforma os homens, em especial os que rejeitam seus avanços, em animais; a ninfa Salmácis, que anseia tanto o belo jovem Hermafrodito que acaba por saltar sobre ele num poço profundo em cuja água clara e desorientadora literalmente funde seu corpo com o dele – e, ao fazê-lo, destrói a ambos como indivíduos:

> ... de tal modo ficaram esses dois corpos ligados num estreito abraço: não eram mais dois, nem tais que pudessem ser chamados um de mulher e um de homem. Não pareciam nenhuma dessas coisas, contudo pareciam ambas.[49]

Embora Ovídio queira que a guerra erótica seja tão natural, engenhosa e alegre quanto possível, os amantes devem dar estilo às suas paixões exibindo encanto, tato e civilidade um para com o outro. Devem tornar seu divertimento, por vezes perigoso, belo, imaginativo e enaltecedor, uma arte.

Mas deve haver limites para a corte. Para aqueles que se encontram em relações de amor sem esperança, Ovídio diz: saia fora; siga em frente. Não se agarre a isso a qualquer custo. Encontre uma parceira mais promissora. E se simplesmente não consegue tirá-la da cabeça, embora saiba que ela é errada para você, concentre-se em seus defeitos. Lembre-se de suas más ações, faça a lista do que ela lhe custa e veja-a como realmente é, apenas uma mulher comum, imperfeita, substituível. E se isso não eliminar o vício, exagere suas deficiências: use a imaginação para agravar seus defeitos. Após aprender a deixar de amar uma mulher (ou homem), sua imaginação estará livre para abraçar e glorificar uma outra ou um outro.

Mas se tudo falhar, fuja.

O objetivo desses variados experimentos no amor, de enamorar-se e desenamorar-se repetidamente, não é, por ensaio e erro, encontrar por fim o par "perfeito" e parar ali. Ovídio, pelo menos em sua *Arte de amar*, não está interessado no tipo de procura por um amor ideal que ainda motiva tantas trocas de um parceiro por outro em nossos dias. Seu objetivo é antes cultivar as alegrias da experiência erótica; criar deleite, beleza e estilo a partir da natureza selvagem, informe e por vezes inadequada. Com habilidade e paciência, ele acredita que a força procriadora primitiva e impiedosa do desejo erótico pode e deve ser apreciada; e que os elementos opostos da guerra e da graça, da brutalidade e do tato, da criatividade e da destrutividade, podem coexistir.

O lema de Ovídio é: reconheça, domine e desfrute os perigos do amor. E faça-o com paciência e leveza, uma atitude que não nos vem facilmente, herdeiros que somos de uma tradição que considera o amor o assunto mais sério da vida.

Lucrécio e Ovídio pertencem, portanto, a uma voz poderosa, mas minoritária, na tradição ocidental: eles são naturalistas intransigentes no tocante ao amor, vendo-o em termos exclusivamente terrenos ou materiais. Mas diferentemente de quase todos os outros, com a possível exceção de Freud, não consideram, poderíamos dizer que resistem à tentação de fazê-lo, que o amor e suas provações figuram numa narrativa de redenção: em outras palavras, tornam possível um bem supremo que suplanta ou justifica o sofrimento e o mal da vida.

Como vimos, eles reconhecem, tal como seus antepassados gregos e tal como fará a maioria das tradições subsequentes, a loucura, a brutalidade e a imoralidade de que o desejo sexual é capaz. Advertem, seja com severidade, cinismo ou humor, que as idealizações dos amantes podem decepcioná-los e violar seus amados. E veem a insaciabilidade da paixão e a impossibilidade da posse real. Sua resposta a esses perigos, porém, é recomendar maneiras práticas de controlá-los e não oferecer uma "história de elevação" em que as energias cruas do desejo e das relações humanas mal-sucedidas poderiam ser transcendidas ou sublimadas. Embora possam ser líricos com relação ao amor – por amigos, por cônjuges, por Vênus –, Lucrécio e Ovídio não atribuem a seu papel no florescimento humano a primazia e a urgência que vemos em grande parte da tradição ocidental. Menos ainda o consideram como a virtude suprema, encarregada de assegurar um estado absoluto e imortal de perfeição que pode derrotar as dores do mundo.

Roma acabaria se tornando, é claro, a capital daquela religião que iria para o extremo oposto e forjaria um vínculo tão poderoso entre amor e redenção que se torna quase impossível rompê-lo. Um vínculo que permeia de tal modo a sensibilidade ocidental que até ateus como Schopenhauer, Nietzsche e Proust não conseguem escapar inteiramente dele, na verdade, podemos dizer que se esforçam por lhe dar uma nova forma. Essa religião, claro, é o cristianismo, para cujas tradições centrais nos voltamos agora.

6. O amor como a suprema virtude: cristianismo

O GRUPO IMENSAMENTE DIVERSO e adaptável de igrejas relacionadas que chamamos de "cristianismo" ocasiona duas inovações com que o mundo ocidental e muitos que foram por ele influenciados convivem até hoje. Ele transforma o amor na suprema virtude e princípio moral da vida; de tal modo que a resposta à pergunta "Podemos fazer algo de melhor que amar e ser amados?" é claramente não.

E o cristianismo faz do amor um poder divino que, se Deus o infunde no ser humano receptivo, pessoas comuns podem expressá-lo. Com a ajuda desse poder e das relações que o celebram, podemos nos elevar acima dos terrores e armadilhas da vida terrena e redimir o sofrimento, a dor, a perda, a aflição, o mal e a morte. Em outras palavras, o estranho sacrilégio que o cristianismo estimulou, e que foi abraçado com particular fervor por alguns de seus sucessores seculares, é que através do amor seres humanos podem se tornar divinos, ainda que apenas de maneira imperfeita e fugaz.[1]

Esses legados são determinantes muito mais poderosos de nossa maneira atual de pensar sobre o amor hoje do que, digamos, as críticas do cristianismo à sexualidade. "Simplesmente diga não" é uma moda passageira, mas *"All you need is love"* (Você só precisa de amor) é o lema que salva as sociedades seculares no Ocidente de contemplar um abismo de falta de sentido. A ideia cristã de que o amor é a virtude absoluta e eterna pela qual todas as outras devem ser essencialmente julgadas está em ação em toda parte, até (especialmente?) entre muitos ateus que, quanto ao mais, desprezam a própria ideia do "absoluto" ou do "eterno". Se nos inteiramos de que um curso de ação que instintivamente nos repugna, talvez um marido que auxilia a mulher com doença terminal a morrer; ou pais que submetem uma filha com retardo severo a uma histerectomia para que jamais possa conceber, é motivado por amor, fazemos ao menos uma pausa para considerar seus méritos. Se ouvimos num funeral que o falecido era um grande estadista, ou inventor, ou artista ou escritor, mas sentimos que ele nunca amou ou foi amado, enchemo-nos de desconforto, convencidos de que a vida dele careceu fundamentalmente de algo que não pode ser compensado de nenhuma outra maneira. Se, em contraposição, ouvimos que o falecido amou imensamente, mas afora isso pouco fez de sua vida, poderíamos ficar entristecidos pelo que ficou por fazer, mas não sentimos que isso projeta uma sombra sobre toda a vida dele, pois o amor lhe confere um valor mais importante que qualquer outra coisa, que nunca pode ser perdido ou reavaliado. Ao ter tais pensamentos estamos apenas fazendo eco a Agostinho, um dos grandes fundadores do que passaria pouco a pouco a ser pensado como "amor cristão", que diz: "Onde o amor está presente … o que pode faltar? Mas onde ele não está, o que pode ser vantajoso?"[2]

No entanto, encontramos algo muito surpreendente nos Evangelhos Sinópticos:[3] Jesus quase não fala sobre amor. Ele não disse em nenhum lugar que "Deus é amor". Nem deixa claro que o amor – até mesmo, como veremos, o amor de Deus – é necessariamente incondicional (ou "espontâneo"), talvez a primeira característica do "amor cristão" em que muitos pensam. Ele certamente não fala do amor com uma magnífica conexão mística com o divino, ou como uma força erótico-espiritual através da qual entramos em união com Deus. Não o descreve como um poder criativo, que tudo vence e nos permite transcender ou redimir a vida e o sofrimento cotidiano. E quanto ao sexo, mal o menciona, na verdade não lhe impõe nenhuma restrição exceto, como veremos, no contexto do adultério. À luz dos ditos sobre o amor que lhe são atribuídos nos Evangelhos Sinópticos, Jesus não é um "bom cristão".

Essas características centrais do "amor cristão", como se pensa em geral, aparecem em primeiro lugar com são Paulo e o último dos evangelistas, são

João – e, na maior parte das vezes, Paulo e João não os atribuem a Jesus. Nas poucas ocasiões em que Jesus fala sobre amor nos Evangelhos Sinópticos, suas afirmações são muito mais restritas. Em particular: o amor é o mais importante dos mandamentos que Deus revela aos seres humanos; e deve ser estendido, numa medida nunca imaginada até então, aos próprios inimigos.

Estas duas asserções estão, como vimos no capítulo 2, profundamente enraizadas nas Escrituras hebraicas. O próprio Jesus reconhece sua origem ao citar o Deuteronômio e o Levítico, o que talvez não surpreenda, num mestre judeu que interpreta a fé judaica:

> Respondeu Jesus: "O primeiro [mandamento] é, 'Ouve, Israel, o Senhor nosso Deus é o único Senhor, e amarás o Senhor teu Deus de todo o teu coração, com toda a alma, com toda a mente e com todas as forças.' O segundo é este: 'Amarás o próximo como a ti mesmo.' Não há mandamento maior do que estes." (Marcos 12:29-31)

E no "Sermão da Montanha"[4] ele leva o amor ao inimigo muito além das exigências dispersas no Antigo Testamento de ajudar um inimigo em dificuldades (Êxodo 23:4-5; Provérbios 25:21) e mesmo além da ordem geral de amar o próximo. Exige que abençoemos de fato os que nos atormentam e aceitemos sua hostilidade num espírito de não resistência:

> Mas eu digo a vós que me escutais: Amai os vossos inimigos, fazei bem aos que vos odeiam. Falai bem dos que vos maldizem e orai por quem vos calunia. A quem te bater numa face, oferece também a outra; e a quem tomar o teu manto, não impeças de levar também a túnica. Dá a todo aquele que te pedir e não reclames de quem tirar o que é teu. (Lucas 6:27-30; cf. Mateus 5:44)

O apelo revolucionário de Jesus para amarmos nossos inimigos não é diferente do mandamento de amar a Deus e ao próximo; os inimigos não são, por assim dizer, um terceiro foco para o amor além de Deus e do próximo. Obedecer ao mandamento de amor a Deus e ao próximo é amar o inimigo: o próximo inclui o inimigo.

Em última análise, diz Jesus, a lei se assenta sobre esse mandamento (Mateus 22:34-8). Numa outra passagem, num eco da Regra de Ouro do sábio judeu, Hillel, ele diz: "Tudo que desejais que os outros vos façam, fazei-o também vós a eles. Pois esta é a Lei e os Profetas." (Mateus 7:12; cf. Lucas 6:31)[5]

E a lei, Jesus estipula aqui, deve ser cumprida.[6] Ele não aboliu o paradoxo que encontramos no judaísmo: o paradoxo de que o amor, o paradigma de uma emoção que deve ser livre para ser genuína, é ordenado.

> Não penseis que vim abolir a Lei ou os Profetas. Não vim abolir mas completar. E eu vos garanto: enquanto não passar o céu e a terra, não passará um i ou um pontinho da Lei, sem que tudo se cumpra. (Mateus 5:17-18)

O amor é também ordenado em João:

> Eu vos dou um novo mandamento: que vos ameis uns aos outros. Assim como eu vos amei, amai-vos também uns aos outros. Todos saberão que sois meus discípulos, se vos amardes uns aos outros. (João 13:34-35)

> Vós sois meus amigos, se fizerdes o que vos mando. (João 15:14)

> O seu preceito é que creiamos no nome de seu filho, Jesus Cristo, e nos amemos uns aos outros, conforme o mandamento que nos deu. (1 João 3:23)

Não poderia estar mais claro que amor e lei são inseparáveis aqui. Jesus não vê de maneira alguma o amor como acima da lei. Nem, para usar termos modernos, situa a essência do amor numa liberdade ou espontaneidade que se encontra além de nossos deveres e direitos. No entanto, durante séculos, e em especial desde Lutero e a Reforma, Jesus foi visto como "libertando" o amor decisivamente da restrição da lei. Na verdade isso foi definido como uma das grandes linhas divisórias entre o Novo e o Antigo Testamento. Tornou-se um clichê dizer que o Novo Testamento inventa o amor como um dom espontâneo livre da lei, ao passo que o Antigo é obsedado por um cumprimento friamente legalista da lei. Isso não é apenas uma convicção popular, mas algo tomado como axiomático por um estudioso do amor tão influente quanto o bispo e teólogo protestante Anders Nygren: "A diferença entre a visão do amor judaica e a visão cristã primitiva pode se formulada assim: *o amor imobilizado dentro do arranjo da lei – o amor destruindo o arranjo da lei*."[7]

O amor destruindo o arranjo da lei? De que maneira esta afirmação genérica leva em consideração até as palavras de Jesus que acabamos de ouvir? Ou as muitas outras que mostram claramente que as Escrituras cristãs e a tradição coincidem com o judaísmo quanto ao mandamento de amar? Ou quanto ao amor a Deus como pressupondo a obediência de todo o nosso ser a Deus, que deu a lei?

A expressão mais elevada dessa obediência no Novo Testamento é o sacrifício que Jesus faz de sua própria vida na Cruz. Ele sabe que deve morrer para realizar o objetivo de Deus, e prevê a própria morte (Marcos 8:31). Ele é, como diz são Paulo, "obediente até a morte" (Filipenses 2:8). No entanto suas últimas palavras, "Meu Deus, Meu Deus, por que me abandonaste?" (Marcos 15:34), sugerem precisamente a inescrutabilidade do amado, que torna a submissão à legalidade de seu ser não somente heroica, mas uma marca genuína de amor. Essas palavras captam a essência do amante que se oferece sem reservas: sabemos que o amado ordena, mas não por quê; abrimo-nos ao máximo para sua intenção poderosa, mas, para nós, incompreensível e até aparentemente perversa; abraçamos de bom grado um destino que não desejamos; reconhecemos em atitude e ação nossa muitas vezes penosa falta de controle, autossuficiência e compreensão.

A maneira como Jesus fala do amor dos Evangelhos Sinópticos tem, portanto, um alcance muito mais modesto que algumas das afirmações com que o cristianismo passou a ser associado, como que Deus é amor ou que toda verdadeira virtude é motivada por amor – ou pode até ser reduzida a amor. Se quisermos encontrar as origens dessas afirmações mais ambíguas nas Escrituras, teremos de olhar para outros lugares e, em particular, para as seguintes declarações:

> Se falar as línguas de homens e anjos, mas não tiver a caridade, sou como bronze que soa ou tímpano que retine. E se possuir o dom da profecia e conhecer todos os mistérios e toda a ciência e alcançar tanta fé que chegue a transportar montanhas, mas não tiver a caridade, nada sou. E se repartir toda a minha fortuna e entregar meu corpo ao fogo mas não tiver a caridade, nada disso me aproveita. ... A caridade é paciente, a caridade é benigna, não é invejosa; a caridade não é orgulhosa, não se ensoberbece... tudo desculpa, tudo crê, tudo espera, tudo tolera. ... No presente permanecem estas três: fé, esperança e caridade; delas, porém, a mais excelente é a caridade. (1 Coríntios 13:1, 2, 4, 7, 13)

> Caríssimos, amemo-nos uns aos outros, porque a caridade procede de Deus e quem ama nasce de Deus e conhece a Deus. Quem não ama não conhece a Deus, porque Deus é amor. O amor de Deus para conosco se manifestou por ter enviado ao mundo seu Filho unigênito, a fim de vivermos por ele. Nisto consiste o amor: não em termos nós amado a Deus mas em ele nos ter amado e enviado seu Filho para expiar nossos pecados. Caríssimos, se Deus assim nos amou, também nós nos devemos amar uns aos outros ... Deus é amor, e quem permanece no amor permanece em Deus e Deus nele. (1 João 4:7-11 e 16)

Estas declarações seminais, um item essencial em casamentos e funerais até hoje, são da autoria de são Paulo e são João Evangelista. Aqui, pela primeira vez na história ocidental, o amor é claramente nomeado como a essência do divino. Se Deus, o ser mais elevado possível e a fonte de todos os outros, é amor, então o amor deve ser o valor mais elevado possível e, em aspectos essenciais, a fonte de todos os outros. A maneira como são João exprime a ideia, "Deus é amor", é mística; a de são Paulo, "delas a mais excelente é a caridade", é mais prática. Combinadas, elas estabelecem o amor como o princípio fundamental do universo moral.

João: O amor é o modo como Deus se manifesta. É a maneira pela qual ele mostra "como" é, ou, em outras palavras: a maneira pela qual revela sua essência. É, em certo sentido, seu princípio supremo, mais importante que onipotência, sabedoria ou eternidade. E assim o amor deveria ser o princípio supremo do modo como nós, seres criados por Deus, nos relacionamos com os outros.

Paulo: O amor é a força aglutinadora de uma fraternidade de crentes em Cristo; é a prática, atitude e arte de estar juntos como membros do único "corpo de Cristo" no mundo (1 Coríntios 12); é o primeiro entre os "fruto[s] do Espírito": amor, alegria, paz, paciência, bondade, generosidade, fidelidade, gentileza e autocontrole (Gálatas 5:22-3). Somente em tal prática do amor podem cristãos ser renovados juntos em Cristo.

Por ser o fundamento de todo o bem, o amor não é apenas a virtude mais elevada. É também a virtude, a suprema excelência prática, que deve inspirar e imbuir todas as outras – como coragem, fé, esperança e perdão – para que sejam realmente valiosas. Como dirá Agostinho: "nenhum fruto que não cresce da raiz do amor [*caritas*] é bom".[8] Todas as boas ações e intenções enraízam-se no amor. Todas as virtudes – coragem, generosidade, trabalho árduo – são portanto formas de amor, ou, como afirma Agostinho, a virtude "nada mais é" que o amor supremo de Deus.[9] Enquanto Tomás de Aquino, de sua parte, nos diz que não há verdadeira virtude sem *caritas*.[10]

Nessa linha, Paulo afirma audaciosamente que a lei judaica é cumprida no amor ao próximo. Os grandes mandamentos falam de diferentes maneiras de amar:

> A ninguém fiqueis devendo coisa alguma, a não ser o amor com que deveis amar-vos uns aos outros. Porque quem ama o próximo, cumpriu a Lei. Pois "não cometerás adultério, não matarás, não roubarás, não cobiçarás" e qualquer outro preceito se resume nesta palavra: "Amarás o próximo como a ti mesmo". O amor não pratica o mal contra o próximo, pois o amor é cumprimento da Lei. (Romanos 13:8-10)

Nunca antes o valor do amor havia sido tão extravagante. Embora nem Paulo nem João falem de um amor romântico ou particularmente individual – no sentido moderno de que sua essência é reconhecer e afirmar a natureza específica do outro "por quem ele é" –, ainda assim encontramos aqui a pedra fundamental de nossa profunda crença de que uma vida sem grande amor, seja dirigido a um amante romântico, a nossos filhos, a Deus, ou a um estranho necessitado, é empobrecida de uma maneira que nenhum feito heroico ou realização original pode jamais compensar. "Se [eu] ... não tiver a caridade, nada disso me aproveita" (1 Coríntios 13:3). "Quem não ama, permanece na morte" (1 João 3:14). Podemos fazer qualquer outra coisa que queiramos. Se não amamos, tudo o mais que fazemos é insignificante; nossa existência é uma morte em vida.

VALE A PENA FAZER UMA PAUSA para ver o que está ocorrendo aqui. Algo que obviamente está acontecendo é a criação de uma nova moralidade, baseada numa intensificação tão grande da moralidade do Antigo Testamento que uma genuína revolução nos valores ocorreu. Os antigos mandamentos hebraicos de amar a Deus e ao próximo culminaram na ideia de que o amor é a medida de toda virtude, o padrão pelo qual o valor de todas as outras virtudes e todas as ações que as expressam deve ser finalmente estimado. Como disse Agostinho: nossas "ações ... são ... julgadas não com base no que cada um de nós sabe, mas com base no que cada um de nós ama".[11] Todas as virtudes verdadeiras são formas de amor.[12]

Mas a moralidade está interessada em mais do que nos ajudar a chegar a decisões práticas sobre o bem e o mal; mais do que responder à pergunta "Qual é coisa certa a fazer?", ou "Como deveria eu me comportar em relação aos outros?", ou "Como deveria eu classificar meus valores?", ou mesmo "Como posso levar a vida mais florescente?" Uma moralidade que nos compele tem de parecer responder a um outro conjunto de perguntas: Como posso me postar com firme autorrespeito no mundo? Como exijo o reconhecimento de outros e conto com ele? Como interpreto o sentido de eventos, tal como as palavras e atos de outras pessoas, ou golpes de sorte ou infortúnio? Fundamentalmente: Como posso encontrar um lar no mundo, uma ancoragem na existência, que pareça indestrutível? No fundo toda moralidade é um meio de alcançar segurança e significado.

Na moralidade do amor do cristianismo, é preparado o terreno, inadvertidamente ou não, para a realização de um dos mais antigos sonhos da humanidade: possuir o poder de deuses. O amor, agora considerado não apenas uma característica divina entre muitas, mas a essência definidora de Deus, o verdadeiro fundamento e propósito de suas ações, pode ser infundido em nós seres humanos. O amor deve ser a estrela guia de nossas vidas e, se abençoados com a capacidade de exercê-lo, podemos aspirar a imitar Deus. Era apenas uma questão de tempo antes que fosse extraída a escandalosa conclusão de que nós, homens e mulheres comuns, podemos nós próprios nos tornar divinos.

Martinho Lutero (1483-1546), o grande reformador protestante, extraiu muito explicitamente essa conclusão:[13] "somos deuses através do amor",[14] diz ele. O amor é o meio pelo qual Deus "produz um homem divino, que é uma só massa com ele; um homem que, quando ama seu próximo ... pode se ufanar de ter agido como um Deus".[15] A descida amorosa de Deus para nós seres humanos é "uma verdadeira 'dádiva de ser [divino]', um compartilhamento da natureza do divino com a criatura".[16] E assim quando amamos apropriadamente estamos agindo como agentes de Deus e realizando nada menos que trabalho divino. Tal pessoa não é mais "um mero homem, mas um deus ... pois o Próprio Deus está nela, e faz essas coisas como nenhum homem nem criatura pode fazer".[17]

Aqui, a despeito de toda sua zanga contra a Igreja católica, Lutero está simplesmente desenvolvendo uma antiga tradição que remonta pelo menos a Agostinho. Fazendo eco a Atanásio, Agostinho diz: "para transformar em deuses aqueles que eram meramente humanos, alguém que era Deus se fez humano".[18] O Espírito Santo (uma das "pessoas" da Trindade em que Deus se revela, as outras sendo o Pai e Jesus Cristo), reside em nós como amor e nos permite participar do amor divino. Visto que uma característica peculiar do amor, ressalta Agostinho, é que nos tornamos semelhantes aos objetos de nosso amor – uma realidade que pode certamente ser vista em muitos casais? –, "amando a Deus somos transformados em deuses".[19] Ou, como diz Tomás de Aquino, alcançar comunhão com Deus é assumir forma divina: tornar-se, em sua expressiva palavra, *deiformis*.

Baseando-se em Agostinho, o teólogo e místico franciscano são Boaventura identifica seis passos preparatórios pelos quais podemos ascender a Deus. Cada um deles nos deixa mais próximos do amor e da perfeição divina, até que, numa ascensão final através de Cristo, encontramos a completude de ser que é Deus. À maneira típica do misticismo medieval, são Boaventura descreve todo o Universo como uma escada que vai até Deus, vestígios de cujo amor e bondade podem ser vistos em toda a criação, do degrau mais baixo até o mais alto. No entanto essa hierarquia da existência, essa escada que se estende da terra a Deus, e da qual cada nível é mais perfeito, puro e iluminado que o anterior, não é apenas uma característica do Universo como um todo. Ela está refletida em nós, em nosso próprio espírito individual. Isso significa que para chegar mais perto de Deus precisamos entrar em nós mesmos em amor-próprio, e reconhecer e alcançar em nós mesmos exatamente tal hierarquia:[20] "Entra em ti mesmo … e faz com que tua alma ame a si mesma com o máximo fervor."[21] Num pensamento de grande profundidade, Boaventura parece abolir a velha questão, muito debatida até hoje: precisamos amar a nós mesmos antes de poder amar o outro? Ou, ao contrário, devemos ser capazes de amar o outro antes de podermos amar a nós mesmos? As duas coisas são simultâneas, pois uma jornada de amor está sendo empreendida: no esforço para amar a Deus nosso espírito está se esforçando para amar a si mesmo. E inversamente: ao amar a nós mesmos estamos também nos movendo em direção a Deus.

A TEOLOGIA PRECISAVA, é claro, ser cuidadosa neste ponto. Os seres humanos, atolados no egoísmo e no pecado, não podem ser Deus. Como sempre, quando andamos em território sagrado estamos a um passo do sacrilégio. Assim uma poderosa doutrina de humildade teve de acompanhar – sendo de fato inseparável dele – o conceito de que seres humanos podiam exprimir amor divino. Pensadores cristãos recorreram ao conceito de "graça" para crer que homens e mulheres são incapazes de amor genuíno sem a ajuda de Deus, pela qual devem esperar com desejo, paciência e prece.

Em outras palavras: se podemos amar como Deus não é apenas porque ele inundou nossos corações com seu amor, ou desejo de amar. Essa cautela já é tomada em são João Evangelista, com quem a ideia de que Deus é amor se origina: "... a caridade procede de Deus e quem ama nasce de Deus e conhece a Deus" (1 João 4:7). São Paulo, também, diz que "... o amor de Deus se derramou em nossos corações pelo Espírito Santo ..." (Romanos 5:5); de fato, que toda a salvação "não depende de quem a quer nem de quem corre, mas da misericórdia de Deus" (Romanos 9:16).

Há um arrebatado debate na história do cristianismo sobre como exatamente caracterizar a relação entre o poder de Deus e a impotência da humanidade no amor. Possuem os seres humanos, após a Queda, pelo menos uma capacidade básica de amar, que pode depois ser motivada para o amor genuíno pela intervenção de Deus? Ou não temos qualquer poder inerente de amar, nem mesmo latente?

Tomás de Aquino apoia a primeira dessas posições. Somos capazes de "amizade" com Deus num sentido mínimo porque fomos criados à sua imagem,[22] a qual, apesar da Queda, conservamos em certa medida. Mas a plena amizade com Deus e portanto com nosso próximo, a quem amamos por amor a Deus, não é possível sem a graça.[23] (Por "plena amizade" ele entende algo semelhante à perfeita *philia* de Aristóteles.)

Para Tomás, como para a maioria dos pensadores na tradição cristã, o amor genuíno depende fundamentalmente de Deus. O amor, a suprema das três virtudes teológicas – fé, esperança e amor – é infundido em nós por ele. Mas não somos meros recipientes para a obra de Deus; temos nossa vontade animada que, com a graça, pode se desenvolver e crescer ao longo de toda a vida à medida que lutamos para alcançar a perfeição espiritual. Como a *philia* aristotélica, esse esforço exige um cultivo paciente e meticuloso de virtude. E assim, respondendo à graça através desse desenvolvimento moral, a vontade humana passará a se assemelhar cada vez mais ao Espírito Santo e aplicar-se "principalmente ao trabalho de manter-se fiel a Deus".[24]

Agostinho, em contraposição, não acredita que seres humanos tenham qualquer capacidade inata de amor genuíno. Só Deus pode amar genuinamente, e quando experimentamos tal amor estamos de fato experimentando o amor de Deus.[25] No entanto, diferentemente de alguns de seus seguidores, ele sustenta que o desejo humano (*appetitus*) luta para alcançar a origem de nosso ser, a saber, Deus ("... fizeste-nos e atraíste-nos para vós mesmos, e nosso coração está inquieto até repousar em vós"[26]). Pois diferentemente de Deus, não somos autossuficientes, sobretudo com relação a nosso ser, e por isso sempre queremos um bem que não possuímos. Ansiar por nossa "suficiência" é amar – uma ideia que já vimos no *Banquete* de Platão –, embora enquanto vivermos não alcançaremos jamais, é claro, a perfeita suficiência.

E assim, continua Agostinho em sua linha platônica, nada é mais importante do que saber se o amor busca seu objeto certo – Deus, a fonte e o sustentáculo de nosso ser: o único objeto de amor que pode finalmente satisfazer necessidades humanas – ou se contenta com o mais fácil, mais óbvio, mais imediatamente agradável, mas fundamentalmente insatisfatório, domínio do mundano.[27] Uma vez que todo amor genuíno é por Deus, quando amamos uma outra pessoa estamos amando Deus nela, e amando-a por amor a Deus. Nunca a amamos verdadeiramente por qualquer outra coisa nela. Na verdade, tudo que é meramente mundano deve ser desprezado.

Só a graça nos permite fazer a escolha certa: amar a Deus. "A graça de Deus faz de um homem sem disposição um homem disposto".[28] "Pela graça somos ordenados a imitar a vida da Divindade tanto com relação ao próprio Deus quanto em relação uns aos outros."[29] Assim, através da graça, o desejo pode ser dirigido para o alto em direção ao que é eterno, imutável e todo bom (tornando-se assim "*caritas*": amor por amor a Deus; um amor altruísta, marcado pelo despojamento do ego, que é frutífero também para relações humanas) em vez de para baixo em direção ao meramente humano, terreno e transitório (permanecendo assim "*cupiditas*":

amor sem referência a Deus).[30] Como *caritas* é ela própria divina, afirmar que podemos amar sem a graça de Deus seria, de fato, afirmar que temos em nós o poder de alcançar a divindade[31] – "Quem quer, portanto, que afirme ser possível possuir o amor de Deus sem a ajuda de Deus, que mais está afirmando, se não que Deus pode ser possuído sem Deus?"[32] – o que seria orgulho de primeira magnitude.

De maneira não surpreendente, talvez, Lutero, que pensa que "somos deuses através do amor", leva a humildade oposta até seu extremo. Ele, e a tradição protestante que ele inspira, insiste que não temos absolutamente nenhuma capacidade inerente de expressar amor genuíno, em outras palavras, divino. Somos tão vis que podemos apenas ser recipientes para o amor de Deus "através do qual a fonte das bênçãos divinas flui continuamente [através de nós] para outros indivíduos".[33]

Em contraposição a Tomás de Aquino, que pensa que em consequência do dom de Deus os seres humanos podem amar no sentido de *caritas*, Lutero considera o amor divino e o humano absolutamente distintos, e só conciliáveis, se é que chegam a sê-lo, através de Jesus Cristo. Ele é também inteiramente contrário à visão de Agostinho de que o desejo humano e seus esforços possessivos podem desempenhar algum papel no amor a Deus. Todo desejo, mesmo que dirigido para Deus, ainda visa ao nosso próprio bem, preso como está à busca de satisfação. Nessa medida, muitos dos maiores santos e místicos permanecem aprisionados na preocupação consigo mesmos. Não há qualquer escada para Deus pela qual possamos subir; Deus só nos encontrará abaixando-se a nosso nível humano, através de seu amor em Cristo.

A insistência de Lutero na deficiência do amor humano é tão intensa que ele acaba por contestar a exequibilidade do primeiro e do segundo mandamentos – amar a Deus e ao próximo: "Ninguém é capaz de amar a Deus de todo o seu coração etc., e a seu próximo como a si mesmo."[34] Essa, deblatera ele, é "uma lei impossível".[35] Amor dessa ordem não pode se originar no homem, "pois tal amor não é uma arte natural, nem crescida em nosso jardim".[36] Se uma pessoa ama bem é porque é "um meio entre Deus e seu próximo, para receber de cima e distribuir abaixo".[37]

Claramente, a última coisa que Lutero quer fazer é endeusar seres humanos em si mesmos, mas sua teologia da humildade (*humilitas*), que exige a total destruição de nossa própria vontade, assemelha-se de fato ao conceito de que um ser humano pode se tornar "um homem divino … que agiu como um Deus".[38] A humildade e a vontade de poder são dois lados da mesma moeda. É precisamente a grandeza de nossa concepção do que poderíamos ser (dada a correta relação com Deus, a fonte de todo poder), precisamente a elevação das tarefas para as quais nos sentimos chamados, que induz um – genuíno – sentimento de admiração reverente. A humildade torna plausível o sonho dos homens de se tornar deuses.

Talvez seja por isto que tantos mitos que falam desse sonho advertem que ele fracassará se homens e mulheres tentarem, com arrogância, apossar-se de poderes divinos. Na mitologia grega há Prometeu, que roubou o fogo para a humanidade contra a vontade de Zeus, o rei dos deuses. Há os seres humanos inteiros originais que, como lemos no *Banquete* de Platão, desafiaram o poder dos deuses. Na tradição bíblica, há Adão e Eva, também seres humanos originais, que colheram o fruto proibido da árvore do conhecimento do bem e do mal. Todos fracassaram, até o semidivino Prometeu. E não apenas fracassaram, mas foram horrivelmente punidos pela presunção. Prometeu foi acorrentado nu a uma pilastra onde um abutre podia se banquetear para sempre com seu fígado, que voltava a crescer a cada noite e era de novo comido durante o dia. Os seres humanos originais no *Banquete* foram cortados ao meio por Zeus. Adão e Eva foram expulsos de seu Paraíso e todas as gerações depois deles arruinadas ao nascer por seu "pecado original".

O cristianismo foi mais sagaz. Sabia que para participar – sem insolência – do poder divino temos de nos submeter a ele, em total autodegradação e sem expectativas de recebê-lo, ou, no caso de recebê-lo, conservá-lo depois. Se os seres humanos têm potencial para amar genuinamente, é porque estamos abertos à obra de Deus em Cristo pela presença em nós do Espírito Santo.

Essa visão do amor expressa a realidade de que exaltação e degradação se relacionam uma com a outra numa profunda dialética, uma dialética revelada de maneira incomparável na encarnação e crucificação de Cristo. "Querer ser como deus" é inseparável da disposição de seguir o caminho da Cruz. A crucificação do Deus encarnado não é um horrível paradoxo, como Nietzsche o caracterizaria, mas revela uma verdade profunda: os que querem ser "Deuses e Salvadores do mundo"[39] têm de ser (e não apenas parecer) humildes. Ou, como o místico alemão Meister Eckhart o expressou, de uma maneira mais oblíqua:

> A nós é dado tudo conhecer e endeusar-nos com tudo. A nós é dado ser Deus pela graça como Deus é Deus por natureza; a nós é dado renunciar às mesmas coisas para Deus e ser tão pobres como quando isso não nos era dado.[40]

O ASPECTO OTIMISTA DO IDEAL de amor do cristianismo continua, em seus elementos essenciais, entrincheirado na cultura ocidental. Grande amor, como o de Deus, "toma conta de nós" inesperadamente, dotando-nos de um poder de conquistar o mundo que pode triunfar até sobre os fatos fundamentais da morte e do tempo. O amor, como a graça divina que o concede, é uma fonte única de libertação das limitações da vida comum. O amor existe numa esfera mais elevada que a do mundo cotidiano. O amor é uma grande força criativa, como é para o Deus cristão, que criou o mundo por amor. O amor "redime" o sofrimento, a perda e o absurdo em nossas vidas, assim como faz o amor de Cristo numa escala infinitamente mais vasta. O amor é fonte e medida de toda verdadeira virtude, assim como para Agostinho isso era verdadeiro com relação ao amor a Deus. O amor, como Deus, é eterno: é o único resíduo de qualquer vida humana que parece indestrutível.

É por isso que nossa ideia de amor está tão conectada ao sagrado: pois onde quer que situemos o valor e o poder supremos, aí experimentamos o sagrado. Todos nós, inclusive os ateus e materialistas mais intransigentes, precisamos do sagrado; pois todos nós precisamos atribuir valor e poder supremo a algo, se não a Deus, então à liberdade, à arte, à nação, à paisagem, à verdade, aos ancestrais, aos líderes, ao grupo étnico, à família, à língua, ao amor, ao mal, ao Demônio e até ao dinheiro: ao que quer que acreditemos (enganosamente ou não; de maneira duradoura ou não) poder dar à nossa existência um significado incontestável. Esse domínio de valor supremo pode basear todas as outras coisas, mas não precisa ele mesmo de embasamento – e não deve ser embasado para poder conservar seu valor. Ele é, em outras palavras, objeto de fé; seu valor não está sujeito à prova ou refutação. Como supremo, ele exige que todos os outros valores, talvez até o da própria vida, lhe sejam subordinados.

E o sagrado é sempre acompanhado por temores de profanação. Quando há tanto em jogo, declínios na devoção são ameaçadores. E fáceis: a dedicação é facilmente ameaçada por prazeres simples, dúvida, preguiça e ídolos menos exigentes. O sacrilégio está a apenas um passo da reverência.

O PROBLEMA PARA O AMOR num mundo secular é que os dois lados da visão cristã, a santificação do amor e o que chamei de "doutrina da humildade", se descolaram. Sem um Deus todo-poderoso para mantê-los juntos e servir como lembrete permanente de quão severamente árduo é o amor, bem como de quão fundamentalmente fora de nosso controle está, eles seguiram simplesmente seus caminhos separados, produzindo extremos de otimismo e pessimismo com relação ao amor, ambos os quais o danificaram.

Os otimistas nunca cessam de acreditar que o amor é capaz de tudo conquistar, constante, eterno e criativo. Os pessimistas, por outro lado, observaram o óbvio: essas expectativas são repetidamente frustradas. E tiraram a conclusão oposta: a natureza humana não permite que as esperanças de amor se realizem. Ou, de maneira muito semelhante: o amor humano, atolado em ilusão, no narcisismo, na incompreensão e na manipulação egoísta ou possessiva, nunca pode alcançar seu ideal de maneira estável; ele é um prisioneiro de nosso passado individual, bem como de nossos seres amados presentes, de maneiras que só podem ser superadas parcialmente. Freud, Proust e outros cobrem todo o espectro desse pessimismo. No entanto, ele é notavelmente semelhante em sua forma à concepção cristã do homem (ou melhor, a um aspecto dela), que esses pensadores rejeitam. Embora eles substituam as velhas categorias religiosas da depravação humana tal como orgulho, luxúria e ira por noções contemporâneas como narcisismo, projeção e instrumentalização do "Outro", suas dúvidas de que a natureza humana poderá algum dia permitir um amor que realmente atenda e doe a outra pessoa têm surpreendentes semelhanças com as de Agostinho em sua velhice.

O ensinamento cristão está mais próximo da verdade do que tanto os otimistas quanto os pessimistas por si sós. Ele nos lembra de que o amor pode ser nossa virtude mais elevada, mas que isso pressupõe uma severa doutrina de humildade, embasada na realidade de que não sabemos como amar e temos pouco controle sobre o progresso de qualquer relação de amor. Onde a doutrina cristã da humildade afirma que o amor humano é um dom da misteriosa graça de Deus conferida de maneira desigual a seres humanos, e insiste numa distinção absoluta entre o criador e sua criatura, uma doutrina secular da humildade precisa reconhecer que, longe de ser uma capacidade possuída por todos, o amor está entre os mais raros de todos os talentos. A capacidade de reconhecer aqueles poucos seres que nos permitem encontrar enraizamento ontológico e depois dedicar-lhes nossa atenção e doar-lhes com todo o nosso poder – que, como sugeri no capítulo 1, é constitutiva do amor – é tão excepcional quanto a capacidade do grande artista ou cientista de se deixar inundar pelo mundo e depois recriá-lo através de um ato de concepção individual. E, longe de vir formado, o amor exige um longo e meticuloso aprendizado, tanta disposição para instruir-se e experimentar quanto qualquer outra disciplina.

Embora todos nós desejemos amar, em outras palavras, encontrar enraizamento ontológico, nem todos temos suficiente talento e vontade para tanto. O talento é de suma importância: nosso fracasso em amar não se deve apenas, ou mesmo principalmente, a circunstâncias anteriores de nossas vidas, como pais frios, abuso sexual, perda de entes queridos, que provocaram um invencível "medo da intimidade". Poucos são capazes de se sobressair no amor, assim como poucos são capazes de se sobressair como engenheiros, músicos, jogadores de golfe, magnatas, jardineiros ou escritores. Abraçar um lado da herança cristã – que o amor é um dom divino, capaz de redimir o sofrimento humano – jogando fora o outro ao mesmo tempo – a humildade de ver esse amor como algo a que não temos qualquer direito hereditário e sobre o qual temos pouco controle, exceto para cultivar nossa capacidade de atender e esperar – é cortejar o desastre. O desastre de todos que se lançam presunçosamente sobre poderes divinos. O desastre de Prometeu, dos seres humanos originais, de Adão e Eva.

7. Por que o amor cristão não é incondicional

O CRISTIANISMO NÃO FEZ DO AMOR a virtude suprema do mundo ocidental apenas proclamando-o como tal. Ao mesmo tempo que lembrava aos seres humanos quão inadequadamente podiam amar sem a graça divina, ele teve de tornar o bem supremo genuinamente acessível a mortais comuns abertos para ele. De outro modo as exortações ao amor de Paulo, Agostinho, Boaventura, Tomás de Aquino, Lutero e seus seguidores, longe de serem a base para uma moralidade capaz de conquistar o mundo, teriam se tornado desmoralizantes e acabado por perder seu poder de guiar vidas humanas.

Fazer amor dessa ordem parecer acessível não é coisa fácil. Não estamos falando aqui de virtudes como coragem, moderação ou honestidade, virtudes difíceis mas, diferentemente do amor, não escolhidas pelo cristianismo como a essência de Deus, nem como devendo informar todas as nossas ações e até nossos pensamentos, intenções e sentimentos mais íntimos. No amor, o risco em jogo é tão alto, que precisamos de uma ajuda extraordinária ao nosso alcance.

Essa ajuda é nada menos que o Deus encarnado, Jesus Cristo. Ele é o grande intermediário que pode levar Deus à humanidade e assim a humanidade a Deus. Através de Jesus Cristo, o mais elevado amor é transmitido para homens e mulheres; e através dele estes se tornam, por sua vez, capazes do mais elevado amor. "Ninguém vem ao Pai senão por mim" (João 14:6). "Eu estou no Pai, vós em mim e eu em vós" (João 14:20).

A presença de Jesus no mundo, sua Encarnação, é ela própria um ato de amor divino, de fato, é um ato definidor.[1] O amor de Deus, concedido sem merecimento e misteriosamente como um dom de graça, é sintetizado pela vida – e morte – de Jesus: "Deus amou tanto o mundo que entregou o seu Filho único ..." (João 3:16; cf. 1 João 4:9vv.).

A revolução cristã não consiste na criação de um novo Deus ou mesmo de uma nova lei. O cristianismo não cria tampouco qualquer concepção nova de amor. O Jesus dos Evangelhos proclama o mesmo Deus e, num sentido essencial, a mesma lei que o judaísmo.

O que o cristianismo faz é inaugurar uma nova relação com esse Deus, uma fé mais universal focalizada na pessoa, morte e ressurreição de Jesus – e em seu status singular ao expressar o amor de Deus pelo homem e permitir nosso amor por Deus e pelo próximo.

Essa fé, por sua vez, encontra novas possibilidades admiráveis para realizar uma concepção já existente de amor. A partir da perspectiva de uma doutrina posterior, o status dual de Jesus como Deus-homem oferece aos seres humanos um poder sem precedentes para tentar amar de uma maneira divina. Para retornar a uma imagem de místicos medievais que vimos no capítulo anterior, não só Jesus é nossa "escada" para Deus, mas sua vida e morte nos oferecem o modelo supremo de amor a seguir.

Mais uma vez, vemos como a submissão ocupa o centro do palco na natureza do amor: "Sede, pois, imitadores de Deus, como filhos amados. Progredi na caridade, segundo o exemplo de Cristo, que nos amou e por nós se entregou a Deus como oferenda e sacrifício de agradável odor." (Efésios 5:1-2)

Como no judaísmo bíblico, essa submissão é uma autodoação obediente que se põe inteiramente à disposição do amado. Só assim uma relação transformadora com Deus e o próximo é possível.

Eros colide com Jesus

A promessa do cristianismo de que (alguns) mortais comuns podem ser insuflados com o amor divino e até se tornar um só com Deus através do amor é auxiliada por um segundo e extraordinário desenvolvimento. Este é a integração ao cristianismo primitivo, num grau mais extenso que qualquer coisa vista no judaísmo helenizado que o precede imediatamente, da ideia pagã do Eros espiritual: aquele imenso desejo, descrito por Platão e seus seguidores, de elevar-se acima do mundo transitório e imperfeito em que nascemos, a carne terrena de que somos feitos, e, mediante níveis crescentes de realização espiritual, conquistar intimidade com a mais elevada bondade, beleza e verdade, que, no cristianismo, é evidentemente o próprio Deus.

Em particular, Agostinho (354-430) concilia de uma maneira inteiramente original o que há de distinto nos espíritos de Cristo e Eros, Jerusalém e Atenas. Nele vemos combinados, por um lado, o sentimento de genuíno amor humano como inteiramente dependente da inescrutável graça de Deus e da presença em nós do Espírito Santo; e, por outro, o misticismo-Eros de Platão e seus seguidores, baseado no intenso desejo de ascender em direção ao bem supremo. Através da ideia do Universo ordenado dessa maneira empenhada em ascender e divinamente inspirada, a alma humana pode ser vista como tendo a oportunidade de se aproximar progressivamente de uma união amorosa com Deus.

Eros poetifica o amor; confere à imagem do judaísmo bíblico da relação de amor de Israel com Deus, embora já apaixonada e com frequência conturbada, uma gama mais rica, mais sensual, mais sedutora de tonalidades. Ele altera a qualidade do amor entre homem e Deus tornando-o menos uma relação de piedade filial e mais a de uma noiva com seu noivo. Embora leiamos sobre o noivado de Deus com seu povo no Antigo Testamento – "Eu te desposarei para sempre ... na fidelidade ... e conhecerás o Senhor" (Oseias 2:21-22); "e como o noivo se alegra com a noiva,/ teu Deus se alegra contigo" (Isaías 62:5) – a metáfora do casamento ou união torna-se muito mais desenvolvida no cristianismo. E ela influencia profundamente nossas ideias modernas do amor romântico como uma união sagrada de duas pessoas – que são o mundo uma para a outra.

Assim são João da Cruz (1542-1591) proclama: "no casamento espiritual entre Deus e a alma há duas naturezas em um só espírito e amor ... Aquele que se mantém fiel ao Senhor é um só espírito".[2] Deus "na onipotência de Seu amor insondável absorve a alma com maior violência e eficácia que uma torrente de fogo uma única gota do orvalho da manhã".[3] E santa Tereza de Ávila (1515-1582) fala de uma mistura do humano com o divino que se aproxima da unidade total: "como chuva caindo do céu num rio ou regato, tornando-se um e o mesmo líquido, de modo que a água do rio e da chuva não pode ser dividida".[4]

São João da Cruz e santa Tereza de Ávila pertencem à escola espanhola de misticismo-amor do século XVI. Esse misticismo não é nenhuma orgia de arrebatamento, embora muito de sua linguagem possa sugerir isso ao ouvido contemporâneo. Nem pode ser reduzido a um culto do irracional, muito menos a um mero canal para o desejo sexual insatisfeito, da mesma forma que o Eros platônico não pode ser assim reduzido. Trata-se antes do mais disciplinado esforço, usando todos os poderes de que se dispõe, racionais e não racionais, para uma comunhão direta com a base do próprio ser: com Deus. Um esforço que exige precisamente o autocontrole – a atenção e a paciência – necessário à elevação platônica.

Quanta paciência é requerida para a elevação mística, e que distância a separa da embriaguez informe, fica claro na "noite escura da alma", a desolação e o vazio que, como são João da Cruz nos conta, devem ser suportados por alguém que anseia por Deus.

> Pois na verdade, quando essa contemplação purgativa é mais severa, a alma sente com muita intensidade a sombra da morte, as lamentações da morte e as dores do Inferno, que consistem em sentir-se ela privada de Deus, castigada, desterrada e indigna d'Ele; e ela sente que Ele está furioso consigo. Tudo isto é sentido pela alma nessa condição – sim, e mais, pois ela crê que assim será com ela para sempre.[5]

A sensação de abandono e solidão esmurra a alma até que ela seja esvaziada de sua vaidade, refinamento e outras cruezas de espírito:

> [Almas em busca de união são] tão impotentes neste caso quanto alguém que foi encarcerado numa masmorra escura, e tem mãos e pés atados, e não pode nem se mexer nem ver, nem sentir qualquer benevolência nem de cima

> nem de baixo, até que o espírito esteja humilhado, amolecido e purificado, e fique tão alerta, delicado e puro que se torne um só com o Espírito de Deus, segundo o grau de união de amor que Ele em sua misericórdia tem o prazer de lhe conceder; em proporção com isto a purgação é de maior ou menor severidade e de maior ou menor duração.[6]

Embora os misticismos religiosos sejam tradicionalmente divididos entre os que preservam a separação entre o humano e o divino e outros que contemplam uma total unidade em que toda agência humana desaparece, na realidade eles tendem a envolver uma dialética entre as duas coisas. Assim Meister Eckhart (c.1260-c.1328) tem má reputação – e foi condenado pelas autoridades da Igreja – por parecer afirmar que a alma humana podia se fundir indissoluvelmente com Deus: "Todos seremos transformados totalmente em Deus e mudados nele. Da mesma maneira, quando no sacramento o pão é mudado no corpo de Cristo, sou tão transformado nele que ele faz de mim sua única existência ... não há aí qualquer distinção."[7]

No entanto, Eckhart também insiste que *"Minne einigt nicht"* – "Amor não une"; na verdade *"Sie einigt wohl an einem Werk, nicht an einem Wesen"* – "[O amor] une em ato e não em essência."[8] Em outro lugar, ele acrescenta: "Ao morrer para sua própria natureza, seu ser e sua vida, a alma nasce em sua divindade ... Torna-se tão completamente única que não há distinção, exceto que ele [Deus] permanece Deus e ela permanece alma."[9]

Assim, mesmo para um místico como Eckhart, o ideal de unidade com Deus existe ao lado de uma insistência na responsabilidade e, portanto, dissimilaridade do ser humano individual perante Deus: "duas naturezas em um espírito", como o expressa são João. De fato, para que a unidade com Deus e a dissolução da individualidade que ela envolve seja um ideal real, e não uma esperança sentimental, ela deve ser perseguida por um eu capaz de suportar repetida derrota, espera, banimento e uma percepção de sua própria inadequação nas mãos do amado – um eu forte o suficiente, em outras palavras, para suportar a noite escura da alma. Essa resistência é a marca do agente moral, não de alguém que se considere, ou almeje ser, apenas uma gota passiva no oceano infinito de ser que é Deus.

Amor e morte

A promessa de chegar a Deus que tanto Eros quanto Cristo oferecem, e que os místicos aceitam com tão eloquente paixão, nos leva de volta a duas das maiores obsessões do amor ocidental: morte e sexo.

Como a divinização do amor humano, essas obsessões só chegam ao auge no século XIX, com o *declínio* da autoridade religiosa. A devoção a *Liebestod* e, de fato, à lubricidade, atinge seu apogeu com a "morte de Deus". No entanto, as raízes dessas obsessões situam-se obviamente na tradição cristã. E de maneira específica em sua intensa ambivalência com relação ao valor deste mundo, inclusive o corpo e seus desejos sexuais. De um de seus pontos de vista, para nos fundir com Deus, que é fundamentalmente distinto do mundo – buscar a promessa escatológica do Reino de Deus –, devemos manter a distância todo desejo não dirigido a ele, e em particular essa que é a expressão mais poderosa de nossa natureza terrena: o desejo sexual. Se Deus é amor, segundo essa visão, o amor genuíno está além deste mundo, e não podemos encontrá-lo se ficamos atolados em conexões com a vida comum. "Além deste mundo" passa facilmente a significar: a ser alcançado por via da morte.

Ou por via de uma morte em vida. "Mortificai vossos membros terrenos" (Colossenses 3:5), diz são Paulo. "Pensai nas coisas do alto e não nas coisas da terra. Estais mortos e vossa vida está oculta com Cristo em Deus" (Colossenses 3:2-3). Em outras palavras: veja as coisas terrenas e o desejo por elas como o inimigo do domínio celeste a que deveríamos estar aspirando. Pois amizade com o mundo nada mais é que inimizade para com Deus (Tiago 4:4).[10]

Tal "morte para o mundo" era, para seus devotos, a melhor maneira nos dada de viver *esta* vida, enquanto esperamos pela união final com Deus só possível na morte física. O suicídio do desejo terreno liberta o espírito para viver – no aqui e agora.

A morte para o mundo poderia, em casos extremos, empregar o simbolismo do sepultamento em vida. Assim, a cerimônia que iniciava a vida de um (ou uma) anacoreta envolvia um serviço de enclausuramento, conduzido com severa formalidade após a Missa. O noviço era levado em procissão da igreja até uma cela, vista como um túmulo. Em seguida ele se prostrava diante de um esquife, e era borrifado com água benta e terra, como se estivesse sendo realmente enterrado. Por fim era deixado sozinho e a entrada da cela ritualmente murada.[11] Daí em diante suas necessidades eram atendidas por ajudantes.

O PROBLEMA PARA O QUAL A MORTE, ou a morte para este mundo, é a solução não é, contudo, o corpo como tal, mas apenas os desejos terrenos do corpo. Como o cristianismo tradicional sustenta que em Cristo Deus assumiu carne humana e, portanto, que o físico é um local para a automanifestação de Deus, o repúdio completo desse físico é uma heresia – uma heresia pela qual seitas como o gnosticismo e o maniqueísmo, que consideram a matéria a fonte do mal, foram repetidamente perseguidas.

Na verdade houve místicos cristãos, como o extraordinário reformador monástico Bernardo, abade de Claraval (1090-1153), que viram o corpo como central para a salvação. O corpo é o lugar onde o humano e o divino se encontraram originalmente e continua a sê-lo a despeito de sua degradação na Queda.[12] Ele é um "bom e fiel companheiro"[13] para a alma na vida e após a morte, e ajuda a dirigi-la para suas metas espirituais mais elevadas. Bernardo chega a insistir que após a morte a alma por si só não pode amar plenamente a Deus, a menos que recupere seu corpo, um "corpo perfeito", livre agora de seus desejos terrenos e imortal, "belo e em paz".[14]

Esses temas são depois retrabalhados no século XIII por Tomás de Aquino e Boaventura. Aqui está o que diz Tomás sobre a razão por que devemos amar nosso corpo:

> Ora, nossa natureza corporal, longe de decorrer de um mau princípio, como imaginam os maniqueístas, provém de Deus. Podemos, portanto, usá-la para o serviço de Deus ... Assim, com o mesmo amor à caridade pelo qual amamos a Deus, devemos também amar nosso corpo, embora não a nódoa de pecado e corrupção que a punição lhe ocasiona ...[15]

É uma linha fina a trilhar: repudiar o corpo por completo seria heresia, afirmar seus desejos terrenos seria ímpio. O corpo deve ser valorizado em consideração a Deus, ao passo que seus desejos por fins puramente terrenos devem ser negados, ou ao menos estritamente circunscritos. Mormente seu desejo por sexo.

Jesus e sexo

Ainda em se tratando de sexo, Jesus irá mais uma vez surpreender muitos leitores modernos, acostumados como estamos com a preocupação do cristianismo com esse assunto, em especial desde o século XIX. Pois assim como ele fala pouco sobre o amor nos Evangelhos Sinópticos, fala menos ainda sobre sexo.

Tal como apresentado nos Evangelhos, Jesus nunca condena o sexo como tal. Nunca pede que o sexo esteja a serviço do amor espiritual. E nunca diz que ele deve ser acompanhado pela intenção de procriar. Sobre sexo pré-marital, homossexualidade, contracepção e aborto, tópicos centrais para o debate religioso moderno, em especial o cristão, ele silencia.

No Novo Testamento, é sobretudo com são Paulo que o sexo desempenha um papel maior, embora, contrariando a reputação que ele adquiriu, esse esteja longe de ser um tema capital para ele também. Paulo condena a carnalidade desordenada que vê à sua volta (1 Coríntios 5:1); repreende os desejos indomados da carne que vê como emblemas da pecaminosidade não redimida do homem, em acentuado contraste com "o Espírito" e sua "nova criação" em Cristo;[16] e condena a homossexualidade como uma punição de Deus para a idolatria gentia (Romanos 1:24). Num tom muito diferente daquele do Jesus dos Evangelhos, ele diz:

> Não sabeis que os injustos não possuirão o reino de Deus? Não vos iludais: nem os imorais, nem os idólatras, nem os adúlteros, nem os efeminados, nem os pederastas, nem os ladrões, nem os avarentos, nem os beberrões, nem os insultadores nem os assaltantes, possuirão o reino de Deus. E alguns de vós

> éreis isto, mas fostes lavados; mas fostes santificados; mas fostes justificados no nome do Senhor Jesus Cristo e pelo Espírito de nosso Deus (1 Coríntios 6:9-11).

Uma vez que espera o fim iminente do mundo e a segunda vinda de Jesus,[17] Paulo teme pelo compromisso com que um homem se envolve ao se casar e formar uma família. O tempo é curto, e o esforço que o homem casado despende em assuntos práticos, para não mencionar na busca de agradar à sua esposa, o distrai inevitavelmente das questões sérias da renovação espiritual: "O celibatário cuida das coisas do Senhor, de como agradar ao Senhor. O casado deverá cuidar das coisas do mundo, de como agradar à sua mulher, e assim está dividido" (1 Coríntios 7:32-4).

Apesar disso, Paulo também valoriza o poder unificador do sexo, do casamento e da família, afirmando que "o esposo descrente santifica-se pela mulher, e a mulher descrente santifica-se pelo marido" (1 Coríntios 7:14). Além disso, enquanto se espera o fim do mundo, o casamento também tem valor como um meio de refrear o impulso de fornicar, e estimula maridos e mulheres a fazer sexo com frequência suficiente para manter seus desejos sob controle:

> Começando a tratar do que me escrevestes: bom é para o homem não tocar mulher, mas, para evitar a impureza, tenha cada um a sua mulher, e cada uma tenha seu marido. O marido cumpra o dever conjugal para com a mulher e igualmente a mulher em relação ao marido. A mulher não tem poder sobre seu próprio corpo, mas o marido; e igualmente o marido não tem poder sobre o seu próprio corpo, mas a mulher. Não vos recuseis um ao outro, a não ser de comum acordo por algum tempo, para vos dardes à oração, e de novo voltai a coabitar, a fim de que Satanás não vos tente de incontinência. Isto vo-lo digo como concessão e não como preceito. Quisera que todos os homens fossem como eu; mas cada um tem de Deus a sua própria graça; este uma, aquele outra. (1 Coríntios 7:1-7)

Paulo é um homem solteiro, que nem acredita que o casamento é sempre nobre, nem insiste que é necessário consumar o amor de um homem e uma mulher, tampouco celebra a geração de filhos.[18] Embora seu hino ao amor como o valor supremo – "de todas estas coisas o amor é a maior" – esteja sempre presente em casamentos cristãos e até ateus, são poucos aqueles em que poderíamos ouvir o que ele também diz: "... mas assim tereis de ser submetidos aos sofrimentos da vida matrimonial, que eu quisera poupar-vos" (1 Coríntios 7:28).

Portanto, em se tratando de sexo, qual é a real preocupação de Jesus? Provavelmente, acima de tudo, apoiar o vínculo do casamento. Ele assume uma posição muito dura em relação ao adultério e ao divórcio e faz um esforço extra no Sermão da Montanha para se distanciar do que lhe parecem ser ensinamentos judaicos mais tolerantes sobre esses assuntos na época:

> Ouvistes o que foi dito:[19] "Não cometerás adultério." Pois eu vos digo: Todo aquele que lançar um olhar de cobiça sobre uma mulher, já cometeu adultério em seu coração. Se teu olho direito te leva a pecar, arranca-o e joga longe de ti, pois é preferível perder um dos teus membros do que teu corpo inteiro ser lançado no Inferno. (Mateus 5:27-9)

A punição imposta por adultério no Antigo Testamento parece suficientemente draconiana: morte por apedrejamento para ambas as partes.[20] É difícil avaliar se Jesus considera a punição que ele traz à baila, a condenação ao Inferno, como mais drástica. Nem fica claro como ele a concilia com sua mensagem de perdão dos pecados, que em uma ocasião estende até a uma adúltera:[21]

> Também foi dito: "Quem repudiar sua mulher, dê-lhe certidão de divórcio." Pois eu vos digo: Todo aquele que se divorciar de sua mulher – exceto em caso de "prostituição" – a faz cometer adultério; e quem se casar com ela comete adultério. (Mateus 5:31-2)

Que um homem que dá uma olhadela lasciva para uma mulher já cometeu adultério em seu coração é do máximo significado para o desenvolvimento da moralidade. Pois com o cristianismo, intenções, e não meramente ações, tornam-se cenas de crime: está armado o palco para que o mundo interior de seres humanos seja foco de escrutínio moral. Como o expressou Mateus: "não há nada de encoberto que não venha a ser revelado, nem escondido que não venha a ser conhecido" (Mateus 10:26; cf. Marcos 4:22).

No entanto, apesar de todas as censuras de Jesus ao divórcio e ao adultério, seus maiores inimigos nada têm a ver com sexo. Eles são dinheiro, orgulho e hipocrisia. Seu repúdio deles é esmagador. O dinheiro é o inimigo absoluto da proximidade com Deus; ele nos separa de Deus mais seguramente do que o sexo jamais o poderia fazer. "Como será difícil para os que têm riquezas entrar no reino de Deus" (Marcos 10:23), diz ele a seus discípulos. "Ninguém pode servir a dois senhores ... Não podeis servir a Deus e às riquezas" (Mateus 6:24). "Não ajunteis riquezas na terra, onde a traça e a ferrugem as corroem ... ajuntai riquezas no céu" (Mateus 6: 19-20). Ou nas palavras de são Paulo: "Porque a raiz de todos os males é a cobiça do dinheiro" (1 Timóteo 6:10).

Buscas materiais deveriam vir em segundo lugar após uma correta orientação para Deus e sua justiça: "Por isso não vos preocupeis, dizendo: 'O que vamos comer? O que vamos beber? Com que nos vamos vestir?' São os pagãos que se preocupam com tudo isso. Ora, vosso Pai celeste sabe que necessitais de tudo isso. Buscai pois, em primeiro lugar, o reino de Deus e sua justiça,[22] e todas estas coisas vos serão dadas de acréscimo" (Mateus 6:31-3).

E, no fim, a cobiça não conquistará nem mesmo coisas terrenas, muito menos a intimidade com Deus. "Mas, ai de vós, ricos, porque já recebestes o consolo! Ai de vós, os saciados de agora, porque tereis fome" (Lucas 6:24-5). Ao contrário: "Felizes sois vós, os pobres, porque vosso é o reino de Deus. Felizes os famintos de agora, porque sereis saciados" (Lucas

6:20-1). Ou como Mateus relata: "Felizes os humildes, porque possuirão a terra" (Mateus 5:5).[23]

Quanto ao orgulho e à hipocrisia, nunca poderia ter havido um opositor tão intransigente quanto Jesus. Sua abominação, e esta não é uma palavra forte demais, pelas pessoas que controlam outras dificilmente pode ser exagerada. Ele despreza os moralizadores que gostam de se pavonear em público e só se importam com seu prestígio. "Eles não praticam o que ensinam", exclama. "Amarram pesadas cargas e as põem nas costas dos outros, e eles mesmos nem com o dedo querem tocá-las. Praticam todas as suas ações para serem vistos pelos outros" (Mateus 23:3-5).

Mas não é só a hipocrisia que Jesus repudia; nem só o fato de que essas pessoas em seus altos cavalos não reconhecem o que exigem dos outros. Ele detecta algo ainda pior: sua pregação não tem por objetivo o bem dos outros em absoluto: "Ai de vós, escribas e fariseus hipócritas, que fechais o reino dos céus aos outros! Não entrais vós nem permitis que entrem os que o desejam" (Mateus 23:13). E numa frase extraordinária que poderia servir de advertência em nossos dias para todos aqueles que procuram impingir seus valores superiores a povos distantes que veem como moralmente ignorantes, Jesus grita: "Ai de vós, escribas e fariseus hipócritas, que percorreis mar e terra a fim de converter uma só pessoa para, depois de convertida, a tornar merecedora do Inferno, duas vezes mais do que vós mesmos!" (Mateus 23:15).

Pois no fundo essa moralização é vaidade, um espetáculo para fazer os moralizadores sentirem-se bem. Por dentro eles são sórdidos e maus:

> Ai de vós ... hipócritas, que por fora limpais o copo e o prato, mas por dentro estais cheios de roubo e cobiça.
>
> Ai de vós ... hipócritas, que sois semelhantes a sepulcros caiados, vistosos por fora mas por dentro cheios de ossos dos mortos e toda sorte de podridão. Assim também vós, por fora pareceis justos aos outros, mas por dentro estais cheios de hipocrisia e maldade ...
>
> Serpentes, raça de víboras, como escapareis ao castigo do Inferno? (Mateus 23:25-33; cf. Lucas 6:37-42)

O extraordinário foco de Jesus no dinheiro e nos vícios do orgulho – hipocrisia e santimônia – nos remete de volta a um tema central deste livro: a precondição para o amor – como uma relação dialógica com alguém que experimentamos como a base de nosso ser, ou como nos conduzindo para a base de nosso ser – é submissão à presença real do outro; submissão à sua legitimidade individual e ao que ele nos convida a fazer.

O sexo, ou o desejo erótico em geral, não é um impedimento necessário a tal submissão. Ao contrário, ele pode nos confrontar de maneira súbita e esmagadora com a vividez do outro tanto como objeto quanto como sujeito. Mas orgulho e algumas das condições do acúmulo de riquezas podem ser enormes impedimentos. O orgulho tem a ver com autoproteção, autossuficiência, a defesa de si mesmo contra o próximo, absorção na atividade da autoestima, uma dedicação míope ao próprio prestígio e poder que cega a mente para a realidade dos outros – atitudes que, todas elas, excluem a submissão; enquanto a busca de riquezas situa necessariamente as exigências impessoais da utilidade no centro de nossas relações com aqueles apanhados nessa ambição, algo muito distante da atenção que está no centro do amor. (E é digno de nota que praticamente todas as versões dos "sete pecados capitais" consideram o orgulho e a cobiça muito mais graves que a luxúria.)[24]

Por que então a mensagem de Jesus foi tão deturpada? Por que a civilização cristianizada tornou-se tão preocupada com sexo, e tão menos inibida pela pregação de Jesus contra o orgulho, as posses e o poder? Quer estejamos falando sobre a Igreja histórica, a "missão civilizadora" da Grã-Bretanha vitoriana, o partido comunista da União Soviética (a incorporação ateia da profundamente religiosa nação russa) e sua inexprimível vaidade de levar revolução ao mundo inteiro, o "destino manifesto' com que o "anglo-protestantismo"[25] americano exalta a si mesmo, ou o fundamentalismo cristão que lhe dá uma voz tão estridente hoje, em todos esses casos, intensa pudicícia sexual combina-se com busca implacável do poder e da propriedade, alardeada com o próprio orgulho, a própria dominação autocongratulatória dos outros para os quais toda a vida e a morte de Jesus são uma permanente censura.[26] "É mais fácil um camelo passar pelo buraco de uma agulha do que um rico entrar no reino de Deus" (Marcos 10:25). "Aquele que se exaltar será humilhado" (Mateus 23:12). É notável que nações que buscam civilizar o mundo à força, muitas vezes em nome do cristianismo e com a convicção de serem guiadas por Deus, professem elas próprias uma hierarquia de valores tão em desacordo com a de Jesus.

O "amor cristão" é universal?

Os mitos que ressaltei sobre o que Jesus realmente diz sobre sexo e amor mal começam a explicar as interpretações errôneas que se desenvolveram em torno do amor cristão. Poderíamos aceitar sem dificuldade que afirmar que Jesus é hostil ao sexo como tal, mas não vê problema na acumulação de dinheiro ou no orgulho a que pessoas se entregam quando acreditam ser superiores a outras, é o exato oposto da verdade. Mas é inegável que o Novo Testamento e, depois dele, os doutores da Igreja, pregam o amor universal, não é? É certo que foi claramente prometido que o amor de Deus está imparcial e igualmente disponível para a salvação de todos, ou pelo menos dos que o buscam, não? Com certeza Deus sempre amará e perdoará os seres humanos, mesmo quando eles lhe dão as costas, correto? Sem dúvida o cristianismo, como a religião do amor universal, distingue-se do judaísmo por abandonar de maneira decisiva a ideia de que qualquer povo particular foi "eleito" por Deus e, nesse sentido, era mais amado por ele que os demais. Certamente ele ordena sem ambiguidade que amemos a todos como um "próximo", em virtude de serem eles seres humanos e filhos de Deus. Tudo isso deve ser verdade, uma vez que ele considera que o amor genuíno, o amor de Deus pelos seres humanos e o amor destes por seu próximo, é incondicional.

Tudo errado. Se hoje se acredita nesses mitos – que são até pregados por ministros cristãos –, isso atesta não só a extrema dificuldade de ver o passado a não ser pelas lentes dos valores atuais, mas a extraordinária adaptabilidade do cristianismo, que pode ser considerado o partido político mais abrangente de toda a história ocidental, capaz de parecer dogmático e coerente ao mesmo tempo que se altera profundamente com o passar do tempo. É como se o cristianismo tivesse se enganado deliberadamente com relação ao que suas próprias Escrituras têm a dizer sobre o amor.

De fato há no Novo Testamento, na melhor das hipóteses, uma ambivalência com relação a ser o amor redentor de Deus dirigido a todos os seres humanos, que dirá a todos eles igualmente. Contrariando a observação de que "Deus tanto amou o mundo que entregou o seu Filho único ..."[27] (o que *não* implica que ama todos igualmente), encontramos duas ideias que tornam sem valor quaisquer garantias do amor universal de Deus: mérito e graça.

Pior, essas ideias são, em aspectos decisivos, contraditórias. Mérito significa que a salvação deve ser conquistada com boas ações; que nossos esforços espirituais contam aos olhos de Deus e podem influenciar a possibilidade e o momento de nossa aproximação com ele. Nessa medida o amor redentor de Deus só será plenamente concedido aos que o tiverem merecido, uma visão que na verdade dignifica os seres humanos atribuindo grande peso à sua ação moral.

A graça, em contraposição, significa que Deus escolhe alguns de nós em detrimento de outros para fins misteriosos que só ele conhece – e nessa medida não podemos, em última análise, conquistar a salvação por boas obras. Embora haja um grande espectro de ideias na tradição cristã sobre o grau em que mérito e graça são independentes, e caso não sejam, como caracterizar sua dialética, há, no entanto, um sentido essencial em que, tomados juntos, mérito e graça tornam impossível que o amor de Deus possa ser conferido imparcial e igualmente a todos, mesmo a todos que o buscam.

Sobre o mérito, Jesus disse: "Se quiseres entrar na vida, observa os mandamentos" (Mateus 19:17; cf. Marcos 10:17vv., Lucas 18:18vv.). Quando se vê numa refeição do *shabat*, ele aconselha o anfitrião a convidar os pobres e humildes, e promete: "Receberás a recompensa na ressurreição dos justos" (Lucas 14:14). Acima de tudo, assegura a seus discípulos que todo aquele que o segue será reconhecido por Deus, tanto nesta vida quanto na próxima:

> Eu vos asseguro: ninguém que deixou casa, ou irmãos, ou irmãs, ou pai, ou mãe, ou filhos, ou terras por causa de mim e do Evangelho, deixará de receber já no tempo presente, cem vezes mais casas, irmãos, irmãs, mães, filhos e terras no meio de perseguições, e no mundo vindouro, a vida eterna. (Marcos 10:29-30; cf. Mateus 19:29)

São Paulo, por sua vez, embeleza isto com inequívoca clareza:

> pois Deus retribuirá a cada um segundo as obras ... Tribulação e angústia sobrevirão a todo aquele que praticar o mal, ao judeu primeiro, depois ao grego. Mas a glória, a honra e a paz a todo aquele que praticar o bem, ao judeu primeiro e depois ao grego. Pois em Deus não há distinção de pessoas. (Romanos 2:6-11)

Tomás de Aquino resume esta visão: "O homem ... a alcança [a felicidade] mediante muitos sinais de atividade, que são chamados de seus méritos".[28] Em outras palavras, faríamos melhor não dando por certa a indulgência de Deus para com pecadores; a salvação é condicional à nossa obediência de seus mandamentos, a boas obras e a fé nele. Apesar disso, como Paulo também nos diz, Deus é absolutamente soberano ao amar e escolher (Romanos 9:13, 25). Seres humanos não podem se atrever a determinar as escolhas dele meramente seguindo as leis de Deus ou zombando delas.

Vemos, na ponta receptora da graça, como Maria se sente desconcertada e temerosa quando o anjo Gabriel se dirige a ela como "cheia de graça ... encontraste graça diante de Deus" (Lucas 1:28, 30) e anuncia que ela foi escolhida para ser a mãe de Jesus. Embora não possa compreender o que fez para merecer semelhante privilégio, ela se submete a seu mistério, sem se deixar tolher pela dificuldade de receber o que não pode compreender ou merecer. É precisamente isso que está em jogo na graça: o sentido no qual o amor genuíno não pode ser nem evocado nem merecido.

Duas parábolas particulares ao Evangelho de Mateus ilustram a soberania da graça. Uma fala de vários trabalhadores contratados para um dia de trabalho numa vinha (Mateus 20:1-16). Alguns deles trabalham mais tempo que outros, mas todos recebem a mesma paga. De fato, os que começaram a trabalhar mais tarde são pagos primeiro.

Os trabalhadores que tinham sido contratados mais cedo no dia, e que tinham trabalhado desde então, queixam-se ao dono da terra: "Os últimos trabalharam somente uma hora e lhes deste tanto quanto a nós, que suportamos o peso do dia e o calor." Mas o dono da terra responde: "Amigo, não te faço injustiça. Não foi esta a diária que acertaste comigo? Toma pois o que é teu e vai embora. Quero dar também ao último [trabalhador] o mesmo que a ti. Não posso fazer com os meus bens o que eu quero? Ou me olhas com inveja por eu ser bom?" (Mateus 20:1-15).

Devemos aprender que as maneiras de Deus são como as do dono da terra. Embora não sejam caprichosas, são inescrutáveis e por isso imprevisíveis. Assim como a moral da história dos trabalhadores: "os últimos serão os primeiros, e os primeiros serão os últimos" (Mateus 20:16).

Uma ideia estreitamente relacionada é demonstrada, de maneira mais amedrontadora, pela parábola da festa de casamento dada por um rei: "Quando o rei entrou para ver os que estavam à mesa, viu ali um homem que não vestia roupa de casamento, e lhe disse: Amigo, como entraste aqui sem vestir roupa de casamento? Mas ele ficou calado. Então o rei disse aos que serviam: 'Amarrai-o de pés e mãos e jogai-o lá fora na escuridão; ali haverá choro e ranger de dentes'. Porque muitos são os chamados e poucos os escolhidos." (Mateus 22:11-14).

Graça é uma questão de ser escolhido. Como os convidados do casamento, ou você é incluído, ou não é. É uma questão da natureza imerecida do amor.

Mas a aparente perversidade da graça – sua desigualdade, sua cruel incompreensibilidade: Por que ele? Por que não o outro? – é ainda mais profunda. Revela-se que os méritos que são capazes, se é que alguma coisa o é, de nos valer a salvação poderiam eles próprios depender da graça. Em outras palavras, não podemos obedecer à vontade de Deus … sem que Deus queira que a obedeçamos.

Vimos no capítulo anterior como esse era o caso para o amor genuíno: como sem a graça não podemos cumprir o mandamento de Deus de amá-lo no sentido de *caritas*. Quase todas as tradições no cristianismo concordam que a fé nos mistérios da revelação, como a Trindade e a Encarnação, também não pode ser alcançada sem a graça.[29] O autor da carta de são Paulo aos efésios diz: "Pois é gratuitamente que fostes salvos mediante a fé. Não é de vós mesmos que vem a fé. É dom de Deus" (Efésios 2:8-9). Agostinho escreve que "quando Deus coroa nossos méritos, ele coroa somente seus próprios dons".[30] O amor a Deus que é exigido de nós é também, diz ele, um "dom" do Espírito Santo.[31] Aquino, de sua parte, sustenta que as virtudes absolutas – as únicas que podem nos valer a salvação, em outras palavras a eternidade com Deus – são disposições para agir bem que Deus precisa ter infundido em nós, ainda que as sintamos como uma segunda natureza. Enquanto para Lutero a fé que nos permite ter uma relação com Deus – que impele de fato o processo de nos tornarmos deuses através do amor ou da união com Deus – é inteiramente um dom divino e não pode ser escolhida por seres humanos.

Se a graça é dádiva livre e insondável feita por Deus de sua plenitude, isso pode ser dito com mais verdade ainda da "predestinação", aquele desenvolvimento extremo da ideia da graça que vê certas almas como eleitas para a salvação antes do nascimento, enquanto a maioria está condenada a ser mantida a distância de Deus por toda a eternidade, de fato a arder no Inferno. Deus elege uma pessoa antes que ela nasça e, portanto, antes que tenha tido oportunidade de fazer qualquer coisa boa ou má, como são

Paulo diz que Deus o escolheu: "… aquele que me reservou desde o seio de minha mãe e me chamou por sua graça" (Gálatas 1:15).

Mas Paulo não pensa apenas em si mesmo aqui:

> Nós sabemos que todas as coisas concorrem para o bem daqueles que amam a Deus, dos que são eleitos segundo seus desígnios. Os que de antemão conheceu, também predestinou a serem conformes à imagem de seu Filho, para que este seja o primogênito de muitos irmãos. E aos que predestinou, a esses também chamou. E aos que chamou, também justificou. E aos que justificou, a esses também glorificou. (Romanos 8:28-30)

São Paulo não é nenhum dissidente: toda uma tradição baseada nele, tanto católica quanto protestante, afirma que as pessoas são ou não predestinadas à salvação. Ela culmina nos implacáveis editos do reformador protestante João Calvino:

> Antes que o primeiro homem fosse criado, Deus em sua eterna deliberação havia determinado o que queria que fosse feito com toda a raça humana.
>
> Na deliberação oculta de Deus estava determinado que Adão cairia da condição intacta de sua natureza, e por sua defecção envolveria toda a sua posteridade em sentença de morte eterna.
>
> Do mesmo decreto depende a distinção entre eleito e réprobo: ao adotar alguns para si mesmo para a salvação, ele destinou outros à ruína eterna.[32]

É surpreendente que o cristianismo seja amplamente visto como a religião do amor universal – de um amor divino igualmente disponível a todos – apesar do fato de o Novo Testamento e a teologia de quase dois milênios serem perpassados por advertências de que Deus não confere seus favores de maneira igual e imparcial a todos, inclusive a capacidade de amá-lo e ser amado por ele. Deus poderia conceder graça a alguém que, por natureza, tenderia a zombar de seus mandamentos e carecer de fé nele, e no entanto deixar de concedê-la a um outro que o agrada.

Esta é a própria natureza do amor divino: não podemos ter certeza de que nossa virtude irá provocá-lo ou nosso vício solapá-lo; ele é um dom livre e espontâneo que só obedece aos desígnios inescrutáveis de Deus. Embora as ações de Deus não sejam arbitrárias nem incoerentes – na verdade ele foi por vezes identificado com a racionalidade e o intelecto –, elas não estão submetidas a quaisquer leis, inclusive leis que ele próprio promulgue. Todos os três Evangelhos Sinópticos concordam quanto a isto: "com Deus tudo é possível".[33]

Essas advertências sobre a natureza do amor divino falam de duras verdades sobre todo amor genuíno: que ele não pode ser confiavelmente merecido ou provocado; que ele reflete os propósitos mais profundos do amante em relação ao mundo que encara (nessa medida, é como a graça, embora esses propósitos sejam claramente menos misteriosos no caso de seres humanos que no caso de Deus, na verdade, como sugeri nos capítulos 1 e 2, eles giram em torno da necessidade do amante de experimentar seu ser como indestrutivelmente estabelecido num mundo em que foi lançado); que o amado pode, apesar disso, "merecer" o amor em certo grau, conformando-se às leis mais íntimas do amante; que não podemos prever com segurança quem – que tipo de pessoa – amaremos, ou nos amará; e que não podemos esperar ser amados, por mais pacientemente que esperemos e por mais que nos esforcemos para encantar nosso amado. A graça é uma metáfora do quão precisamente o amor mais genuíno pode ser horrendamente seletivo, inescrutável e "injusto".

Mas que tem a tradição cristã a dizer sobre o amor entre seres humanos? Com certeza sua exigência neste caso é inequívoca: devo amar *todos* os outros como a mim mesmo, não é? Com certeza todos os meus próximos têm igual direito ao meu amor, independentemente de quem sejam ou de quais sejam as suas crenças, certo?

Esta, afinal de contas, é a moral do bom samaritano: ele ajuda um semelhante que não pertence à sua comunidade e que não tem laços especiais com ele, e o faz por pura compaixão pela situação difícil do estranho. Jesus conclui a parábola dizendo a seus ouvintes: "Vai, e faze tu o mesmo" (Lucas 10:37); teu próximo é quem quer que precise de você. E apenas pouco antes disto encontramos sua famosa ordem de amar nossos inimigos e fazer o bem aos que nos odeiam.

Mais uma vez, porém, as coisas não são tão simples. Em tensão com esse mandamento de ajudar a todos segundo suas necessidades e amar o inimigo, há tradições dentro do cristianismo, mais uma vez fundadas nas próprias Escrituras, que tratam explicitamente alguns próximos como mais iguais que outros, e em particular próximos que por acaso compartilham nossa fé. O primeiro círculo do amor, como são Paulo sugere, deve ser reservado para companheiros cristãos: "... enquanto dispomos de tempo, façamos bem a todos, especialmente aos irmãos na fé" (Gálatas 6:10).

A famosa fala de são Paulo frequentemente usada para mostrar como o amor cristão é universal e não seletivo – "Já não há judeu nem grego, nem escravo nem livre, nem homem nem mulher ..." (Gálatas 3:28) – costuma ser arrancada de seu contexto, que estipula que isto deve ser aplicado aos que creem em Jesus Cristo. O parágrafo de onde ela provém é especificamente dirigido a crentes batizados:

> Todos vós, pois, sois filhos de Deus pela fé em Cristo Jesus. Pois todos vós, que fostes batizados em Cristo, vos revestistes de Cristo. Já não há judeu nem grego, nem escravo nem livre, nem homem nem mulher, pois todos vós sois um em Cristo Jesus. Ora, se sois de Cristo, então sois verdadeiramente a descendência de Abraão, herdeiros segundo a promessa. (Gálatas 3:26-9)

Tomás de Aquino afirma a mesma ideia com extraordinária rudeza:

> Nem todos os nossos próximos estão igualmente próximos de Deus, mas a maior bondade de alguns os torna mais próximos dele que outros, e assim dotados de maior direito a ser amados em caridade [em outras palavras: com amor genuíno].[34]

Tomás parece admitir que não cristãos, como judeus e muçulmanos, são menos dignos de amor. E que deveríamos calibrar nosso amor segundo a bondade de uma pessoa.

Em João, também, a principal arena para o amor é a comunidade de crentes, e não a humanidade como um todo. O amor é introvertido: é um sinal de identidade comum e liga uma comunidade a Jesus e ao Pai, embora seja também a realidade mais elevada, até escatológica. O próprio Jesus é mencionado como "tendo amado *os seus* que estavam no mundo ..." (João 13:1, grifo meu); ao passo que mesmo no Evangelho de Lucas, que, como acabamos de ver, ordena o amor ao estrangeiro e ao inimigo, Jesus é não obstante descrito como restringindo o âmbito de seus irmãos aos "que ouvem a palavra de Deus e a põem em prática" (Lucas 8:21).[35]

Muito mais tarde, na tradição monástica, o círculo passaria a ser traçado de maneira ainda mais estreita: agora os "irmãos" na Ordem, nem mesmo todos os cristãos, são os objetos mais importantes de amor.

VISTA SOB ESSA LUZ, a timidez da Igreja católica para se opor à perseguição e destruição dos judeus por Hitler não parece tão esquisita, ou mesmo hipócrita. Embora seja falso que o Vaticano não fez nada para proteger judeus durante o governo de Hitler, e embora muitos padres comuns e leigos tenham salvado judeus da deportação[36] – muitos deles sem dúvida inspirados pelos mandamentos da tradição cristã –, a realidade é que nenhum protesto claro contra eventos como as leis raciais de Nuremberg de 1935 ou o *pogrom* de novembro de 1938 patrocinado pelo Estado foi jamais emitido; e que durante a preparação do próprio Holocausto, que durou quase uma década, para não mencionar o período em que ele esteve em curso, os judeus foram de modo geral abandonados pela Igreja universal para se defenderem sozinhos.

Martin Rhonheimer, padre e filósofo da Opus Dei, expressa isso com rudeza: "Mesmo depois de estarmos plenamente inteirados da inimizade entre a Igreja católica e o Nacional Socialismo, o 'silêncio' da Igreja, o fato assombroso de nenhuma declaração sua sobre o nazismo ter jamais mencionado os judeus explicitamente ou os defendido, implora por explicação."[37]

Mas talvez não seja assim tão difícil encontrar a explicação. O silêncio sobre os judeus – a "assombrosa" omissão da Igreja, das paróquias locais até o próprio Vaticano, que deixou de se comportar como o bom samaritano e de respeitar esse aspecto de seu próprio ensinamento – não pode ser atribuído apenas à covardia, ou à necessidade de se autoproteger, ou a delicadas manobras diplomáticas que o Vaticano se sentiu forçado a executar, que incluíram sua "Concordata" com Hitler em 1933, ou a quaisquer outras exigências do pragmatismo numa situação em que há apenas uma escolha entre más alternativas. Nem tampouco a longa história de antissemitismo da Igreja – de desprezo aos judeus como matadores de Cristo e pervertedores da moralidade e da sociedade –, parcialmente documentada pelo padre Rhonheimer, explica por que tantos, fossem eclesiásticos ou leigos, foram incapazes de tratar como próximos um povo que enfrentou a morte social e depois o genocídio.

A causa é mais fundamental que o antissemitismo ou o pragmatismo:[38] o amor cristão não é inequivocamente universal; ele não fornece, portanto, nem mesmo em princípio, uma defesa robusta contra o barbarismo como se poderia imaginar. Doutrinas da graça divina, da predestinação e da prioridade da comunidade dos crentes são perpassadas pela desigualdade do amor cristão: a desigualdade no modo como Deus nos ama, no modo como ele nos permite amá-lo, no modo como se espera que amemos nossos semelhantes. A tensão intrínseca entre o universalismo do bom samaritano e o localismo do amor em partes de João e Paulo nunca foi resolvida, e talvez seja insolúvel. (Assim, também, a tensão entre um Deus de amor que nunca abandona a humanidade e um Deus que, segundo Jesus, envia pecadores para a danação eterna do Inferno.)

Além disso, do Novo Testamento em diante a Igreja é identificada com o próprio Cristo, tanto como seu corpo quanto como sua noiva (Apocalipse 19:7). Na tradição católica, a Igreja, como uma comunidade concreta e como uma instituição hierarquicamente ordenada, representa a presença e a autoridade de Cristo no mundo. Isso significa que se o primeiro dever dos católicos é para com Cristo, como necessariamente é, torna-se também demasiado tentador, e em muitos casos justificado, concluir que sua responsabilidade moral é colocar a Igreja e seus membros acima do resto da comunidade. (E movimentos semelhantes são possíveis nas Igrejas ortodoxa oriental e protestante.) De modo que o poder dessa identificação da comunidade cristã com Cristo pode reduzir a importância de qualquer exigência contrária de amor pelos não cristãos e hereges.

A realidade é que o cristianismo é uma tribo de muitas cores que define suas fronteiras unicamente pela fé, não por identidade étnica ou cultural. A "nova aliança"[39] separa os fiéis do resto da humanidade, como uma "linhagem escolhida, um sacerdócio régio, nação santa, povo adquirido" (1 Pedro 2:9), assim como a antiga Aliança no Sinai separa Israel do resto da humanidade. É por isso que muitos católicos e protestantes tiveram pouca dificuldade em desdenhar o nazismo – um credo pagão para o qual a identidade étnica e cultural era suprema –, permanecendo ao mesmo tempo ambivalentes, na melhor das hipóteses, no tocante às suas obrigações para com os judeus e outros que se encontravam além das fronteiras de sua fé.

E é por isso que seria superficial reduzir a história sanguinária de povos cristãos – queima de hereges, conversões forçadas e Cruzadas assassinas – à "fragilidade humana".[40] Independentemente do fato de que a crueldade não é um dos sete pecados capitais (na verdade, muitos textos tradicionais não a consideram um pecado em absoluto), as Escrituras cristãs e a tradição não oferecem qualquer resposta clara a estas perguntas: "São aqueles que não compartilham nossa fé tão amados por Deus quanto os que o fazem? E devem ser tão amados quanto estes últimos pelos próprios cristãos?" O cristianismo, a despeito do Deus do Amor e do bom samaritano, sempre foi, e continua sendo, fatalmente obscuro com relação a quem nosso próximo ou "mais próximo" efetivamente é.

O amor cristão é incondicional?

Mas se não é claramente universal, o amor cristão não pode tampouco ser claramente incondicional. Em outras palavras, não pode ser tal que nada condicione o amor de Deus por nós. Ou que, em imitação às suas maneiras, nada deva condicionar nosso amor por nosso próximo – ou, de fato, pelo próprio Deus.

Como acabamos de ver, o amor ao próximo pode ser condicionado a ser ele ou não um companheiro cristão. Ao passo que o amor de Deus é condicionado por seus misteriosos desígnios – quem, por exemplo, ele escolhe para favorecer com a graça – e, para alguns pensadores cristãos, por nosso mérito, que, como vimos, pode ele mesmo depender da graça. Além disso, o próprio Jesus, em parábolas fundamentais, desmente qualquer ideia de que Deus vá necessariamente continuar a amar seres humanos mesmo que eles pequem e se voltem contra ele. Ao contrário, deixa claro que não há sempre a oferta de perdão e relação restaurada.

Tomás de Aquino afirma com clareza a condicionalidade do amor: "uma coisa naturalmente ama outra apenas enquanto isso é bom para si mesma".[41] A regra estende-se até a nosso amor por Deus. Se amamos a Deus, Tomás nos diz sem sentimentalismo, nós o fazemos porque ele é o "Ser supremo" que é "o bem universal de quem depende toda a bondade encontrada na natureza".[42] E Tomás acrescenta, como se para não deixar dúvida de que o amor está condicionado à bondade de seu objeto: "Admitindo, o que é impossível, que Deus não fosse o *bonum* [bem] do homem, nesse caso não haveria razão para que o homem O amasse."[43]

Essa não é uma visão dissidente, mas uma posição que remonta a são Paulo, que é facilmente tomado, de maneira equivocada, como o arquiteto do amor incondicional por causa da maneira como faz dele o valor supremo. Contudo Paulo diz:

> Não vos enganeis. Com Deus não se brinca. O que o homem semear, também haverá de colher. Quem semear na carne, da carne colherá a perdição. Mas, quem semear no espírito, do espírito colherá a vida eterna. Não nos cansemos de fazer o bem, pois no momento devido haveremos de colher, se não desfalecermos. (Gálatas 6:7-9)

Se retornarmos à vida de Jesus, veremos que aqui também o amor não está de maneira alguma claramente presente como incondicional.

É verdade que no "Sermão da Planície" Jesus nos diz para voltar a outra face e nos ordena: "amai os vossos inimigos, fazei o bem e emprestai sem nada esperar em troca" (Lucas 6:35). Mas ele quer dizer apenas que não deveríamos esperar nada em troca daqueles para quem demos. Pois uma recompensa muito mais elevada que essa está à nossa espera, a saber, a do próprio Deus, como Jesus diz logo em seguida: "e grande será a vossa recompensa. Assim sereis filho do Altíssimo…" (Lucas 6:35).

Como já vimos, Jesus insiste frequentemente que o amor redentor de Deus deve ser merecido, e nessa medida tem suas condições. Quando um homem de passagem lhe pergunta que boas ações deve realizar para alcançar a vida eterna com Deus, Jesus não diz: "Deus o levará para si independentemente do que você faz porque ele ama todos os homens e mulheres de maneira incondicional." O que ele realmente diz é: "Se quiseres entrar na vida, observa os mandamentos" (Mateus 19:17; cf. Marcos 10:17vv.; Lucas 18:18vv.) Aqueles que renunciaram ao mundo por ele serão recompensados tanto com bens terrenos quanto com a vida eterna (Marcos 10:29-30).

Na "Parábola dos Talentos" (Mateus 25:14-30; Lucas 19:12-28), o amor parece ainda mais condicional. Aqui Jesus explica que o Reino dos Céus é como o senhor que, antes de sair em viagem, confia dinheiro a cada um de seus três escravos, estritamente segundo suas capacidades: o mais astuto recebe cinco talentos, o seguinte recebe dois e o último apenas um. Ao retornar, o senhor pede para ver o que os três escravos tinham conseguido com seu dinheiro. Os dois mais capazes haviam trabalhado arduamente para duplicar o que tinham. Ele os felicitou, dizendo a cada um: "Eu o encarregarei de muitas coisas. Vem e compartilha da felicidade do teu senhor!" Mas o terceiro, sem dar mostras de nenhuma iniciativa, escondeu seu único talento na terra e agora se contenta em devolvê-lo com as palavras: "Vê, aqui está o que te pertence." Ao que o senhor responde: "Escravo mau e preguiçoso … devias, pois, depositar meu dinheiro em banco para, na volta, eu receber com juros o que é meu." E ordena que o talento seja tomado dele e entregue ao escravo mais capaz. "Pois ao que tem muito mais lhe será dado … Mas ao que não tem, até mesmo o que tem lhe será tirado." Não contente com sua dura justiça, ele em seguida lança "o escravo inútil lá fora na escuridão. Ali haverá choro e ranger de dentes" (Mateus 25:29-30).

A ideia de que a própria essência do amor é ser incondicional não está, de fato, presente em lugar algum nas Escrituras cristãs.

O perdão de Deus é incondicional?

Seria possível responder que o que é incondicional é o perdão de Deus: que mesmo aqueles lançados nas trevas exteriores serão por fim perdoados. E que o perdão é um sinal de amor, ou talvez equivalente ao amor.

Mas o perdão de Deus parece estar longe de ser incondicional, e não é em absoluto oferecido sempre. Ele pode depender do arrependimento do pecador: "Se não vos converterdes, todos morrereis do mesmo modo" (Lucas 13:3). Pode depender, também, do nosso perdão para os que nos ofenderam, como Jesus adverte claramente: "… se perdoardes as ofensas dos outros, vosso Pai celeste também vos perdoará. Mas, se não perdoardes aos outros, vosso Pai também não vos perdoará as ofensas" (Mateus 6:14-15; cf. Lucas 11:2vv.). Ou: "Perdoai e sereis perdoados. Dai, e vos será dado … A medida com que medirdes será usada para medir-vos" (Lucas 6:37-8). Até João, cuja primeira epístola é o único lugar no Novo Testamento a conter a frase famosa "Deus é Amor", não poderia deixar mais claro que o perdão divino não deve ser presumido:

> Quem crê no Filho tem a vida eterna. Aquele, porém, que se recusa a crer no Filho não verá a vida, mas sobre ele permanece a ira de Deus. (João 3:36; cf. João 3:16)

Estas não são declarações dissidentes. Se as parábolas da Festa de Casamento ("muitos são os chamados mas poucos os escolhidos") ou dos Talentos ("ao que não tem, até mesmo o que tem lhe será tirado"), ou do Escravo Devedor ("assim também meu Pai celeste fará com cada um de vós, se não perdoardes vosso irmão de coração") não afirmam a ideia com força suficiente, basta-nos então ouvir o que Jesus tem a dizer sobre o próprio Dia do Juízo, quando as ovelhas serão separadas dos cabritos. Os justos, os que agiram bem, serão recompensados com o Reino de Deus e a vida eterna. Mas, Jesus adverte, os que não agiram bem em suas vidas ouvirão isto do Juiz Celeste: "Afastai-vos de mim, malditos, para o fogo eterno, preparado para o diabo e seus anjos." E acrescenta: "E estes irão para o castigo eterno" (Mateus 25:31-46).

Esse lugar, caso tenhamos alguma dúvida a respeito, é o Inferno. Esta é a cena do último julgamento que vemos em inúmeras pinturas: os salvos à direita do Filho do Homem; os condenados à esquerda. A punição é, como Jesus diz, eterna; não deve haver nenhum perdão, nenhuma redenção, nenhuma última chance, nenhuma relação restaurada. Em outro lugar ele acrescenta: "O Filho do Homem enviará os seus anjos e eles recolherão do Reino todos os escândalos e todos os promotores de iniquidade, e os jogarão na fornalha de fogo ..." (Mateus 13:41-2). Pois há pecados que não podem ser perdoados: "As pessoas serão perdoadas por todo pecado e blasfêmia. Só não lhes será perdoada a blasfêmia contra o Espírito Santo" (Mateus 12:31)

Nada pode ser mais categórico. Dada a profundidade com que o Inferno e a danação eterna são parte integral do tecido da Religião do Amor desde seus primórdios, é um golpe de relações públicas de proporções assombrosas a Igreja católica, que durante séculos queimou hereges, matou crentes de outras religiões, patrocinou guerras e ameaçou seu próprio rebanho com punições aterrorizantes além da morte, ter conseguido se transformar na religião do amor e do perdão universal, em que o sucessor dos papas que toleraram e muitas vezes patrocinaram esses ultrajes, percorra o mundo, vestido de puro branco, pregando tolerância e não violência em relação a todos os povos. As artimanhas maquiavélicas de papas em épocas em que eles ainda colaboravam com autoridades terrenas para destruir seus supostos inimigos – papas como Urbano II, que convocou a Primeira Cruzada e prometeu, em troca, perdoar os pecados dos cruzados – são apequenadas pela extraordinária destreza do Vaticano em se reinventar como o Embaixador de Deus para o amor e o perdão. Isso, conviria acrescentar, sem abolir o conceito de Inferno e condenação eterna, que continua sendo uma parte muito importante da doutrina católica. (As várias reinvenções de si mesmo do protestantismo, desde o Iluminismo e em especial desde a segunda metade do século XX, para se adequar ao espírito de tempos mais tolerantes e transparentes, não foram muito menos notáveis.)

Como poderia então ter se tornado crença geralmente aceita que o "amor cristão" é intrinsecamente incondicional? Como se pôde extrair a conclusão de que essa é a característica que define o amor? Parte da explicação poderia ser um ponto de partida equivocado: se Deus não está de fato condicionado a coisa alguma e se Deus é amor, disto deveria seguir-se que o amor genuíno não está condicionado a coisa alguma. Mas acabamos de ver que as Escrituras cristãs estão longe de deixar claro que esse é o caso: o amor redentor de Deus pode estar condicionado ao mérito humano. E de todo modo, os seres humanos não são deuses: assim, ainda que o amor divino fosse obviamente incondicional, seria arrogância imaginar que o amor humano pode ser semelhante. Toda a noção de *imitatio dei* – sede misericordiosos como Deus é misericordioso; sede perfeitos como Deus é perfeito; amai-vos uns aos outros como eu vos amei – torna-se facilmente sacrílega.

Mas há mais coisas envolvidas aqui que uma leitura desatenta das Escrituras. A ideia de que o amor humano, sem o auxílio de Deus, pode ser incondicional é na verdade uma invenção moderna. Vimos que nem um grande pensador cristão como Tomás de Aquino acredita nela. Tudo o que seres humanos fazem é condicionado. Então por que poderíamos nós ter passado a acreditar que o amor é de algum modo diferente?

Uma resposta possível é: nós modernos desejamos desesperadamente preservar um resíduo indestrutível do divino num mundo fortemente dedicado a aboli-lo, mas somos incapazes, na realidade, de abrir mão dessa necessidade humana extremamente fundamental. De maneira irônica, devemos a convicção de que o amor é incondicional menos à autoridade cristã que ao declínio dessa autoridade, que de fato ganha ímpeto do final do século XVIII em diante. Em particular, a santificação do amor humano por algumas formas de Romantismo só foi possível porque o mundo estava ficando cada vez mais esvaziado de Deus. Alguma coisa tinha de preencher seu lugar, e o amor logo se apresentou como um candidato ideal.

8. Mulheres como ideais: o amor e os trovadores

A DESPEITO DE TODO O DEBATE no cristianismo medieval sobre a medida em que seres humanos podiam amar sem a graça divina, ou sobre a abrangência da ordem de amar ao próximo, ou sobre a natureza do amor dentro do casamento, ou sobre o valor do desejo por bens terrenos, certas coisas não estiveram em discussão. Uma delas foi que o amor genuíno por outro ser humano é necessariamente amor em consideração a Deus e experimentado como tal; outra foi que o desejo adúltero, para não falar da consumação, é tabu.

Parece quase inconcebível, portanto, que pudesse haver um canto da Europa medieval onde o amor entre homens e mulheres cristãos fosse celebrado num espírito inteiramente diverso: como uma ostentação de paixão refinada e muitas vezes adúltera, devotada a seu próprio florescimento terreno, mesmo quando seu sujeito também louva a Deus e o teme; paixão que não é experimentada como dependente de Deus caso deva resultar em amor genuíno, ou como dirigida em última instância a Deus; paixão que, precisamente em sua forma mais pura, pode ser vista como incompatível com o casamento; paixão que é intensamente séria acerca de si mesma, mas pode também ser irônica, brincalhona e até obscena; paixão que é vista como rejuvenescendo um pretendente e aperfeiçoando-lhe a virtude, contanto que ele sirva à sua amante com apropriada devoção e paciência, cortesia e proporção.

No entanto foi isso que aconteceu nos séculos XII e XIII na Provença, e mais amplamente na vasta região do Sul da França, incluindo os Pireneus e o Nordeste da Espanha, conhecida nos tempos modernos como "Occitânia". Os trovadores da região escreviam e musicavam numerosos poemas em louvor do *fin' amor*, ou, literalmente, "amor refinado", considerado em geral desde o final do século XIX como o primeiro florescimento do "amor cortês".[1] Sua grandeza *não* está em terem inventando o amor como paixão, como pensam muitos, a exemplo de Nietzsche[2], pois este obviamente existia e foi celebrado antes: nós o vimos, por exemplo, no amor a Deus desde os hebreus até Agostinho, em especial quando expresso como o amor de uma noiva pelo noivo; no Cântico dos Cânticos; e na amizade de Jônatas e Davi. Na verdade, o amor apaixonado pela Virgem Maria floresce ao mesmo tempo que os trovadores prestam homenagem às suas amantes casadas, estando pois longe de lhes ser exclusivo.[3] Eles não foram tampouco os primeiros a ver o amor como uma escola de virtude, uma maneira para o amante lutar pela perfeição ética, pois Platão e Aristóteles já haviam pronunciado esses pensamentos minuciosamente. Sua inovação radical está, isto sim, em ter instituído um culto de amor por uma *mulher terrena*, através do qual seu pretendente (e por vezes ela também) pode atingir uma nobreza, um frescor, e acima de tudo toda a alegria que não estão disponíveis de nenhuma outra maneira.[4]

Desejo adúltero

Como toda sensibilidade grande e inovadora, o *fin' amor* é extremamente complexo. Alguns trovadores, como o primeiro deles que conhecemos, Guilhem de Peitieu[5] (1071-1126), parece celebrar não apenas o desejo adúltero mas também a consumação sexual: "Deus, deixai-me viver o bastante para enfiar as mãos debaixo de seu manto!",[6] canta Guilhem, num estilo de que alguns trovadores posteriores zombaram como grosseiro e não refinado. Ele pode ficar dilacerado entre seus diferentes amores, embora sua angústia raramente deixe de estar misturada com brincadeira. "Cavaleiros, aconselhai-me num problema! ... não sei em absoluto com quem deveria ficar, com a senhora Agnes ou com a senhora Arsen."[7] Seu estilo é magnificamente alegre, quer ele esteja louvando a melhora da saúde e da vida pelo amor, deplorando os próprios fracassos amorosos ou zombando de uma dama cujas expectativas declaradas de galantaria por parte de um pretendente não a impedem de aceitar qualquer homem que ela agarre:

> Nunca vi uma dama de tamanha fé que,
> se lhe recusamos os apelos ou as súplicas,
> excluída de verdadeiro valor, não se contente com vileza.
>
> Se lhe fazes boa companhia a alto preço,
> ela se provê com o que encontra à mão;
> se não pode ter um cavalo, comprará um pangaré.[8]

Outros trovadores, em especial após Guilhem e sua geração, repudiam atos adúlteros em bases éticas (embora alguns possam fazê-lo por estarem socialmente abaixo demais de suas damas para nutrir esperança de intimidade sexual).[9] Um desses é Marcabru (floresceu 1130-1149), que se supõe ter sido um amanuense gascão, que insiste que o amor não pode ser uma escola de virtude se não for monogâmico e censura a licenciosidade de cortesãos e cortesãs. Por vezes ele soa como uma voz das Escrituras,[10] repreendendo o desatino e a imoralidade humana; sua voz, no entanto, como a de seus companheiros trovadores, é predominantemente secular. Os resultados do vício residem menos na punição divina que na degradação humana: o adultério, declara Marcabru, polui a linhagem de sangue nobre com prole degenerada.[11] Amor condenável – e Marcabru reconhece que em nenhuma área da vida há tanta falsificação de moedas – resulta em decadência: uma decadência que não é meramente uma "Queda" ética, mas uma corrupção social e biológica.

Outros, porém, como Bernart Marti, são menos claros num sentido ou no outro com relação ao adultério, mas insistem que uma dama casada deveria se restringir a um só amante: "Uma dama é pérfida para com seu amante se alimenta três homens com seu amor ... Concedo-lhe um amigo cortês e digno além de seu marido."[12]

Não que o amor dentro do casamento seja considerado impossível. Mas o casamento não tendia a encarnar o amor celebrado pelos trovadores: o tipo que, seja ou não consumado, purifica e rejuvenesce o amante através das práticas das virtudes do *fin' amor*. Diz-se que num célebre julgamento de 1174 um Tribunal do Amor sob a condessa de Champagne distinguiu claramente entre a afeição que pertence ao casamento e as possibilidades superiores para o amor disponíveis fora dele:

> Declaramos e sustentamos como firmemente estabelecido que o amor não pode exercer seus poderes entre duas pessoas casadas entre si. Pois amantes dão todas as coisas um ao outro livremente, sob nenhuma compulsão ou necessidade, mas os casados são compelidos pelo dever a ceder aos desejos um do outro e a não se negarem um ao outro em nada.[13]

Os trovadores que apoiavam essas concepções não eram mulherengos a dedilhar seus alaúdes sob os balcões de donzelas inocentes. Tampouco eram dândis como Christian, o soldado que não sabia se expressar e cortejou Roxanne com versos fornecidos por Cyrano de Bergerac. Eles eram hábeis poetas da corte e, muitas vezes, como Guilhem de Peitieu, eles próprios aristocratas, embora alguns fossem também de origem comerciante ou mesmo camponesa. Escrevendo numa língua chamada *lenga d'Oc*, mais comumente conhecida como provençal ou occitano, eles inventaram uma maneira de amar impregnada de ideais de deleite erótico, graça, proporção, jogo e serviço.

A mulher como um ideal inspirador de virtude

Além de santificar o desejo adúltero, uma segunda revolução do *fin' amor* nos impressiona de imediato: a mulher é cultuada agora como um repositório privilegiado de virtude, como inspirando em seu pretendente um amor que enobrece e confere virtude.[14] De fato, ainda que não de maneira consciente, os trovadores contestam uma visão secular da mulher como a tentadora que leva os homens ao pecado, segundo o modelo de Adão e Eva: da mulher como o caminho da iniquidade e o portão do demônio.

A extraordinária inversão de papéis, em que mesmo um senhor feudal supremamente poderoso se subordina a uma dama que por toda a estrutura social e política da época lhe era vastamente inferior, é ilustrada à perfeição pelos versos de Guilhem. Como duque da Aquitânia e conde de Poitiers (e um ancestral direto do rei Ricardo Coração de Leão da Inglaterra), Guilhem estava no topo da hierarquia. No entanto, ele fala de si mesmo – um soberano de vastos territórios – como um suplicante do amor:

> Nenhum homem será jamais gracioso para o amor a menos que lhe seja submisso, e a menos que seja humilde para com estranhos e com aqueles que lhe são próximos, e obediente a todos que residem dentro de seus limites.[15]

Um trovador posterior, Bernart de Ventadorn (c.1147-1170), canta em termos semelhantes:

> Amo e não posso temer nada mais do que a ela,
> e nada seria jamais sofrimento para mim,
> contanto apenas que possa agradar à minha dama ...[16]

Ao mesmo tempo, Bernart lamenta que uma mulher possa também trair e ser desprezível; que possa acusar falsamente o pretendente virtuoso e cair aos pés do abastado. Na verdade ele podia venerá-la e desdenhá-la no mesmo poema.[17] Discussão, censura e frustração estão com frequência presentes em seus versos; e assim como os profetas hebreus podiam discutir com Deus, assim também não há razão para supor que a censura seja incompatível, na verdade não ande de mãos dadas, com a veneração. Seja como for, para Bernart as alegrias que a dama inspira superam todas as outras:

> Quando a grama e a folha fresca aparecem,
> e a flor desabrocha no ramo,

e o rouxinol eleva alta e clara
sua voz e solta sua canção,
sinto alegria por ele, e alegria pela flor,
e alegria por mim e por minha dama *ainda mais*: …
[pois] *esta* é a alegria que todas as alegrias suplanta.[18]

Guilhem e Bernart não nos deixam tampouco qualquer dúvida quanto ao que está em jogo na conquista – ou perda – da aceitação de uma dama:

Pela alegria dela um homem doente pode ser curado,
e por sua ira um homem saudável pode morrer,
e um homem sensato ficar louco,
e um belo homem perder a beleza,
e o mais refinado tornar-se um grosseirão,
e o mais grosseiro tornar-se refinado.[19]

Guilhem de Peitieu

Já que com minha dama nem prece nem misericórdia,
nem o direito que tenho me podem valer,
e parece não a agradar que eu a ame,
nunca mais lhe direi isso …
ela causou-me a morte, e com morte lhe respondo
e parto … para o exílio, onde eu não sei.[20]

Bernart de Ventadorn

Assim a decisão de uma dama de reconhecer e aceitar o amor de seu pretendente – ou não o fazer – é experimentada por ele como uma questão de vida ou morte, se não física, então espiritual e moral. Se ela nega seu reconhecimento ele sofrerá uma morte em vida. E se o conceder, ele rejuvenescerá em corpo e espírito, e até um grosseirão se tornará de alguma maneira refinado.

Não fica claro em absoluto, porém, que a aceitação de uma dama envolva genuína retribuição. Por vezes parece fazê-lo, como quando Bernart de Ventadorn diz "Na concordância e no consentimento reside o amor de dois nobres amantes."[21] Mas para ele a aceitação da dama pode também ser indicada meramente por alguma "honra ou bem"[22] que lhe agrada conceder a seu pretendente, resposta que parece ficar aquém de uma plena retribuição.

Mesmo que o *desejo* adúltero seja fundamental para a estrutura afetiva do *fin' amor*, o real objetivo dos trovadores, em especial depois da primeira geração representada por Guilhem, não é a posse sexual. É, isto sim, o enriquecimento ético e espiritual do pretendente, e talvez de ambas as partes.[23] Com ou sem retribuição, o próprio ato de amar sua dama com cortesia, serviço e moderação o beneficia:

> A cada dia aperfeiçoo-me e fico mais puro,
> pois sirvo e cultuo a mais nobre [dama]
> do mundo – isto posso lhes dizer abertamente.
> A ela pertenço da cabeça aos pés ...[24]
>
> *Arnaut Daniel (floresceu 1180-1200)*

Em outro lugar, Arnaut diz, sobre todas as suas viagens e todas as mulheres que conheceu: "não encontro pois numa pessoa apenas todas essas qualidades, pois nela Deus escolheu exibi-las e estabelecê-las com firmeza".[25] Amar tal mulher é um aprendizado em virtude e a fonte de todas as boas ações:

> Nobre e verdadeiro e mais constante do que me é de costume
> eu sou para com o amor por meu Belo Deleite. ...
> Pois este eu amo nobremente, para que amando eu seja elevado...
> O amor faz com que todo bem, ações decorosas sejam praticadas,
> e confere aquelas qualidades que pertencem ao mérito.
> Assim o amor é uma escola de valor,

pois nenhum homem é tão estúpido que, contanto que ame,
o amor não o guie para um porto valoroso.[26]

Guiraut Riquier (1254-1292)

O amor como a fonte de boas ações; como uma instrução na virtude; como o caminho para a pureza; como buscando um objeto amado que seja um exemplo de qualidades divinas: aqui mais uma vez o longo braço de Platão (estendido de modo geral através do neoplatonismo) é inconfundível. Em muitos dos poemas corteses posteriores, a dama encarna pessoalmente a perfeição buscada pelo amor mais elevado. Em outras palavras, ela exibe numa pessoa a bondade ou a beleza que deve ser encontrada, embora em menor grau, em qualquer coisa ou qualquer pessoa que poderíamos chamar de boa ou bela – e que inspira seu amante a tornar-se virtuoso e dar origem a ações e obras grandiosas. Para esses trovadores, assim como para a Diotima de Platão, o movimento rumo à perfeição é a meta suprema do amor e central para uma vida florescente. Eles cantam um amor cujo erotismo não tem nada a ver com reprodução física e tudo com uma procura de beleza que é também uma procura de bondade moral.

Todas estas são razões pelas quais o *fin' amor* não poderia ser finalmente realizável. Não porque os amantes estão concentrados na procura de obstáculos e sofrimento por si mesmos, como Denis de Rougemont insiste em seu influente estudo do amor ocidental;[27] mas antes porque o enriquecimento espiritual e o aperfeiçoamento da virtude não têm um ponto final em que sejam plenamente alcançados. O progresso é sua própria recompensa, e, como trovadores como Arnaut Daniel deixam claro, a causa de infinita felicidade. *Der Weg ist das Ziel*: o caminho é a meta.

Fidelidade e ciúme

Mas não se pode, na prática, estar absorvido em mais de uma bem-amada de cada vez. Nem é fácil pensar em mais de uma dama como encarnando a essência da beleza ou da virtude. E assim uma regra de ouro do amor cortês é que um pretendente não deve enganar sua dama, mesmo que engane sua esposa. Ele poderia ser casado e ter amantes, mas em sua própria estrutura o *fin' amor* é serialmente monogâmico.

Isso poderia significar levar-se uma vida dupla; no entanto, estando claramente exposta, ela está longe de ser furtiva. E ninguém a viveu de maneira mais vistosa que Guilhem de Peitieu. Ele venerava sua dama tão apaixonadamente quanto qualquer trovador; contudo, era também um sedutor prodigioso, segundo um biógrafo do século XIII:

> O conde de Poitou [ou Poitiers] era um dos homens mais corteses do mundo, bem como um dos que mais iludiam as damas, e um excelente cavaleiro em façanhas armadas, e generoso ao cortejar. Ele sabia bem como compor e cantar. E viajou por muito tempo pelo mundo para seduzir damas...[28]

A vida dupla que se atribui a Guilhem é igualada, de fato suplantada, por seu complexo estilo lírico. Por um lado ele demonstra a paixão idealizadora, erudita e sutil do *fin' amor*. Por outro, é brutal, impaciente e mentiroso. Anseia por cultuar as mulheres, e também por conquistá-las (não que esses impulsos sejam incoerentes). Goza do desejo plenamente e, no entanto, o considera vão. Seus humores podem ser brincalhões, satíricos e difamatórios; contudo são também intensamente sérios, e, por trás da diversão, parecem atravessados por sofrimento. É difícil saber ao certo onde estamos com ele, como se não tivesse nenhuma face "verdadeira" ou, em outras palavras (mas não de maneira mais adequada), como se tudo fosse máscara.

Assim também, mas num estilo muito diferente, com Arnaut Daniel. Por um lado, ele quer servir à sua dama e tornar-se mais virtuoso. Por outro, quer estar no quarto dela – o qual, ele deixa claro, não é nenhum recanto platônico: "Quisera eu ser dela em corpo, não em alma! E que ela me deixasse, secretamente, entrar em seu quarto!"[29] Como Guilhem, mas de maneira menos obscena, ele corporifica o alegre "imoralismo" de Ovídio de *A arte de amar*, que prega completo deleite nas atividades sensuais, seja na caça ou na presa. E, mais uma vez como Guilhem, mas agora de maneira muito mais aberta, vemos traços do idealismo de Platão e do cristianismo, que busca uma nobre transcendência do desejo físico. No caráter de seus versos essas tradições antagônicas (muitas vezes desnecessariamente) na história do amor ocidental têm permissão para se harmonizar de maneira frutífera. Como se no quarto de dormir a virtude do amor encontrasse sua confirmação e recompensa.

Uma emoção que o *fin' amor* de fato precisou regular foi o ciúme. Mesmo quando seu erotismo é amplamente espiritualizado ou seus fins são basicamente éticos, o ciúme está fadado a ocorrer. E, mais uma vez, sua posição é bastante clara: não se admite que maridos tenham ciúme de rivais; pretendentes, sim. Na verdade, o ciúme de um pretendente é admirável. Ele reflete sua devoção intransigente à sua dama. E fomenta um amor que torna ambas as partes melhores.[30]

Enquanto isso, o ciúme de um marido tem um motivo grosseiro: possessividade. Pior, ele é um ataque implícito ao comportamento cortês. Aqui está o trovador Uc de Mataplana exortando o colega Raimon de Miraval a superar o ciúme dos pretendentes de sua mulher em prol do *fin' amor*:

> Que ele não se inquiete por causa dela,
> Nem se aflija se sua morada for frequentada por cortejadores,
> Pois assim será agradável a nós que somos corteses
> E repulsivo aos que são ciumentos.[31]

Como não é de surpreender, o tipo de ciúme que menos encontramos na poesia trovadoresca é o de pretendentes em relação às suas damas. A dama, elevada em seu pedestal de virtude, goza implicitamente da confiança de que permanecerá fiel a seu amante; e, se ela se extraviar um pouco, ele, como seu vassalo no amor, por certo não está em condições de repreendê-la, afora o fato de que a vida dela é em geral privada demais para ser observada. Mesmo quando fantasia sobre uma dama com quem nunca se encontrou e cuja vida lhe é inteiramente desconhecida, Guilhem de Peitieu afirma ter confiança em sua fidelidade, isto é, a menos que ela se encontre na companhia dos irresponsáveis franceses do Norte (vizinhos que os sulistas sempre encararam com a maior desconfiança):

Tenho o amor de uma dama,
Não sei quem ela é,
Pois nunca a vi, mas juro,
Ela tampouco fez alguma coisa para me agradar ou vexar,
Nem me inquieto com isso,
Pois nunca houve nenhum normando ou francês em minha morada.[32]

O QUE O AMOR APAIXONADO celebrado pelos trovadores busca e o embebe é "*jois*", intensa alegria que cura o sofrimento e a insegurança; o deleite na vida e seu rejuvenescimento que pode ser encontrado através do amor por uma dama.[33] Como diz Peire Vidal, "nela a alegria nasceu e tem o seu começo".[34] Em *jois*, como nos conta Bernart de Ventadorn, um nobre tem sua morada:

Tem de fato uma vida mesquinha todo homem
que não tenha sua morada com a alegria,
e que não dirija para o amor seu coração
e seu desejo,
pois tudo quanto há entrega-se
à alegria, e ressoa e está cheio de canção:
prados, pastagens e pomares,
charnecas, planícies e matas.[35]

A despeito de todo o seu louvor a *jois*, em nossos próprios dias a veneração dos trovadores por suas damas foi vista por vezes como expressando uma fantasia masoquista encenada por homens ansiosos por se submeter ao que Goethe chamou misteriosamente de "o eterno feminino" – de fato, a transformar sua submissão numa interminável provação. Assim a doce tortura dessa provação é exaltada pela descrição de uma dama distante que é mais um arquétipo impessoal que um ser humano verdadeiro. O desejo adúltero que os trovadores louvam, mas raramente consumam é, nessa visão, uma maneira de intensificar seu ardor – para cuja satisfação eles geram então um obstáculo após outro, como se realização fosse a última coisa que quisessem. E a dama idealizada do *fin' amor* é (como a maioria dos ídolos) construída narcisicamente pelo adorador para seu próprio deleite, negando assim sua natureza real, bem como preservando o domínio masculino sobre tudo ao transformar a dama cultuada num mero acessório de seu ritual de autopunição. Visto nestes termos, o amor cortês é um excelente exemplo de como a própria natureza do amor é ansiar por ideais inatingíveis e, portanto, por sua própria frustração.[36]

Mas ainda que este quadro masoquista-narcisista seja útil para a compreensão de por que, ou de uma razão por que, seres humanos podem se deleitar em se submeter a um objeto de desejo idealizado, representado como excluído de nosso alcance por incontáveis obstáculos, ele se aplicará a *qualquer* estrutura de amor semelhante, inclusive uma em que o objeto ideal esteja no céu. Em outras palavras, ele será incapaz de explicar o que é peculiar ao amor cortês: a *dama* (e não Deus ou uma beleza absoluta ou qualquer outra realidade suprema) como o ideal; a santificação do desejo *terreno* e por vezes adúltero (e não exclusivamente do amor a Deus); a celebração da alegria em bens *mundanos*.

De fato, se a não realização é decisiva para o desenvolvimento do amor, isso não se dá porque o amor é um impulso masoquista que anseia por obstáculos a seu próprio florescimento ou se deleita na própria infelicidade; nem porque ele só se sente genuíno se ameaçado. Dá-se antes porque a não realização mantém o amor concentrado no cultivo daquelas disposições essenciais a seu sucesso: as disposições "corteses" de serviço e cortesia, paciência e moderação. O amor será, portanto, uma nobreza do coração que rejuvenesce seus praticantes com a vitalidade de *jois*, quer eles sofram ou não, e quer conquistem suas bem-amadas ou as percam.[37]

9. Como a natureza humana se tornou amável: da alta Idade Média ao Renascimento

Após os séculos XII e XIII, o amor ocidental é deixado com um pensamento revolucionário: um único ser humano poderia ser digno do tipo de amor outrora reservado a Deus. Ele poderia ser visto como uma encarnação do maior bem e assim evocar a reverência apropriada a um ser divino. Embora o universo ainda seja concebido como uma ordem de amor que conduz a Deus, e todo amor seja em última instância subordinado ao amor a Deus, a devoção a uma outra pessoa, ou mesmo à natureza em geral, está mais livre para ganhar vida própria.

Este capítulo acompanhará alguns desenvolvimentos essenciais desse pensamento até a aurora do século XVII, o primeiro século do mundo moderno; o século em que Baruch Spinoza (1632-1677) elimina efetivamente a distinção entre a natureza como um todo e um Deus acima dela, de modo que passa a não ter mais sentido pensar em amar o mundo natural por amor a Deus. Pois com esse filósofo, natureza e Deus tornam-se um só.

Mas mesmo antes de ser proclamada numa nova filosofia, a ideia de que o amor à natureza, inclusive a natureza humana, poderia assumir um caráter sagrado próprio está viva na poesia e na canção. Os trovadores estão à frente de uma procissão de "grandes amantes" que começam a encher o palco do amor ocidental a partir do século XII, entre os quais Abelardo e Heloísa – o professor de filosofia parisiense e sua aluna, quinze a trinta anos mais jovem que ele – cujo caso apaixonado, sexo intenso, filho ilegítimo e casamento secreto estão documentados numa extraordinária troca de cartas.[1] Como diz Heloísa numa de suas primeiras cartas a Abelardo, "Certamente descobri em ti – e assim o amo – o maior e o mais eminente de todos os bens."[2] E ela escreve com algum pesar, embora este não pareça sincero: "Em cada estágio de minha vida até agora, como Deus sabe, temi ofender-te mais que a Deus, e tentei agradar-te mais que a ele."[3]

Abelardo, de sua parte, recorda que "nossos desejos não deixaram nenhum estágio do sexo por experimentar, e se o amor podia arquitetar algo novo, nós o acolhíamos com alegria".[4] E acrescenta: "A separação tornava nossos corações ainda mais próximos, ao passo que a frustração inflamava nossa paixão ainda mais; depois ficamos mais entregues à medida que perdíamos todo sentimento de vergonha e, de fato, a vergonha diminuía à medida que descobríamos mais oportunidades de fazer amor."[5] Com o que ele pretende fornecer provas da total devoção dele e de Heloísa um pelo outro, e do papel central da beatitude carnal nesse amor (pelo qual ele foi finalmente punido com a castração, por instigação do tio de Heloísa, o cônego Fulbert). O amor dos dois era, para usar o clichê de maneira justificável, devorador: ao mesmo tempo físico, intelectual e espiritual.

Numa linha semelhante, o amor ilícito (porque adúltero) de Tristão e Isolda é apresentado pelo poeta Gottfried von Strassburg, que escreveu por volta da 1210, como um bem supremo,[6] que eles só podem encontrar numa floresta distante, em outras palavras na prístina natureza terrena. Aqui seu desejo avassalador, incluindo seu desejo sexual, um pelo outro se torna uma dedicação sagrada. Eles se dirigem um ao outro, como sugere Roger Scruton, "em palavras litúrgicas sussurradas",[7] uma liturgia do amor semelhante em seus sentimentos e palavras à liturgia religiosa, mas – e este é o elemento novo – sem que eles experimentem seu amor como extraindo constantemente sua legitimidade e vitalidade de Deus. Sem, em outras palavras, que o "por amor a" domine sua consciência do amor e de seu caráter sagrado. Como Gottfried nos diz, cada um não precisava de nada além do outro.

> Eles olhavam um para o outro e alimentavam-se com isso! Seu sustento era o progresso do olhar. Não se alimentavam ... de nada além de amor e desejo. Escondido em seus corações, carregavam o melhor alimento que poderia ser encontrado em qualquer lugar do mundo ... refiro-me à pura devoção,

> ao amor feito doce como bálsamo que consola o corpo e parece tão suave, e sustenta o coração e o espírito, mas esse era seu melhor alimento. Nunca consideravam verdadeiramente nenhum bem senão aquele do qual o coração extraía desejo, os olhos deleite, e que o corpo, também, achava agradável. Com isso tinham o bastante.[8]

A paixão erótica é agora uma maneira não de superar o humano, mas de sentir-se plenamente (até heroicamente) humano. Com amor que funde sensual e espiritual, podemos alcançar bem-aventurança nesta vida. Sem desafiar a Deus, ele faz o "céu na terra".[9]

E esse tornar-se mais perfeitamente humano é expressado, por sua vez, por um cenário notavelmente natural, a floresta, e dentro da floresta com suas flores, folhas, riachos e aves canoras, o retiro adicional de uma gruta dos amantes, onde Tristão e Isolda podem consumar seus desejos, livres dos afazeres impuros da vida cotidiana. Que a gruta se assemelhe a uma catedral gótica só intensifica nossa sensação de que as trocas dos amantes são uma forma de liturgia erótica. Suas características arquitetônicas parecem alegorias das virtudes do amor:

> Sua redondeza interior indica a Simplicidade do Amor; a Simplicidade é extremamente apropriada ao Amor, que não deve ter nenhuma aresta, isto é, Astúcia ou Perfídia. A Amplitude significa o Poder do Amor, pois seu poder é sem fim. A Altura é Aspiração que se eleva no ar até as nuvens: nada é grande demais para ele enquanto pretende subir, cada vez mais alto, até onde a Coroa fundida das Virtudes reúne a abóbada à pedra angular.[10]

No centro da caverna há um leito – na mesma posição em que se poderia encontrar um altar numa igreja –, e esse leito é feito de cristal, o que, diz Gottfried, é "infalivelmente" fiel à real natureza do amor. "O amor *deveria* ser de cristal, transparente e translúcido!"

O cristal é inflexível, e Gottfried poderia estar aludindo aqui a essa qualidade no amor, à dureza de aço que ele deve ter para dominar as dores, sacrifícios e obstáculos que são inseparáveis do amar.[11] Como ele diz em outra passagem de seu poema, "Quem nunca teve uma dor de amor nunca gozou tampouco de uma alegria de amor".[12] Mas a transparência do cristal expressa uma outra ideia: o amor genuíno esforça-se para ser clarividente, não iludido. (Ecos mais uma vez de Diotima em *O banquete* de Platão.) Embora os desejos do amor levem uma pessoa muito facilmente à fantasia e à obscuridade, o amor mais elevado consegue o oposto. Ele não é nem destrutivo ele próprio, nem tem trato com os que o destruiriam. "Engano ou Força", diz Gottfried, "não podem ser Amor estimado." E assim a caverna tem uma "porta de bronze" que barra o caminho a quem quer que busque entrar usando tais meios: "ela é feita de bronze, de modo que nenhuma ferramenta, seja de força ou de violência, astúcia ou artifício, perfídia ou falsidade, tenha jamais poder de danificá-la".[13]

Atrás dessa porta protetora, o amor dos dois é consumado "quando seus corações os incitavam ... e quando eles se sentiam inclinados".[14] "Em vez do milagre eucarístico, em vez da transubstanciação das espécies materiais e da divinização daquele que as recebe", em outras palavras, em vez dos rituais da Missa católica, "carne mistura-se com espírito em unidade transcendental", como o expressa Denis de Rougemont.[15] O anseio do desejo sexual por fundir-se com outra pessoa é santificado em tons que fazem lembrar o amor de Deus na tradição mística cristã.

Esta nova linguagem de amor pelo natural – e fixado no natural – não encontra expressão apenas no amor romântico e no amor sexual. Pode ser vista também no amor apaixonado por toda a natureza – pelo vento, o sol e o ar, bem como pelos animais – de Francisco de Assis (1182-1226). Francisco chama os pássaros e a luz de "irmã", e o fogo e o vento de "irmão", e louva a Deus pela existência deles:

> Louvado sejais, meu Senhor, com todas as vossas criaturas,
> em especial o Irmão Sol,
> Que é o dia e através de quem vós nos dais luz.

Louvados sejais, meu Senhor, através do Irmão Vento,
e através do ar, nublado e sereno, e todo tipo de tempo,
através dos quais dais sustento a Vossas criaturas.

Louvado sejais, meu Senhor, através da Irmã Água,
que é muito útil e humilde, preciosa e casta.

Louvado sejais, meu Senhor, através de nossa Irmã a Mãe Terra,
que nos sustenta e governa,
e que produz frutos variados com flores coloridas e ervas.[16]

Se não soubéssemos nada sobre seu autor, poderíamos pensar que este poema é a obra de um pagão: de um adorador da natureza ou um panteísta. Sua linguagem nem acusa a natureza de corrupção, nem a reduz a uma ponte que devemos transpor para chegar ao outro mundo, nem toma a amizade com o mundo por inimizade em relação a Deus. "Irmã Mãe Terra ... nos sustenta e governa"; ela não está abaixo do homem na ordem da Criação, mas, seja como irmã ou mãe, é ao menos uma igual.

Mais extraordinário ainda é o modo como Francisco busca intimidade com a natureza. Incessantemente, ele abandona todas as comodidades, inclusive as de qualquer abrigo, exceto temporário, em casas e igrejas. Até igrejas têm paredes que nos separam do mundo exterior e proveem um conforto que nos embota os sentidos. Não deveríamos ser nelas mais do que estranhos de passagem.

A rejeição do material por Francisco, como seu amor à natureza, parece simples e fantasiosa, como se ele fosse um *hippie* marinado em sua própria benevolência e inteiramente despreocupado. Mas qualquer pessoa com a disciplina para levar até o fim um programa rigoroso e fora do convencional como o seu é dotada de uma vontade poderosa, até brutal. Não é provável que nenhum dos santos e grandes benfeitores da humanidade tenha sido particularmente meigo ou tolerante.

Essa força de vontade parece ter estado bastante exposta quando, após recuperar-se de uma doença que lhe transformou a vida, Francisco primeiro abjurou dos confortos em que havia nascido. Em vez de fazer um voto privado de pobreza, ele humilhou publicamente o pai, um próspero comerciante local, na praça principal de Assis, repreendendo-o por sua cobiça, ostentação e satisfação consigo mesmo. Diante de uma multidão que se reunia ao som da fúria crescente do jovem, ele se desnudou e arremessou suas roupas ao pai com as palavras: "Agora não te devo nada!"[17]

Não há no espírito de pobreza de Francisco, no entanto, nada de sombrio ou que repudie o mundo. Ele rejeita posses não para fugir do mundo, mas ao contrário, para chegar mais perto de um mundo não atravancado por suas exigências e distrações. Ele nos ajuda a ver que chamar o dinheiro de "mundano" é um equívoco; pois ele *obstrui a intimidade* com o mundo, em vez de expressá-la. Provoca o pensamento de que quem busca riqueza não está preso demais a coisas comuns; de fato, não está preso a elas o bastante. Viu que embora riquezas ajudem a nos proteger das asperezas da realidade, elas também protegem das riquezas da realidade.

Não podemos amar o que escondemos de nós mesmos. É sem dúvida por isso que dinheiro e orgulho, esses grandes instrumentos de ocultação, são alvos importantes para Jesus, ao passo que o sexo não é. E por que o ascetismo não precisa ser um repúdio do mundo, mas pode nos abrir poderosamente para o mundo, e em particular para essa intensa experiência de sua existência real que chamamos de "sagrada". (Na verdade, o supremo epicurista é o asceta. A sensibilidade para o prazer e o deleite é maior naqueles que têm mente e corpo sob o mais refinado controle.) Francisco, com seu espírito aberto, evoca com incomparável força e simplicidade essa alegria e santidade do mundano, esse sentimento da natureza sacralizada pela presença de Deus nela como quem a criou e lhe atribuiu valor.

A simplicidade rigorosa de Francisco, contudo, não foi muito do agrado da maioria de seus seguidores, muito menos da hierarquia da Igreja medieval com sua imensa riqueza e ambição de poder. Seu sucessor imediato como chefe dos franciscanos, a ordem de frades que ele fundou, viveu em luxo ostentoso. Somente vinte anos depois de sua morte, um proeminente franciscano, o arcebispo Rigaud de Rouen, gabou-se de possuir três palácios juntamente com enormes propriedades rurais.[18] Pior, a Inquisição, que foi acionada pouco depois da morte de Francisco, foi conduzida por franciscanos que, num desdobramento adicional de perversidade, queimaram como hereges vários outros membros de sua ordem por crença excessiva na frugalidade. Em 1323, o papa João XXII condenou como herética a doutrina, pregada por essa pequena minoria, que proclamava que Jesus e seus apóstolos não tinham possuído nada, nem as roupas que usavam, doutrina que o próprio Francisco havia de fato sustentado ao arremessar suas roupas de volta para o pai.

No entanto, apesar de perseguir muitos que criticavam sua opulência, a Igreja era sagaz o suficiente para ver que precisava de Francisco. A brutalidade, cobiça e corrupção dela ameaçavam inflamar uma revolta do tipo que iria, três séculos depois, instigar a Reforma; e a atratividade para pessoas comuns da filosofia de amor de Francisco, sua vida santa e sua relação tranquila com toda a natureza não escapavam à compreensão das autoridades. Mesmo enquanto ele vivia, sua nova ordem de frades foi oficialmente reconhecida, sujeita a certas restrições, e depois de sua morte ele não tardou a ser canonizado.

Seria categoricamente errado ver o amor pelo natural ou físico – do tipo expresso por Abelardo e Heloísa, Tristão e Isolda e o próprio Francisco – como oposto, em princípio, às tradições cristãs dominantes. Embora, nos séculos XIX e XX, pensadores como Nietzsche tenham apresentado o "cristianismo" (e até o construto imaginário "judeo-cristianismo") como monoliticamente desdenhoso da natureza e da carne, e como instilando em homens e mulheres "ódio ao humano, e ainda mais ao animalístico",[19] isso é um erro. Na verdade, como mencionei no capítulo 7, esse desprezo irrestrito por corpo e natureza entraria em choque com um dogma cristão central, o de que o mundo é um lugar para a automanifestação de Deus, a começar com a Criação e depois com Cristo, em quem Deus assume carne humana. Foi precisamente por isso que seitas como o gnosticismo e o maniqueísmo, que consideravam a matéria como a fonte do mal, foram tão brutalmente perseguidas.

É com a natureza de sua *experiência* que o rompimento com a convenção operado por esse elenco diverso de personagens, dos trovadores a Francisco, tem a ver. Embora o pano de fundo formal permaneça o mesmo – o amor a Deus continua sendo, como Agostinho o expressou, o fim para o qual todos os outros amores devem ser finalmente referidos[20] –, todos esses outros amores podem ser vividos sem referência constante a ele ou sem atenção constante à sua imperfeição. O amor humano pode ser menos assediado pela consciência de que nenhum de nós tem valor independentemente de Deus, ou de que somos criaturas "decaídas". Podemos gostar de outros (para usar de novo a linguagem de Agostinho) sem lembrar que de fato gostamos deles apenas na medida em que se relacionam com Deus.

Assim, se Heloísa diz que Abelardo é "o maior e o mais eminente de todos os bens", ela em absoluto não desvaloriza Deus, que permanece inquestionavelmente no ápice da hierarquia do amor; tampouco vê Abelardo como um substituto de Deus. Mas o pano de fundo não invade de maneira tão vívida sua experiência viva de Abelardo; seu amor por *ele* não a transporta para além dele, mas pode demorar-se com ele.

Duzentos anos depois da alta Idade Média, em que esses naturalizadores do amor apaixonado escrevem, um cortejo de grandes mentes, que começa na Florença do século XV, continua na Gasconha do século XVI e culmina nos Países Baixos do século XVII, leva essa revolução radicalmente mais longe. De modo que o humano, o físico e o natural são cada vez mais experimentados como lugares de revelação divina – lugares que, longe de ser meras pontes para um reino além deste mundo, ou de ser esmagados por pecado e ilusão, somos exortados a amar, estudar, desfrutar e habitar plenamente.

O amor platônico e o renascimento italiano

Mais uma vez, *insights* platônicos são centrais para a história. Na Florença do século XV, a ideia fundamental sobre o amor é que a beleza e a bondade de Deus impregnam a natureza, das estrelas às plantas, passando pelos corpos humanos, e nessa medida a tornam amável. Em vez de ser apenas um covil de tentações que nos desviam de Deus, a natureza é um jardim de riquezas em que ele nos colocou. Amar e estudar sua numinosa beleza é amar e estudar o próprio Deus. Esta é a justificação filosófica para a veneração da beleza no Renascimento italiano.

Qualquer noção de que o chamado "humanismo" do Renascimento italiano é fundamentalmente materialista, pagão e anticristão seria, portanto, de todo imprecisa. A fascinação do Renascimento por coisas naturais como o corpo e sua anatomia não pode ser separada da relação dessas coisas com o divino; de fato, essas coisas derivam sua qualidade espiritual de sua participação no divino.

Essa profunda religiosidade da natureza sustenta, talvez até acentue, a soberania da humanidade sobre o resto da natureza que havia sido cultuada na Bíblia. Dotados de poderes quase divinos de intelecto e vontade, e eles mesmos exemplares de beleza física e espiritual, os seres humanos podem agora reverenciar não só seu mundo interior, ele próprio um microcosmo e imagem da divindade, mas também todo o mundo em que foram inseridos. O amor é a linguagem de seu anseio, seja pela forma de um outro ser humano ou pela harmonia e ordem do universo. E como a presença de Deus no mundo físico o glorifica, o físico pode também ser empregado para glorificar a Deus.[21]

Marsilio Ficino (1433-1499), um filósofo profundamente cristão que fundou uma Academia Platônica em Florença na segunda metade do século XV, nos moldes da Academia de Platão em Atenas, expressa esse novo otimismo dizendo que a humanidade é "o vigário de Deus" em seus poderes mundanos. Mais que isso, a alma humana é capaz "por meio do intelecto e da vontade ... de se tornar de certo modo todas as coisas, e até um deus".[22]

De fato, esse é o dever do homem. Ele não tem nenhuma tarefa mais elevada que usar seu poder e liberdade a serviço de sua própria autocriação. O contemporâneo mais jovem de Ficino, Giovanni Pico della Mirandola (1463-1494), polímata, místico, estudioso da cabala, aristocrata e antigo playboy, escreveu uma *Oração sobre a dignidade do homem* em que faz Deus falar com Adão em termos que são também um apelo à humanidade como um todo para lutar por sua exaltação:

> Tu, que não estás confinado por qualquer limite, deves determinar por ti mesmo tua própria natureza, em conformidade com tua própria livre vontade, em cuja mão te coloquei ... Não te fizemos nem celeste nem terreno, nem mortal nem imortal, para que, mais livre e mais honrosamente o moldador e o construtor de ti mesmo, possas modelar-te na forma que preferires. Serás capaz de descer em meio às formas mais baixas de ser, que são bestas brutas; serás capaz de renascer a partir do julgamento de tua própria alma na forma dos seres mais elevados, que são divinos.[23]

No cerne desses poderes prometeicos estão a imaginação e o conhecimento. Através deles o homem pode ficar a par daquelas verdades eternas que ordenam o universo e, ao fazê-lo, tornar-se ele mesmo um criador. Através deles os seres humanos deveriam esforçar-se para se tornar anjos e, por fim, uma só coisa com a essência divina. E, num verdadeiro estilo platônico, a estrada real para essa iluminação, esse conhecimento e compreensão, essa façanha mística, é por sua vez ... o amor. O homem deve amar a grandeza da criação de Deus, que deve ser vista quando quer que olhemos, seja para dentro de nós mesmos ou para fora, no funcionamento do corpo humano ou nas estrelas do céu. E através do amor, unir-se a ela.

Para o desenvolvimento do amor ocidental, isso foi bebida inebriante. A natureza como manifestação divina; o homem como criador livre e autotransformador; o entendimento humano como capaz, através do amor, de apreender o mundo, e, portanto, de alcançar uma união mística com o divino; o amor à beleza terrena como uma celebração de Deus.

Ficino deixa claro que o amor humano ("amore umano") não está em conflito fundamental com o amor à beleza divina ("amore divino"), que pode advir do estudo da filosofia, da prática da justiça, da devoção à religião e outras atividades espirituais-intelectuais.[24] No entanto, em sua filosofia, como para a maior parte no Renascimento, a divindade que permeia a natureza ainda cessa decisivamente antes de penetrar naquele velho território maldito: o sexo. (Território em que ela se recusará a dirigir-se por pelo menos mais três séculos.)

Uma relação verdadeiramente valiosa entre duas pessoas, diz Ficino, só pode acontecer num nível espiritual-intelectual. E o sexo simplesmente não pode ser considerado espiritual em nenhum sentido, exceto como um meio de gerar belas crianças. O corpo poderia ser venerado por sua beleza, não por sua capacidade de prazer sexual. Na verdade, Ficino repreende o desejo de tocar para a obtenção de prazer sensual apenas como "amore bestiale", e encara toda ânsia por deleite voluptuoso como uma "doença" e uma forma de "insanidade".[25] Ele quer que homens e mulheres se relacionem uns com os outros através de amizade assexuada de um tipo que se assemelha à *philia* de Aristóteles, em que indivíduos de qualidade similar desenvolveriam amor recíproco com base em sua apreciação um do outro – exceto que, em resultado de sua influência platônica, para Ficino essa apreciação mútua funda-se no gozo intelectual da beleza da alma, mente e corpo um do outro, e não estritamente nas excelências do caráter. Ele chama esse tipo de relação de "amore platonico", expressão que ainda usamos quando falamos de "amor platônico".[26]

No "amore platonico", Deus e a natureza não podem ser lançados um contra o outro, mas o espírito continua a ter ressentimentos contra a matéria, e vemos sombras disso até no ilustre discípulo de Ficino, Michelangelo. Ao celebrar a beleza do corpo humano, Michelangelo, em especial em seus últimos anos, o ama como uma emanação e corporificação do reino do espírito pelo qual anseia. Em nenhum lugar Deus se mostra "mais claramente sublime que na forma humana,/ a qual, desde que eles O espelhem, é a única que amo".[27] Seu imenso desejo de "elevar-se vivo entre os espíritos escolhidos" expressa não apenas sua melancolia tantas vezes notada, mas também a poderosa melancolia que colore o Renascimento italiano, apesar de seu brilhante otimismo – e é talvez inseparável dele. (Pois quanta compreensão dos horrores do mundo deve ser necessária, e assim quanta melancolia, para motivar uma vontade tão desafiadora de ver sua beleza e harmonia?)

É um completo paradoxo: o corpo humano pode ser exaltado até um ponto que talvez nunca tenha sido superado; mas o sexo físico pode ser denegrido com igual veemência. Porque se vê Deus tão claramente no corpo humano, o corpo se torna um objeto de intenso estudo, fascinação e devoção. Mas precisamente por essa razão, a maior desconfiança é reservada para o desejo que não é visto como dirigido à divindade na natureza. O desejo carnal, em particular, continua sendo o inimigo dos inimigos: *o* obstáculo à apreensão do corpo como espiritual.

O humanismo rebelde de Montaigne

O passo seguinte nessa revolução no modo como experimentamos o objeto de amor foi ir ainda mais longe no sentido de tornar o amor por um outro ser humano independente do que chamei de "pano de fundo": a imagem de Deus como fonte das qualidades amáveis do mundo; de Deus como o fim a que todo amor deve ser referido em última instância. A imagem continua lá, mas, em contraste com Ficino, está ausente da experiência de deleite no outro do amante, a qual está inteiramente concentrada em suas qualidades naturais e individuais. O amante não sente tampouco necessidade de invocá-la para explicar seu amor pelo outro. "Se me pressionares a dizer por que eu o amava, sinto que isso não pode ser expresso exceto respondendo: 'Porque era ele, porque era eu'."

Assim fala Michel de Montaigne[28] (1533-1592), o pensador mais humano do Renascimento francês e entre os mais atraentes na história do Ocidente. Ele se refere à sua amizade com um homem mais velho, Etienne de la Boétie – um dos grandes amores-amizade da história literária, no mesmo nível que Jônatas e Davi ou Rute e Noemi, em que desde o momento do encontro "descobrimo-nos tão arrebatados um pelo outro, tão conhecidos um pelo outro e tão ligados que dali em diante ninguém foi tão próximo quanto um do outro".[29]

Essa ligação é o extremo oposto de uma explicitamente baseada no amor a Deus no outro, ou no amor ao outro em consideração a Deus. Ela se enraíza inteiramente no que há de específico nos dois amigos e em sua interação. Não se funda nem mesmo em alguma qualidade geral da natureza humana que seja amável, como a benevolência ou a generosidade. Em sua singularidade, não tem "nenhum ideal a seguir além de si mesma; nenhuma comparação exceto consigo mesma". Embora essa amizade seja fomentada pela semelhança de duas pessoas – sua "harmonia e afinidade"[30] –, quando Montaigne reflete sobre ela conclui que não pode realmente dizer o que em Etienne provoca nele uma reação tão apaixonada:

> Não há uma só consideração particular, nem duas nem três nem quatro nem um milhar delas, mas sim uma quintessência inexplicável de todas elas misturadas que, tendo capturado minha vontade, levou-a a mergulhar na dele e perder-se e que, tendo capturado a sua vontade, levou-a a mergulhar e perder-se na minha com igual fome e emulação. E digo "perder-se" com muita verdade; não guardávamos nada para nós mesmos: nada era dele ou meu.[31]

Uma amizade de almas como essa necessariamente não pode existir com mais de uma pessoa:

> Se alguém sugere que posso amar cada um de dois amigos tanto quanto o outro, e que eles podem amar um ao outro e a mim tanto quanto eu os amo, está transformando num plural … aquilo que é o mais "uno", o mais restrito a um.[32]

Montaigne não se esquiva tampouco das consequências dessa exclusividade fanática. Acima de tudo, ela suplanta todos os outros amores, por nosso país, cônjuge e até filhos. Cada amigo dá tão totalmente a si mesmo e tudo quanto valoriza ao outro que "nada lhe resta para compartilhar com um terceiro". Se nosso amigo nos ordenasse atear fogo a nosso templo ou matar uma filha, obedeceríamos,[33] ainda que, acrescenta Montaigne, saibamos que ele seria na prática um guardião demasiado escrupuloso de nossos interesses para ir tão longe. Igualmente, se ele pede que eu lhe revele segredos que jurei não contar a ninguém, posso fazê-lo com impunidade porque, como um segundo eu, ele é de fato eu mesmo: "A amizade única, mais elevada, afrouxa todos os outros laços. Aquele segredo que jurei não revelar a nenhum outro, posso revelar sem perjúrio a ele que não é um outro: ele *é* eu."[34]

O magnífico corolário desta ideia de que duas almas e vontades estão fundidas é que não faz mais sentido para ele computar, ou mesmo me ser grato, "pelos serviços e bons favores" que lhe presto do que para eu agradecer a mim mesmo pelas ações que pratico em benefício de minha própria vida. Almas afins não só se recusam a calcular os custos e benefícios da amizade, cessam até de ter consciência deles. A *própria ideia* de "um bom favor", ou "dever", ou "gratidão" é divisora; todos estes são conceitos que pressupõem diferenças e separação entre pessoas. E como tais são repugnantes para uma verdadeira união de almas.

Além disso, amigos que se tornaram uma só alma intercambiável devem claramente compartilhar tudo em suas vidas: não apenas ventura e desventura, segredos e pensamentos, mas também "suas vontades, bens, esposas, filhos, honra".[35] Porque são um agora, não pode haver divisão de coisa alguma. Se um amigo como esse lhe dá dinheiro, está apenas, portanto, lhe devolvendo seu próprio dinheiro!

Montaigne não está apresentando um ideal meramente teórico de amizade. Do princípio ao fim, está usando sua própria "amizade amorosa" por Etienne, comparado à qual todo o resto de sua vida – abençoado como era com talento, prazer e realização – não "passava de fumaça e cinzas, uma noite escura e triste"; de modo que depois da morte prematura de Etienne, ele diz que se sentia "não mais que meia" pessoa.[36] O que os une é um amor em que desejo sexual não desempenha nenhum papel. (De fato, o sexo não desempenha papel importante na amizade que interessa a Montaigne, e ele se mostra em geral tranquilo em relação à homossexualidade, apesar de rejeitar em certo momento "aquela licença alternativa dos gregos" como "abominável".)[37] É um amor que mostra como é errado pensar que a amizade é uma ligação menos comprometida ou apaixonada que relações "românticas", pois ela era "tão perfeita e tão completa que por certo sobre muito poucas assim podemos sequer ler, e nenhum vestígio dela pode ser encontrado entre homens de hoje. Tantas circunstâncias fortuitas são necessárias para fazê-la, que já é alguma coisa que a Sorte possa consegui-lo uma vez em três séculos".[38]

O AMOR-AMIZADE DE MONTAIGNE assemelha-se de maneira notável à perfeita *philia* de Aristóteles, semelhança que ele reconhece. Para ambos esses pensadores, a amizade é fomentada pela similaridade; não é contaminada por qualquer interesse em "prazer ou lucro" além de deleitar-se com o outro por ele mesmo; é solapada por desigualdade, tal como existe entre pais e filhos; exige um real entrelaçamento de duas vidas através do convívio; e, a despeito de sua intensidade, é uma devoção de sobriedade, caracterizada por moderação, naturalidade, paciência e realismo. Somente tal devoção, Montaigne e Aristóteles concordam, pode produzir os maiores deleites do amor.

Acima de tudo: ela celebra o natural. Montaigne é, em alto grau, um cristão crente e um católico leal; e quer viver, e amar, no mundo em que Deus nos pôs, o que significa descobrir e realizar as condições naturais em que nossa humanidade pode florescer. Um de seus motos favoritos, que mandou pintar na parede de seu gabinete, era do dramaturgo romano Terêncio (c.195-159 a.C.): "Sou humano, nada do que é humano me é alheio."[39] E no final da vida ele escreveu: "Qualquer coisa que vá contra a corrente da Natureza é capaz de ser danosa, mas tudo que esteja de acordo com ela não pode senão ser agradável."[40]

Estamos aqui no ápice da revolução que começou com os trovadores e no amor de Tristão e Isolda de Gottfried, a revolução em que se pode afirmar a natureza e o humano como objetos de amor sem uma intenção concomitante de elevar-se acima deles. Para Montaigne, ser capaz de viver a vida naturalmente é uma realização de grande beleza moral.[41] Diferentemente de Ficino, ele despreza qualquer ambição em seres humanos de transcender sua própria natureza. Pois vê nela não a exaltação do homem, mas sua bestialização: "Eles querem estar fora de si, querem escapar de sua humanidade. Isso *é* loucura: em vez de mudar sua Forma na de um anjo, eles a mudam na de um animal; caem com estrondo em vez de se elevar."[42]

Em contraste com tudo que glorificaria o homem como capaz, de fato como moralmente obrigado a superar sua condição natural, Montaigne vê "essa mísera e infeliz criatura, que não é sequer dona de si mesma ... e apesar disso se atreve a se intitular senhor e imperador deste universo".[43] Não lhe importa se essa autoglorificação toma a forma de ambições místicas como a de Pico della Mirandola, ou se provém da vaidade oposta: a crença de que, como disse o grego Protágoras, "o homem é a medida de todas as coisas". A vaidade secular e a religiosa são igualmente absurdas.

Quão mais nobre é ser a pessoa que realmente somos; compreender e afirmar os limites de nossa própria natureza. "A grandeza de alma consiste não em tomar o céu de assalto, mas em saber como encontrar nosso lugar [natural] e traçar a linha" – "sabendo como viver esta vida naturalmente."[44] E assim a primeira coisa que uma criança deveria aprender é "a conhecer a si mesma, a saber como morrer e como viver bem".[45] Afinal de contas, por mais elevada que seja a posição de uma pessoa, ela sempre continua humana: "sobre o trono mais elevado, estamos sentados, ainda, sobre nossos traseiros".[46]

Conhecer a nós mesmos é também gostar de nós mesmos. Uma coisa não é de todo possível sem a outra. Montaigne observa, de maneira magnífica, que "é uma façanha, absoluta e por assim dizer divina, saber gostar de nosso ser como devemos".[47] Ele parece sugerir, quase na linha de Heráclito, que uma vida florescente é uma harmonização com o *logos* da natureza, em outras palavras, conformidade com leis cósmicas imutáveis e inescapáveis.

Nada é mais difícil de alcançar. É tão mais fácil, no amor como em outros esforços, fugir para os extremos embriagadores de ou exaltar a si mesmo de maneira irrealista ou degradar-se desnecessariamente. Montaigne despreza ambos os extremos. Elevar-se é "loucura", mas seu oposto é também grosseiro e inconveniente: "... a mais rude de nossas aflições é desprezar nosso ser".[48]

A censura de Montaigne às ambições que tomam o céu de assalto aplica-se com particular força ao amor. As apostas em jogo no amor são tão altas e nosso domínio delas tão frágil que buscamos facilmente qualidades que nossa amada não tem porque não podemos assimilar as que ela tem. Em vez de compreendê-la e apreciá-la como é, nós a erigimos falsamente como o salvador que pode banir toda a nossa insegurança e incompletude, substituindo-as magicamente por segurança e integridade. Em vez da vulnerabilidade de nos relacionar com ela no aqui e agora como um indivíduo cuja vida não podemos controlar, iludimo-nos com a ideia de que existe uma união ideal em que podemos possuí-la perfeitamente. E exaltando nosso amor, brutalizamos tanto nossa amada quanto nosso amor. "Opiniões supercelestes: moral subterrânea": as duas, como Montaigne o exprime concisamente, andam juntas com excessiva frequência.[49]

A façanha *realmente* divina é afirmar o que de fato se encontra à nossa frente. "És um deus na medida em que reconheces que és um homem!"[50] escreve ele, citando a "nobre inscrição" com que os atenienses homenagearam a visita de Pompeu à sua cidade. Mas ele poderia ter dito igualmente, em relação ao amor e todos que querem moldá-lo com arrogância segundo o divino: só serias um deus se reconhecesses que és humano!

10. O amor como alegre compreensão do todo: Spinoza

Montaigne havia trasladado os seres humanos de volta para a natureza através de incessante estudo do que eles, a começar por si mesmo, realmente fazem, em tempos de paz, guerra, crise, triunfo, banalidade, saúde e doença. Saltar acima de nossa própria natureza e usar o amor como um trampolim para o divino era, a seu ver, arrogante e desprezível. No entanto, através de tudo isso, ele preservou a distinção absoluta entre natureza humana e Deus. Deus, como o criador, é um ser transcendente, acima da natureza e não limitado por ela.

Foi preciso o gênio de Baruch Spinoza para inserir o homem de maneira tão indissolúvel na natureza que a *própria ideia* de transcendê-la – e assim a própria ideia de amor que toma o céu de assalto – não faria qualquer sentido. Não seria apenas vã e contraproducente, negando o lugar que nos cabe na natureza: seria até absurda.

Spinoza faz isso indo mais longe que qualquer grande pensador antes dele no repúdio da distinção entre natureza e Deus. Para ele a natureza, concebível como um todo, e Deus são uma só e mesma coisa. Essas são meramente duas palavras diferentes para descrever a totalidade das coisas. Amar a Deus é, portanto, amar a natureza como um todo.

Por esses pensamentos heréticos Spinoza foi expulso da comunidade de refugiados judeus portugueses em Amsterdã na qual havia nascido, sido criado e educado. Sua recusa a admitir uma distinção fundamental entre Deus e natureza concebida como um todo tem poderosas implicações para o amor, todas incompatíveis com a ortodoxia religiosa de seu tempo, fosse ela judaica ou cristã. Pois na filosofia de Spinoza o amor não pode "ascender" do natural para o sobrenatural, do mundo para Deus, do corpo para a alma, do material para o puramente espiritual, de uma vida de destino mundano para uma vida de liberdade celeste e de um mundo de mal para um reino de puro bem. Spinoza elimina por completo todas essas venerandas dicotomias e assim toda a imagem do amor que tira partido delas: a imagem que atribui ao amor a tarefa de superar o primeiro elemento em cada um desses pares em benefício do segundo. Em suas mãos o amor ainda nos oferece salvação, mas essa salvação *não* está em virarmos as costas para a natureza ou a matéria ou, de maneira ainda controversa hoje, o mal. Ao contrário, o amor afirma a realidade deles – inclusive a realidade do mal – como parte da natureza tomada como um todo.

A revolução no modo como pensamos sobre o amor que Spinoza torna possível depende, portanto, de sua imagem mais ampla do cosmo e só olhando para ela podemos compreendê-la. É para essa imagem que devemos nos voltar.

É UMA IMAGEM EXTRAORDINÁRIA: Deus não é mais a figura perfeita que reside fora da natureza, a qual está na melhor das hipóteses imbuída de seu ser. Não é mais o pai que ama, protege, promete, julga, perdoa e salva. Não mais um criador fundamentalmente distinto de sua criação. Não mais um intruso que intervém inescrutavelmente no mundo das causas e efeitos, ou desaparece misteriosamente. Agora Deus *é* natureza. Isto é, a natureza concebida como um todo inteligível.

Além disso, esse todo que, segundo Spinoza, podemos chamar de Deus ou de natureza pode ser visto tanto em termos físicos quanto em termos mentais: podemos vê-lo como um sistema de corpos materiais e suas relações causais; ou como um sistema de puro pensamento. Mental e físico não são duas espécies diferentes de coisa (como para Descartes); são duas maneiras de compreender uma realidade abrangente, ilimitada e que cria a si mesma.

De maneira semelhante, no nosso nível como indivíduos, mente e corpo não são duas substâncias distintas, mas duas maneiras de apreender o que somos. Todo evento físico é um evento mental, e todo evento mental é um evento físico. Essas distinções outrora sacrossantas que tornavam o corpo, o mundo material e o mundo natural de valor tão questionável, e que viam a salvação no seu repúdio, na sua transcendência ou ao menos no seu aperfeiçoamento, desaparecem todas.

E no processo de banimento dessas distinções, uma outra foi jogada fora: a ideia de um "livre-arbítrio" humano independente das cadeias de causa e efeito que determinam eventos no resto da natureza. *Não* temos uma vontade livre de causas e que teria podido escolher diferentemente do que o fez. A ilusão de que a temos surge porque a *sensação* de que as decisões dependem de nós é tão forte (mesmo quando vacilamos) que temos certeza de que deve haver alguma faculdade de livre-arbítrio por trás delas. E a ilusão surge também porque as causas reais do que fazemos estão envoltas em nossa ignorância. Na realidade,

> a mente é determinada para querer isso ou aquilo por uma causa que é determinada por sua vez por uma outra causa, e esta mais uma vez por outra, e assim por diante até o infinito.[1]

O conhecimento dessa cadeia infinita de causas exigiria completo conhecimento de toda a ordem da natureza. Como essa ordem da natureza é uma outra palavra para Deus, conhecer qualquer evento é inferir como ele resulta inevitavelmente da natureza de Deus: "todas as coisas são determinadas pela necessidade da natureza divina de existir e agir de certa maneira".[2] Se tomamos o momento presente, e o que quer que estejamos fazendo ou pensando exatamente agora, não poderia ter acontecido nenhuma outra coisa senão o que está acontecendo. A história que nos conduziu a este momento não deixa nenhuma margem para que exista ou aconteça o que quer que seja, exceto o que existe e acontece.

Para Deus, também, tudo é determinado. Deus não decidiu livremente criar este mundo, estabelecer suas leis naturais, distribuir suas leis morais, como nas descrições judaicas e cristãs. Ele não poderia ter feito de outra maneira: "As coisas não poderiam ter sido produzidas por Deus de nenhuma outra maneira ou ordem senão aquela em que foram produzidas."[3] E assim a antiga pergunta: "Como pode um Deus que é todo bondade permitir que o mal aconteça?" – o mal moral de pessoas infligindo terrível crueldade a inocentes – não faz nenhum sentido no pensamento de Spinoza. O mesmo pode ser dito do enigma relacionado: por que Deus escolheu criar um mundo cheio de desastres naturais, como terremotos, secas e tsunamis? Não há, em outras palavras, nenhum "problema do sofrimento" para Spinoza: nenhuma necessidade de justificar angústia "imerecida".

Se Deus carece do poder de escolher no sentido de um livre-arbítrio não determinado, e é de fato apenas um outro nome para a natureza como um todo, estas questões são absurdas. Assim como são todas as tortuosas tentativas de respondê-las: por exemplo, explicar os desastres naturais como punição para nossas transgressões, ou o mal moral como o preço que pagamos pelo dom do livre-arbítrio, ou este mundo como "o melhor de todos os mundos possíveis" (ridicularizado por Voltaire em *Cândido*).

No sistema de Spinoza, Deus não só "permite" que o mal aconteça, mas, como presente em tudo que acontece, Deus *causa* de fato as coisas que nos parecem más, assim como as que nos parecem boas. O mal é uma expressão da natureza essencial de Deus.

Não há, portanto, muito sentido em rezar para que Deus mude as coisas. A prece rogatória não terá qualquer efeito. Milagres são impossíveis porque não pode haver nenhum desvio da necessidade, e se as pessoas acreditam neles isso evidencia apenas sua ignorância das reais causas das coisas.

Acontece que Deus não está minimamente "desgostoso" com o mal ou "satisfeito" com o bem. Ele tampouco nos pune por fazer o mal e nos recompensa por ser virtuosos. Atribuir tais emoções a Deus, como se ele fosse um ser humano em ponto maior, é um erro fundamental, explorado por pregadores e sacerdotes através dos séculos para exaltar a si mesmos e subjugar os crédulos.

HÁ ENTÃO ALGUM LUGAR no sistema de Spinoza para a liberdade? O que poderia ser livre num universo onde tudo é determinado?

A resposta é, talvez, surpreendente: a liberdade é o maior de todos os objetivos éticos para Spinoza.

Aqui também seu pensamento é extraordinário. A liberdade não reside mais no poder de recuar e escolher sem influência externa, mas sim no oposto: em afirmar a necessidade do modo como as coisas são. Ser livre é compreender e aceitar as causas que fizeram de nós os indivíduos que somos, e que fizeram do mundo que habitamos o que ele é. Liberdade é afirmar nossa vida – e sua fatalidade – através da compreensão mais ativa possível dela.

Um objeto essencial dessa compreensão são nossas emoções. A reflexão libera. Compreendendo e aceitando nossos sentimentos, e as experiências que os moldaram, nossas crenças podem evolver – ou ser abandonadas. Uma vez que todos os eventos são interconectados, o ponto final ideal dessa tentativa de autocompreensão seria entender, por um esforço de puro pensamento, a natureza como um todo, o que significa compreender Deus, a causa de todas as coisas.[4] "Quanto mais compreendemos as coisas individuais, mais compreendemos Deus."[5]

Isto nos leva de volta ao amor. Pois compreender a natureza tomada como um todo é a mais elevada forma de amor: *amor intellectualis Dei*, o amor intelectual a Deus.

Para nossos ouvidos contemporâneos a palavra "intelectual" soa seca demais para fazer justiça ao que Spinoza quer dizer aqui. Ele ainda tem um pé no mundo medieval de Tomás de Aquino, onde intelecto e razão são vistos como a essência de Deus e como o meio pelo qual os seres humanos poderiam buscar alcançá-lo, em outras palavras, poderiam buscar a salvação. Esta tradição remonta a Platão, para quem só é possível vislumbrar o divino enviando o Eros apaixonado para cima rumo à bondade e à beleza eterna, e a Aristóteles, para quem *nous*, ou puro pensamento, é o elemento divino no homem, em cujo uso ele imita Deus. Para Spinoza, o entendimento reside, portanto, no cerne do amor. E o próprio amor não pode ter objetivo mais nobre que a alegre compreensão, e, portanto, afirmação, da natureza como um todo.

Tudo isto tem fascinantes implicações para o amor, muitas das quais Spinoza não deslindou. Talvez a mais notável delas seja também a mais simples: amar genuinamente alguém é amá-lo como um ser inteiramente natural. Não é de maneira alguma amá-lo por qualidades espirituais que são de algum modo distintas de sua natureza física, muito menos em consideração a um ser divino que transcende a ordem natural. Não é tampouco repudiar o mundo depravado pelos obstáculos que cria para nosso amor por ele ou para seu amor por nós; ou imaginar que o amor pode ser mais perfeitamente realizado em algum reino sobrenatural, livre de tais obstáculos. Pois tal reino não existe.

Em seguida, e de maneira mais controversa: devemos nos esforçar para afirmar que encontramos mal em nossos bem-amados, assim como encontramos bem. Em outras palavras: afirmá-los não só apesar de seu mal, mas *inclusive* por ele.

Tal afirmação não pode ser alcançada pela paixão apenas, que nunca amará nada que experimente como mau, isto é, qualquer coisa que experimentemos como incapacitante, pois *isso*, segundo Spinoza, é o que realmente concebemos como mal. Mas na medida em que somos capazes dessa compreensão mais ampla que se esforça por afirmar a necessidade da natureza tomada como um todo, e na medida em que compreendemos que nossos bem-amados são parte inextricável dessa natureza, seremos capazes de afirmar o mal que vemos neles tanto quanto o bem. Contra todo o cristianismo oficial, e as tradições platônica e aristotélica que o alimentam, a filosofia de Spinoza sugere que o amor intelectual se agarra não só ao bem que percebe, mas também ao que parece mau, perverso, destrutivo.

E a filosofia de Spinoza sugere uma outra conclusão radical para o amor: se a velha distinção entre mente e corpo é derrubada, o amor físico entre indivíduos não é mais apenas uma estação intermediária para seu amor "espiritual". Em vez disso, nossa relação física com outra pessoa é um aspecto sob o qual toda a nossa relação com ela pode ser vista. Intimidade física é intimidade com a pessoa inteira.

E vice-versa. Uma relação espiritual ou mental com outra pessoa é também uma relação física. O que, por sua vez, não pode ser reduzido a sexo e à comunicação fornecida pelo amor sexual. Uma coisa que costumamos subestimar, mesmo numa era em que pensamos em nós mesmos como desinibidos em relação ao corpo, é o poder do físico em nossas relações com os outros – colegas, amigos, pais, estranhos – mesmo, ou precisamente, quando não há nenhuma pauta sexual aberta. Tendemos a notar o físico apenas quando assediados por sentimentos extremos, seja sobre seus corpos: repugnância ou admiração, repulsa ou desejo; ou sobre os nossos: vergonha ou orgulho, constrangimento ou superioridade. Em tais momentos, esses sentimentos ameaçam nos assoberbar e colorir o modo como vemos e valorizamos tudo mais nos outros.

Mas esses casos extremos ilustram uma regra mais geral, sobre a qual Spinoza nos inspira a pensar, embora ele não a formule realmente. É artificial subdividir nossas relações, sejam elas românticas ou não, em "dimensões" como o físico e o mental. É também errado imaginar que o físico só se intromete fortemente em relações humanas quando elas são de natureza sexual ou despertam emoções poderosas. O físico está *sempre* presente em nossas relações com os outros; de fato, é um aspecto sob o qual toda a existência de uma pessoa pode ser vista. E nossa relação com o corpo deles envolve uma comunicação e uma linguagem que vão muito além do sexual.

ACONTECE QUE SPINOZA é hostil ao desejo sexual. Seu temor é que ele, seja satisfeito ou não, possa desequilibrar perigosamente nossa vida. Como a ânsia por riquezas ou fama, ele pode consumir nossa atenção em detrimento de nosso bem-estar mais amplo. Ele fornece um deleite intenso, mas efêmero, que deixa facilmente um resíduo de melancolia e até de loucura. Sua obsessão reduz nossas preocupações a um objetivo estreito e nos impede de buscar uma multiplicidade de interesses, amores e entendimento, que é onde uma real felicidade pode ser encontrada.

O problema de Spinoza com sexo não se enraíza, portanto, na hostilidade ao corpo, muito menos ao prazer como tal. Ao contrário, numa vida completa, bem-equilibrada, nenhuma alegria é excessiva: "ela é sempre boa" e a "melancolia [ou dor] é sempre má".[6] Ele advoga a jovialidade e a autoestima (contanto que esta se funda numa ideia racional de nosso poder), e despreza sentimentos ascéticos, como culpa, autonegação ou remorso, como produtos da superstição de que o prazer, em si mesmo, nos prejudicará de alguma maneira. É até um sinal de *sabedoria* ser capaz de encontrar prazer nas coisas. Mas não deveríamos nos tornar tão absortos em algumas satisfações, como o sexo, a ponto de perturbar nossas vidas e perder o rico prazer que pode ser encontrado em muitos e diversos deleites.

Isto nos leva ao remédio de Spinoza para o amor, em especial quando ele se torna obsessivo. O amor comum, diz ele, é "prazer acompanhado pela ideia de uma causa externa". Em outras palavras, associamos o prazer unicamente com a presença de *certa pessoa* (prazer que surgirá, em particular, se a experimentamos como capacitante). Nesse caso, desejamos possuí-la e estar perto dela. Mas se ela nos abandona ou nos faz sofrer de alguma outra maneira (mais uma vez, em especial se a experimentamos como incapacitante), o amor logo se transformará em ódio, que nada mais é que "dor acompanhada pela ideia de uma causa externa".[7] Nesse caso, desejamos destruí-la. É quase tão simples assim.

O amor comum é inerentemente frágil porque nunca podemos excluir a possibilidade de perda, rivais e, portanto, dor. O ser amado pode nos abandonar ou um outro poderia passar a amá-lo também. E assim o amor é ameaçado, sempre e muitas vezes de maneira invisível, pelo espectro do ódio, do ciúme e de um desejo de destruir, razão suficiente, poderíamos acrescentar, para que qualquer pessoa excessivamente sensível a esses perigos o evite por completo.

A única maneira de nos libertarmos da instabilidade intrínseca e da ambivalência do amor – e do horrível sentimento de impotência que eles promovem – é compreender que as ações de nosso amado não são livres, mas um produto de causas que se estendem no tempo mais do que podemos ver. Devemos abandonar a crença de que o ser amado é o único responsável por nosso prazer ou dor. Não é. Pensar nele como livre dessa maneira é o que causa tanto sofrimento e dor em nossas relações. Sabemos por uma experiência comum que se pensamos que ele "escolhe livremente" nos fazer mal, vamos nos sentir mais ofendidos do que se pensamos que ele não sabia o que estava fazendo ou não o pôde evitar.

E assim devemos aprender a ver e afirmar a necessidade que governa a sua vida. Pois isto é liberdade, no amor como em tudo mais: abraçar a necessidade, e não negá-la.

O OBJETO ESSENCIAL DE TAL TERAPIA, contudo, não é o nosso amado, mas nós mesmos. Só a compreensão de nossa própria história, os eventos que nos levaram a ser exatamente as pessoas que somos, nos libertará do que Spinoza chama de amor "passivo". Essa é a pior espécie de amor, aquela em que nossas reações a alguém são impelidas por confusas associações de ideias e emoções, tingidas por nossas experiências passadas.

Nosso amado apenas desencadeia essas confusas associações, embora estejamos convencidos de que ele é a causa original de nosso prazer e dor. Por exemplo, ele pode ter ficado associado em nossa mente a uma outra pessoa que amamos outrora, seja por se assemelhar a ela (caso em que nós o amaremos) ou por ser muito diferente (caso em que o odiaremos), ou ambas as coisas (caso em que o amaremos e odiaremos ao mesmo tempo). Como vimos desde o mito de Aristófanes sobre as duas metades que se encontram, o amor tem um traço fortemente conservador: não só desejamos possuir alguém que se assemelhe a nós, mas tendemos a amar a mesma espécie de qualidades que sempre amamos e a odiar a mesma espécie de qualidades que sempre odiamos.

Além dessa natureza repetitiva, diz-nos Spinoza, o amor tem também uma temível tendência a seguir o rebanho. Assim, se sentimos vibrações de amor por alguém e vemos que não estamos sós nisso, nossos sentimentos serão imediatamente reforçados. Mas se notamos que outros o odeiam poderíamos começar a vacilar. Pior, poderíamos passar a amar ou odiar alguém a quem éramos até agora indiferentes apenas por imaginarmos que outros o fazem:

> Em razão do próprio fato de imaginarmos que alguém ama alguma coisa, nós mesmos a amaremos também … Em razão do fato de imaginarmos que alguém se afasta de alguma coisa, nós também nos afastaremos dela[.][8]

Como Spinoza observa com sagacidade, essa tendência a imitar resulta não só de um desejo envergonhado de seguir a moda, mas também da tirania dos outros, que exigem que imitemos seus gostos e aversões: "cada um se empenha o mais que pode para fazer com que todos amem o que ele próprio ama, e odeiem o que ele próprio odeia".[9]

O instinto de rebanho – o terror de sentir de maneira diferente dos outros e a exigência de que os outros sintam o mesmo que nós – move os mercados de valores, leva a corridas do ouro e alimenta a histeria de massa em tudo, de ídolos pop a limpeza étnica. O fato de pessoas que nunca nos causaram prazer nem dor poderem parecer fazê-lo de repente explica o extraordinário consenso que existe em qualquer momento em relação ao que é considerado atraente, amável ou merecedor de compaixão. E, de maneira mais ameaçadora, está também subjacente aos horrores de ódio racial em que grupos inteiros que haviam antes sido considerados próximos podem se tornar da noite para o dia objeto de intenção assassina. Nada é mais difícil que resistir ao estímulo para nos conformarmos às preferências de outros ou para exigir que eles se conformem às nossas. Como Ovídio, citado por Spinoza, diz: "é de ferro aquele que ama o que o outro abandona".[10]

A TAREFA É ENTÃO CONVERTER AMOR PASSIVO, com sua suscetibilidade ao ódio, ao ressentimento, à censura, ao ciúme e outras emoções de dor, em amor "ativo", em que os amantes experimentam a necessidade que impele as vidas um do outro e por isso se encarregam de suas próprias emoções caóticas:

> Na medida em que compreende todas as coisas como necessárias, a mente tem mais poder sobre as emoções, ou é menos passiva em relação a elas.[11]

Em vez de meramente reagir a gatilhos externos com confusas associações de ideias, devemos ter conhecimento de nossas emoções, e assim poder sobre elas:

> quanto mais a conhecemos, mais uma emoção fica em nosso poder e menos passiva é a mente em relação a ela.[12]

Dois amantes que consigam alcançar essa compreensão, de si mesmos e um do outro, terão alcançado real liberdade.

Se levamos essa compreensão longe o suficiente, ela conduzirá além de nossos interesses estreitos para todas as causas que fizeram de nós o que somos, e além deles a toda a ordem da natureza em que essas causas mais distantes estão engastadas. Mas isso, como vimos antes, é amar a Deus. E assim, diz Spinoza: "Aquele que compreende a si mesmo e às suas emoções de maneira clara e distinta ama a Deus, e quanto mais o fizer, mais o amará."[13] O amor genuíno busca, portanto, apreender o amado em relação a Deus, compreendido agora como a natureza como um todo. E assim, em vez de exaltar nosso amado como semelhante a Deus, o amor faz o oposto: afirma seu lugar infinitesimal, mas único, na vasta e impessoal ordem da natureza.

A concepção de Spinoza dos seres humanos como engastados na ordem infinita da natureza, e de Deus como um mero nome para essa ordem, foi considerada tão chocante que ele foi não só excomungado pela comunidade judaica de Amsterdã, mas também evitado em geral como um agente do demônio e um sabotador da boa ordem, por cristãos e autoridades cívicas. Embora tenha caído em relativa obscuridade por um século após sua morte, encarado até por muitos de seus simpatizantes como uma figura com quem era perigoso associar-se, ele se tornou uma inspiração decisiva para os dois grandes movimentos que moldariam o mundo moderno e que são vistos muitas vezes, mas de maneira não inteiramente exata, como sensibilidades conflitantes. Por um lado, catalisou ideias seminais do Iluminismo: igualdade, democracia, tolerância, liberdade de consciência e direitos universais, e foi o herói de figuras como Lessing. Por outro lado, foi aclamado um paladino do campo daqueles, como o poeta alemão do fim do século XVIII Novalis, que viram no pensamento de Spinoza sua própria percepção da natureza como um todo místico, impregnado por uma realidade metafísica imanente que se manifesta em todas as coisas. Esse é o amplo e diverso campo dos românticos para cuja sensibilidade o amor se tornaria central, urgente e redentor.[14] E é para o primeiro grande porta-estandarte desse campo, Jean-Jacques Rousseau, que nos voltamos agora.

11. O amor como Romantismo esclarecido: Rousseau

Ao concluir seu último livro, *Os devaneios do caminhante solitário*, o filósofo suíço Jean-Jacques Rousseau (1712-1778) lembra o amor que alimentou quando jovem por uma mulher mais velha (e casada), Mme. de Warens, a quem chamava de "Mamã":

> Recordo com alegria e ternura esse tempo único e breve de minha vida quando fui eu mesmo, sem mistura e sem obstáculo, e quando posso dizer genuinamente que vivi ... Sem esse tempo curto, mas precioso, eu teria talvez permanecido incerto com relação a mim mesmo ... Teria tido dificuldade em deslindar o que há de meu mesmo em minha própria conduta.[1]

Estas palavras prenunciam aquela sensibilidade elusiva, arrebatadora e ainda onipresente que chamamos de "romantismo", uma sensibilidade tão complexa e diversa que é fácil duvidar de que tal coisa exista.

Mas ela existe. Dois temas a definem e fundamentam todas as suas expressões no domínio do amor. Acabamos de vislumbrar o primeiro deles: a descoberta do que vem a ser chamado de "autenticidade" pessoal através do amor; a busca de nos tornarmos nós mesmos dedicando-nos a um ser amado e sendo amados. Esse é um eu cujos compromissos são autodeterminados: eles falam de nossa natureza interior e sua integridade, quer essa natureza seja concebida como unicamente nossa, ou como uma grande corrente de vida à qual damos voz, ou como uma ordem Providencial da natureza. E falando em nossa natureza interior, ou em nosso alinhamento voluntário a uma ordem mais ampla da natureza, eles expressam nossa liberdade.

O outro novo tema é a nobreza da própria paixão, e, para alguns românticos, do desejo sexual. A paixão é uma – talvez a – grande fonte de bondade e verdade, muito superior à razão. E nenhuma paixão é maior que o amor entre dois seres humanos: aqui, em seu amor realizado, podemos vislumbrar o sagrado.

Ambos os temas falam com frequência num tom de melancolia exaltada, até enlevada; um tom sintetizado pelas palavras de Rousseau que acabamos de ouvir.

Ambos, também, estão relacionados com o declínio da autoridade da religião e das hierarquias sociais tradicionais. Pois eles dependem da crescente convicção – esmagadora no final do século XVIII – de que os seres humanos não estão destinados a ocupar determinado lugar numa hierarquia herdada, seja uma hierarquia divina definida por Deus em seu ápice ou uma hierarquia social com um monarca absoluto à sua frente. Em vez disso, temos o direito, até o dever, de ser autodeterminados. O que significa criar a pessoa que somos, ou pelo menos concordar com isso. O maior bem, em outras palavras, é legislado não numa esfera celeste, mas no fundo de nós como indivíduos, ou numa relação orgânica entre nós e nossa comunidade.

Assim nasce uma nova preocupação: com a identidade pessoal. Minha identidade compreende meus próprios valores, compromissos e desejos. Para alguns pensadores isso inclui desejo sexual e seus poderes de expressão. E a identidade é governada por leis que endosso de maneira autônoma. Ela não é puramente um dom de Deus. Nem é determinada por meu papel social, seja ele carpinteiro, aristocrata, cantor. Estar genuinamente relacionado com o mundo acima de meu eu é também estar genuinamente relacionado com esse eu.

Esses temas aparentemente diversos estão todos relacionados. Viver de acordo com nossa própria natureza; descobrir nossa voz interior; conceber a nós mesmos como dotados de uma identidade individual e não de um papel herdado; ser autodeterminante; considerar a paixão como nobre, até sagrada, estas coisas pertencem a uma família de conceitos que não podem ser compreendidos exceto em relação ao declínio da autoridade da religião.

O tom de enlevada melancolia que tanto marca o Romantismo é, eu sugiro, fundado nesse sentimento dual de perda e ganho. Por um lado, luto e terror são reações naturais à perda irrecuperável de uma ordem divina do mundo e das firmes amarras que ela fornecia – ou que muitos supunham que fornecia. Por outro lado, a construção de uma nova ordem por seres humanos, fundada em sua própria autonomia e suas vastas possibilidades criativas, evoca o êxtase de um novo amanhecer. E ambas, a destruição e a criação, falam de liberdade humana, de fato de exaltação.

E assim, exatamente como o amor foi concebido a partir do judaísmo primitivo como nosso mais elevado dever para com Deus, agora o terreno está preparado para que ele seja concebido como nosso mais elevado dever em relação a nós mesmos. Amar é descobrir nossa própria lei e obedecer a ela – ou, para alguns românticos, a lei da natureza tal como ela fala através de nós. É expressar uma voz interior.

Embora o amor de que o Romantismo fala seja com frequência, até usualmente, romântico, isto é, amor sexual entre duas pessoas dirigido para sua união espiritual, sua sensibilidade pode impregnar quase qualquer espécie de amor: por amigos, pela natureza, a arte, a família, a nação, e qualquer outro objeto de dedicação apaixonada. O que importa é que no mistério de tal dedicação eu desperto para quem sou. E estando apaixonado, por sua vez, um homem "tem novas razões para ser ele mesmo".[2]

Mas esta não é, poder-se-ia perguntar, uma atitude extraordinariamente egoísta em relação ao amor? Até uma traição de sua essência, que é se dedicar ao outro e se submeter a ele?

É verdade que alguns românticos parecem apaixonados por seus sentimentos exaltados. Como se, para eles, o ser amado fosse meramente uma caixa de ressonância em que o amante consegue ouvir sua voz autêntica. Rousseau pode dar essa impressão:

> durante aqueles poucos anos, amado por uma mulher cheia de desejo de agradar e de bondade, fiz o que eu queria, e fui o que queria ser; e através

> do uso que fiz de meu lazer, ajudado por suas lições e exemplo, fui capaz de dar à minha alma ainda simples e nova a forma que melhor lhe convinha e que ela sempre manteve.[3]

Mas para Rousseau a autodescoberta através da boa fortuna de amar e ser amado tem um objetivo mais sério, até moral. E este é fomentar a pureza interior de sentimento e motivação que pertence à natureza humana "sem mistura e sem obstáculo". Essa pureza, como o cenário rústico de seu último Devaneio, é ingênua e sem sofisticação. Ao cultivá-la, revelamos e ouvimos nossa voz interior, e assim ficamos em condições de ouvir com mais sensibilidade a voz de um ser amado (ou de fato da natureza como um todo).

Os seres humanos, pensa Rousseau, são naturalmente bons. Isto é, antes de terem se tornado escravos das rivalidades, ódios e necessidades artificiais que a vida em sociedades organizadas estimula. No "estado de natureza" original eles eram

> mais indomados que maus, e mais atentos a se proteger do mal que lhes poderia ser feito que tentados a fazer mal a outros ... Como não praticavam qualquer espécie de comércio entre si; como não conheciam nem vaidade, nem consideração, nem estima, nem desdém; ... como consideravam as violências que poderiam sofrer um dano fácil de reparar e não um insulto a ser punido, e como nem sonhavam com vingança, exceto talvez de maneira mecânica e imediata, como o cão que morde a pedra que lhe é lançada, suas disputas raramente tinham consequências sangrentas ...[4]

O conflito entre esses seres humanos naturais é rapidamente resolvido, sem deixar qualquer resíduo de rancor. O sentimento inato de piedade (*pitié*) os faz querer evitar a visão do sofrimento de outrem e os impede de infligi-lo, exceto com boa razão. Essa piedade, diz Rousseau, "precede ... o uso de toda reflexão; e [é] tão Natural que até Animais por vezes dão sinais perceptíveis dela".[5]

Essa falta de ressentimento e agressão só é possível quando as pessoas estão livres de sujeição emocional ou econômica a outras. Livres da dependência de senhores e escravos. E, o que é mais importante, livres de admiração ansiosa. Pois essa ânsia nos impele facilmente a subjugar e humilhar nossos semelhantes:

> todos devem ver que, como os vínculos de servidão são formados apenas a partir da dependência mútua de homens e das necessidades recíprocas que os unem, é impossível escravizar um homem sem primeiro o pôr na posição de ser incapaz de prescindir de um outro; uma situação que, como não existia no estado de Natureza, deixa todo homem ali livre do jugo e torna vã a Lei do mais forte.[6]

Rousseau identifica um autorrespeito natural, que ele chama de *amour de soi*, por vezes traduzido como "amor de si". O *amour de soi* é também o impulso inato de todas as criaturas vivas a persistir como a espécie de criatura que são; é o impulso à autopreservação que é "a fonte de todas as nossas paixões, a origem e o princípio de todas as outras".[7] Mesmo que conduza indivíduos a entrar em conflito uns com os outros, esse impulso não é maldoso, nem busca negar ou diminuir os outros. Ele é, Rousseau considera, "sempre bom".[8]

Em contraposição, na sociedade todos nós vivemos muitas vezes apenas para obter o reconhecimento de outros, a tal ponto que não conseguimos alcançar uma consciência de nosso próprio valor sem afirmação externa, e assim nos tornamos alienados de nossos eus naturais. Status é tudo e para persegui-lo devemos buscar superioridade sobre nossos semelhantes. Em consequência, as relações humanas tornam-se provisórias, incertas, desconfiadas. Cálculo, engano e dissimulação são sua moeda corrente. A disposição natural para a *pitié* é esmagada.

Status vicia. A fome de poder, posição, honrarias, luxos e tudo que é valorizado, sobretudo porque os outros não o possuem – o que, hoje, chamamos por vezes de "bens posicionais" – é insaciável. (Dirigir uma Ferrari seria muito menos satisfatório se a maioria das pessoas tivesse uma.) A tristeza de se sentir excluído da busca interminável é debilitante demais para permitir qualquer esmorecimento, e até ganhos ou perdas triviais de prestígio parecem absurdamente significativos. O ponto final lógico é o desejo de total dominação, a meta impossível de possuir a obediência ilimitada de todos o tempo todo. O homem social, declara Rousseau, "terminará por arruinar tudo [*tout égorger*] até tornar-se ele mesmo o único Senhor do Universo".[9] (Nesse caso, não seria um paradoxo que uma civilização avançada, com suas complexas redes de dependência de status, fosse capaz de genocídio.)

O nome que Rousseau dá a esse desejo de contar com a admiração dos outros – e de assegurar a inferioridade deles – é "*amour propre*", ou amor-próprio. Ele compara os males sociais que ele fomenta quando fora de controle com o *amour de soi* que floresce na condição "selvagem":

> *Amour-propre* e amor de si [*amour de soi*], duas paixões muito diferentes em sua Natureza e seus efeitos, não devem ser confundidos. *Amour de soi* é um sentimento natural que inclina todo animal a zelar por sua própria preservação, e que, dirigido no homem pela razão e modificado pela piedade, produz humanidade e virtude. *Amour-propre* é apenas um sentimento relativo, artificial e nascido na Sociedade, que inclina cada indivíduo a ter uma maior estima por si mesmo que por qualquer outra pessoa, inspira nos homens todo o mal que eles fazem uns aos outros, e é a verdadeira fonte da honra.[10]

Há duas coisas que Rousseau enfaticamente não está dizendo aqui. Ele não está nos aconselhando a "retornar" a um estado primitivo e abolir toda a sociedade. Nem está dizendo que *amour propre* é sempre mau ou que ele não pode coexistir de maneira frutífera com *amour de soi*. O que ele quer é que construamos uma sociedade com base numa redescoberta de nossa bondade natural e vontade não corrompida. E que respeitemos a nós mesmos sem excessiva dependência da boa opinião de outros. O desejo apropriado de reconhecimento não é mau, na verdade, ele desencadeia nossas ambições e talentos e fomenta muitas das grandes conquistas da humanidade:

> a esse desejo de que falem de nós, a esse furor por nos distinguir, que quase sempre nos mantém fora de nós mesmos, devemos o que há de melhor e

de pior entre os homens, nossas virtudes e nossos vícios, nossas Ciências e nossos erros, nossos Conquistadores e nossos Filósofos ...[11]

As implicações de tudo isto para o amor, embora Rousseau não as explique em detalhe, são fascinantes e fortíssimas. Pois o amor envolve intensa dependência. Relações de amor, de casais a grandes famílias, são microcosmos de *amour propre*, sociedades fechadas em que pessoas se tornam fontes de reconhecimento cruciais, e até insubstituíveis, umas para as outras.

Sendo assim, em nenhum lugar temos tanta probabilidade de ver os horrores do *amour propre* encenados de maneira mais brutal, ainda que dissimulada. O amor será sempre ameaçado por ódio, medo, crueldade, ressentimento, servidão e inveja, declarados ou disfarçados. A ameaça é constante porque o reconhecimento e a posse – que foi vista, desde Platão, como um objetivo fundamental do amor – são sempre parciais e reversíveis.

E em conflito: se possuímos alguém de maneira demasiado segura, irá ele nos reconhecer de maneira livre e, portanto, genuína? Mas se nossa influência sobre seu reconhecimento for fraca demais, nossa vulnerabilidade não será insuportável? O perigo é que nosso furor por possuir o reconhecimento das pessoas que amamos nos leve a aniquilá-las. (O que, como Rousseau sugere ao discutir o *amour propre*, é a horrível autocontradição no cerne de toda ânsia por status: o fato de que ele busca destruir a liberdade e até as vidas das próprias pessoas das quais sua realização depende.)

É por isso que um vínculo obrigatório, como o casamento, pode tão facilmente destruir a liberdade. Não por exigir monogamia ou compromisso, mas porque através dele institucionalizamos as expectativas de que uma pessoa vá subscrever nossos desejos de possuir e ser reconhecido.

Essas necessidades têm objetivos elusivos. O que é possuir alguém? Como sabemos que uma pessoa é nossa? Será que ela de fato nos reconhece? Nesse caso, o que é que ela reconhece e o que somos para ela? Há poucas respostas claras aqui; e um número menor ainda de maneiras de saber o que acontece na alma inescrutável que é a outra pessoa.

A liberdade no amor, sugere a teoria do *amour propre* de Rousseau, só é possível ali onde podemos moderar esses impulsos. De outro modo, ao fomentar os piores vícios de nosso *amour propre*, o amor nos tornará indefesos, amargos, alienados de nós mesmos e assim muito ansiosos por infligir dor precisamente à pessoa amada, nos tornará não genuínos.

AGORA ROUSSEAU ALUDE a um pensamento extraordinário: a dor que nós próprios infligimos é a dor da qual não sentimos qualquer piedade. Pessoas que choram por um sofrimento que não causaram serão duras como pedras perante o mal que elas próprias pretenderam:

> vemos diariamente em nossos teatros, comovidos e chorando pelas atribulações de uma pessoa infeliz, um homem que, se estivesse no lugar do Tirano [na peça], agravaria ainda mais os tormentos de seu inimigo.[12]

Numa revisão posterior do *Discurso* ele acrescentou que essas pessoas são

> como o sanguinário Sula, tão sensível a males que não havia causado, ou como Alexandre de Feras, que não ousava assistir à encenação de nenhuma tragédia, temendo que o vissem gemendo com Andrômaco e Príamo, ao passo que ouvia sem emoção os gritos de tantos cidadãos assassinados diariamente por ordem sua.[13]

O principal interesse de Rousseau aqui talvez fosse expressar seu desdém pelo teatro e as falsas emoções que, a seu ver, ele cultiva.[14] Mas suas palavras apontam, ainda que sem nenhuma intenção, para uma realidade amplamente confirmada: os seres humanos mais cruéis, tiranos que enviam milhões para suas mortes, são também propensos (especialmente propensos?) a chorar por uma criança ou um animal ferido. Na verdade, como Rousseau nos lembra, a piedade é uma disposição tão natural que nem mesmo a maior depravação moral é capaz de destruí-la por completo.[15] (Podemos levar a especulação adiante: a depravação não só é incapaz de destruir a piedade, como é capaz de reforçá-la de uma forma pervertida. Porque a piedade, para deleite da pessoa depravada, marca seu objeto com uma inferioridade absoluta. Isto, é claro, sob o pretexto da bondade.)

Se de fato sentimos menos piedade pelo sofrimento que nós próprios infligimos, então, mais uma vez, a relação de amor será especialmente vulnerável. O sofrimento que amantes causam com tanta facilidade um ao outro em consequência de sua intensa dependência mútua será, de acordo com esta lógica, um sofrimento do qual não têm piedade. Ou pelo menos têm menos piedade do que demonstrarão pelo sofrimento que causam a outros, fora de sua relação.

Para Rousseau o aspecto do amor que dá origem a grande parte de seu ardor e crueldade não é o puro desejo sexual – o "desejo geral que inclina um sexo a se unir com o outro", que ele qualifica de "o físico". É antes "o que é moral":

> aquilo que determina esse desejo [físico] e o fixa exclusivamente num único objeto, ou que ao menos lhe dá um maior grau de energia … Esse sentimento, fundado em certas noções de mérito e beleza que um Selvagem não é capaz de ter, e em comparações que ele não é capaz de estabelecer, deve ser quase nulo para ele … qualquer mulher é boa para ele.[16]

O domínio "moral" claramente não é o mesmo que moralidade: aqueles fins, regras ou princípios gerais que nos dizem o que devemos e não devemos fazer. Ela diz respeito antes às qualidades de beleza e bondade que julgamos mais dignas de desejo. Ao interpretar um desejo visceral de copulação e intimidade como uma ambição sublime por beleza e bondade, o que é "moral" intensifica o desejo sexual, concentra-o numa pessoa particular, em quem vemos essas qualidades encarnadas, e assim dá ao amor seu rico significado.

No entanto, ao ter tais ideias específicas sobre o que é e não é atraente, o domínio moral torna a satisfação do próprio desejo sexual muito mais difícil. Para uma ânsia meramente física, diz Rousseau, "qualquer mulher é boa"; mas para a ânsia moral, somente algumas, ou uma, ou talvez nenhuma, será aceitável.

Ainda que as qualidades que buscamos, e afirmamos encontrar, naqueles que amamos pareçam intensamente pessoais, elas são muitas vezes, Rousseau observa com razão, meramente convencionais: herdamos essas preferências em grande parte da sociedade em que vivemos. (La Rochefoucauld, o moralista francês do século XVII, expressa essa ideia de maneira mais geral quando diz: "Algumas pessoas nunca teriam se enamorado se nunca tivessem ouvido falar do amor."[17]) A maioria das nossas "necessidades" não é em absoluto natural, mas implantada em nós por hábito e costume:

> Com a única exceção do fisicamente necessário, que a própria Natureza exige, todas as nossas outras necessidades são tais somente por hábito, não tendo previamente sido necessidades, ou por nossos desejos; e não desejamos aquilo que não somos capazes de conhecer.[18]

No entanto Rousseau, sempre o pensador complexo, não privilegia o físico sobre o moral. Aqui, também, ele não está defendendo um retorno a algum estado original da natureza em que as pessoas vagam como selvagens solitários, satisfazendo rapidamente seus impulsos sexuais sem procurar mais nada umas nas outras. Ele despreza qualquer aviltamento do anseio sexual, mas não pensa em absoluto que encontraremos realização na mera licença sexual.

Em vez disso, de acordo com a tradição platônica, ele nos exorta a dirigir nossa energia sexual para a satisfação espiritual, para um esforço de perfeição ética que não exclui a paixão e sim a utiliza. O desdobramento inesperado, porém, é que, divergindo da tradição platônica, ele acredita que a perfeição espiritual *intensificará* a satisfação física. Desejo sexual e prazer são saudáveis; reprimi-los, ele diz efetivamente, é um crime contra nossa natureza dada por Deus. O desafio para o sexo é encontrar uma nova inocência e uma nova intensidade, nada a ver com a "liberação" fácil ou com a promiscuidade. Em sua imagem do amor realizado, que se tornou parte de nossa imagem contemporânea, o intercurso sexual e sua culminação no orgasmo têm especial deleite e valor por terem sido alcançados com a única pessoa em quem vemos encarnados o verdadeiro, o belo e o bom.

Em outras palavras, buscar uma união espiritual com nosso amante não é apenas transformar nosso desejo físico por ele em amor. É também intensificar esse desejo físico. Na verdade, ao fazer isso o amor é o melhor fiador da monogamia que temos, muito melhor que todas as proibições contra a infidelidade do mundo.[19]

Com frequência se considera que o Romantismo, ou a ideia romântica, celebra o impulsivo e intuitivo – admira a pessoa que se emociona espontaneamente; que se enamora de maneira repentina; que toma as grandes decisões da vida num piscar de olhos.

Segundo Rousseau, porém, a impulsividade é exatamente o que deveríamos evitar se quisermos descobrir as possibilidades mais elevadas do amor. Em seu romance, *Júlia, ou a nova Heloísa* (1761), um enorme sucesso popular durante sua vida, a heroína, Júlia, resiste aos ardentes avanços de seu ex-preceptor Saint-Preux e à crescente atração que ela própria sente por ele; pois a união foi proibida por seu pai em razão da posição social inferior de Saint-Preux. Embora ela sucumba a Saint-Preux ao descobrir que o pai contratou seu casamento com o barão de Wolmar, a relação intensamente erótica dos dois não duraria. Ela se casa com Wolmar, a voz da razão e da ordem, por força de um profundo respeito aos contratos e instituições – acima de tudo, o casamento – que promove as relações mais genuínas e fornece as condições para o florescimento da bondade natural dos indivíduos. (E o faz movida pela culpa também: pois sua mãe, Júlia tem certeza, morreu em razão do choque provocado por seu amor ilícito por Saint-Preux.) Ao mesmo tempo, não pode se impedir de se ver como espiritualmente ligada a Saint-Preux, e pouco antes de sua própria morte confessa que sempre o amou.

O amor erótico apaixonado entre dois indivíduos, o romance parece estar dizendo, não pode ser completo e satisfatório. A carga voluptuosa entre Júlia e Saint-Preux não é desprovida de virtude e nobreza, mas mais virtuosa ainda é sua penosa renúncia a essa paixão em prol da dedicação a filhos, marido e à ordem moral e espiritual mais elevada. Essa é a ordem da natureza criada por Deus, e ela reza para lhe ser obediente:

> Quero tudo que pertence à ordem da natureza que estabelecestes, e às regras da razão que me destes ... Fazei com que todos os meus atos se conformem à minha constante vontade que é a vossa, e não mais permitais que o erro de um momento prevaleça sobre a escolha de minha vida inteira.[20]

Fica evidente aqui como o Romantismo pode também falar no idioma do Iluminismo: como o sentimento deve se conformar à regra da razão; como o amor, convulsivamente erótico na fonte, é realizado não em febril espontaneidade, mas numa busca de perfeição espiritual que requer o estreito alinhamento do indivíduo com a ordem profunda da natureza. Como Rousseau diz em *Emile*, bondade e justiça "são afeições verdadeiras da alma iluminada pela razão" – o "desenvolvimento ordenado de nossas afeições primitivas".[21]

Mas, sustenta ele em todos os seus escritos, para sermos fiéis à natureza, e para cultivarmos a pura vontade necessária para tanto, improvisação não é suficiente. Educação é essencial. No amor, como em todas as outras coisas, precisamos descobrir e desenvolver nossos poderes. Como poderíamos dizer hoje, lições superficiais sobre "os fatos da vida" e os perigos do sexo não protegido ou de adultos predadores estão longe de ser suficientes. A educação sexual, diz Rousseau, precisa ter uma pauta muito mais ambiciosa, abrangendo os aspectos tanto físicos quanto morais do amor. Adolescentes deveriam ser ensinados a detectar qualidades e pessoas merecedoras de amor; a minimizar o conflito entre o desejo e o dever; a alcançar uma relação permanente e uma família estável; e a moderar ânsias contraditórias, como de novidade e de constância, bem como ansiedades destrutivas como ciúme e ressentimento.[22]

O treinamento do desejo físico tampouco deveria ser negligenciado. A masturbação, por exemplo, deve ser evitada a todo custo. Ela encoraja uma vida de isolamento e esgota o corpo e o coração de vigor. O educador de Emile recebe a recomendação de não conceder ao jovem a menor oportunidade para se entregar a esse "perigoso suplemento":

> Portanto vigie o jovem com cuidado. Ele pode se proteger de tudo o mais, mas cabe a você protegê-lo de si mesmo. Não o deixe sozinho, dia ou noite. No mínimo, durma no quarto dele ... Seria muito perigoso se o instinto ensinasse seu pupilo a enganar os sentidos dele e encontrar um substituto para a oportunidade de satisfazê-los. Depois que conhecer esse perigoso suplemento, ele estará perdido. Dali em diante terá sempre um corpo e um coração debilitado. Sofrerá até a morte os tristes efeitos desse hábito, o mais fatal a que um homem pode estar sujeito.[23]

Parece ser um caso de "Faça o que digo, não o que faço", pois Rousseau admite em suas *Confissões* ser dado a esse "vício que a vergonha e a timidez acham tão conveniente".[24] Embora se queixe de que a masturbação o debilita, ele sugere que ela pode ser valiosa como uma maneira de imaginar parceiras mais perfeitas do que as que poderiam ser encontradas na vida real.[25] Praticada com esse fim, ele aconselha, a masturbação desviará discretamente expectativas excessivas de nossas amantes.[26] (Embora, é claro, possa acabar fazendo com que todas elas pareçam de segunda classe se comparadas ao prazer solitário.)

É interessante notar que Rousseau insiste que a educação de um amante deve envolver de maneira central o cultivo de nossa capacidade de piedade, a qual, como vimos, ele considera um sentimento natural. O despertar sexual do adolescente estende seus sentimentos para fora, da preocupação com sua própria preservação à identificação imaginativa com os sentimentos e vidas de outros. Com uma boa educação ele se torna intensamente sensível à realidade de que a má sorte pode atingir qualquer um de nós, que formamos uma comunidade dos vulneráveis. Mas torna-se consciente também de que a piedade pode destruir a intimidade quando, sob a pressão do *amour propre*, aquele que a alimenta sente poder sobre o seu objeto. Quando ele a utiliza para manipulá-lo ou humilhá-lo. Quando quer mantê-lo infeliz para confirmar (para ambos) sua própria importância e mérito. Quando o sofrimento da pessoa amada o faz sentir-se seguro, e ele é incapaz de se relacionar com ela a menos que ela esteja enfraquecida pela dor. E inversamente, quando a pessoa amada, na condição de sofredora, explora sua piedade para enfraquecê-lo e controlá-lo.

Mais uma vez, o objetivo da educação é alertar-nos, refinar nossa sensibilidade, para os perigos inerentes mesmo nos mais nobres valores e disposições. Devemos aprender como a piedade pode aliviar a dor do outro, beneficiando-nos modestamente, ao mesmo tempo, da autoestima de quem a sente. Então ela pode ser justa e generosa, e nos permitir construir aquela confiança mútua no cuidado e no respeito um do outro que é central para todo amor.[27]

Os OLHOS DA PIEDADE VEEM através da identificação imaginativa com o outro. Mas os olhos do amor veem através da idealização imaginativa do outro, e nessa medida eles criam, até inventam, a pessoa amada:

> E o que é o próprio amor, senão quimera, mentira e ilusão? Amamos a imagem que fazemos para nós mesmos, muito mais do que o objeto a que a aplicamos.[28]

> No amor tudo é apenas ilusão. Eu o admito. Mas o que é real são os sentimentos pelo verdadeiramente belo com que o amor nos anima e que ele nos faz amar. Essa beleza não é o objeto que amamos; é o trabalho de nossos erros. Que importa?[29]

Em outras palavras, criamos a mulher (ou o homem) ideal em nossa imaginação e depois, tendo encontrado alguém que "parece certo", em quem reconhecemos nosso ideal, dedicamo-nos às suas necessidades e desejos como se fossem nossos. Por um lado, portanto, o amor dota a outra pessoa de qualidades ilusórias; coloniza-a com as expectativas do amante. Por outro, o amor também inspira a piedade que vê as necessidades dela pelo que são e a trata com a dignidade de um indivíduo livre.

Mais uma vez, a imaginação deve ser educada e refinada durante um longo período; ela não consiste meramente em caprichos e voos da fantasia. Com a ajuda de uma imaginação cultivada, nossa concepção do ser amado torna-se genuinamente nossa em vez de mero produto de convenção social. Torna-se uma lei que impomos a nós mesmo e à qual podemos obedecer. Fala de quem somos como indivíduos.

O amor poderia, portanto, começar com uma excitação genital. Mas sua educação abre nossa imaginação para aquelas qualidades cuja atratividade pode durar; ajuda-nos a ver perfeição no ser amado sem o subordinar nesse processo a nossas fantasias; encoraja-nos a cuidar dele sem que o próprio cuidado se torne uma arma de luta destrutiva pelo poder; e, através do esforço para alcançar, acima da satisfação física, intimidade espiritual, intensifica nosso gozo daqueles desejos sexuais com que o amor começou.

Ninguém está mais consciente que Rousseau da luta entre o bom e o corrupto no amor, e em especial da facilidade com que o amor pode ser controlado pelo orgulho e a vaidade. Ele quer que o amor explore nossos impulsos mais íntimos, e também sustente uma ordem natural mais vasta que liga seres humanos, e para isso o vínculo do casamento lhe parece central. Quer que ouçamos os ditames de nossa consciência individual, que floresce na independência, mas quer também utilizá-la para criar uma vida social saudável. Ele é fundamental para nossa obsessão contemporânea pela sinceridade e a paixão – pela expressão verdadeira e intensa de nossos sentimentos; e pela visão dessa expressão como uma realização moral. No entanto, ficaria horrorizado se a paixão e a sinceridade se tornassem valorizadas a ponto de ser fingidas, como por vezes acontece hoje; ou fossem consideradas como envolvendo mera expressão espontânea, como uma questão de deixar tudo "exposto". Para Rousseau, nada é mais difícil para um homem civilizado do que ser natural; nada é mais difícil para nós do que nos conhecermos e nos expressarmos genuinamente.

O ROMANTISMO DO FINAL DO SÉCULO XVIII – e Rousseau em particular – é a culminação da terceira grande transformação no amor ocidental a que me referi no capítulo 1. Essa transformação começa no século XI e permite que um único ser humano, ou na verdade a natureza em geral, seja visto como encarnando o maior bem e seja digno da espécie de amor outrora reservada para Deus.

A primeira transformação, lembramos, estava relacionada ao valor do amor. Entre o Deuteronômio e Agostinho, portanto até meados do século V d.C., o amor foi erigido na suprema virtude.

Na segunda transformação, que se estende do século IV até o século XVI, de Agostinho a Tomás de Aquino passando por Bernardo de Claraval, e além dele até Lutero, havia sido atribuído aos seres humanos um poder sem precedentes, literalmente divino, de amar através da graça de Deus.

Ao se completar a terceira transformação – sobre o objeto de amor, agora permitindo a um ser humano ser amado como bom em si mesmo – o terreno está preparado para uma quarta, que é a verdadeira filha do Romantismo, e da qual Rousseau é o inspirador.

Essa transformação, em que ainda vivemos, diz respeito ao amante, que se torna autêntico através do amor. No amor ele se torna não altruísta, mas um eu. Não se perde, mas se encontra. Mesmo quando se esforça para transcender a natureza, ele busca ser guiado por sua própria natureza, e em certo sentido efetivá-la. O verdadeiro e o bom situam-se não além do sentimento, mas na sua exploração.

De fato, o amante torna-se o foco do amor em tal medida que, como veremos, o amado corre o risco de ser excluído do quadro. No limite, o amor enamora-se por si mesmo – e assim, como o bem supremo, passa a ocupar a posição outrora ocupada por Deus.

12. O amor como religião: Schlegel e Novalis

Até a virada do século XIX o espírito ocidental é assediado por sublevações em sua visão de mundo de rapidez talvez sem precedentes e alcance cumulativo. Em meros trezentos anos, de 1500 a 1800, as pessoas começam a conceber o mundo como redondo e não plano; a Terra como se movendo em volta do Sol e não como o centro do Universo; os seres humanos como autodeterminados, e não como compelidos por papéis sociais fixos e o ditame religioso de uma única Igreja; e a política como a busca da liberdade, igualdade e outros direitos individuais, não como o governo da monarquia absoluta. Além disso, são lançados os fundamentos para se pensar que a vida evolveu em vez de ser criada, e que estamos sós num universo impessoal.

Todas essas reviravoltas servem para tornar o amante cada vez mais importante como fonte e fiador precisamente daquilo que esses desenvolvimentos parecem solapar: a significação do homem no universo; sua sensação de segurança e proteção, sua necessidade do sagrado – isto é, de um repositório de valor e significado indestrutíveis; suas esperanças para a eternidade; sua insaciável sede de redenção da perda, do sofrimento e em última instância da morte. Estas foram, é claro, precisamente as coisas das quais apenas Deus havia sido a suprema garantia e que, em meio a todas essas tempestades, o amor foi cada vez mais chamado a conceder.

Isso é mais óbvio naqueles sucessores de Rousseau que desenvolvem abertamente o amor romântico como uma religião, mais ou menos o Deus cristão. Em sua maioria eles são alemães. Certamente não por coincidência: pois no mundo moderno nenhum povo chegou perto de ter tamanho interesse em redescobrir o sagrado no ordinário. Nenhum povo teve tamanha vontade (e capacidade) de fomentar uma espiritualidade simples com olhos para ver e ouvidos para ouvir e uma mente para formular a presença do absoluto em coisas e eventos cotidianos. Nenhum povo sofreu tanto em razão da morte de Deus ou se empenhou com mais ardor em reencantar o mundo sem sua ajuda direta. A disposição de ânimo dessa espiritualidade é ao mesmo tempo entusiástica e melancólica, arrebatadamente engajada e melancolicamente desinteressada.

Como tanta ânsia pelo absoluto, essa espiritualidade é cheia de nostalgia por uma integridade perdida. Apesar disso, seu anelo mais profundo é pela renovação do homem através da emancipação, embriaguez e santificação do desejo, em especial o desejo erótico. Ela venera o passado, para amar o futuro.

Friedrich Schlegel (1772-1829) vê o amor – por outras pessoas, pela natureza, pelo fundamento de todo ser – como uma grande força unificadora e redentora. Embora esse não seja um conceito fundamental que organiza toda a sua visão de mundo, no sentido em que é, digamos, para Empédocles, ainda assim lhe parece ser o único capaz de transcender as distinções tradicionalmente rígidas que separam razão de sentimento, macho de fêmea, humanidade de natureza, sensual de espiritual, corpo de mente, clássico de progressista, e, como veremos, vida de morte. Ele não abole esses diferentes domínios ou luta por um vago paraíso holístico, mas lhes permite inspirar e enriquecer um ao outro.

O lugar em que isso de fato acontece é nas relações eróticas entre homens e mulheres. Embora Schlegel, como outros românticos alemães, inspire-se numa ilustre tradição de misticismo cristão que remonta pelo menos a Meister Eckhart, ele atribui um papel sem precedentes ao sexo, não como um mero meio de criar uma família e afirmar o casamento, mas, acima de tudo, como santificador e purificador por si mesmo. "No solitário abraço de amantes", diz ele, "prazer sensual torna-se de novo o que basicamente é, o mais sagrado milagre da natureza."[1]

O sensual e o espiritual só podem alcançar o nível mais elevado um através do outro. Como um amante diz para o outro no romance de Schlegel *Lucinde* (um relato tenuemente disfarçado de seu caso com uma mulher casada, Dorothea, filha do filósofo do Iluminismo Moses Mendelssohn):

> As regiões mais remotas da lascívia descontrolada e da insinuação silenciosa existem simultaneamente em mim … Você está a meu lado em cada estágio da experiência humana, da sensualidade mais apaixonada à espiritualidade mais espiritual[.][2]

O amor sexual, com seu poder unificador, permite-nos paradoxalmente superar nossa diferenciação em macho e fêmea e redescobrir uma condição andrógina, aquele estado original em que a humanidade ainda não foi dividida em homem e mulher. Onde o sexo havia sido associado à expulsão do Jardim do Éden ou, no mito de Aristófanes, havia sido fruto da vingança de Zeus contra os seres humanos originais, agora ele é o meio para o retorno ao paraíso, e para desfazer a cisão entre homem e mulher.

Para dois amantes, tornarem-se mais parecidos um com o outro, superando assim as limitações de gênero, é, Schlegel sugere, ampliar as possibilidades de sua individualidade; é ser mais plenamente humanos:

> só masculinidade suave, só feminilidade independente, é apropriada, verdadeira e bela. Se é assim, não devemos de maneira alguma exagerar as características de gênero, que nada mais são que uma determinação inata e natural, mas sim buscar moderá-las através de fortes contrapesos, de tal modo que a individualidade possa encontrar um espaço potencialmente ilimitado e mover-se livremente por todo o domínio da existência humana[.][3]

Esta linguagem obscura é código para interpretação de um papel sexual. Um homem deveria experimentar assumir características de uma mulher – e vice-versa – para que as barreiras entre os amantes possam ser derrubadas.

> quando trocamos de papéis e com alegria infantil competimos para ver quem consegue imitar o outro de maneira mais convincente, se você é melhor ao imitar a intensidade protetora do homem, ou eu a devoção encantadora da mulher. Mas você está ciente de que esse doce jogo tem ainda outra atração para mim além da sua própria ... Vejo aqui uma alegoria maravilhosa, profundamente significativa, do desenvolvimento de homem e mulher até plena e completa humanidade.[4]

Experimentar, diz Schlegel, deveria ser parte de nossa vida de amor desde o início. Não podemos esperar encontrar o parceiro mais adequado para nós se não experimentamos diferentes tipos de relações. Isso se aplica em particular aos homens, cujo egoísmo os molda tão fortemente em sua identidade masculina que lhes parece difícil passar a compartilhar características femininas. A maioria dos casamentos ocorre antes que essa maturação tenha ocorrido. Em consequência, "quase todos os casamentos são meros concubinatos, ligações, ou antes experimentos provisórios e aproximações distantes de um verdadeiro casamento".[5]

Quando por fim encontrarmos a "pessoa certa", nossa relação com ele ou ela será enriquecida não só pela maturidade que adquirimos com essa experimentação, mas também por integrar nossos amores passados ao presente. Longe de repudiar esses velhos amores como "superados" e não mais relevantes, ou como simples experiências de aprendizagem que nos ensinaram o que queremos e o que evitar, Schlegel sugere sabiamente que eles se tornam parte do tecido de nosso ser. Tornam cada um de nós "completo e harmonioso"[6] como indivíduos, e portanto como amantes.

De fato, casamentos podem se beneficiar sendo abertos para outros parceiros. Visto que a essência do casamento "consiste na fusão de várias pessoas numa só pessoa", é difícil imaginar que objeção básica poderia haver a um casamento *à quatre*: qualquer casamento "poderia ser ajudado por meio de experimentos novos e possivelmente mais bem-sucedidos".[7] Amar bem, ele sugere, é integrar o maior número possível de amores numa única relação, assim como experimentar qualquer coisa da maneira mais intensa é experimentá-la de muitas maneiras e a partir de tantos ângulos quanto possível.

Toda essa experimentação parece atrevida, mas a ideia que a norteia é que o amor – como Deus – é um; e, portanto, o amor genuíno almeja a unidade máxima com o mundo à nossa volta. Em vez de nos proteger do mundo, abre-nos para ele. Em vez de nos levar a esquecer o mundo e nosso passado, é um meio de incorporá-los. Como um dos amantes proclama em *Lucinde*: "A santidade do casamento deu-me cidadania no estado de natureza."[8] Para ser capaz de amar uma pessoa com um amor exclusivo devemos já ser capazes de amar o mundo além dela:

> Você ama verdadeiramente se não encontra o mundo em seu amante? Para ser capaz de encontrá-lo e situá-lo nele, já devemos possuir o mundo, amá-lo, ou pelo menos ter uma disposição, um sentimento, uma capacidade de amá-lo … Quanto mais completamente podemos amar um indivíduo, mais harmonia encontramos no mundo[.][9]

Num pensamento profundo, Schlegel fala de uma grande relação de amor: "Tudo que amamos antes [dela], amamos ainda mais calorosamente agora. *Foi apenas agora que um sentimento pelo mundo realmente despontou em nós.*"[10]

O SENTIMENTALISMO CAÓTICO da prosa de Schlegel, criticada por Schiller como "o pináculo da não forma e não natureza" (*der Gipfel moderner Unform und Unnatur*),[11] não precisa nos deter aqui. O que importa é sua perfeita expressão da ideia romântica de que o poder do amor erótico de superar a divisão e nos arrastar rumo ao infinito faz dele a grande salvação da alma. Por meio do amor "a natureza humana retorna a seu estado original de divindade"[12] e nos impele rumo a uma união eterna e absoluta:

> nós, como o amor, somos imortais … Não posso mais dizer meu amor ou seu amor: ambos são idênticos e perfeitamente unidos, tanto amor de um lado quanto do outro. Isso é casamento, a união e conjunção eterna de nossos espíritos, não apenas para o que chamamos de este mundo ou o mundo

após a morte, mas para o mundo único, verdadeiro, indivisível, sem nome, infinito, para toda nossa vida e ser eternos.[13]

Vale a pena fazer uma pausa para proceder a uma avaliação. Temos aqui muitos dos elementos fundamentais do amor ocidental que consideramos até então – agora liberados, pelo declínio da autoridade do cristianismo oficial, para se recombinarem de novas maneiras.

A partir de Platão existe a ideia do amor como um desejo de realidade absoluta e eterna; ou, num eco moderno do mito de Aristófanes, de uma condição primordial de pureza e integridade em que gênero e incompletude são superados.

A partir do cristianismo, existe a ideia do amor como um caminho para o divino; de seres humanos tornando-se deuses através dele; de um retorno a um estado de paraíso antes da Queda. A partir do misticismo cristão, reconhecemos a ideia de perder nossa existência limitada e efêmera numa fusão arrebatada com o Ente Supremo.

A partir do neoplatonismo do Renascimento, existe a ideia de Deus infundindo seu próprio ser, e portanto amor, na natureza.

A partir de Spinoza, existe a ideia do amor como buscando união com a natureza como um todo, considerada como divina. Amar é afirmar a participação de nossa vida individual num Ser como um todo.

A partir de Rousseau, existe a ideia do amor como um meio para eu me tornar o indivíduo que realmente sou, para encontrar a mim mesmo no processo de me perder no outro. E, em particular, existe a ideia do desejo sexual como a vontade propulsora por trás do amor, uma vontade que consegue se completar quando a união espiritual entre duas pessoas é alcançada.

Schlegel segue todas essas tradições em sua imensa valorização do amor. Mas o Romantismo místico a que ele dá tamanho impulso seguirá adiante, nas mãos de outros, para extrair a conclusão final – e herética aos olhos do judaísmo e do cristianismo convencional – de que o amor humano *é* Deus. Ele não é apenas um *meio* para Deus, ou para o Bem supremo, ou para a fonte de todas as coisas, ou para o Ser. Agora *é* todas essas coisas. Onde outrora Deus era amor, agora o amor é Deus.[14] É ele próprio o Bem supremo; a fonte criativa de todas as coisas; Ser absoluto; imortal; verdadeiro; sem nome.

Como o próprio Schlegel diz, somos iniciados aqui numa "religião do amor".[15] Embora, como muitos pensadores românticos (e do Iluminismo), continue sendo um cristão, ele pode sustentar tanto crer na supremacia do Deus tradicional quanto inserir também os seres humanos numa jornada rumo à própria divindade, uma divindade da qual o amor é uma característica definidora, tanto quanto para o Deus cristão. Essa jornada é uma peregrinação; e os amantes que a empreendem são os sacerdotes da nova religião e responsáveis por seus ritos, inclusive confissão e consumação. Está preparado o terreno, portanto, para aquele fenômeno peculiarmente moderno em que o amor passa a se enamorar de si mesmo assim como de seu objeto – examinando, reverenciando e cultivando a si mesmo tanto quanto ao ser amado. Ou ainda mais.

Esse desenvolvimento magnífico e ao mesmo tempo questionável terminará tornando qualquer pessoa e qualquer coisa no mundo amável. Nessa democracia do amor, o aristocrata pode se unir à sua criada; a camponesa, alimentar a esperança de encontrar um príncipe; os animais podem ser tão amados quanto os seres humanos; e os sofrimentos e emoções de todas as criaturas são considerados merecedores de compaixão. Desapareceram aquelas rígidas hierarquias de amabilidade, que refletiam não apenas os estratos sociais do poder mundano, mas a "ordem do ser" mais ampla do cosmo, com Deus no topo. Desapareceu, também, a antiga ênfase – que vimos em Platão, Aristóteles, Agostinho, Tomás de Aquino e grande parte da tradição cristã – nas qualidades objetivas de bondade e beleza que merecem ser amadas: em qualidades que não estão apenas no olho de quem vê ou são criadas pelo ato de amar, mas independem inteiramente de quem vê e de seus amores. Em vez disso, outras imagens são usadas para explicar atração, como "ligações químicas", "afinidades eletivas" e, de maneira mais geral, o vocabulário da "química" que continua muito em voga atualmente. E o amor, cada vez mais libertado de qualquer necessidade de ser objetivamente merecido, é a superação da distância entre um eu e outros eus ou coisas no mundo; e seu ideal sagrado é uma unidade básica que é também a realidade mais elevada.[16]

Mas há um aspecto sombrio em tudo isto. Quando o amor se torna um fim em si mesmo, seu próprio objeto de enamoramento, ele pode rapidamente incubar as sementes da desumanidade. O amado torna-se então um meio para o amor, e não o amor um meio para o amado. O amor não é mais disciplinado pela necessidade avassaladora de servir a um bem distinto de si mesmo e assim, num estranho desdobramento, pode deixar de perceber a pessoa real que ama ou mesmo de lhe ter afeição. Essa que é a mais pessoal das emoções torna-se a mais impessoal, pois quase não importa mais quem são os amantes: afora sua paixão um pelo outro e sua coragem e persistência em persegui-la, suas naturezas ou caracteres particulares desempenham um papel pouco importante em sua história de amor.

Na verdade, os amantes poderiam se relacionar de uma maneira mais impessoal um com o outro do que com alguém que não é o objeto de seu desejo. A individualidade de outras pessoas pode de fato importar, ainda que apenas por poder estorvar a história de amor, devendo por isso ser compreendida e levada em conta. Mas a individualidade dos amantes é, na situação limite, irrelevante. Pior: ela obstrui seu desejo de união. Em consequência, seus próprios eus e o mundo a que eles pertencem – esse mundo de tempo e espaço, de perda e sofrimento – tornam-se desprezíveis para eles. E assim eles anseiam por um reino além do mundo, além de seu aprisionamento em sua própria individualidade.

Essa busca por um reino além da individualidade tem, é claro, uma genealogia muito antiga, e nós a encontramos repetidamente neste livro. O Romantismo do século XIX está longe de tê-la inventado.

Para Platão, trata-se de um reino de luz. Ele pode ser descrito como um sol que ilumina o mundo cotidiano dos indivíduos.

Para o cristianismo, é o reino de Deus, concebido como a origem de toda luz e vida. Embora Deus, quase por definição, seja o Ser sobre o qual os humanos não podem ter conhecimento e, portanto, falar, como ensina a chamada "teologia negativa", muito foi dito na prática sobre suas ações e julgamentos, a começar pelas Escrituras.

Mas com a lenta retirada de Deus, que se torna séria no século XVII, e já estava sendo preparada no amor cortês, a natureza desse reino além dos indivíduos e de sua existência no tempo torna-se mais cada vez mais opaca.

A partir de Kant, ele é caracterizado como um reino sobre o qual nada poderia ser conhecido, embora muita coisa possa ser dita, em especial que era o reino da liberdade: o reino pressuposto pela moralidade. Para muitos que o seguem, é um reino do qual a luz desaparece pouco a pouco, para ser substituída por escuridão.

Quando Dante pranteava a morte de Beatriz e a louvava como uma emanação divina, suas canções eram dirigidas a uma deslumbrante aparição num céu inundado de luz. Em contraposição, quando o poeta romântico alemão Novalis[17] (1772-1801) pranteia e louva Sophie von Kühn, a menina de quinze anos que ele também amara e perdera, e que também via como uma efusão do divino, seus hinos são dirigidos à noite:

> Como a Luz parece mesquinha e infantil agora para mim! Como parece confortadora e abençoada a partida do dia! ... Mais celestiais que essas estrelas cintilantes parecem-nos os olhos infinitos que a Noite abriu dentro de nós. Eles veem mais longe que as mais pálidas daquelas incontáveis multidões; penetram sem necessidade da Luz as profundezas de um coração amoroso, feito que enche um reino mais elevado com indizível deleite.[18]

Nesses *Hinos à noite* (1799-1800), inspirados por uma visão mística que Novalis teve quando visitava o túmulo de Sophie, a mais elevada intimidade só é possível na escuridão, no obscuro, no misterioso. O amor é um filho da noite: "fiel à Noite meu coração secreto permanecerá, e ao Amor criativo, sua filha".[19]

O espírito de Novalis é tal que nele desespero e esperança, dor e êxtase, são inseparáveis. Nisto não há nada de extraordinário: não precisamos do

Romantismo para nos lembrar de que esses opostos aparentes são inseparáveis e sua luta interminável. O que é extraordinário são os extremos aos quais Novalis os leva e a descrição que faz de seu florescimento na noite. Da noite vem nova luz; da noite eterna, nova vida.

A noite eterna, claro, é a morte. E na morte é encontrado o mais verdadeiro amor:

> Na morte o amor é mais doce; para o amante, a morte é uma noite nupcial, um segredo cheio de doces mistérios.[20]

> Que beatitude, que deleite sensual fornece tua vida que os êxtases da Morte não excederiam? Não veste tudo que nos enleva a cor da Noite? Ela dá testemunho de tua maternalidade, e a ela deves todo teu esplendor. Terias explodido em pedaços dentro de ti mesma, esfacelando-te no espaço infinito, não fosse o fato de que ela te segurava, te limitava, de que pudeste te aquecer e, chamejando, pudeste dar origem ao mundo.[21]

A morte é a meta para a qual toda a vida se move. Ela é – aqui antecipando Heidegger no século XX – o horizonte indispensável: o horizonte em relação ao qual podemos experimentar a realidade desta vida da maneira mais intensa, isto é, mais espiritual. Morte: não o corruptor da vida, mas, na frase prenhe de sentido de Emily Dickinson, sua "dobradiça": "Vida é morte em que nos demoramos, morte a dobradiça para a vida."[22]

Isto por certo não significa, como quase nunca significa para o cristianismo tradicional, que a vida é desprovida de todo valor. Novalis não nega tampouco que o amor é possível em seu domínio. Ao contrário, o mundo é um lugar magnífico, digno de amor (Novalis tinha profundo interesse por ciência e estudava a natureza com avidez). A luz do dia tem suas belezas e maravilhas, todas elas manifestações da presença de Deus na natureza. As alegrias sensuais da vida, e em especial a santidade do casamento devem ser celebradas. A comunidade, até a política, deveriam ser domínios de amor. Haverá, ele prevê, um "tempo de eterna paz", quando "Toda a humanidade se fundirá como um casal de amantes".[23]

O amor apaixonado por uma outra pessoa tampouco conflita necessariamente com o amor pelo mundo. Na verdade, ao amar essa pessoa *também* amo o mundo: não só a vejo no mundo; também vejo o mundo nela:

> O que amamos, encontramos em toda parte e vemos similaridades com ele em toda parte. Quanto maior o meu amor, mais amplo e mais variado o mundo que a ele se assemelha. Minha amada é a abreviação do universo, o universo o prolongamento de minha amada.[24]

No entanto, a nítida definição em que a luz do dia lança todas as coisas, nossos projetos, metas, emoções, pensamentos, fica empobrecida se comparada com a noite, em que apenas as profundezas e os fins verdadeiros da experiência humana podem ser encontrados. Foi na noite que a morte redentora de Cristo teve lugar, a morte que reconcilia homem e Deus. A noite é o reino da grande Mãe, a Virgem Maria. E é à noite que Novalis visita o túmulo de Sophie e imagina poder se tornar um com ela:

> Louvada seja a rainha do mundo, o elevado arauto de mundos sagrados, a ama que fomenta abençoado amor! Ela te envia para mim, terna bem-amada, encantador sol da Noite. Desperto agora, pois sou teu e meu: proclamaste para mim a Noite como vida e me fizeste humano. Consome meu corpo com fogo do espírito, para que eu possa me misturar etereamente contigo com mais intensidade e para que a noite nupcial possa durar então para sempre.[25]

E assim Novalis está impaciente para que a luz do dia cesse por completo de modo que o amor possa reivindicar a eternidade a que pertence de direito:

> Deve a manhã alguma vez retornar? O poder das coisas terrenas nunca tem fim? Atividade profana consome a celestial descida da Noite. O sacrifício

> secreto do amor nunca arderá eternamente? O tempo da Luz lhe foi aquinhoado, mas o domínio da Noite é eterno e ilimitado.[26]

Um pensamento essencialmente similar já havia sido expressado por Friedrich Schlegel:

> Oh, eterno anseio! Entretanto por fim o anseio infrutífero e o brilho vão do dia haverão de desaparecer e expirar, e uma grande noite de amor se faz sentir em eterna paz.[27]

Vemos prenunciado aqui o mundo da *Liebestod* – a morte por amor – o mundo que Richard Wagner musicou em seu *Tristão e Isolda*. Ele é quintessencialmente alemão, ou melhor, romântico alemão – em seu esforço metafísico que vê a consumação na morte, seu anseio pela escuridão, somente na qual as profundezas serão reveladas, sua arrebatada afirmação dos obstáculos à própria realização, sua melancolia grandiloquente, sua sutileza requintada, sua linguagem vigorosa e bombástica, e sua terna intimidade. Apesar disso, não é um mundo que brote fundamentalmente de mito alemão ou de tradições folclóricas alemãs. Nem é em sua essência um renascimento do amor cortês num cenário do século XIX. Trata-se antes do desenvolvimento final do pensamento grego sobre o amor, e de maneira específica do amor Eros platônico, cujo inevitável paradoxo ele celebra. É o paradoxo de que quando amantes se empenham em alcançar o absoluto – um bem concebido como eterno e perfeito –, terminam querendo sua própria destruição. De fato, quando o desejo do amor passa a ser pensado como divino, o amor, essa expressão máxima de força vital, torna-se um impulso de morte.

Em *Tristão e Isolda* a música de Wagner afirma a vida ao celebrar de maneira arrebatadora a vontade de amar. Dado o paradoxo dos amantes, querer o amor – e, portanto, a vida – dessa maneira extrema é ter a coragem de querer sua consequência: a morte. O indivíduo expressa sua energia vital não por esforços indiscriminados para se autopreservar, mas pela disposição a se sacrificar.

Nesse sentido a vontade de vida é, no limite, uma vontade de morte, uma vontade que é capaz de carregar a vida com essa extraordinária energia. Traduzida para o meio da política, onde reconhecemos sinais inconfundíveis da ideologia nazista, essa ideia deve ser odiosa, pois a política é uma ocupação coletiva que pode ser sequestrada por uma miscelânea incontrolável de interesses pragmáticos. Mas como uma disciplina individual e espiritual, e como arte, é um ideal de incomparável vitalidade e significado.

Precisamente porque a *Liebestod* é a culminação de um paradoxo cuja semente é lançada por Platão, poderíamos também estar aqui num mundo muito anterior ao dos séculos XVIII ou XIX – como no mundo de Abelardo e Heloísa ou de são João da Cruz e santa Teresa de Ávila. Com uma diferença crucial: o amor agora prescindiu da necessidade de Deus. Ele nem precisa da graça de Deus para inspirá-lo, nem Deus é sua meta final.

Esse foco num amor humano que não faz constante referência a Deus já havia começado quando, por volta do ano 1100, Guilhem de Peitieu escreveu os versos líricos revolucionários que fundariam o amor cortês. Ele está claramente presente em *Tristan* de Gottfried von Strassburg, composto no século XIII – um poema condenado por muitos, até no século XX, como blasfemo e imoral. Mas na época em que Wagner escreve *Tristão e Isolda* no século XIX, o próprio desejo humano tornou-se divino – e, de maneira igualmente importante, a consumação que ele busca é com um outro indivíduo moral, Deus sendo agora irrelevante para o quadro.

A confiança desses amantes românticos tardios em sua capacidade de amar é tamanha, e sua dedicação um ao outro é tão esmagadora, que se Deus estivesse realmente presente haveria três no casamento. Eles lagarteiam em sua autossuficiência e isolamento um com o outro, estão esquecidos de Deus, mesmo que ainda professem reverência por um. Confiam tão imensamente em sua união que acolhem com alegria, em vez de temer, o vácuo incognoscível em que se arremessam. Esse é um novo momento na coragem – e arrogância – do amor ocidental.

Ainda vivemos esse momento, e ele lança sua luz e sua sombra sobre quase toda "relação apaixonada" no mundo ocidental e talvez mais além.

Quando mesmo aqueles que rejeitam a ideia de transcender à vida como ininteligível dizem "o amor redime tudo" ou "o amor é o que resta de nós depois que morremos" – ou quando o amor é invocado para justificar a destruição de casamentos ou o abandono de famílias ou qualquer outra coisa que de outro modo consideraríamos preciosa – continuamos sendo filhos do Romantismo de Schlegel, Novalis, e, à sua maneira muito mais extrema, Wagner. Ao resumir uma ladainha de ideias sobre o amor cujas origens podem ser encontradas em Platão, esse Romantismo é algo peculiarmente difícil de definir e é impossível reduzi-lo a qualquer tema único. Ele prepara a conclusão que teria até então sido sacrílega, mas esse foi o passo seguinte em sua lógica: através do amor e no amor o homem finalmente se torna Deus.

Como indiquei no capítulo 1, muitas outras tentativas de endeusamento do homem ocorreram nos séculos XIX e XX: liberdade, razão, comunismo, imperialismo, arte de governar, arte, tecnologia e outras formas de criatividade são todas apresentadas, em diferentes momentos, como veículos para a exaltação humana. Mas nenhuma imita os traços do Deus cristão tão precisa e democraticamente quanto o amor o pode fazer – e, em parte por essa razão, tem algo de semelhante ao poder sustentador do amor.

13. O amor como a ânsia de procriar: Schopenhauer

Ao idolatrar o amor erótico entre seres humanos e ver em sua união a salvação e eternidade que outrora podiam ser encontradas exclusivamente no encontro com Deus, o Romantismo alemão tardio havia lançado um forte desafio a suas próprias origens cristãs ao mesmo tempo em que permanecia fortemente acorrentado a elas. "Em consideração a Deus" havia sido esquecido ou inativado. O amor ao próximo era irrelevante para a paixão entre duas pessoas, ainda que também devesse ser louvado. Assim também a comiseração pela humanidade sofredora. O Bom Samaritano teria sido um palhaço na corte de Tristão e Isolda.

Ao fazer isso, o Romantismo havia também dado novo ímpeto ao mais resiliente dos motivos cristãos: o caminho do amor deve ser trilhado para que os sofrimentos da vida sejam redimidos; as provações do amor e suas perdas são centrais para as mais elevadas realizações espirituais.

O ateísmo não oferece qualquer garantia de fuga desse tema, nem mesmo procura uma. E seus imperadores parecem não se dar conta de quão densamente estão cobertos de vestes cristãs.

Muitos que veem no amor um impulso natural e muitas vezes brutal em busca de gratificação egoísta, como Freud e Proust, terminam oferecendo uma narrativa de redenção que é, em muitos aspectos, cristã na forma.

Na verdade, nenhum pensador articula de maneira mais impressionante uma visão essencialmente cristã do amor que o rabugentamente ateu Arthur Schopenhauer (1788-1860). Ele é capaz de pensar no amor, variadamente, como um anseio pelo infinito; como devoção altruísta às necessidades de nosso próximo no interesse dele mesmo; como compaixão por tudo que vive, incluindo em grande parte os animais; e como um impulso cruel voltado para a procriação e a autogratificação.

O movimento essencial de Schopenhauer, em efeito senão em intenção, consiste em reviver a divisão fundamental entre *cupiditas* e *caritas* que encontramos em Agostinho e que impregna tanta teologia cristã. Em conformidade com sua herança protestante, ele caracteriza essa divisão em termos de certa oposição de Eros e ágape. O amor Eros, como ele o vê, o amor "egoísta" que deseja, idealiza, possui, procura união sexual e se concentra em encontrar satisfação neste mundo de indivíduos que vivem no tempo, nunca pode proporcionar satisfação final, muito menos salvação. Somente ágape – o amor "altruísta" que diz não a todo esse esforço, que conduz de fato à rendição da vontade – é puro, e somente ele pode salvar. Esse amor é compassivo e generoso: o amor ao próximo demonstrado pelo Bom Samaritano.

Como ateu, Schopenhauer não vê essa divisão em termos de céu e terra, Deus e homem. A seu ver, ágape não tem uma fonte ou inspiração divina. Não precisa, por exemplo, ser ativado pela graça de Deus ou por algum outro poder mais elevado. Torna-se, em vez disso, a capacidade puramente humana para compaixão ou solidariedade. Apoia-se, como veremos, no axioma de que não há distinção essencial entre mim e todas as outras pessoas: meu ser essencial é também expresso nelas; seus interesses e dores são também meus. A individualidade é, em última análise, uma ilusão.

Schopenhauer considera, portanto, o desinteresse e o autossacrifício do amor ágape como diametralmente opostos ao egoísmo do amor romântico. No entanto ágape, tal como ele o apresenta, alcança exatamente o mesmo que o amor erótico na imagem romântica que acabamos de esboçar: ele supera a separação (ilusória) entre nós mesmos e os outros, e nos arrasta para a unidade com eles. Assim redime-nos do constante sofrimento que a individualidade necessariamente engendra – constante porque, como veremos, o desejo intrínseco à vida do indivíduo conduzirá sempre à dor, quer seja satisfeito ou não.

A humanização de ágape promovida por Schopenhauer é de maneira tão clara um ensaio de temas cristãos em linguagem ateia que não podemos considerar que ele diz alguma coisa particularmente nova sobre o amor. Em contraposição, sua descrição do amor romântico, e do que o cristianismo vê como amor mundano em geral, é de assombrosa originalidade. Na verdade, o modo como ele destrona as afirmações idealistas do amor apaixonado não tem igual desde Lucrécio – isto é, desde o nascimento do cristianismo.

Como Lucrécio, mas de maneira muito mais radical e rigorosa, Schopenhauer vê todo desejo apaixonado por outrem, e além disso toda ação movida pelo desejo, como impelida por sexo. Antecipando Freud, ele afirma que o sexo é "o ponto central invisível de toda ação e conduta, e desponta em toda parte, apesar de todos os véus jogados sobre ele".[1] Ele é a força por trás da guerra e da paz, bem como da graça e da irreverência.[2] Produz as idealizações do amor apaixonado e, é claro, suas ilusões e exaltação. O modo como o sexo é usado em nossos dias para anunciar praticamente tudo não surpreenderia Schopenhauer em absoluto.

O desejo sexual, sustenta ele, não é apenas o mais forte de nossos desejos; "constitui a própria natureza do homem".[3] Isso ocorre porque

> o impulso sexual é o cerne da vontade de viver [ou vontade de vida], e consequentemente a concentração de toda vontade … De fato, pode-se dizer que o homem é impulso sexual concreto, pois sua origem é um ato de copulação e o desejo de seus desejos é um ato de copulação[.][4]

Em síntese: os genitais são o foco da vontade. Nenhum outro impulso pode entrar em conflito com seus anseios e estar certo da vitória. Tampouco pode qualquer outro prazer compensar a frustração sexual. Sua tirania nos impele, como os animais, a "enfrentar todos os perigos e conflitos".[5] Em seu benefício, homens e mulheres descartarão tudo o mais que valorizam: honra; bens; família; amigos; as realizações de uma vida. O amor sexual

> é a meta final de quase todo esforço humano; ele exerce uma influência desfavorável sobre os mais importantes negócios, interrompe a todo momento as mais sérias ocupações ... Sabe como introduzir seus bilhetes de amor e aneizinhos até em pastas ministeriais e manuscritos filosóficos. Todo dia maquina e trama as piores e mais desconcertantes querelas e disputas, destrói as relações mais valiosas, e rompe os laços mais fortes. Exige o sacrifício por vezes da vida ou da saúde, por vezes da fortuna, da posição e da felicidade. Na verdade, priva de toda consciência os que eram anteriormente retos e honrados, e transforma em traidores os que foram até então leais e fiéis.[6]

Esse comportamento poderia ser desastroso para o indivíduo, pois governantes de Estados, atletas imbatíveis ou presidentes de grandes empresas, todos com famílias impecáveis e consciências aparentemente escrupulosas veem suas vidas destruídas, literalmente da noite para o dia. Mas para a espécie como um todo isso faz perfeito sentido. Para a espécie, uma noite com uma prostituta ou um homem casado suplanta de fato renda, carreira, respeitabilidade e consciência. Sem prole nada tem futuro, nenhuma ordem social, nenhum amor espiritual, nenhuma arte, nenhuma Igreja, nenhuma indústria.

Claro que quando ansiamos por alguém poderíamos *acreditar* que estamos em busca do prazer físico pelo prazer físico, ou da excitação do "ilícito", ou da nobreza de uma grande paixão, ou de uma fome de bondade que não pode ser saciada, ou – para os que têm grande fortuna e prestígio – do banquete de delícias que a vida oferece a cada passo. Ou então poderíamos imaginar que estamos em busca de uma alma afim, de um agradável refúgio do mundo, ou de uma fonte de muito necessária intimidade. Poderíamos ver nosso amor como uma busca espiritual capaz de tomar os céus de assalto; ou poderíamos vê-lo como motivado por um desejo de dinheiro ou status. Um forte desejo sempre consegue explicar-se.

Schopenhauer não rejeita de maneira alguma essas convicções. Elas são genuínas e seu poder nos assuntos humanos é imenso. É por isso que dominam a poesia e o drama, a tragédia e a comédia. Alguém como La

Rochefoucauld, que graceja dizendo que o amor na verdade não existe, embora todo mundo fale sobre ele, está "redondamente enganado".[7] Mas o real objetivo do desejo sexual e das paixões e ideais grandiosos que ele inspira é muito diferente. É produzir e criar filhos.

Já que esse é o único objetivo dos "*casos amorosos* reunidos da presente geração, tomados em conjunto",[8] é perfeitamente natural que um homem, depois de fazer sexo com uma mulher, fique saciado dela e olhe em volta à procura de outras parceiras. E é natural que uma mulher tenha a reação oposta: que o sexo aumente seu apego exatamente por esse amante, a quem ela quererá seduzir como provedor para si e seus filhos. Enquanto o faz querer fugir, o orgasmo a faz querer ficar:

> O amor do homem diminui perceptivelmente a partir do momento em que ele obtém satisfação; quase qualquer outra mulher o encanta mais que aquela que já possui; ele anseia por variedade. Por outro lado, o amor da mulher aumenta exatamente a partir desse momento … O homem, portanto, sempre olha em volta à procura de uma outra mulher; a mulher, ao contrário, apega-se com firmeza àquele homem; pois a natureza a impele, instintivamente e sem reflexão, a reter o nutridor e mantenedor de sua futura prole.[9]

De maneira semelhante, as qualidades que mais atraem homens e mulheres uns para os outros têm a ver com sua adequação como propagadores da espécie, e não com sua capacidade de lhes proporcionar outras satisfações: ser interessante, espirituoso, atlético, compreensivo ou sociável. Quando nos enamoramos perdidamente de uma pessoa entre as muitas que conhecemos – e talvez logo por uma que sob outros aspectos nos faz infeliz – a pergunta "Por que ela?" ou "Por que ele?" é respondida por completo pela adequabilidade dele ou dela para ser pai ou mãe de nossos filhos. (A linguagem que Schopenhauer fala aqui tem extraordinária semelhança com a da psicologia evolucionária contemporânea.) E assim, ele sugere, a procura por parceiros prosseguirá para sempre, a menos que, por um raro golpe de sorte, encontremos exatamente a pessoa certa.

DESSE MODO, QUANDO POSTAMOS uma descrição do nosso parceiro ideal num site de encontros, estamos falando, diria Schopenhauer, em duas vozes. Uma expressa as qualidades buscadas de maneira inconsciente pelo instinto reprodutivo e que provocam "a atração inteiramente imediata e instintiva, a única a partir da qual surge a condição de *estar enamorado*".[10] E a outra dá vazão a valores conscientes, como sofisticação cultural ou qualidades éticas, ou riqueza, ou qualquer outra coisa que desperte a admiração de outros em nossa cultura particular, valores que não determinam de fato se temos ou não química instantânea com os candidatos com quem acabamos nos encontrando. Embora possamos imaginar que o fazem: *Só me sinto atraída por pessoas que dão tanto quanto recebem. Só por alguém capaz de me fazer rir e que seja atencioso e sensível, bem como confiante e conhecedor do mundo. Estou em busca de valores comuns, senso de humor, sucesso profissional e, acima de tudo, paixão. Cada relação nos ajuda a nos tornarmos nós mesmos, e assim a esperar com paciência por aquilo em que acreditamos e a ser fiéis a quem realmente somos!*

Uma lista de desejos como esta, postada de maneira pública na internet, é imensamente reveladora, tanto pelo que diz quanto pelo que não diz. Muitas, talvez a maior parte, das qualidades buscadas pelo instinto de procriar não é expressada aqui de maneira alguma. Em parte porque é inconsciente; em parte porque a pessoa que busca encontros desejará que os leitores de seu perfil pensem bem dela. (Na prioridade atribuída à paixão e à fidelidade a quem realmente somos, é possível reconhecer duas das ideias definidoras do Romantismo.)

Quando se tratar do encontro real, contudo, as coisas serão muito diferentes. Um homem, diz Schopenhauer, procura a idade certa (basicamente os melhores anos para a procriação), saúde (doenças agudas são aceitáveis, as crônicas são repugnantes), boa estatura, corpulência e beleza do rosto. Em termos de características "psíquicas", ele se sente mais atraído pelo intelecto que pelo caráter.

Por que intelecto? Porque, sugere Schopenhauer, contra grande parte do pensamento convencional, o intelecto é uma característica feminina. A mente consciente é feminina. Emoção, caráter e vontade estão mais desenvolvidos no *homem*. Uma vez que somos atraídos acima de tudo pelas qualidades que não possuímos, de modo que nossos filhos recebam o maior número possível de qualidades (compatíveis) de ambos os pais, os homens com frequência se inclinarão por megeras brilhantes, tal como Sócrates escolheu a medonha mas inegavelmente inteligente Xantipa. E as mulheres, sendo os repositórios do intelecto e da maioria das formas de beleza, em geral não considerarão essas qualidades essenciais num homem.

Na verdade, o intelecto poderia desestimulá-las – e um gênio positivamente as revoltará. "Por isso vemos muitas vezes um sujeito feio, estúpido e grosseiro levar a melhor sobre um culto, inteligente e amável quando lidando com mulheres."[11] Além do fato de que ela pode transmitir suas próprias qualidades intelectuais para o filho e não precisa delas num homem, o objetivo do casamento

> não é entretenimento intelectual, mas a procriação de filhos; é uma aliança de corações, não de mentes. Quando mulheres afirmam ter-se enamorado pela mente de um homem, trata-se de um fingimento vão e ridículo[.][12]

Em vez disso, as mulheres serão atraídas por caráter, "em especial por firmeza de vontade, resolução e coragem, talvez também honestidade e bondade de coração".[13] Elas quererão um homem que seja ao mesmo tempo jovem e experiente, portanto não com menos de trinta ou mais de 35 anos.

Na argumentação do próprio Schopenhauer, porém, parece possível (e a experiência comum o confirma) que uma mulher possa se sentir genuinamente atraída pelo intelecto num homem se ela o experimenta como uma forma de força e coragem. E em especial se ela o vê utilizá-lo com destemor, inclusive contra ela (um sinal de audácia se ele também teme perdê-la).

De maneira semelhante, sugiro que é plausível, *contra* Schopenhauer, que uma mulher procure beleza num homem, não pela beleza em si, mas na medida em que ela a impressiona como evidência de adequação reprodutiva. Ou para expressar a ideia ao contrário: ela poderia experimentar como belos aqueles traços físicos que associa com bom potencial reprodutivo.

Não precisamos gastar mais tempo com a lista exaustiva que Schopenhauer faz de qualidades que atraem homens e mulheres uns para os outros. O que importa é a maneira inovadora como ele desloca todo o debate sobre o real objetivo do desejo de amor da intimidade com alguém que encarna a bondade, a verdade e a beleza ou nos leva de alguma outra maneira a um completamento harmonioso – que é o foco de uma parte tão grande da tradição platônica e de sua expressão no cristianismo – para a procura de um parceiro com uma constituição biológica e psicológica ótima:

> sentimos com mais força toda falta de proporção no esqueleto; por exemplo, uma figura definhada, atarracada, de pernas curtas ...; também um andar claudicante, quando isso não é resultado de um acidente externo. Por outro lado, uma estatura admiravelmente boa pode compensar todos os defeitos; ela nos encanta. Aqui também vemos o grande valor que todos atribuem à pequenez dos pés; isso se baseia no fato de eles serem uma característica essencial da espécie, já que nenhum animal tem um tarso e metatarso tomados em conjunto tão pequenos quanto o homem ...[14]

Ao deslocar assim o debate sobre o objetivo do amor Eros, Schopenhauer também sugere uma clara distinção entre concupiscência e amor. Ambos são impelidos por desejo sexual; mas enquanto a concupiscência é o desejo de copular com alguém atraente, o amor é a atenção obsessiva a uma pessoa que a intuição nos diz ser o parceiro certo para reprodução. Seu gênio é ver o amor romântico como tendo um objetivo inteiramente biológico – produzir e criar filhos –, fazendo também justiça, ao mesmo tempo, à experiência de estar enamorado, com sua disposição a sacrificar tudo pelo amado.

As fantasias que o amor inventa poderiam parecer loucas e destrutivas, mas elas também servem ao objetivo da reprodução. Quando conto para mim mesmo uma história sobre o significado do amor, por exemplo, que é um laço espiritual de supremo valor ético que me leva ao meu eu autêntico e é abençoado por Deus, isso me estimula a fazer o imenso esforço necessário para encontrar a parceira certa. Quando a encontro e acredito que o destino ou Deus levou-me a ela, e considero nosso amor mais importante que qualquer outra coisa, isso fortalece minha decisão de ater-me a ela; isso gera o forte compromisso de criar e prover uma família; e justifica todos os conflitos e custos da relação.

Em benefício desses objetivos reprodutivos somos induzidos a atribuir os significados mais fantasiosos ao amor.

Mas induzidos por quem ou pelo quê?

Pela vontade, responde Schopenhauer. Pela em grande parte inconsciente "vontade de vida" (*Wille zum Leben*)[15] da espécie, da qual eu, como qualquer ser vivo individual, seja humano, animal ou vegetal, sou meramente uma manifestação. Essa vontade está concentrada acima de tudo no impulso sexual e em sua satisfação, simbolizados pelo fato de que cada um de nós – concebido como uma "vontade individualizada" – ingressa no mundo "através do portal dos órgãos sexuais".[16] Toda vez que nos interessamos por uma pessoa, ou lhe escrevemos um poema de amor, ou lhe declaramos que ela é "a única", estamos sendo apenas o joguete de instinto inconsciente que está nos dirigindo, por meio de ensaio e erro, para o parceiro certo. Em resultado desse instinto imaginamos que o que é de fato um impulso inteiramente impessoal e não espiritual é em vez disso o mais pessoal e espiritual de todos os impulsos.

O "senso da espécie esforçando-se para manter seu tipo"[17] é tão acentuado que, sugere Schopenhauer de maneira desconcertante, os filhos na verdade escolhem seus pais. Escolhemos nossas famílias, ele poderia dizer, mais do que escolhemos nossos amigos.

> Pois é a futura geração no conjunto de sua previsibilidade que está pressionando para ganhar existência por meio desses esforços e exercícios [de amor apaixonado]. De fato, ela própria já está em atividade naquela seleção previdente, definida e caprichosa pela satisfação do impulso sexual que é chamada de amor. A crescente ligação dos dois amantes é ela própria, na realidade, a vontade de viver [ou, vontade de vida] do novo indivíduo, um indivíduo que eles podem e querem produzir.[18]

O que pensamos *conscientemente* estar fazendo quando estamos enamorados é, em última análise, irrelevante. De fato, para propagar a espécie poderia até ser útil para nossos motivos reais permanecer inconscientes.

NA HISTÓRIA DAS IDEIAS esse foi um momento de grande importância: pois é então que a ideia do inconsciente como a sede dos instintos e impulsos que nos governam realmente tem início. Mas para Schopenhauer o inconsciente não é apenas a fonte do que pensamos e sentimos; ele determina *toda a pessoa*, inclusive o corpo: "O *organismo* é a própria vontade, vontade encarnada";[19] ao passo que o intelecto é "um mero instrumento a serviço da vontade",[20] de cujo "segredo" e decisões prévias foi firmemente excluído.[21]

Mas e se o intelecto não conseguir encontrar no mundo o que o inconsciente lhe "ordenou" encontrar? Nesse caso, diz Schopenhauer – e todo amante reconhecerá a verdade disto – o inconsciente assegura que seus desejos sejam realizados em fantasia "com contos de fadas", e ele adornará esses contos "para que adquiram uma aparência de verossimilhança".[22] O intelecto é então solicitado, como um artista prestativo, a evocar quaisquer cenários, feliz, triste, triunfante e assim por diante, que a vontade deseje acreditar ser real.

Não interessa em nada à vontade que nesse processo "o intelecto seja obrigado a violentar sua própria natureza, que aspira à verdade, uma vez que ele é compelido … a considerar verdadeiras coisas que não são nem verdadeiras nem prováveis, e muitas vezes mal são possíveis, meramente no intuito de apaziguar, abrandar e fazer adormecer por algum tempo a inquieta e incontrolável *vontade*".[23] No amor, como em muita coisa na vida, o inconsciente não tem tais escrúpulos; ele só aceitará a evidência que já está buscando, ao mesmo tempo que nega ou ignora tudo o mais:

> *Amor* e *ódio* falseiam por completo nosso julgamento; em nossos inimigos não vemos nada senão defeitos, em nossos favoritos nada senão méritos …

> Nossa *vantagem*, seja ela de que tipo for, exerce um poder secreto similar sobre nosso julgamento; o que está de acordo com ela de imediato nos parece lícito, justo e razoável; o que vai de encontro a ela nos é apresentado em toda seriedade como injusto e ultrajante … Uma hipótese, concebida e formada, nos dá olhos de lince para tudo que a confirma, e nos cega para tudo que a contradiz.[24]

E, mais uma vez antecipando Freud, Schopenhauer sugere que a vontade inconsciente pode censurar sentimentos ou pensamentos que entrariam em conflito com a maneira como nos vemos ou desejamos ser vistos por outrem:

> Podemos ter um desejo durante anos sem o admitir para nós mesmos ou mesmo permitir que ele alcance uma clara consciência, porque o intelecto nada deve saber a seu respeito, já que a boa opinião que temos de nós mesmos sofreria inevitavelmente com isso. Mas se o desejo é realizado, conseguimos saber a partir de nossa alegria, não sem um sentimento de vergonha, que nós o acalentávamos[.][25]

Uma vez que a vontade de vida é um esforço cego, que não pode ser completamente acalmado, o desejo sexual nunca pode ser plenamente satisfeito. Tampouco pode ser satisfeito, portanto, o amor que surge dele. Como todo desejo humano, ele está fadado à frustração, pois, uma vez gratificado, cresce de novo: "todo desejo satisfeito dá origem a um novo".[26] Nossa natureza nunca se contentará com prazeres, logo buscando outros novos.

Querer – viver – é sofrer. Quando nossos impulsos estão satisfeitos (embora isso só possa ser temporário), sofremos de tédio; quando não estão, sofremos de desespero. Com habilidade e sorte, podemos encontrar um caminho entre o tédio e o desespero. Mas ainda teremos de nos contentar com a realidade de que os prazeres que encontramos surgem apenas do preenchimento de uma falta. Pois prazer e felicidade não são coisas positivas. São o alívio proporcionado pela remoção de uma dor.

Assim a vontade de vida é um moinho que, na medida em que sucumbimos a ele, gerará sofrimento interminável e em última análise inútil. Por essa razão, teria sido melhor, diz Schopenhauer em palavras famosas, que não tivéssemos nascido para começar. A segunda melhor coisa, porém, é morrer:

> a morte é a grande oportunidade de não mais ser eu ... Morrer é o momento daquela liberação da unilateralidade de uma individualidade que não constitui o cerne mais íntimo de nosso verdadeiro ser[.][27]

A vontade de vida, por sua vez, manifesta aquilo que, para Schopenhauer, é a realidade final: a Vontade geral por trás de tudo, um esforço cósmico que, como a antiga concepção de Deus, é una e eterna, e portanto não existe no espaço e tempo, nem é vulnerável à mudança através de leis causais. Diferentemente de Deus, porém, essa Vontade impessoal não tem qualquer objetivo global e qualquer interesse por nós como indivíduos. Nós nem temos importância por nós mesmos, nem possuímos em certo sentido qualquer existência separada: somos todos meras manifestações da Vontade e só a ilusão nos leva a acreditar em outra coisa.

É por isso que não precisamos temer a morte, porque nada temos a perder, exceto nossas ilusões de individualidade. Quando morremos a única coisa que acontece é que a manifestação particular que cada um de nós é da Vontade geral desaparece. Mas a própria Vontade, que experimentamos acima de tudo em nosso desejo sexual, não morre. A verdadeira fonte de nosso ser é indestrutível e imortal.

Ao dizer que tudo é uma manifestação de uma Vontade subjacente, Schopenhauer está insistindo em nossa unidade essencial, nessa medida, com os animais e toda a natureza. Está se afastando daquelas fortes tradições que tramavam para nos tornar inteiramente distintos das outras criaturas e superiores a elas: a tradição bíblica, que situa os seres humanos acima do resto da criação; a herança grega, que vê a razão ou a contemplação, o monopólio dos seres humanos, como nos elevando acima dos animais; a imagem moderna, posterior ao século XVII, da natureza como uma máquina que a mente humana poderia compreender e controlar.

Isso nos leva de volta ao sexo. Pois é o sexo que liga o individual à Vontade universal que está por trás de tudo. O sexo é uma voz da vontade de vida da espécie que fala através de cada um de nós. E essa vontade de vida, por sua vez, manifesta a Vontade cósmica que é a essência mais íntima de todas as coisas.

Apesar disso, o sexo não pode ser para Schopenhauer, como é para muitos românticos, o início de uma jornada mística, que conduz o indivíduo do desejo por uma outra pessoa à "consciência da identidade de seu próprio ser interior com a de todas as coisas".[28] Ele nunca poderia concordar com a ideia de Friedrich Schlegel de que através do amor erótico a natureza humana pode retornar a seu estado original de divindade. Ao contrário, o sexo, como todo desejo, obstrui a consecução dessa consciência redentora em que enxergamos através da prisão da individualidade para compreender a unicidade de toda vida. Visto que o desejo sexual nos aprisiona nas ilusões da individualidade e assim em interminável sofrimento, a salvação reside em negar suas solicitações, em recusar identificar-se com elas; em acalmá-las e elevar se acima delas.

Em consequência, conclui Schopenhauer, nossa existência só terá valor se negarmos a vontade de vida da qual o desejo sexual nasce; só se negarmos o anseio do ego, as incitações dos genitais, a fome de gratificação e até o desejo ardente de filhos. O cristianismo, o bramanismo e o budismo estão todos de acordo, pensa ele, com essa renúncia à vida, em absoluto contraste com os judeus, cujo Antigo Testamento diz que Deus viu o mundo e o achou muito bom: "o espírito do Antigo Testamento é diametralmente oposto ao do Novo; o primeiro é otimista, o segundo pessimista".[29]

Mas se sexo e amor romântico levam forçosamente a sofrimento e nunca podem produzir salvação, há uma forma de amor que *pode* nos redimir da vida de desejo; de fato ela conduz por fim ao estado abençoado em que a vontade de vida é rendida. Trata-se do ágape que encontramos antes neste capítulo. Ágape (ou *caritas*) tem esse poder redentor porque sua "origem e natureza"[30] é pôr fim ao engano da individualidade, o engano de que sou distinto de você, e assim reconhecermos a nós mesmos e a nossa vontade em todas as outras pessoas, na realidade em todas as coisas animadas.

Ao dissolver a distinção entre nós mesmos e os outros, essa compreensão nos permite sentir o sofrimento deles tão intimamente quanto o nosso.[31] Seu bem-estar torna-se o nosso. Ofendê-los está fora de cogitação, pois seria efetivamente ofender a nós mesmos. E assim somos movidos a aliviar seu sofrimento, embora ágape, em sua clarividência, perceba que a alegria que isso engendra resulta apenas da remoção de uma dor e nunca da criação de felicidade positiva.

Em outras palavras, o *insight* de ágape nada mais é que compaixão. De fato, anuncia Schopenhauer, o próprio ágape é compaixão.[32] Obras de amor são "o sintoma inevitável e infalível"[33] do conhecimento de que nosso verdadeiro eu existe não só em nossa própria pessoa, mas em tudo que vive. Tal conhecimento é imediato, não o resultado de razão ou argumentação. Não podemos "decidir" adquiri-lo, ou alcançar o amor que o expressa, ou obter a rendição da vontade a que ele finalmente conduz. Essas bênçãos parecem nos chegar sem que as peçamos, como um presente:

> A *autossupressão da vontade* advém do conhecimento, mas todo conhecimento e compreensão como tais são independentes de livre escolha, [em consequência] essa negação da vontade, esse ingresso na liberdade, não deve ser eficazmente alcançado por intenção ou projeto, mas provém de uma relação extremamente íntima de conhecimento e vontade no homem; por isso ela surge de repente, com se voasse de fora para dentro. Por esse motivo, a Igreja a chama de *efeito da graça*[.][34]

Em tudo isto Schopenhauer segue estreitamente a descrição cristã de ágape, tal como desenvolvida pelo menos desde Agostinho. Devemos nos identificar com o próximo, seja ele quem for. Altruísmo e resignação são a base da compaixão. Os prazeres mundanos trazem sofrimento, e o empenho em obtê-los depende de ilusão. A graça é decisiva para ativar a capacidade humana de amar, ou mesmo para torná-la possível de algum modo. O valor da verdade reside em sua capacidade de conduzir uma pessoa à sua salvação. O progresso espiritual depende de uma relação correta entre percepção correta e vontade correta.

E assim para esse filósofo ateu, que vê o sexo como uma força por trás dos mais elevados ideais do amor apaixonado e como nosso impulso mais poderoso, a salvação reside na condição daqueles ascetas, santos e místicos que mortificavam a carne e em quem a vontade negava a si mesma. O ideal que ele postula é um "nada vazio", um estado de iluminação que o budismo chama de nirvana. Então

> veremos que a paz supera toda razão, aquela calma de espírito oceânica, aquela profunda tranquilidade, aquela confiança e serenidade inabalável ... ao lado da qual nossa própria natureza miserável e desesperada aparece sob a mais clara luz ... o que resta após a completa abolição da vontade é, para todos que continuam cheios dela, certamente nada. Mas também, de maneira inversa, para aqueles em quem a própria vontade se inverteu e se negou, este próprio mundo real que possuímos, com todos os seus sóis e galáxias, é – nada.[35]

14. O amor como afirmação da vida: Nietzsche

Um profundo dilema atravessa a história do amor ocidental desde suas fontes mais antigas nas Escrituras hebraicas e na filosofia grega: É mais nobre para o amor mais elevado afirmar o mundano ou repudiá-lo? Deveria o amor buscar sua perfeição nos desejos e lutas deste mundo – ou além dele? Isto é, o mundo em que sofrimento e perda são inevitáveis. Em que nada de eterno pode existir. Em que, como Schopenhauer observou, as ambições serão vãs no fim das contas e a paz nunca será obtida. Este é o mundo em que nascemos e o único que podemos conhecer.

Por exemplo: O mandamento de Deus para Israel de amá-lo com todo o coração, e força também, será de fato um mandamento que não deve ser sustado pelo amor ao mundo? Ou, ao contrário, ele autoriza Israel a amar um mundo traiçoeiro, um mundo em que o lar não pode ser garantido e a paz poderia nunca ser encontrada?

É o amor em Platão um anseio por escapar da transitoriedade e perda da vida num reino ideal de permanência e perfeição? Ou é ele também uma maneira de tomar posse precisamente desse mundo cotidiano ao se concentrar na beleza e bondade nele manifestada de tantas maneiras?

É o amor cristão uma afirmação desta vida e de nosso próximo – inteiramente bons na medida em que são a obra de Deus, que considerou ele próprio boa a vida que criou? Ou é ele um repúdio deste mundo em nome do Reino do Céu, e assim em última instância um anseio pela morte?

É o amor romântico, em especial do tipo que vimos em Schlegel e Novalis, uma forma de desespero em relação ao amor, e em relação a todo desejo: a saber, a crença de que ele não pode ser completamente satisfeito ou "consumado" neste mundo de indivíduos finito e limitado pelo tempo? Ou sua ambição de tomar o céu de assalto, seu ideal de dissolver-se no infinito, é antes uma expressão de otimismo, e portanto, em última análise, de crença no valor do próprio desejo?

É fácil esquecer que todas essas tradições afirmam o mundo, ainda que apenas na medida em que, apesar de seus horrores, ele é um lugar abençoado pelo amor e a bondade. Isso se aplica em grande parte ao cristianismo convencional, que nunca desejou abrir mão inteiramente deste mundo e de fato perseguiu hereges como os gnósticos do século II d.C., que desprezavam o mundo material como mau, e triunfou sobre eles. Agostinho, por exemplo, insiste que todas as coisas criadas por Deus têm medida, forma e ordem, e nessa medida são boas.[1]

O amor, quer seja ou não de inspiração religiosa, só considerará o mundo detestável na medida em que busca o que ele por sua própria natureza não pode fornecer: eternidade, completude, e um fim para a perda e o sofrimento. Na medida em que têm tais ambições para o amor, até um naturalista ou ateu será ambivalente com relação ao valor da vida ordinária. Assim Spinoza, que afirma a beleza e a bondade da natureza e deseja que o amor o faça também, não é capaz de afirmar sem reservas a vida ordinária; pois está apegado demais à ideia platônica de que o amor mais elevado mira além dos indivíduos mortais e mutáveis e assim além do mundo tal como o encontramos.

A única maneira de evitar essa ambivalência obsessiva em relação ao sentimento de confiança ou desconfiança que o amor deveria ter pelo mundo é abandonar a ideia de que há um estado de coisas mais perfeito do que aquele que a vida humana limitada pelo tempo pode atingir; e que o amor é o caminho que nos conduz até lá.

A TAREFA DE LIVRAR NOSSA ATITUDE em relação ao mundo dessa perturbadora ambivalência está no cerne da filosofia de Nietzsche. O trabalho de sua vida foi compreender e superar o impulso de buscar salvação ou perfeição moral numa condição isenta de mal, perda, mudança ou sofrimento. Em vez disso, ele tenta descobrir como seria se o impulso exatamente contrário reinasse: o impulso de dizer sim a tudo que existe, não só a tudo que diz respeito à nossa vida individual, mas a tudo que diz respeito a toda a cadeia de acontecimentos que conduziu exatamente à pessoa que cada um de nós é.

Ao fazê-lo, ele nos convida a imaginar que nossa vida – suas desgraças bem como suas alegrias, e todos os eventos que a precederam – irá se repetir infinitamente, e pergunta se nosso amor por ela é suficiente para que sejamos capazes de dizer sim mesmo a essa infinita recorrência. Ele quer que nos vejamos de novo como uma parte inextricável da natureza e que abandonemos toda indiferença com relação à existência real que temos e todos os pensamentos sobre como ela poderia ser melhor ou diferente do que é. Essa é a atitude de *amor fati* (amor ao destino):

> que não queiramos que nada seja diferente, nem para a frente, nem para trás, nem em toda a eternidade. Não meramente suportar o que é necessário, menos ainda escondê-lo ... mas *amá-lo*.[2]

Nietzsche (1844-1900) tem uma estranha importância na história do amor. Ele fornece a base para uma revolução em nossa concepção desse sentimento, ao mesmo tempo em que não diz quase nada de novo sobre ele. Faz isso atacando todo o sistema de pensamento platônico-cristão que estruturou os valores ocidentais por mais de dois mil anos e dominou assim, de fato, as atitudes ocidentais em relação ao amor. Trata-se do sistema que fez o amor buscar o ideal da eternidade sem mudança, do bem sem mal, do espiritual sem o físico. Ele culmina no Romantismo do século XIX, que anseia por escapar dos dissabores da vida através de sentimento exaltado e apaixonado e, em última instância, através da morte. Sempre se expressando com grande veemência, o Romantismo inventou duas formas de fuga: seja para a tranquilidade ou para a exaltação: "seja repouso, quietude, mares calmos, redenção ... através da arte e do conhecimento, ou embriaguez, convulsões, anestesia e loucura".[3]

A veemência do Romantismo é motivada, Nietzsche conclui, não por uma abundância de vida, mas por um "*empobrecimento da vida*".[4] Sua alegria é suspeita e não genuína. Seu anseio por tranquilidade reflete resignação. Sua exaltação nasce da exaustão, não da vitalidade. Embora grande parte do Romantismo afirme ser anticristã, ele vê em seu espírito meramente uma manifestação tardia do cristianismo, aquele que foi o maior de todos os divulgadores do ideal de transcender a este mundo.

O cristianismo – "platonismo para 'o povo'"[5] como Nietzsche o chama zombeteiramente – tem a brilhante astúcia de transformar a negação da vida num dever *moral*. Ele impõe esse dever condenando como mal o mundano, o físico e a afirmação de nosso próprio poder e força naturais. O cristianismo, sustenta ele, nos ensina a nos sentir culpados com relação a isso e a valorizar em vez disso seus opostos: o altruísmo e a humildade. Ele inventa um Deus que salva os fracos e condena os fortes; conceitos como "pecado original" que nos fazem sentir culpados pelo que somos de maneira inevitável; e "dons" como o livre-arbítrio, pelo qual podemos supostamente optar por repudiar os desejos inerentes a ser humanos.

O resultado é nos lançar contra nós mesmos. Somos incitados a odiar o que é real – nossa própria natureza e o mundo de mudança e adversidade em que ela está situada – e a amar o que é irreal: um estado permanente e imutável livre de perda, de dor e de tempo. Esse é precisamente o estado que Schopenhauer caracteriza como "Nada", que o cristianismo chama de "Deus", e que, ao longo de grande parte de sua história, o amor santifica como seu objeto supremo.

Nietzsche chama esse desejo louco pelo irreal, o não existente, de "vontade de nada", a "última vontade" desesperada do homem.[6] Ele o diagnostica como a vontade fundamental por trás não apenas de dois milênios de cristianismo, mas também do mundo secular que ele deixou em sua esteira:

> Não podemos mais esconder de nós mesmos o que é expressado por ... esse ódio ao humano, e ainda mais ao animal, e ainda mais ao material ... esse anseio por escapar de toda aparência, mudança, vir-a-ser ... tudo isso significa, ousemos compreendê-lo, uma vontade de nada, uma aversão à vida, uma rebelião contra os pressupostos mais fundamentais da vida ...[7]

Mas por que haveriam os seres humanos de querer desejar nada? Por que motivo haveriam de repudiar o que é natural e bem-constituído e real, e em seu lugar criar um mundo interior torturado, com ódio de si mesmo, que almeja o irreal? Embora esta pergunta possa parecer ter pouco a ver com o amor, ela na verdade tem tudo a ver com ele: pois a vontade de nada é a vontade que, segundo Nietzsche, sustenta todas as tentativas de encontrar sentido na vida humana feitas pela civilização judaico-cristã e seus sucessores seculares, um sentido para o qual o amor foi e continua sendo central.

Então por que haveria alguém de buscar sentido querendo nada? A resposta é: por medo do sofrimento. Esse medo pode ficar, e historicamente ficou, tão fora de controle que a vontade se volta contra a própria vida,[8] em outras palavras, contra o mundo inteiro do qual o sofrimento é uma parte inevitável. O que significa, é claro, contra o único mundo que existe.

Em particular, diz Nietzsche, esse medo se prende a duas causas de nosso sofrimento: nossa fraqueza e nossas perdas. Ele fomenta o rancor àqueles cujas forças nos fazem sentir fracos; e à perda a que toda vida é vulnerável. A perda de nossos pais, filhos e amigos; de posses e realizações; da própria vida.

E assim nossa cultura passa a trabalhar para eliminar a realidade do sofrimento, e as causas de sofrimento. Seus valores e virtudes dominantes, entre os quais o amor tem um grande papel, são obsessivamente dirigidos para esse fim. Sua religião promete um mundo vindouro em que não haverá mais sofrimento e em que todos os nossos esforços terrenos serão redimidos e recompensados. Sua ciência e ética, sua política e sociedade, estão voltadas para minimizar risco e perigo, e alcançar um estado de imperturbável bem-estar. Seus lemas são conforto, conveniência, previsibilidade.

Um valor, acima de todos, é fomentado pelo rancor ao sofrimento, à perda e a tudo que é mais forte e mais afortunado. Esse valor é a piedade: piedade pelo sofrimento.

Poder-se-ia perguntar que problema há nisso. Não pode tal piedade, como afirmaram Rousseau e Schopenhauer, ser o mais nobre dos valores e definidor do amor, pelo menos se não se abusa dela para obter poder sobre outros? Não pode ela afirmar e proteger as vidas daqueles de quem gostamos? Não é uma causa de celebração que, em meio a tanto egoísmo e indiferença, seres humanos sejam também movidos pelo sofrimento de outros? E, de maneira mais pragmática, não é a piedade essencial ao florescimento humano, uma disposição básica que nos permite viver juntos – formar amizades, casamentos, famílias, comunidades?

Absolutamente não, Nietzsche insiste. A piedade não é o que parece. Embora pareça "bondosa," ela é uma exigência intrusiva, até brutal, de que o outro cesse de sofrer porque a visão do seu sofrimento, sua própria existência como um fenômeno, é insuportável. Embora pareça humilde, presume com arrogância saber o que é melhor para o objeto da piedade, e recusa-se a reconhecer que "não sabemos simplesmente nada sobre toda a sequência interior e as complexidades que são sofrimento para *mim* ou para *você*".[9] Embora pareça altruística, é com demasiada frequência motivada por um desejo de escapar de nosso próprio sofrimento e responsabilidade para com nós mesmos. Embora simule estar "dando", quer de fato controlar:

> Quando vemos alguém sofrer, gostamos de aproveitar essa oportunidade para nos apossar dele; os que se tornam seus benfeitores e se apiedam dele ... chamam de "amor" a ânsia por uma nova posse que ele lhes inspira; e o prazer que sentem é comparável àquele despertado pela perspectiva de uma nova conquista.[10]

Esses objetivos ocultos da piedade são profundamente perversos, como é, portanto, situá-la no cerne das relações amorosas. Pois só crescemos e amadurecemos por meio do sofrimento; "até agora só a disciplina criou todos os aperfeiçoamentos do homem";[11] "toda mudança e crescimento, tudo que garante um futuro, envolve dor."[12] Enquanto o estado de sereno bem-estar que a piedade em geral procura "torna o homem ridículo e desprezível", mesquinho e medroso.

E o objetivo "insano" de abolir o sofrimento, ou, se isso não for possível, de ocultá-lo, enfraquece não só quem inspira a piedade mas quem a sente também. Lamentavelmente, nada é mais tentador que se perder no sofrimento de outros de modo a não se concentrar no domínio da própria vida. Nietzsche confessa que essa tentação lhe parece irresistível:

> Todo esse despertar de piedade … é secretamente sedutor, pois nosso "próprio caminho" é árduo demais, exigente e distante demais do amor e gratidão dos outros, e não nos incomodamos realmente de escapar dele, e de nossa própria consciência, para fugir rumo à consciência dos outros e ao templo atraente da "religião da piedade".[13]

Esse, também, é o objetivo para o qual o "amor ao próximo" foi muitas vezes usado: "Fugis de vós mesmos rumo a vosso próximo e gostaríeis de transformar isso numa virtude."[14] É por isso, pensa Nietzsche, que a piedade e o mandamento bíblico foram parceiros naturais no crime.

Só deveríamos confiar na piedade de alguém que seja por natureza forte e soberano, alguém que não a usará para fugir de si mesmo ou debilitar seu próximo. A piedade *dele* será por tudo que enfraqueça seu próximo, inclusive uma vida dedicada à fuga do sofrimento.[15]

Isto soa como uma mensagem dura, até obsessiva. Mas para Nietzsche a piedade não é "um ponto de interrogação isolado". Ela é emblemática da própria vontade de nada: "Foi precisamente aqui que vi o grande perigo para a humanidade, sua mais sublime atração e sedução – mas pelo quê? pelo nada?"[16] E assim perguntar do que a piedade realmente é capaz é perguntar, da maneira mais crua possível, sobre o valor de todo o sistema de moralidade herdado do judaísmo e do cristianismo.[17]

O AMOR QUE TEM ORIGEM nesse universo moral – um universo dominado pelo medo de sofrer, da perda e da fraqueza; um universo regido pela moralidade da piedade – é um amor que tem origem no rancor e no ódio.

Esta é a asseveração mais espetacular de Nietzsche sobre a tradição de amor que evolve a partir do judaísmo e do cristianismo: ela nasce do ódio. Ele não está repetindo o lugar-comum de que o amor e o ódio andam juntos – por exemplo que o amor facilmente alimenta o ódio quando suas esperanças são frustradas, ou mesmo quando prevê que elas se frustrarão. O que ele está sugerindo é que ódio à natureza, à força, à própria vida, impulsiona "a religião do amor". Que da

> mais profunda e sublime espécie de ódio, capaz de criar ideais e inverter valores, um ódio como nunca existiu antes na Terra, cresceu algo igualmente incomparável, um novo amor, a mais profunda e sublime espécie de amor[.][18]

De fato, pergunta Nietzsche, "a partir de que outro tronco *poderia* ele ter crescido?"[19] De que outra maneira poderia o amor, essa que é a mais afirmativa das paixões, vir a repudiar o mundo e as próprias condições do florescimento humano, se não fosse impelido pela sede de vingança contra o mundo? Esse ideal do amor, longe de se opor à sede de vingança, é na verdade sua "coroa triunfante",

> espalhando-se incessantemente rumo à mais pura luminosidade e à luz do sol, impelido por assim dizer para o domínio da luz e das alturas em busca das metas daquele ódio ... não era Jesus de Nazaré – o evangelho encarnado do amor, esse "Redentor" que trouxe bem-aventurança e vitória para os pobres, os doentes e os pecadores – essa sedução em sua forma mais misteriosa e irresistível?[20]

Quando chama o amor cristão de a "espécie mais profunda e sublime de amor", Nietzsche está, é claro, sendo profundamente irônico, mas não de todo. Parte de sua sutileza como filósofo é ver o potencial de grandeza na deformidade e de saúde na doença. "Somos", diz ele em palavras memoráveis, "enobrecidos através da degeneração."[21] Um ser humano aterrorizado por um mundo de sofrimento, ressentido por seu desamparo, dividido contra si mesmo, detestando o que inevitavelmente é, odiando as próprias condições de seu florescimento – dor e sofrimento –, ao mesmo tempo em que também anseia por florescer: este é também um ser humano que fará árduos esforços para inventar mundos fantásticos, imaginários, de que possa ser o senhor. A autocrueldade cristã, como toda a sua culpa e má consciência, foi "o berço de todos os fenômenos ideais e imaginativos" e revelou "uma abundância de estranha nova beleza e afirmação".[22] Na verdade, foi seu rancor subjacente que primeiro tornou os seres humanos realmente *interessantes*.[23]

Não é possível, contudo, fazer a natureza desaparecer. Ela sempre reaparecerá, ainda que sob disfarces monstruosos. Foi o que aconteceu com Eros nas mãos do cristianismo, seu inimigo jurado. "O cristianismo deu a Eros veneno para beber; ele não morreu, mas se degenerou – num vício."[24]

Assim, que espécie de amor Nietzsche considera nobre? Que espécie de amor nos fortalece em vez de nos enfraquecer, surge da generosidade e não do ódio, afirma o mundo em vez de repudiá-lo?

A resposta de Nietzsche é: amor-próprio. Não no sentido de autoafirmação complacente ou indulgente, o que ele abomina, mas no sentido de severa reverência por si mesmo, e em especial por si mesmo como possuidor de nobreza digna de nosso próprio respeito. Esta, insiste Nietzsche, é a precondição de nosso amor pelos outros e na verdade pelo mundo em geral. Sem ela os seres humanos caem precisamente no rancor destrutivo que se expressa na "vontade de nada". E assim, continua ele, "uma coisa é necessária: que um ser humano deva *alcançar* satisfação consigo mesmo ... todo aquele que está insatisfeito consigo mesmo está continuamente pronto para a vingança".[25]

Dizer que precisamos amar a nós mesmos para podermos amar aos outros dificilmente seria radical. O que é radical é a insistência de Nietzsche de que qualquer amor por outros não baseado em sólido amor-próprio baseia-se em ódio: ódio por si mesmo e ódio pelos outros; sua insistência de que, como vimos antes, o amor cristão "altruísta" surge – e só pode surgir – do desejo de vingança, e portanto não é amor em absoluto.

E o que é também radical é o pensamento de que amar a si mesmo, ou na verdade qualquer pessoa ou qualquer coisa, é também amar o destino *em geral*. E esse é precisamente o passo que Nietzsche parece dar quando diz sobre cada um de nós que "somos um pedaço da fatalidade, pertencemos ao todo, estamos no todo". Se seu amado pertence ao todo, você não pode amá-lo separadamente dele. Visto que ele é uma parte inextricável da existência em geral, amá-lo *é* amar a existência. "A fatalidade de sua essência não pode ser deslindada da fatalidade de tudo que foi e será ..."[26]

É claro que tendemos a experimentar o amor apaixonado, e em especial o amor sexual, da maneira aparentemente oposta: como exclusivamente concentrado em uma pessoa, de modo que "para o próprio amante o resto do mundo parece indiferente, pálido e sem valor, e ele está disposto a fazer qualquer sacrifício, perturbar qualquer ordem, subordinar todos os outros interesses".[27] Mas não há qualquer contradição aqui: a enorme atenção que os amantes devotam um ao outro poderia excluir o resto do mundo além deles; mas essa atenção é ela mesma a afirmação mais profunda possível do todo a que cada um deles pertence.

Talvez, então, a ideia de que é consumado longe do mundo seja uma das grandes ilusões do amor. Talvez, ao contrário, ele não tenha nenhum lugar onde se esconder. Um forte amor afirmaria a sorte, o acaso e a necessidade, em vez de buscar proteção contra eles.

O que significaria que amar alguém não é meramente ser capaz de superar o desejo de "mudá-lo", mas também superar o desejo de transformar o mundo de que ele é parte inextricável. Que se o amor "esquece o mundo", esquece a si mesmo.

No entanto a paixão sexual ou romântica não é o tipo de amor entre duas pessoas que mais interessa a Nietzsche. Além desse tipo, diz ele, há um amor muito mais raro "em que esse anelo possessivo de duas pessoas uma pela outra dá lugar a um novo desejo e ânsia de posse, uma sede mais elevada e *compartilhada* por um ideal acima delas. Mas quem conhece esse amor? Quem o experimentou? Seu nome correto é *amizade*".[28]

Aqui Nietzsche parece exaltar algo muito semelhante à concepção clássica de *philia* que vimos em Aristóteles e Montaigne. E, mais uma vez como Aristóteles e Montaigne, ele acredita que amar bem requer mestria e prática. O amor não é uma emoção "espontânea" que brota já pronta de nós. Todo amor, mesmo por nós próprios, é aprendido.

> *Devemos aprender a amar* – Isso é o que nos acontece na música. Primeiro temos de aprender a ouvir uma figura e uma melodia qualquer, detectá-la e distingui-la, isolá-la e delimitá-la como uma vida separada. Depois é preciso algum esforço e boa vontade para tolerá-la apesar de sua estranheza, para ser paciente com sua aparência e expressão, e bondoso para com sua esquisitice. Por fim chega um momento em que estamos acostumados a ela, em que esperamos por ela, em que sentimos que ela nos faria falta se não estivesse presente; e agora ela continua a nos compelir e encantar incessantemente até que tenhamos nos tornado seus humildes e arrebatados amantes que não desejam nada de melhor do mundo do que ela e somente ela.
>
> Mas isso é o que acontece conosco não apenas na música. Foi assim que *aprendemos a amar* todas as coisas que amamos agora. No fim somos sempre recompensados por nossa boa vontade, nossa paciência, imparcialidade e bondade com o que é estranho; pouco a pouco, ele deixa cair seu véu e revela ser uma nova e indescritível beleza. Esse é seu *agradecimento* por nossa hospitalidade. Mesmo aqueles que amam a si mesmos terão aprendido isso dessa maneira; pois não há nenhuma outra. O amor, também, tem de ser aprendido.[29]

Aprender a amar, sugere Nietzsche, envolve mais do que mera "aceitação". Uma vez que muitos aspectos do mundo – e de fato daqueles que amamos – são, francamente, feios, aprender a amá-los é aprender a vê-los, e especificamente a sua fatalidade, como bela. Pois o belo "*desperta a vontade*".[30]

O que nos leva de volta ao *amor fati* – amor ao destino –, a atitude em relação ao mundo que Nietzsche vê como mais fundamentalmente oposta ao cristianismo. Como ele diz de si mesmo e de sua ambição de ser um afirmador:

> Quero aprender cada vez mais a ver como belo o que é necessário nas coisas; depois serei um daqueles que tornam as coisas belas. *Amor fati*: que esse seja meu amor doravante! Não quero fazer guerra contra o que é feio. Não quero acusar; não quero nem mesmo acusar os que acusam. *Desviar os olhos* será minha única negação. E tudo considerado e de um modo geral, um dia desejo ser alguém que só diga Sim.[31]

Isto se assemelha à intuição de Platão de que o amor é inspirado pelo belo. Mas repudia sua insistência que ele se concentra seletivamente no que é belo em si mesmo, sugerindo em vez disso que deve também *tornar* as coisas belas. O amor, em outras palavras, é como o artista que cria ou interpreta o objeto a que se dedica de tal maneira que pode ver o conjunto como belo. Sua afirmação de seu trabalho é poderosa precisamente porque ele é capaz de vê-lo, até o último detalhe, como necessário, como um produto predestinado de sua própria vida.

A FILOSOFIA DE NIETZSCHE propõe desafios para o amor contemporâneo que ele ainda não enfrentou. Como seria o amor se não desejasse eternidade, paz, segurança, e afirmasse em vez disso seus opostos? Como pode o amor encontrar uma saída do labirinto que criou para si mesmo por ser o repositório final de nosso anseio por escapar às incertezas do destino, da perda e do acaso? Que novas possibilidades teria ele se fosse libertado da carga de nos salvar do sofrimento? Estas perguntas tornaram-se ainda mais prementes, e possíveis, em razão de um evento extraordinário, famosamente anunciado por Nietzsche: a "morte de Deus".[32] Para Nietzsche a morte de Deus não significa apenas a impossibilidade de se continuar a acreditar na figura paterna todo-poderosa cultuada nas religiões monoteístas, ou num céu em que os sofrimentos e pecados dos justos seriam redimidos, ou em todo o aparato de culpa e recompensa que sustenta essa teologia. Nem diz respeito apenas, de maneira mais ampla, à libertação das forças sombrias da superstição e da autoridade religiosa, ou a uma maravilhosa capacidade de validação pessoal e liberdade política.

A morte de Deus em última análise envolve, além disso, o fim de crenças ainda mais profundas: de que há um estado de paz eterna pelo qual vale a pena lutar; de que as coisas constantes e duradouras são mais valiosas que as transitórias e cambiantes; de que nossos sofrimentos podem ser justificados em termos de algum bem maior e indestrutível para o qual contribuem, como felicidade, arte, conhecimento, liberdade ou, na verdade, o próprio amor.

Nietzsche nunca encontrou tempo para perguntar como a morte de Deus neste último sentido mudaria a natureza do amor. Mas todo o seu ataque à ideia de que há valores ou estados de ser concebidos como incondicionais e eternos suscita essa pergunta. Como poderia o amor ser enriquecido se fosse livre da servidão a essas crenças? Que seria para ele superar a doença que Nietzsche vê na civilização ocidental: sua obsessão por escapar do sofrimento e da perda e de toda a sua religião de consolo? Este é um desafio proposto por Nietzsche ao mundo moderno que ele tanto contribuiu para criar, um desafio que ainda está por ser seriamente enfrentado.

15. O amor como uma história de perda: Freud

Nietzsche havia entronizado a psicologia como "a rainha das ciências" e "o caminho para os problemas fundamentais".[1] Com isso queria dizer que a chave para a descoberta de quem somos nós, os modernos, e de qual é a melhor vida para o tipo de pessoa que cada um de nós está fadado a ser, é pôr a nu nossos mais profundos – muitas vezes inconscientes – instintos, pulsões e desejos. E, acima de tudo, utilizar nossas complexas ânsias de poder de um modo que afirme a vida e o destino.

Somente nessas profundezas psicológicas podemos determinar que fins, que valores, que virtudes nos permitirão florescer. Somente nelas, e não perguntando qual é moralmente a coisa certa a fazer, ou o que maximizará nossa felicidade, ou o que favorece a aptidão reprodutiva, ou o que religiões ou outras ideologias ordenam, podemos compreender por que "escolhemos" os valores que escolhemos, que funções eles realmente desempenham em nossas vidas, e que valores poderiam ser mais adequados para nós.

Enquanto Nietzsche sucumbia à sua loucura final, dois escritores encontravam-se nos primeiros estágios de uma vida de trabalho que daria uma forma fascinante a essa profecia – e o fariam de uma maneira que foi de fato uma declaração de guerra à concepção ocidental dominante do amor, que remontava a Platão e ao judaísmo bíblico passando pelo Romantismo e o cristianismo. Foram eles Sigmund Freud (1856-1939) e Marcel Proust (1871-1922).

Esses dois pensadores-poetas de ascendência judaica continuam fascinantes, por mais que suas teorias tenham saído de moda, porque eles exploram destemidamente a visão minoritária que concebe o amor como animado por impulsos crus que nunca podem ser satisfeitos de maneira estável ou curados de seu potencial para a destruição; uma visão que considera as ligações humanas íntimas intrigantes e, sob muitos aspectos, sinistras; uma visão, também, que eliminou Deus por completo de sua descrição do mundo.

Freud e Proust negam que o isolamento humano possa ser superado; ou que possamos de fato considerar e afirmar a outra pessoa pelo que ela é; ou que possamos procurar no amor pura bondade e harmonia; ou que suas alegrias reduzam ou mesmo compensem as provações da vida. Nisto, a trilha de ambos já havia sido aberta por Lucrécio, bem como pela remodelação do amor como a expressão de implacável desejo sexual promovida por Schopenhauer. Mas eles vão muito além de Lucrécio e Schopenhauer nos detalhes psicológicos que enchem suas vastas narrativas sobre a busca reiteradamente frustrada e muitas vezes violenta de satisfação empreendida pelo amor – e no modo como investigam os funcionamentos do amor erótico desde os afetos da infância e nossa angustiada necessidade de calor e segurança, de início através da presença atenta de nossa mãe. Acima de tudo, recusam o consolo de que o amor humano possa alguma vez transcender seu egoísmo fundamental.

Mas qual é exatamente a natureza desse egoísmo?

Em seu pensamento mais inicial, Freud[2] sugere que *todo* amor é a expressão de energia sexual que deseja liberação e prazer. Embora chame essa energia de "libido", e a conceba como uma pulsão que impregna a existência humana, seu objetivo essencial é estimulação táctil, que por volta de certa idade passa a se concentrar no desejo de intercurso.

Ele fala sem rodeios: o "núcleo" do amor, seja qual for a sua espécie, consiste em "amor sexual com união sexual como seu objetivo". Inclui aqui, de maneira explícita, amor-próprio, amor por pais e filhos, amizade e amor pela humanidade em geral, bem como a devoção a objetos concretos e a ideias abstratas.[3]

O desejo sexual – como, para Freud, todas as pulsões – é ao mesmo tempo inato e insaciável: não precisa de estímulo externo para despertá-lo nem qualquer satisfação pode acalmá-lo de maneira definitiva. Sua gratificação produz prazer e sua frustração, dor – prazer e dor sendo, neste arranjo, os dois senhores gêmeos da ação humana. Na verdade, em razão do poder da libido na vida humana e dos numerosos obstáculos à sua satisfação, Freud passa a vê-la como nossa principal fonte de tensão e dor psíquica. Quando encontra objetos que a satisfazem, a libido tenderá a formar ligações com eles, o que Freud chama de "catexias"; e essa satisfação é acompanhada, segundo ele, pelo mais intenso prazer disponível para nossos corpos: o da gratificação genital. Uma vez que a descubramos, o sexo se torna um modelo para toda gratificação e a pulsão central de nossa vida:

> a descoberta pelo homem de que o amor sexual (genital) lhe proporcionava as mais fortes experiências de satisfação, e de fato lhe fornecia o protótipo de toda felicidade, deve ter-lhe sugerido que deveria continuar a buscar a satisfação da felicidade em sua vida ao longo do caminho das relações sexuais e que deveria fazer do erotismo genital o ponto central de sua vida.[4]

O que está acontecendo aqui? Parece absurdo asseverar que ansiamos por intercurso com nós mesmos, com uma paisagem ou com a humanidade como um todo; e só ligeiramente menos estranho que a sexualidade deva ser o "núcleo" de nosso amor por irmãos e pais.

Mas Freud não pensa que isso é necessariamente absurdo. Todo amor, sugere ele, exibe, ainda que de maneira muito vaga, o *desejo* essencial de união da sexualidade ou sua tendência ao autossacrifício. Em muitas situações em que a intimidade sexual é tabu – como com pais e filhos – ou completamente impossível – como no amor pela natureza ou por ideias abstratas –, a libido deve ser desviada de seu ingênuo propósito de união sexual e encontrar saídas alternativas não sexuais. Esse é o amor "de fim inibido" e suas expressões são "sublimações" da energia original, em outras palavras, uma canalização da energia do amor para fins mais elevados, mais criativos, mais refinados, como arte e pensamento, ou organização social e política. A sublimação para Freud (como antes dele para Nietzsche) é, portanto, um poderoso motor da civilização, e a necessidade absoluta de inibir desejo erótico está por trás de muitas das maiores realizações da humanidade.

A inibição do fim começa na primeira infância. É uma questão de sobrevivência refrear nossa pulsão libidinal quando ela poderia provocar a hostilidade daqueles de cujo amor e proteção dependemos: em primeiro lugar nossa mãe, depois ambos os nossos pais, depois as outras pessoas que cuidam de nós na infância, mais tarde a sociedade de maneira mais geral. A vida, segundo o pensamento inicial de Freud, é uma luta implacável entre as necessidades de autopreservação, impulsionadas pelo que ele chamou de "instintos do ego", e a insistente exigência de gratificação sexual da libido.

De maneira inconsciente, porém, toda relação de amor permanece despudoradamente sexual em sua motivação. A libido pode ser restringida ou retreinada com a plena força do tabu, da autopreservação e da sublimação, mas debaixo de todos eles, continua a viver: "O amor com um fim inibido foi de fato originalmente amor inteiramente sensual, e *ainda o é* no inconsciente do homem."[5] Se abandonadas a seus recursos naturais, sugere este pensamento, todas as nossas relações de amor – com pais, amigos, filhos, todas elas – buscariam satisfação sexual.

De fato, a sexualidade é tão fundamental para Freud, pelo menos em seu pensamento inicial, que sem ela o desenvolvimento do bebê é inexplicável. A "primeira e mais significativa de *todas* as relações sexuais",[6] diz ele, é a relação com o seio de sua mãe. Quando a criança emerge da infância e encontra outras pessoas que a protegem e satisfazem, sua relação com elas, também, "é moldada segundo sua relação como lactente com a mãe que o amamentava e é uma continuação dela".[7] Freud afirma que "o intercurso de uma criança com qualquer pessoa responsável por seu cuidado lhe proporciona uma interminável fonte de excitação e satisfação sexual a partir de suas zonas erógenas", em especial quando a pessoa que cuida, a começar por sua mãe, "a vê ela própria com sensações derivadas de sua própria vida sexual: acaricia-a, beija-a, embala-a e trata-a muito claramente como o substituto de um objeto sexual completo".[8]

Ao dizer tudo isto, Freud não quer dar a entender que o bebê deseja de fato intercurso genital com sua mãe. Naquele estágio muito primitivo, um fim específico como esse – de fato, desejo em qualquer sentido significativo, com sua intencionalidade e suas noções de uma outra pessoa de quem se espera algo – não pode ainda ter se formado. Sua ênfase recai muito mais sobre os prazeres da estimulação táctil. Estes são experimentados primeiro através das áreas oral e anal, extremamente sensíveis à estimulação, e mais tarde em quase qualquer área do corpo. Freud pensa que um foco em intimidade não genital pelo bebê marca um estágio específico em nosso desenvolvimento, o qual, como todos os estágios, permanece no adulto. (Mas no fetichista, especula ele, esse foco sobrevive em fixações que substituem a intimidade sexual e impedem o desenvolvimento de relações sexuais plenas.)

No entanto essa imensa ênfase na sexualidade para explicar o afeto humano parece injustificada e restritiva, o próprio Freud passou a admitir uma confusão quase completa quanto ao que sua teoria da libido estava querendo dizer ao certo. Em primeiro lugar, ele não consegue explicar por que o prazer do bebê ao receber calor e alimento é sexual, em vez de associado aos deleites mais amplos da intimidade, ou por que sua mãe experimenta a ligação entre os dois, incluindo seus aspectos físicos, em termos sexuais. Não fica claro tampouco por que a relação primitiva a que todos os seus amores posteriores fazem eco é com o seio da mãe, não com todo o espectro de relações entre bebê e mãe. As muitas formas de tocar, ver, ouvir, proteger, conectar e alimentar devem ser todas maneiras importantes em que a intimidade entre uma criança e os pais pode ser experimentada e simbolizada.

Em relações adultas, também, não é plausível que a energia libidinal possa explicar fenômenos tão diversos quanto o desejo de proximidade entre amigos e o amor à humanidade ou a objetos abstratos; nem fica claro como ela poderia explicar as complexidades da confiança e do ciúme. Nossas necessidades de ternura, bondade e solidariedade não são redutíveis à libido inibida em seu intuito natural de gratificação sexual. E ver todo amor como de fim inibido ou libido de fim inibido não faz justiça aos ricos motivos para intimidade que vimos na história do amor.

A EXPLICAÇÃO DO DESENVOLVIMENTO HUMANO proposta por Freud é muito mais poderosa quando ele passa a explorar a maneira como o amor e sua perda forjam nossa individualidade: como eles nos permitem reconhecer nossa existência independente como indivíduos, separados de outros.[9]

A princípio, ele sugere, o bebê não tem nenhuma consciência de ser um eu. Embora obtenha satisfação sensual e conforto emocional do seio da mãe, não pode *experimentá-la* e ao seu seio como suas fontes ou a si mesmo como seu beneficiário. Nesse estado de "narcisismo primário" ele ainda não é capaz de distinguir sua própria existência das pessoas ou coisas além dele. Ou, para expressá-lo numa linguagem mais moderna:[10] se a criança recebe cuidados suficientemente bons da mãe, passará a experimentá-la como estando sob seu controle onipotente, embora separada dele em outros aspectos.

Um sentido apropriado de eu, em outras palavras, de ser o sujeito de suas próprias experiências, surge, Freud sugere, a partir do primeiro trauma que aflige todo ser humano: a mãe amorosa não está sempre disponível para o bebê quando ele a quer. O bebê aprende pouco a pouco que nem a satisfação física que recebe no seio da mãe nem a capacidade desta de responder prontamente às suas necessidades são controláveis, devendo, portanto, ser distintas de seu desejo:

> Um bebê no seio ainda não distingue seu ego do mundo externo como a fonte das sensações que fluem para ele. Ele aprende pouco a pouco a fazê-lo, em resposta a vários estímulos. Deve ficar muito fortemente impressionado pelo fato de que algumas fontes de excitação, que mais tarde reconhecerá como seus próprios órgãos corporais, podem lhe suprir de sensações a qualquer momento, ao passo que outras fontes lhe escapam de tempo em tempo, entre elas a que mais deseja, o seio de sua mãe ... Dessa maneira há pela

> primeira vez, colocado diante do ego, um "objeto", na forma de algo que existe "fora" e que só é forçado a aparecer por uma ação especial.[11]

Mais tarde essa lição é reforçada por mais uma ruptura: seu aprendizado de que tem um rival junto à mãe – na forma de seu pai, em relação a quem desenvolve emoções profundamente ambivalentes, admirando-o e temendo-o ao mesmo tempo[12] (na verdade, temendo-o a tal ponto que, segundo a noção de Freud do Complexo de Édipo, deseja matá-lo). Mais tarde ainda, por volta dos cinco anos, o bebê começa a se dar conta de que os pais, para quem dirigiu tanta energia libidinal, não estão disponíveis para fornecer o grau de gratificação pelo qual anseia.

Essas rupturas impõem-lhe a percepção de que existe um mundo externo, que não corresponde perfeitamente a nossos desejos, e, portanto, forma-se uma fronteira em torno de nossa própria pessoa:

> originalmente o ego inclui tudo, mais tarde ele separa um mundo externo de si mesmo. Nossa sensação atual de ego é, portanto, apenas um mirrado resíduo de uma sensação muito mais abrangente – de fato, todo-abrangente – que correspondia a um vínculo mais íntimo entre o ego e o mundo à sua volta.[13]

Tornamo-nos, portanto, indivíduos através da luta constante (e muitas vezes frustrada) para conseguir os objetos de nosso amor, em primeiro lugar nossa mãe, depois nosso pai, cuja perda ou poder nos aterrorizam, e cuja realidade independente, de fato individualidade, temos de acabar por admitir.

MAS SÓ O ADMITIMOS até certo ponto. A batalha para controlar esses indivíduos cruciais por cuja perda e poder sentimo-nos incessantemente ameaçados continua por outros meios: sua internalização (ou introjeção). Nós os domesticamos introduzindo-os psiquicamente dentro de nós mesmos. Tornando-os parte de nós.

Esse é o processo que Freud chama de "identificação" e ele o descreve como a "incorporação canibalesca da outra pessoa".[14] É uma descrição de grande força, pois comer uma outra pessoa é um símbolo de posse violenta e triunfante; e o estágio de desenvolvimento em que isso começa (a fase "oral") é quando nossa relação com o mundo, em outras palavras, com nossa mãe, ainda é mediada por nossa boca.

Claramente o objetivo não é destruir os objetos amados, mas preservá-los – para nós mesmos. Platão já havia, por certo, visto o amor como um anseio pela posse permanente do bem. Mas Freud sabe que por melhor que nossos objetos de amor correspondam a esse anseio, ele é insaciável. A própria essência do amor é fracassar. A posse permanente do que desejamos, ou do que consideramos ser um grande bem, é impossível. Esta é a natureza trágica do amor.

A recusa do amor a aceitar esse fracasso leva necessariamente à violência. Embora indivíduos sensatos consigam chegar perto da aceitação, o bebê (e o infantil no adulto) obviamente não consegue. E assim, destroçado por uma sensação de impotência, ele é terno em relação aos objetos amados, mas brutal em seu desejo por eles. Afirma-os, quer eles retribuam ou não o seu amor; mas quando não o fazem, também anseia por vingança.

A vingança, é claro, não precisa ser dirigida para a causa original de seu sofrimento. A experiência cotidiana confirma com demasiada frequência a afirmação de Freud de que "atos de vingança podem ser dirigidos contra as pessoas erradas" porque a punição "deve ser promulgada mesmo que não recaia sobre os culpados".[15] Se o amor for suficientemente frustrado, sugere Freud, estará sempre à procura de bodes expiatórios.

Essas sensações contraditórias em relação a nossos objetos primais de amor não são elas próprias "patológicas". Procurar possuir alguém que exerce um poder absoluto sobre nós; sentir-nos tanto ternos quanto vingativos em relação a ele; identificar-nos com ele tanto na medida em que nos gratifica quanto na medida em que nos frustra; canibalizá-lo e apesar disso erigi-lo em nosso senhor e mestre interior – tudo isto pertence ao amor.

E à formação do indivíduo. Desenvolvemos a individualidade que começou a ser forjada quando reconhecemos nossos pais como distintos de nós transformando-os em nós mesmos. De maneira específica, apropriamos os valores e métodos que usam para nos criar a tal ponto que formamos aquele policial ou consciência interior que Freud chama de "superego". Amamos então em nós mesmos as próprias coisas que amamos neles. Censuramo-nos pelas próprias coisas que censuramos neles. E, numa inversão peculiar na direção da agressividade, também nos censuramos pelas próprias coisas que *eles censuram em nós*. Como Freud observa, "a identificação empenha-se em moldar o próprio ego de uma pessoa à maneira daquele que foi tomado como modelo".[16] (Como tantas vezes: possuir é ser possuído.)

Em outras palavras, a identificação com nossos pais cria a base de nossos valores e assim do modo como julgamos a nós mesmos e nos relacionamos conosco. Freud expressa esse pensamento afirmando que nossa identificação com mãe e pai é decisiva para estabelecer "o ideal do ego [dominante] pelo qual o ego mede a si mesmo, que ele emula e cuja exigência por perfeição cada vez maior esforça se para satisfazer". "Não há dúvida", diz ele, "de que esse ego é o precipitado da velha imagem dos pais, a expressão de admiração pela perfeição que a criança lhes atribuía."[17]

Aqui reside a origem de uma parte muito grande de nossa identidade e autoestima. E aqui, também, reside a fonte da culpa e autopunição que sobrevêm quando não conseguimos corresponder ao ideal dominante. A autopunição, observa Freud num de seus brilhantes apartes, não é apenas penosa, mas também proporciona a espécie de prazer a ser ganha de um pai severo e protetor. Ela está no limiar daquele estranho mundo do masoquismo – satisfação em ser objeto de violência e humilhação – que, Freud suspeita, está, como o sadismo, "fortemente amalgamada ao erotismo".[18] Assim, a autopunição combina-se prazerosamente com o instinto erótico, de modo que "mesmo a autodestruição do sujeito não pode ocorrer sem satisfação libidinal".[19]

E depois há o mundo além de nossos pais: a sociedade com seus valores e restrições. Freud vê a relação desse mundo conosco em termos muito similares à de nossa mãe e pai: como uma grande autoridade, cuja proteção e amor são cruciais para nossa sobrevivência, e cujos valores e severidade também internalizamos, sob a vigilância sempre presente de nosso superego (ou consciência). Esse mandante interno pode se tornar incomparavelmente mais brutal que a sociedade, pois não só nossas ações, mas também cada intenção ou desejo passageiro é submetido a seu implacável escrutínio, provocando potencialmente sentimentos igualmente implacáveis de culpa.[20]

Os riscos não poderiam ser mais altos. O grau em que nosso superego pode amar em vez de odiar nosso ego é crucial para nossa sensação de estar seguros e de fato vivos: "Para o ego", diz Freud, "viver significa o mesmo que ser amado – ser amado pelo superego."[21] Se não for adequadamente amado, o ego abandonará a vontade de viver, se tornará melancólico e por fim esmagado pelo medo da morte. A linguagem técnica de Freud não deveria obscurecer seu comovente pensamento:

> O medo da morte na melancolia só admite uma explicação: que o ego abre mão de si mesmo porque se sente odiado e perseguido pelo superego ... O superego cumpre a mesma função de proteger e salvar desempenhada outrora pelo pai e mais tarde pela Providência ou Destino. Mas, quando o ego se vê num perigo real excessivo que acredita ser incapaz de superar com a própria força ... [ele] se vê desertado por todas as forças protetoras e se deixa morrer. Aqui, além disso, está mais uma situação igual àquela subjacente ao primeiro grande estado de ansiedade do nascimento e da ansiedade infantil do desejo, a ansiedade resultante da separação da mãe protetora.[22]

Ao falar sobre identificação, e também de internalização de normas da sociedade em que vivemos e de que nossa própria vida depende, Freud expressa em termos psicanalíticos uma antiga intuição: o amor e a lei estão indissoluvelmente ligados. Como vimos no Antigo Testamento, e também, ao contrário do que se costuma pensar sobre o Novo Testamento, no que o próprio Jesus disse, a fonte do amor é também a fonte da lei. "Se me amais, guardareis meus mandamentos." (João 14:15). Proteção e reconhecimento vêm do mesmo lugar que os ditames dos mandamentos e da consciência.

Em suma: à medida que nos desenvolvemos e crescemos, acumulamos uma sucessão de objetos amados incorporados. Teremos também experimentado todos eles como perdidos, pelo menos de tempo em tempo, e como trazendo consigo a possibilidade sempre presente de outras perdas. (Como já vimos em Platão, o amor deseja possuir; assim, se isso é impossível não há amor sem perda.)

Esses objetos amados e perdidos tornam-se parte do "estofo" de que nossa individualidade é formada. Ao internalizá-los, experimentamos a nós mesmos cada vez mais como um local de feitos e ações, como um centro de responsabilidade. Eles são essenciais para a estruturação de nossos eus emergentes: nosso autorrespeito, nossa ética, nossa capacidade de ser agentes. Nas palavras de Freud: "o caráter do ego é um precipitado de catexias de objeto abandonadas e … contém a história dessas escolhas de objeto".[23] Em grande medida o "Eu" é constituído pela história de seus amores, e, mais poderosamente, pela história de seus amores frustrados.

Isto nos leva a uma das ideias mais influentes de Freud: nossos primeiros amores também fornecem o modelo para nossos *futuros* amores. Na vida adulta, permanecemos obstinadamente fiéis a nossa identificação com mãe e pai. Quem amamos e como amamos é moldado pelos ideais que aceitamos outrora de nossos pais.

Em especial por aqueles ideais a que nós mesmos não conseguimos corresponder. A resposta de Freud para a pergunta: "Por que ela?" é mais sutil do que dizer que vemos nela uma cópia de nossos pais. É que ela

> serve como substituto para um ideal inalcançado de nós mesmos. Nós o amamos [o objeto de nosso amor] por causa das perfeições que nos esforçamos por alcançar para nosso próprio ego, e que gostaríamos agora de obter dessa maneira indireta como um meio de satisfazer nosso narcisismo.[24]

Mal nos damos conta, é claro, de que estamos tentando viver nossos ideais parentais inalcançados através do ser amado (e, em consequência, de que estamos sendo incapazes de vê-lo por quem é). Internalizamos perfeitamente demais os nossos pais para ter a perspectiva necessária para tal consciência. Na verdade, começamos a assimilar mãe e pai tanto tempo antes de termos nos desenvolvido em algo reconhecivelmente semelhante a um "eu" que nunca houve um momento em que tivemos um eu não colonizado pela presença deles.

E assim, por mais individuais e distintivos que tenhamos conseguido nos tornar na vida adulta, uma vez que estejamos enamorados, a regressão à fonte básica e mais familiar de conforto é sempre inevitável.

Por regressão, Freud não quer dizer que nosso desenvolvimento seja revertido, ou que nossa personalidade adulta se desintegre, voltando a ser algo primitivo, digamos, como antes de termos qualquer forma de eu. Em sua descrição arqueológica da mente, todos os nossos estágios anteriores de desenvolvimento tendem a ser preservados junto com sua forma mais recente.[25] A psique e seus instintos são estarrecedoramente conservadores, com uma clara "compulsão a repetir" padrões estabelecidos.[26] É de todo possível, portanto, que estágios anteriores, menos diferenciados, sejam reativados de súbito – digamos, pelo enamoramento – deixando ao mesmo tempo os posteriores, mais organizados, perfeitamente intactos. Seu pressuposto é "que na vida mental nada que foi uma vez formado pode perecer, que tudo é preservado de alguma maneira e que em circunstâncias adequadas (quando, por exemplo, a regressão avança o bastante) pode mais uma vez ser trazido à luz".[27]

Nenhum sentimento exemplifica melhor essa possibilidade de regressão, sugere Freud, que a enlevada união que amantes experimentam quando os limites entre eles "ameaçam se desvanecer" e eles são dominados por uma sensação "oceânica" de serem um só com o universo. O tempo para e sua ligação parece imortal. Quando amantes dizem que "nada mais importa", eles sentem isso, sugere a teoria de Freud, porque habitam um universo psíquico indiferenciado em que, num certo sentido, nada mais poderia importar. No estado para o qual regressaram, ainda não se desenvolveu um "eu" capaz de experimentar a si mesmo como um indivíduo distinto de um mundo externo.

Essa sensação do ilimitado, e, portanto, do imortal, não difere das sensações religiosas ou místicas em que também parecemos estar fora de nosso modo de ser limitado usual. Diferentemente do que ocorre na religião, porém, Freud não considera a regressão do amor patológica; pois ela é apenas um desaparecimento "temporário" do limite entre o ego e o mundo externo – apenas uma fase em que atribuímos ao mundo externo coisas que se originam claramente em nosso próprio ego.[28] Ao passo que na crença religiosa, pensa ele, a regressão é mais do que um episódio: é um modo de vida.

Apesar disso, a regressão que ocorre no amor está longe de ser um arauto de doçura e bondade. Ela chama de volta um estado infantil em que o outro ainda não pode ser experimentado como uma pessoa distinta com suas próprias necessidades. Os amantes podem parecer ternamente devotados ao bem-estar um do outro, mas, na realidade, Freud sugere, cada um está buscando uma satisfação essencialmente narcisística. Cada um está impiedosamente determinado a possuir o outro como o objeto de sua gratificação; cada um está firmemente decidido a eliminar a ansiedade de perder o outro. Pior: por terem regredido a um estágio tão primitivo de desenvolvimento, eles estão inconscientes dessa tirania; seu mundo emocional não é tal que poderiam se preocupar com um outro a quem poderiam fazer mal. É uma reinterpretação cruel mas extraordinária do que se passa na fusão amorosa, celebrada durante séculos como o apogeu da submissão ao ser amado; como o momento em que, no clichê, nós "nos entregamos" a ele "de corpo e alma"; como a intimidade mais espiritual de que seres humanos são capazes.

Tudo ilusão, pensa Freud. O que ocorre é exatamente o oposto.

MAS O AMOR TEM FACE DE JANO: ele aponta para diante, não apenas para trás. Assim como estimulam a regressão a estados psíquicos menos individualizados e causam perturbação psíquica, os instintos eróticos também "buscam combinar quantidades crescentes de substância viva em unidades cada vez maiores".[29] Seu principal objetivo, diz Freud em seu pensamento posterior, é "unir e ligar".[30]

Aqui Freud vê o amor menos em termos de uma pulsão sexual que busca gratificação e mais como uma pulsão voltada para a unificação. O amor integra nossa vida interior ao nos propelir rumo a identificações cada vez mais complexas com os objetos em que se fixa "lá fora" no mundo. Quando nossa libido investe valor no mundo externo e em seus objetos, eles se tornam reais e significativos para nós; tornam-se também mais ricos em detalhe e mais integrados em estrutura.

Decisivo para esse processo de integração é que reivindiquemos, e afirmemos como nossos, os instintos e valores básicos que nos impelem. Se nos desenvolvemos com sucesso, esses instintos não ficam emperrados como parte de um superego cindido que se comporta como um censor moral tirânico perante o qual nos sentimos irremediavelmente culpados. Nem temos nossa vida sequestrada por uma pulsão libidinal que prossegue vigorosamente em seu caminho autônomo, uma pulsão libidinal que se origina no domínio caótico, inteiramente inconsciente e instintivo que Freud chama, em seus últimos escritos, "das Es", o "isso" ou (como em geral é traduzido) o "id". Em vez disso, esses instintos e pulsões são introduzidos num domínio unificado e diferenciado, "das Ich", o "ego", que é capaz de afirmá-los como seus e assim exerce a responsabilidade soberana de um senhor, não a responsabilidade imposta de um escravo.[31]

Essa integração é a meta da psicanálise. Freud alude a ela em sua conclamação: "Lá onde isso estava, [eu] devo advir" (*Wo Es war, soll Ich werden*).[32] Em outras palavras, enquanto o id é assolado por pulsões contraditórias "que perseguem seus próprios fins de maneira independente e sem consideração uma pela outra", o ego tenta resolver essas contradições abandonando uma pulsão em favor de outra (bem como sublimando-as ou redirecionando-as), em suma, organizando as pulsões numa hierarquia integrada.

Só quando tem sucesso nesse esforço o ego é capaz de genuíno amor-próprio.[33] Um nível elevado de organização psíquica – e as tréguas e harmonias entre pulsões que isso envolve – tornaria possível uma nova ligação consigo mesmo, para o eu se tornar de novo, ainda que em medida limitada, a fonte autossuficiente de sua própria gratificação.[34] Amar a si mesmo seria alcançar exatamente essa ligação consigo mesmo.

SE HÁ UM TEMA QUE ATRAVESSA todo o pensamento de Freud sobre o amor é este: a ambivalência fundamental do amante. Amo alguém na medida em que ele é uma fonte de gratificação, mas o odiarei na medida em que se provar inevitavelmente inconstante em seu fornecimento. Reconheço-o como um eu independente – por certo uma precondição para qualquer relação desenvolvida com ele – apenas por causa dessa inconstância, em resultado da qual também o odeio. Como as ambições possessivas do amor não podem ser perfeita ou finalmente realizadas, ira e destruição estão sempre latentes em seu desejar. Na realidade quanto mais forte é o amor, maior seu potencial de fúria.

Em seus escritos tardios, Freud expande vastamente o alcance e a natureza dessa ambivalência, transformando-a numa espécie de princípio cósmico. Toda vida, especula ele, é governada pela luta entre uma pulsão por unificação e uma pulsão por desintegração. A pulsão unificadora liga indivíduos – em pares, famílias, nações, raças e por fim no todo que chamamos de "humanidade". E a pulsão por desintegração opõe-se a essa unificação, almeja liberar a tensão inerente às unidades, e reconduz o que está vivo a um estado inorgânico.

Freud não chama mais a pulsão por unificação de "libido", mas a renomeia "Eros" (e supõe erroneamente ser ele idêntico ao conceito platônico de mesmo nome).[35] E chama a pulsão oposta de "instinto de morte":

> Só podemos explicar a rica multiplicidade dos fenômenos da vida pela ação concorrente ou mutuamente oposta dos dois instintos primais, Eros e o instinto de morte, nunca por um ou outro apenas.[36]

O instinto de morte, afirma Freud, expressa a "tendência dominante da vida mental, e talvez da vida nervosa em geral … a reduzir, a manter constante ou remover tensão interna".[37] Na medida em que o estado em que toda essa tensão foi abolida é a morte, *"a finalidade de toda vida é morte"*.[38]

Por que Freud sentiu necessidade de introduzir o instinto de morte? Em essência, porque passou a acreditar que princípios como prazer e autopreservação, regressão e integração, embora pudessem explicar boa parte do comportamento humano, não podiam dar conta de uma enorme realidade: a *escala* da destrutividade humana. Uma realidade, seguir-se-ia, que nenhuma tentativa de explicar o amor, seja pelos outros ou por si mesmo, precisa levar em conta.

Em relação a si mesmas, observou Freud, as pessoas podiam se comportar de maneiras não explicáveis pela meta de maximizar prazer ou preservação. Elas podiam repetir compulsivamente traumas penosos, retornando muitas vezes à cena original de terror, assim como "há pessoas em cujas vidas as mesmas reações se repetem perpetuamente sem correção, em detrimento delas mesmas".[39] Para não mencionar, poderíamos acrescentar, as muitas outras maneiras pelas quais as pessoas sabotam seu próprio florescimento e sucesso – e nesse processo sofrem duas vezes: pelo fracasso e por sua autoinflicção.

Em relação aos outros, ele observou corretamente, os impulsos destrutivos podem ser vistos em toda parte. A história é um registro quase ininterrupto de violência, de massacres e guerras a cenas menos visíveis de aniquilação, em que ânsias de explorar, abusar, humilhar, torturar e matar o próximo estão em constante exibição. Quando as restrições normais a tal crueldade estão desativadas, diz Freud, "ela se manifesta espontaneamente e revela o homem como um animal selvagem que desconhece a consideração para com sua própria espécie".

> Qualquer pessoa que relembre as atrocidades cometidas durante as migrações raciais ou as invasões dos hunos, ou pelo povo conhecido como os mongóis sob Gengis Khan ou Tamerlão, ou na tomada de Jerusalém pelos devotos cruzados, ou até, de fato, os horrores da recente [Primeira] Guerra Mundial –, qualquer pessoa que relembre essas coisas terá de se curvar humildemente perante a verdade desta ideia.[40]

Devemos duvidar seriamente se o instinto de morte é necessário para explicar, em geral, a intensidade da agressão humana ou, em particular, o comportamento para consigo mesmo que viola o princípio do prazer. O que importa aqui, porém, é como ele consolida a relação inextricável da visão do amor de Freud com o ódio e a destruição. Como tantas vezes ocorre, ele enuncia um mito antigo, isto é, uma antiga estrutura de explicação, em sua nova linguagem da psicanálise. Essa estrutura de explicação está presente, entre outros lugares, no zoroastrismo (a religião datada do século VI a.C., ou antes, e derivada do profeta iraniano Zoroastro), que sustentava que vivemos num universo moral em que o bem, corporificado num Deus que é também uma força em prol da unidade, está em constante luta com o mal, uma força em prol da destruição e da desintegração. Ela está presente, como Freud reconhece, na cosmologia de Empédocles (c.492-c. 432 a.C.), o pensador grego que via todo o universo como governado por amor e luta, cujo combate mantém a natureza em constante fluxo.[41] Está nas noções cristãs convencionais, tão ridicularizadas por Freud, de Deus e Satã (noções influenciadas elas próprias pelo zoroastrismo). E está no maniqueísmo, também zoroástrico em tantos de seus elementos, que surgiu no século III d.C. e ao qual santo Agostinho pertenceu antes de se tornar cristão.

A IMAGEM DA ALMA HUMANA de Freud envolve problemas mais amplos, como sua imensa ênfase na sexualidade para explicar o amor (e nosso interesse pelo mundo em geral), ênfase que ele próprio admitiu ser insatisfatória; ou suas complicadas noções de como a intenção opera no desejo sexual; ou a medida em que ele busca explicar a riqueza do afeto humano em termos da gratificação de pulsões básicas. Muitas coisas que ignorei, como seu preconceito patriarcal, são, para dizer o mínimo, questionáveis.

Esses tipos de problemas, e uma ladainha de outras asserções insatisfatórias, foram atacados por exércitos de críticos, muitos deles brilhantes, que acusam Freud, com razão, de fazer falsas reivindicações de precisão científica, quando está bastante óbvio que não há qualquer meio de pôr à prova a teoria psicanalítica que lhe confira nada de semelhante ao rigor de disciplinas como a física, a química e a biologia.

Mas nosso interesse aqui não é pela precisão científica. Se fosse, poderíamos ignorar quase toda a história do amor como absurdo inverificável, desde a crença judaica num Deus que põe o amor a si à frente de seus mandamentos para seu povo, até a ideia de Platão de que o amor é uma busca de beleza absoluta, até quase todo o amor cristão não baseado em Aristóteles, até o amor-misticismo do Renascimento ao Romantismo, e até qualquer teoria do sexo que o veja como o início de uma grande jornada ética. Nosso interesse aqui é antes pelo modo como nossas concepções ocidentais do amor foram pouco a pouco reunidas. Queremos saber como, com toda a sua incoerência interna e absurdo, elas começaram a ter um domínio tão forte sobre nós que quase nenhuma relação contemporânea está livre de sua influência; e se elas realmente nos permitem encontrar o embasamento ontológico através de formas de intensa intimidade, que são, eu afirmo neste livro, a meta mais profunda do amor.

Neste contexto Freud é uma figura que não podemos ignorar; que, de fato, ainda fala de maneira mais poderosa com nosso tempo que qualquer outro psicólogo ou talvez qualquer outro pensador dos últimos cem anos. Conceitos como repressão, regressão, repetição, sublimação, projeção, internalização e libido saturam a nossa linguagem e estruturam toda a nossa maneira de pensar sobre nós mesmos e nossas relações com os outros. A ideia de que experiências da infância, em especial no amor, formam padrões que são repetidos mais tarde na vida é um clichê consagrado.

Freud é também de suma importância, e profundamente plausível, ao nos fazer pensar sobre a maneira como um indivíduo é constituído pela história de seus amores e perdas. Como esse indivíduo pode recuar e avançar entre vários estágios dessa história. Como o amor maduro envolve nossa libertação de padrões infantis e as maneiras como estes mantêm a intimidade como refém do terror da perda. Como o desejo frustrado, seja ele sexual ou não, pode ser redirecionado para comportamento aparentemente não relacionado. Como o desejo sexual normal é próximo do anormal. Como perversões podem facilmente tornar-se parte do tecido de nossa psique. Como o ódio e a ira não são apenas centrais para o desenvolvimento do amor, ainda que só pela frustração e desamparo que envolvem, mas impregnam as relações amorosas e assim as aprisionam em fundamental ambivalência. Como o amor é a fonte dos mais nobres ideais ao mesmo tempo em que é completamente imoral em sua essência infantil. Como o amante tanto dá para o amado quanto é possessivo em relação a ele a ponto de canibalizar sua psique. Como nossa capacidade de amor depende não de inocência, mas de perda da inocência.

Estes são pensamentos alarmantes. Eles resultam numa visão trágica do amor como fadado a sabotar o que mais quer. Como amantes, ansiamos por união com um outro, a quem levamos constantemente a nos decepcionar (projetando sobre ele ideais derivados da internalização de nossos pais); a quem submetemos aos impulsos primitivos de estados regressivos; e que, em virtude de sua proximidade e de nosso desejo por eles, estão inevitavelmente na ponta receptora das vastas forças da destrutividade humana. E assim "quase toda relação emocional íntima entre duas pessoas que dura por algum tempo – casamento, amizade, a relação entre pais e filhos – contém um sedimento de sentimentos de aversão e hostilidade, que só escapa à percepção em resultado da repressão".[42]

Embora Lucrécio e Schopenhauer tenham em certa medida antecipado o pensamento de Freud, como o fizeram trágicos de Sófocles a Shakespeare, e de Racine a Zola, ele vai mais longe que qualquer outro escritor ao sugerir que amantes não só não podem criar um casulo em que estão a salvo dos impulsos assassinos da humanidade, mas alimentam inevitavelmente esses mesmos horrores nos confins de sua intimidade. Porque esses horrores pertencem à essência da vida em geral e da intimidade em particular. Pior: os amantes os abrigam em grande parte sem o saber, em especial nas uniões de amor mais arrebatadas.

Aqui Freud faz um desafio necessário à visão otimista confortável e sob muitos aspectos complacente do que o amor pode ser que prevaleceu pelo menos desde o cristianismo primitivo – uma visão que, apesar das dificuldades que reconhece para se chegar lá, concebe uma consumação marcada por perfeição, beatitude, harmonia, compreensão, cooperação, benevolência, veracidade e inocência.

Consta que Jesus disse: "Se não vos converterdes e não vos tornardes como crianças, não entrareis no reino dos céus" (Mateus 18:3). Na medida em que se considera que o Reino dos Céus é o reino do amor, isso foi interpretado através das eras como significando que para amar bem devemos amar como crianças. De fato, Jesus falava sobre a necessidade de humildade e elogiava a capacidade das crianças para isso.[43] Mas quer seus seguidores o tenham ou não interpretado mal, a crença de que o amor das crianças é mais puro, desinteressado e generoso, e de que uma perda de inocência prejudica em vez de favorecer nossa capacidade de amar, tornou-se uma ideia poderosa sobre o amor no Ocidente. É uma ideia a que todo o corpo de obra de Freud se coloca em categórica oposição, e que ele contestou com um grau de imaginação, detalhe e convicção inigualados por qualquer outro pensador.

16. O amor como terror e tédio: Proust

Em Marcel Proust (1871-1922) encontramos uma vivissecção das prolongadas lutas do amor para obter o inapreensível mas ardorosamente desejado ser de outrem sem paralelo na tradição ocidental. Assediado por uma miríade de ilusões, associações e lembranças, e forjado a partir delas, o amor é revelado como uma dialética impiedosa de ansiedade e decepção, esperança e tédio, deleite e pavor – uma dialética solucionada, quando muito, numa espécie de ligação estável apenas pela perda final do ser amado.

O medo do isolamento e do desamparo estrutura o amor e confere-lhe sua enorme urgência. Nascido do medo, vivendo no medo e por vezes morrendo de medo, o amor persegue a meta impossível de possuir uma pessoa estranha que ungimos de maneira frenética e sob muitos aspectos arbitrária como "a única", ainda que ela possa não nos agradar realmente. Nós a vemos como oferecendo à nossa vida um novo ancoradouro, e nos jogamos sobre essa visão, muitas vezes uma mera miragem, com uma vontade tolhida por sua própria crueldade e confusão.

Se ainda assim conseguimos viver em harmonia com ela, isso é resultado menos de genuína apreciação de seus méritos, ou de nossa honestidade e sinceridade um para com o outro, que de algo muito diverso: o gênio do hábito, que pode abençoar e estabilizar quase qualquer situação em que nos aprisionamos. Na verdade, o fato de ela ser honesta ou sincera conosco poderia ter pouco efeito sobre o amor que lhe temos ou não: "Uma pessoa não tem nenhuma necessidade de sinceridade, nem mesmo de habilidade para mentir, para ser amada. Ao falar de amor, quero dizer aqui tortura recíproca."[1] Assim fala Marcel, o narrador da obra monumental de Proust, *Em busca do tempo perdido* (*A la recherche du temps perdu*), de sua relação com Albertine, a mulher que vê com anelo, desprezo, desejo, desconfiança, admiração, desdém e incompreensão.

No entanto, como quase toda a tradição ocidental antes dele, o Narrador não pode resistir a ver no amor *a* grande oportunidade para a redenção da vida. Ler Proust é não apenas ter nossos olhos abertos para o poder e a engenhosidade do imoralismo do amor; não apenas ver quão profundamente ele é estruturado pelo sofrimento, animado pelo engano e anestesiado pelo tédio; não apenas encontrar descrições nunca superadas de ciúme, indiferença e narcisismo. É também ser lembrado da enorme, talvez insuperável, ânsia ocidental por ver os sofrimentos da vida redimidos num bem supremo: neste caso, numa obra de arte que irá incorporar e justificar a dor descrita pelo Narrador ao longo de quase três mil páginas e que não poderia ser sido escrita sem ela.

Assim uma narrativa cujo pessimismo virtuosístico parece lutar contra a tradição dominante do amor ocidental e seu desejo furioso de harmonia, segurança, eternidade e afirmação incondicional, termina por perpetuar essa tradição por outros meios.

A TORTURA PODERIA SER REDIMÍVEL NO FIM, mas se é tão prolongada, o que mantém o Narrador fixado em Albertine? Mesmo depois que ele concluiu reiteradamente que ela é fraca, manipuladora, uma impostora e ainda por cima desinteressante? Qual é a esperança que confere ao amor sua estupenda persistência?

A resposta parece ser nada menos que descobrir e possuir existência final – em um outro ser humano, na natureza, nas coisas em geral.[2] E assim sentir-se completo: "O amor, na dor da ansiedade como na beatitude do desejo, é uma exigência de um todo" (3:102). Ele surge da dor corrosiva da solidão, que anseia por ser mitigada pela presença absoluta de um ser amado. Se todos os seres humanos têm um anseio de amar e ser amados é porque todos sofrem de isolamento e desamparo.

O desejo insano do amor é, portanto, possuir o amado tão perfeitamente que toda vulnerabilidade será abolida. Ele persegue esse sonho por todos os meios, sedução, bondade, adulação, persuasão, dominação, crueldade, imaginação, sem esquecer aquela tentativa singularmente poderosa de união: o intercurso sexual.

Mas a esperança de possuir uma outra pessoa está fadada ao desapontamento. Terá alguém, ou mesmo alguma coisa, uma realidade final a ser possuída? E mesmo que tenha, e ainda que possamos localizar essa realidade, não são as outras pessoas caprichosas demais, egocêntricas demais, opacas demais para serem possessíveis? Elas poderiam nos amar de volta, mas continuam vivendo suas próprias vidas e desaparecem de tempo em tempo de maneiras que não podemos prever ou controlar.

Como Freud, Proust encontra a origem de sua necessidade de segurança básica e sua inevitável frustração no anseio do bebê pela mãe – e sua incipiente compreensão de que vive num mundo de indivíduos cuja atenção não é constante: que chegam apenas para desaparecer de novo.

O Narrador recorda como, quando menino, havia ansiado pelo beijo de boa-noite de sua mãe e esperado ansiosamente que ela fosse a seu quarto; como, mesmo antes de ter recebido o conforto pelo qual ansiava, temia seu término, a partida da mãe:

> Meu único consolo quando subia para dormir era que Mamãe iria me dar um beijo quando eu estivesse na cama. Mas esse boa-noite durava tão pouco, ela voltava a descer tão depressa, que o momento em que eu a ouvia subir os degraus ... era para mim um momento da máxima dor; pois anunciava aquele que fatalmente o seguiria, em que ela teria me deixado e descido novamente. Tanto assim que eu chegava a ponto de esperar que esse boa-noite que tanto amava viesse o mais tarde possível, de modo a prolongar o tempo de trégua durante o qual Mamãe ainda não teria aparecido. (1:13-14)

Mais tarde na vida, o Narrador traça um paralelo explícito entre a dor que sentia quando criança nessas ocasiões em que sua mãe o deixava à noite com nada mais que um beijo tépido, e suas agonias quando, depois que eles tinham brigado, Albertine faz o mesmo. Nessas ocasiões ela, como sua mãe, parece horrivelmente indiferente; mesmo se lhe dá um beijo, está ausente dele. No entanto, como adulto, ele não pode pedir que ela aplaque sua angústia tal como costumava pedir à sua mãe:

> Não era mais a paz do beijo de minha mãe … que eu sentia quando estava com Albertine nessas noites, mas, ao contrário, a angústia daquelas em que minha mãe mal me dava boa-noite, ou mesmo simplesmente não vinha a meu quarto, seja por estar zangada comigo ou porque convidados a retinham no térreo … Mas se eu sentia a mesma angústia que na minha infância, a pessoa diferente que me levava a senti-la, a diferença no sentimento que ela inspirava em mim, a própria transformação em meu caráter, tornavam impossível para mim pedir seu apaziguamento a Albertine como pedia nos velhos tempos a minha mãe. Eu não podia mais dizer: "Estou infeliz." … Como nos velhos tempos … quando minha mãe havia me deixado sem me acalmar com seu beijo, eu queria correr atrás de Albertine, sentia que não haveria paz para mim até que a tivesse visto de novo[.] (3:107-8)

O amor adulto não repete exatamente os padrões da infância. É mais ambicioso e mais instável. Ele busca, de uma maneira que o bebê não poderia, a essência do ser amado – e uma união com essa essência que parecerá "completa". Busca conhecer e compreender o outro, e depara repetidamente com sua enlouquecedora obscuridade. No entanto, a despeito de toda a fúria de seu desejo de possuir, ele é, como o ritmo da excitação e da saciedade sexual, completamente ambivalente: a pessoa pela qual anseia num minuto é posta de lado no minuto seguinte; apega-se às mesmas ansiedades de que almeja se libertar; oscila entre o desejo e a repugnância.[3]

E assim o adulto não pode esperar ser amado de volta com a limpidez do amor de uma mãe, para ele o amor é menos satisfatório que para a criança, embora ele tenha mais fontes possíveis de reafirmação (há, pelo menos em teoria, vários amantes entre os quais escolher, além de amores não humanos, como a natureza, o saber e o trabalho). Eros pode ser tão volúvel quanto é poderoso. Ele é uma força de assombrosa complexidade e fluxo.

O Narrador, portanto, não vê o desejo de união do adulto como envolvendo uma regressão à necessidade que o bebê tinha da mãe e assim a uma forma mais primitiva de estrutura psíquica. Nem se sente em momento algum tentado a ver todo o nosso interesse pelo mundo como um investimento de energia sexual nele[4] (embora de fato atribua ao desejo um papel em todo o nosso empenho artístico e intelectual,[5] e imagens sexuais sejam proeminentes em suas descrições de objetos físicos[6]). Proust não é Freud requentado. Em vez disso, o desejo da criança pela mãe é meramente a primeira, ainda que a mais poderosa, expressão dessa busca humana universal de segurança.

Ler Proust é sentir que, de todos os grandes projetos da vida, nenhum é assediado por tamanho abismo entre fins e meios como o amor – entre ambição arrojada e os meios confusos, desajeitados pelos quais a perseguimos.

Os obstáculos ao sucesso no amor, e em especial no amor "romântico", começam com a arbitrariedade de nossas escolhas. De certa forma pousamos sobre uma pessoa, em quem investimos todas as nossas esperanças, até sermos desiludidos e pensarmos em passar para a seguinte. Por que a escolhemos antes de ter como saber se há um "ajuste" entre nós? Antes de termos a mais vaga ideia de quem ela é?

O Narrador vê um grupinho de meninas na praia em Balbec, "tão nobre como se fosse composto por virgens helênicas" (1:853). Elas andam "com o controle dos gestos que vem da perfeita flexibilidade do próprio corpo e de um sincero desdém pelo resto da humanidade" (1:847). São bonitas, corajosas, duras e frívolas; todas são confiantes a ponto da insolência (1:848). E a princípio ele fica embasbacado com todas: como deusas da beleza presidindo a um mundo magicamente despreocupado, elas são intercambiáveis para ele. Uma servirá tão bem quanto a seguinte.

Depois ele nota uma, empurrando uma bicicleta, "com olhos brilhantes, risonhos, e bochechas carnudas, mate ... usando termos de gíria tão tipicamente da sarjeta"(1:850). De maneira inesperada ela lhe lança um "olhar oblíquo, sorridente, desfechado do centro daquele mundo desumano que encerrava a vida dessa pequena tribo, um mundo inacessível, desconhecido, no qual a ideia do que eu era poderia por certo nunca penetrar ou encontrar um lugar" (1:851).

Embora o Narrador a ache comum, juvenil e desprovida de virtude, muito oposta, em outras palavras, a seus gostos bastante refinados; embora ele sinta que nunca poderia ser compreendido por ela; embora não lhe pareça possível um encontro real de espíritos com essa menina, ou com qualquer pessoa daquele grupo, apesar de tudo isso, como quando Dante encontrou Beatriz, esse único olhar é tudo de que precisa para se enamorar dela, e assim para desejar possuí-la e à sua vida inteira:

> Eu sabia que nunca possuiria essa jovem ciclista se não possuísse também o que estava em seus olhos. E era consequentemente sua vida inteira que me enchia de desejo; um desejo doloroso porque senti que não seria satisfeito, mas um desejo hilariante porque o que havia sido até então a minha vida tendo cessado de repente de ser toda a minha vida, sendo não mais agora que uma pequena parte do espaço que se estendia diante de mim, o qual eu ardia por abranger e que era composto das vidas dessas meninas ... (1:852)

Se o Narrador tem alguma explicação para sua fixação nessa menina desconhecida (que vem a ser Albertine), é que o mundo misterioso dela, cheio de coisas que ele não tem, como confiança, acanhamento, riso e juventude, poderia despertar em sua alma saciada uma nova sede "semelhante àquela com que arde uma terra crestada" (1:852). Ela lhe oferece alívio para a familiaridade consigo mesmo.

Mas mal essa razão lhe ocorreu, ele se lembra de que, na realidade, seu "ideal inacessível" (1:852) é uma mulher de cabelo avermelhado, ao passo que ela tem cabelo escuro. Mas de onde vem *esse* estranho ideal? Não de um amor por cabelo avermelhado como tal, ele nos diz, mas porque uma menina com um cabelo assim, chamada Gilberte, que ele havia desejado muito tempo atrás, havia sido amiga de um autor chamado Bergotte, que o Narrador venerava e em cujo mundo literário ele ansiava por entrar. Porque venerava Bergotte ele se enamorou de Gilberte, e porque ela era ruiva, esse se tornou seu ideal.

Assim por que então ele se enamora de Albertine? Porque, ao que parece, ela é a primeira a olhar para ele, e ele se regozija com esse olhar não em razão de algo que seja peculiar a ela, mas porque ele promete introduzi-lo a todas as *outras* meninas, das quais poderia um dia tornar-se amigo de alguma. Talvez sua paixão não seja afinal de contas por Albertine como tal, mas pela inebriante realidade para a qual ela acena. Talvez ele amasse Bergotte pela mesma razão. E Gilberte. Como o Narrador diz muito explicitamente:

> A crença de que uma pessoa tem uma participação numa vida desconhecida à qual seu amor pode nos assegurar ingresso é, de todos os pré-requisitos do amor, o que ele atribui maior valor ... (1:108)

Poderia, portanto, haver uma medonha combinação de casualidade e fatalidade em nossas escolhas no amor. O que está fadado, ou pelo menos longe de ser arbitrário, é a "vida desconhecida" em que desejamos ingressar. O que é casual é a pessoa que escolhemos para nos conduzir a essa vida.

Proust escreve que o tipo de pessoa que amamos é determinado por nosso próprio temperamento imutável que busca aqueles opostos ou complementares a nós mesmos. Acima de tudo, "o casamento de elementos contrastantes é a lei da vida ... Em regra, odiamos o que se parece conosco" (3:103).[7] O culto poderia procurar o inculto; o sensível o empedernido; o nervoso o calmo. Desejamos aquele ser que nos oferece "aquele prolongamento, aquela possível multiplicação de si mesmo, que é felicidade" (1:852).

Ficamos assim à espera, talvez por anos, da pessoa cujo mundo desconhecido, imaginamos, nos fascinará e afirmará. Surge então uma pessoa que parece ser ela. Como as meninas na praia, ela é sedutoramente inalcançável. Seu mundo encantado parece totalmente dissociado de nós. Sua vida interior é um mistério. Mal poderíamos acreditar que essa ninfa poderia desejar logo a *nós*.

É exatamente essa inatingibilidade que incendeia nossa imaginação:

> Essa evanescência de pessoas que não conhecemos … nos impele para aquele estado de busca em que não há mais nada para deter a maré da imaginação. Despir nossos prazeres de imaginação é reduzi-los às suas próprias dimensões, isto é, a nada. (1:853)

Ficamos "doentes de desespero" à ideia de que poderíamos nunca ser capazes de experimentar tal beleza; de que em vez disso seremos obrigados a nos consolar exigindo prazer de "mulheres que não desejamos, de modo que morremos sem nunca ter conhecido o que era esse outro prazer" (1:855). A pessoa amada, desconhecida, incognoscível, a encarnação de "tudo que é mais misterioso na beldade que desejamos" (1:855), inspira cascatas de imagens em nossa mente, muitas delas mal definidas, mas todas prometendo suprema felicidade.

Não há qualquer possibilidade de que a vejamos pelo que ela é: "é a tragédia de outras pessoas serem meramente mostruários para as coleções muito perecíveis de nossa própria mente" (3:568). E ao "encontrar" nela exatamente o que temos procurado, nosso amor por ela parece inevitável, de que outra maneira seria possível que encontrássemos essa pessoa em um milhão? Embora evidentemente ele *não seja* inevitável, como o Narrador compreende mais tarde em relação a seu amor por Albertine: "ele não era, portanto, como tanto desejei, tanto precisei acreditar, absolutamente necessário e predestinado" (2:408).

Mas e se não aparecer ninguém que prometa satisfazer nossos desejos? Por mais que esperemos. E então?

Bem, sugere o Narrador, podemos simplesmente inventá-la. Em outras palavras, podemos nos apaixonar por alguém que só existe em nossa imaginação. Ele lembra um passeio que costumava fazer pelo campo quando criança, ao longo do caminho de Méséglise. Maravilhado com sua beleza, ele queria expressar seu enlevo, mas descobria que não era capaz de fazer nada além de gestos pateticamente inadequados: "... vendo sobre a água, e na superfície do muro, um pálido sorriso que respondia ao céu sorridente, eu bradava meu entusiasmo, brandindo meu guarda-chuva enrolado: 'Meu Deus, meu Deus, meu Deus!'" (1:169-70). A indistinção de seu prazer o fazia sentir-se impotente. "Meus gritos de felicidade", diz ele, eram "não mais que expressões das ideias confusas que me animavam, e que não haviam alcançado o repouso do esclarecimento, preferindo os prazeres de uma deriva preguiçosa rumo a um escape imediato a submeter-se a um lento e difícil curso de elucidação" (1:169).

Um escape imediato seria uma mulher que, de um só golpe, o funde com a natureza e lhe poupa o esforço de descobrir sua própria relação com ela. Como não há ninguém realmente à mão, ele evoca uma jovem camponesa que poderia abraçar com todo o seu ser. Ela personifica a paisagem que tanto o encanta. Sua beleza pertence só a ela e apenas ela, ele se convence, pode revelar seus mistérios: "vagar assim em meio às matas de Roussainville sem uma jovem camponesa para abraçar era ver aquelas matas sem nada saber, contudo, de seu tesouro secreto, sua beleza profundamente escondida" (1:171). E, ele assegura a si mesmo, essas belezas da natureza que ela lhe concede irão, por sua vez, aumentar "o que me poderia ter parecido restrito demais nos encantos da mulher" (1:171).[8]

"O QUE ME PODERIA TER PARECIDO restrito demais nos encantos da mulher." Estas últimas palavras são fundamentais para a compreensão do amor de Proust. A jovem camponesa mal ganhou forma na mente do Narrador e ele já teme ser restringido por ela. Ela precisa apontar para alguma realidade maior – a magnificência da natureza circundante –, e ser enriquecida por ela, para que o pensamento de abraçá-la, que apenas um momento atrás havia sido seu ardente desejo, seja tolerável. A ânsia de possuir, ele sugere, é solapada por seu próprio sucesso.

É o que acontece na vida real para o Narrador. Quando ele por fim fica com Albertine, logo é oprimido pelo tédio. A razão é clara: "a existência do amor é sustentada apenas por penosa ansiedade … Ele nasce, e sobrevive, apenas se restar alguma parte para ele conquistar. Só amamos o que não possuímos inteiramente" (3:102). Isto é uma variante do velho adágio de que o amor tem a ver com a caça, não com a presa: adágio que é confirmado todos os dias pelos muitos homens e mulheres que só são atraídos pelo indisponível – só por alguém casado ou indiferente – e que perdem o interesse assim que a pessoa pode ser alcançada.

Desenamorar-se de uma pessoa não assegura, no entanto, que passaremos a vê-la "realisticamente". Ao contrário: um conjunto de ilusões irá meramente substituir outro, de modo que em vez de superestimá-la passaremos a subestimá-la. Em vez de experimentá-la como perfeita, provavelmente a acharemos sem graça. Em vez de não poder acreditar em nossa boa sorte, passaremos a nos sentir injustamente prejudicados pelo infortúnio. Em vez de parecer ter sido "feita" para nós, ela passará a parecer estranha. Como diz Swann, outro grande amante no romance de Proust: "Pensar que desperdicei anos de minha vida, que desejei morrer, que experimentei meu maior amor, por uma mulher que não me atraía, que nem sequer fazia meu tipo!" (1:415). Isso não difere da atitude do Narrador para com Albertine quando ele sente que finalmente a conquistou.

E assim inacessibilidade e tédio são os senhores gêmeos de seu amor, as forças motoras de sua horrível dialética, um eco distante da sugestão de Platão de que a Pobreza e a Fartura (que também induzem desejo e saciedade) são os pais de Eros. Ambos estes terrores contribuem para o desespero do amor. A inacessibilidade desperta a possessividade. A familiaridade gera indiferença.

Pior: possessividade e indiferença podem suceder-se uma à outra de maneira quase imediata. Ânsia desesperada pode dar lugar abruptamente a desejo de fugir. Em certa altura o Narrador está convencido de que não ama mais Albertine. Ele olhou para seu coração, examinou-o minuciosamente, e o veredicto é claro. Ela lhe parece insípida, enfadonha; é hora de procurar outras mulheres. Quão pequeno é de fato seu autoconhecimento, quão difícil é para um amante ler seu próprio coração, fica claro minutos mais tarde quando ele é informado de súbito que "Mademoiselle Albertine foi embora!" Sua decisão de deixá-la é de imediato substituída pela certeza de que a ama.

> Um momento antes, no processo de analisar a mim mesmo, eu havia suposto que essa separação sem que nos víssemos de novo era precisamente o que eu desejava, e, enquanto comparava a mediocridade dos prazeres que Albertine me proporcionava com a riqueza dos desejos que me impedia de realizar ... eu tinha sentido que estava sendo sutil, tinha concluído que não desejava vê-la, que não mais a amava. Mas agora estas palavras: "Mademoiselle Albertine foi embora", haviam produzido em meu coração tal angústia que senti que não poderia suportá-la por muito tempo mais[.] (3:425)[9]

O amor, tantas vezes tomado como o padrão áureo da constância, está sujeito às mais violentas oscilações. Somente a dor da inatingibilidade do outro o mantém vivo. Mas alcançá-lo também causa dor, a dor do tédio. Sofremos de uma maneira ou de outra. Sofrer é o destino do amor. E assim o Narrador conclui: "Tenho de escolher entre deixar de sofrer ou deixar de amar" (3:101).

PODERÍAMOS AMAR APENAS o que não possuímos inteiramente; mas pode-se de fato dizer, alguma vez, que "possuímos" alguém? A resposta parece ser um sonoro não.

O primeiro problema é que se nossos seres amados "não passam de mostruários para as compilações muito perecíveis de nossa própria mente" (3:568), o que estamos tentando possuir existe não neles, mas apenas em nossa própria imaginação. Ao persegui-los, estamos caçando nossa própria sombra. A realidade deles mal a penetra.

E há um problema mais profundo: a própria ideia de posse depende de uma concepção do eu humano como algo compacto, com um âmago estável que o define e que podemos, quase literalmente, "agarrar". O amante supõe que a outra pessoa, mesmo que ela não possa ser plenamente conhecida, ou seja imprevisível, possui um "âmago" duradouro que pode ser abraçado de alguma maneira. É isto que o Narrador acredita quando pensa que Albertine é sua.

Mas e se uma descrição melhor de uma pessoa, pelo menos quando estamos enamorados dela, for um ser "disperso no espaço e tempo ... uma série de eventos sobre a qual não podemos lançar qualquer luz, uma série de problemas insolúveis, um mar que, como Xerxes, açoitamos com varas numa absurda tentativa de puni-lo pelo que engolfou"? (3:99-100) Como se supõe que a posse funciona então? Acaso pensamos que podemos possuir eventos dispersos no espaço e tempo? "Não podemos tocar em todos esses pontos" (3:95), diz o Narrador. E mesmo que pudéssemos, novos eventos, novos pontos no espaço e tempo, logo irromperão, e talvez precisamente onde não os esperávamos. Teremos ganhado "posse" de aspectos da existência de nosso amante – apenas para o fluxo contínuo que é uma vida humana já ter avançado. A posse de uma vida, do "conjunto", será, em princípio, impossível.

Igualmente impossível será aquela santificada virtude do amor: a sinceridade. A sinceridade pressupõe que temos um eu coerente e estável que podemos expressar com precisão. E, além disso, um eu que desejamos conhecer – e podemos conhecer, de outro modo como poderíamos ter certeza de estarmos expressando nossos "verdadeiros" sentimentos?

No entanto, se não temos esse eu coerente, se somos como pontos móveis espalhados no espaço e tempo, sem nenhuma dimensão fixa ou mesmo definível – ou, para mudar a imagem, se somos eus sucessivos que vêm e vão sem lógica discernível –, então não é a sinceridade mais uma daquelas ficções piedosas que obscurecem nossa falta de domínio sobre o viver, e o amar? Além disso, supondo que possamos captar e conhecer uma dessas formas fugazes, quereríamos mesmo fazê-lo? Pois somos, e nos esforçamos para continuar sendo, um estranho para nós mesmos, de fato o estranho "para quem mais mentimos porque é aquele cujo desprezo nos seria mais penoso" (2:907).

E há um outro impedimento, talvez mais óbvio, para a sinceridade: mesmo naqueles raros momentos em que somos capazes de conhecer nossos sentimentos e estamos dispostos a isso, é extraordinariamente difícil dar-lhes expressão exata. Recordando seus passeios no caminho de Méséglise o Narrador percebe que

> a maior parte de nossas tentativas de traduzir nossos sentimentos mais íntimos não faz mais que nos aliviar deles, dando-lhes expressão sob uma forma borrada que não nos ajuda a identificá-los. Quando tento calcular tudo que devo ao caminho de Méséglise, todas as humildes descobertas de que ele foi o cenário fortuito ou a inspiração e causa direta, sou lembrado de que foi naquele mesmo outono ... que fui afetado pela primeira vez por essa discordância entre nossas impressões e sua expressão habitual. (1:169)

E quanto ao sexo? A pessoa toda poderia ser elusiva, mas não se pode dizer que possuímos uma pessoa amada de alguma maneira através do sexo? Mais uma vez a resposta é não. A intimidade do sexo nos acena sedutoramente com o vasto interior de uma pessoa, mas não dá quase nenhum acesso a ele. Poderíamos experimentar a relação sexual como um momento de posse, mas na realidade, diz o Narrador, não possuímos nada. Isso já é óbvio naquele primeiro passo: o beijo. Assim que pressionamos nossos lábios em alguém, chocamo-nos com uma barreira que nos lembra a impossibilidade de atingir suas profundezas:

> um par de lábios, destinados a transmitir ao palato o sabor do que quer que lhe desperte o apetite, deve se contentar, sem compreender seu erro ou admitir seu desapontamento, em vagar sobre a superfície e em parar na barreira da impenetrável mas irresistível bochecha. (2:377-8)

A apresentação que o Narrador faz da maneira como a exploração sexual é conduzida a uma parada tão abrupta é quase cômica.[10] E, ele deixa claro, qualquer esperança de que obteremos de algum modo a realidade última do outro é ainda mais frustrada pelas maneiras como o sexo, como todo amor, é pervertido pela egolatria e desespero, ilusão e cobiça, medo e rivalidade do amante.

E por sadismo. Num acontecimento que narra logo após relembrar as caminhadas perto de Roussainville, o Narrador está entre alguns arbustos e vê por acaso uma jovem, Mlle Vinteuil e sua amante lésbica profanando lascivamente o retrato do pai recém-falecido de Mlle Vinteuil. O velho, um professor de música de aldeia, tinha, ao que parecia, sacrificado tudo pela filha; e ela, a guardiã de sua memória e supostamente enlutada por ele, incita sua "viciosa" amiga a esse ato de impiedade:

> Ficou evidente que essa fotografia estava em uso regular para profanações rituais, pois a amiga respondeu com palavras que eram claramente uma resposta litúrgica: "Que ele fique lá. Não pode mais nos importunar. Pensa que ele começaria a se queixar, e a querer ajudá-la a vestir seu sobretudo, se a visse agora com a janela aberta, o feio macaco velho?" ... [Mlle Vinteuil] não pôde resistir à atração de ser tratada com ternura por uma mulher que se mostrara tão implacável para com o morto indefeso, e, pulando no colo da amiga ofereceu uma casta testa para ser beijada exatamente como uma filha teria feito, com a aguda sensação de que elas iriam assim, entre si, infligir a última volta do parafuso da crueldade ao roubar M. Vinteuil, como se estivessem de fato saqueando-lhe o túmulo, dos sagrados direitos da paternidade. (1:177-8)

A cena culmina com Mlle Vinteuil desafiando a amante a cuspir na foto de seu pai.

Que está em jogo aqui? Trata-se apenas de uma mulher, que, segundo aprendemos, tem essencialmente uma "mente virtuosa" e ademais muita bondade e suavidade, saboreando uma prova de crueldade? (A crueldade costuma ser um *leitmotiv* invisível de nossas relações mútuas, mas no jogo do sexo é mais fácil imaginá-la como mera brincadeira.) Ou, em contraposição, o Narrador está certo ao se perguntar se ela está sendo *incapaz* de discernir em si mesma – ao lado de sua virtude, seu respeito pelos mortos e sua afeição filial – "aquela indiferença pelos sofrimentos que causamos que ... é a mais terrível e duradoura forma de crueldade" (1:180)? Na verdade, como sugeri em minha discussão de Rousseau no capítulo 11, nossos corações podem ser mais duros – podemos ser menos capazes de piedade – precisamente para com o sofrimento que nós mesmos infligimos.

E não há uma outra coisa operando também, algo que ele não menciona: o desejo de cuspir no nosso próprio amor, no nosso próprio desejo por "essa possível multiplicação de nós mesmos, que é felicidade"? Esse desejo nos torna vulneráveis, por vezes desesperadamente vulneráveis, em especial àqueles que correspondem a ele. Talvez Mlle Vinteuil esteja feliz por ter a foto do pai cuspida – e por delegar sua profanação à amante –, não apesar de sua gratidão ao velho e por tudo que ele sacrificou por ela, mas por causa disso. Cuspir em sua memória é cuspir na carga da necessidade que sente dele; na carga de sua dívida para com ele; na dor de seu amor por ele. É por isso que ela oferece "uma casta testa para ser beijada precisamente como uma filha": para fazer pouco de sua necessidade filial; para fingir indiferença àquilo que realmente deseja e não mais obtém: a segurança que só um pai pode dar.

ACASO TUDO ISTO – a arbitrariedade de nossas escolhas; a impossibilidade de possuir a vida de outra pessoa; a inconstância do amor – sugere que estamos propensos a escolher mal nossos seres amados? E que não podemos estar certos de que os amamos – ou eles a nós? É o que parece. A escolha de Albertine pelo Narrador repousa em bagatelas que não falam de qualquer "bondade" fundamental para a qual o amor seja uma resposta. Seu olhar. Uma forma física agradável. Um sorriso misterioso. Ele compreende que não pode conhecer as profundezas dela, nem ela as suas: somos inescrutáveis uns para os outros (e para nós mesmos). O desejo que ele sente por ela, longe de ser clarividente, é movido por imagens sempre cambiantes da memória e da imaginação, e por tormentos de ciúme e isolamento. Ele deseja penetrar até a essência de alguém que poderia nem sequer ser do seu gosto. É ela um dublê de um objeto mais primário de desejo que sua impotência está procurando definir às apalpadelas? Como sua mãe original? Ou uma mãe-Terra? Ou "forças invisíveis" ou "divindades obscuras" (2:1165) com que ele busca contato e sua amante o põe em relação como se ela fosse um para-raios? Ou algum outro símbolo de totalidade?

Embora pareça simplista sugerir, como o Narrador faz muitas vezes, que apenas o fracasso em possuir a mulher que desejamos, e assim a persistência da dúvida, pode sustentar nosso amor por ela, ninguém revelou os funcionamentos serpentinos do ciúme com mais detalhes do que Proust. O ciúme é o holofote que apontamos obsessivamente para o domínio obscuro da vida do outro. Mesmo quando as necessidades do amor são momentaneamente satisfeitas, o ciúme está sempre um passo à frente – sempre alerta para o que poderia dar errado – para o que poderia não ser como parece. O Narrador fala da dor de imaginar

> o elemento perverso desconhecido na sua vida [de Albertine], dos lugares, que é impossível identificar, onde ela esteve, onde ela ainda vai talvez durante as horas em que não estou com ela, se de fato não estiver planejando viver lá de uma vez, aqueles lugares em que ela está separada de nós, não nos pertence, é mais feliz do que quando está conosco. (3:98)

O tormento dessa ignorância sobre os sentimentos e ações da amada é tal que, diz o Narrador, um homem poderia preferir que sua amante ou esposa "saísse sozinha ... com o homem que ele sabe ser seu amante, preferindo ao incognoscível essa tortura que pelo menos conhece!" (3:100).

E assim o ciúme é "um demônio que não pode ser exorcizado" (3:98). Ele não se alimenta de nossa ignorância apenas; também gera ignorância, movendo-se assim num círculo vicioso de sua própria criação:

> O ciúme, que tem olhos vendados, não é apenas impotente para descobrir qualquer coisa na escuridão que o envolve; é também uma daquelas torturas em que a tarefa deve ser incessantemente repetida, como a das Danaides, ou a de Íxion [amarrado à sua roda girante por toda a eternidade]. (3:147-8)

No entanto, essas dúvidas, esse perguntar-se constante sobre aquilo de que o outro é capaz, sustentam o amor de uma outra maneira também: elas mantêm nossa abertura para a pessoa amada. Através dessa abertura, reflete o Narrador, o outro pode fluir para nós e parecer, brevemente, nos dar o que o amor deseja: preencher o vazio de nosso ser com o seu.

> Era certo, eu disse a mim mesmo, que ao perguntar incessantemente a mim mesmo o que ela poderia estar fazendo, pensando, desejando, a cada momento, se pretendia, se iria retornar, eu mantivesse aberta aquela porta de comunicação que o amor abrira em mim, e sentisse a vida de uma outra pessoa jorrando através de eclusas abertas para encher o reservatório que não deve voltar a se tornar estagnado. (3:459)

Sofremos se duvidamos e sofremos se não duvidamos. Se todas as dúvidas pudessem ser mitigadas, seríamos então tiranizados pelo "desespero de ter obtido fidelidade apenas pela força, desespero por não ser amados" (3:99). Mas dúvidas não podem ser mitigadas por muito tempo, se confessarmos a nós mesmos que nunca podemos saber ao certo onde nossa amada está, ou mesmo quem ela é.

E QUANTO À AMIZADE? Não é essa uma forma de amor menos propensa à mentira e ao egoísmo? Ou à tentativa infrutífera de escapar de si mesmo no mundo de outrem? Não estaria o Narrador no dever de recomendá-la precisamente por essas razões?

Absolutamente não. Ele critica em termos severos a amizade como "uma abdicação de si . . . desprovida de virtude", que é perigosa em especial para aquelas pessoas – a saber, os artistas – capazes de criar sua própria vida e obras, tendo portanto "o dever de viver para si mesmas" (1:968).

A amizade, ele sugere, é intimidade para covardes. Ela poderia nos oferecer alívio da solidão, mas ao preço de abandonar nossa própria realidade interior e seu desenvolvimento. Assim, "o artista que abre mão de uma hora de trabalho por uma hora de conversa com um amigo sabe estar sacrificando uma realidade por algo que não existe" (3:909). Esse algo é pouco mais que o "fulgor vago, sentimental" (2:410) que nosso eu superficial desfruta ao ser capaz de se apoiar em uma outra pessoa como um esteio conveniente, e extrair dela o conforto e o consolo que não podemos encontrar dentro de nós mesmos.

No entanto sucumbimos facilmente à ilusão de que a comunicação proporcionada pela amizade é real, nobre e enriquecedora. Queremos acreditar que o que o nosso amigo nos diz nos comoveu, acrescentou alguma coisa valiosa à nossa substância como pessoa. Imaginamos que uma conversa profunda com ele é preciosa porque permite a cada um de nós relacionar-se com o âmago do outro, e deleitar-se nele, e afirmá-lo, mas, de fato, "a conversa, que é o modo de expressão da amizade, é uma digressão superficial que não nos dá nada que valha a pena adquirir. Podemos falar durante uma vida inteira sem fazer mais que repetir indefinidamente a vacuidade de um minuto" (1:968).

Esse não é um vínculo verdadeiro. Diferentemente do amor baseado em desejo erótico, a amizade, sugere o Narrador, tira partido da "mentira que procura nos fazer acreditar que não estamos irremediavelmente sós", a mentira "que nos impede de admitir que, quando conversamos, não somos mais nós que falamos, que estamos nos moldando então à semelhança de outras pessoas e não de um eu que difere deles" (1:969).

Na história do amor, estamos na extremidade do espectro oposta à de Aristóteles, Cícero, Montaigne e até Nietzsche (apesar de seu elogio da solidão), todos os quais veem a amizade como a arena em que o amor encontra suas supremas possibilidades – possibilidades fundadas, na tradição aristotélica, em virtudes de caráter compartilhadas. A estima que eles têm pela amizade presume que amigos podem saber muito um sobre o outro, pelo menos eticamente, e que uma conversa entre suas vidas lhes permite florescer como indivíduos. De fato, Montaigne insiste que nosso eu é enriquecido, não empobrecido, pelo sacrifício de *todas* as nossas outras lealdades por nosso amigo.

Essas suposições são anátema para o Narrador de Proust. Para ele, um vínculo humano genuíno é hostil a virtudes como respeito, compreensão, empatia, sobriedade e boa vontade, marcas da amizade tal como classicamente concebida. Ele sugere que estas não são virtudes a que um amante deva aspirar, mas refúgios do amor e suas lutas. Faz-nos perguntar se confiar em outra pessoa cuja natureza e intenções não podemos penetrar não é simplesmente o mesmo que nos darmos um momento de descanso do verdadeiro negócio do amor. Se a confiança, nesse contexto, longe de ser a marca do amor, não é de fato alheia a ele.

NÃO SERIA DIFÍCIL CRITICAR o Narrador de Proust por seu (professo) pessimismo com relação ao amor, e por deixar de reconhecer que ele envolve muito mais do que admite: que é possível uma intimidade recíproca e enriquecedora da vida, que duas pessoas experimentam como "troca de almas" ou como sendo "segundos eus" uma da outra; que o amor pode envolver um interesse estável pelo bem-estar do outro e uma glorificação de seu valor que é sadia e exata; que ciúme e vulnerabilidade podem ser aplacados pela confiança; que a diferença insuperável do outro não precisa ser causa apenas de ansiedade, podendo ocasionar admiração e encanto e até reafirmação.

Mas não faz muito sentido ouvir uma voz extraordinária na esperança de aprender a experimentar as coisas de uma nova maneira, apenas para nos queixarmos de que ele não deu lugar às crenças comuns; só para pedir que ele domestique sua narrativa com mais nobreza emocional e ética. Como muitos grandes escritores, Proust persegue suas verdades particulares em seus últimos esconderijos, ainda que o custo seja uma penosa unilateralidade.

Seu impiedoso insight é que o amor nasce do e no sofrimento; vive no e através do sofrimento; e, se ele (em outras palavras, a carência insaciável que o move) algum dia morre, morre de sofrimento e no sofrimento. Como resultado desse sofrimento, o amor pode, perversamente, deixar de ver a realidade *particular* do ser amado temido e elusivo, e no entanto compreender profundamente ao mesmo tempo a estrutura *geral* do mundo. "O amor é espaço e tempo tornado perceptível ao coração" (3:392). Longe de ser uma fuga do tempo, o amor é a própria estrutura do tempo.

Na verdade o Narrador parece desdenhar a felicidade, exceto na medida em que ela conduz a sofrimento. A felicidade "é realmente útil para nós de uma única maneira, tornando a infelicidade possível" (3:945).

Mas quem quer ver essas duras realidades? E quem precisa disso, quando temos esse instrumento de ocultação extraordinariamente eficiente chamado hábito?

> Hábito! aquele arranjador hábil mas lento, que começa deixando nossas mentes sofrerem por semanas a fio em moradas temporárias, mas a quem nossas mentes sentem-se apesar disso felicíssimas em descobrir por fim, pois sem ele, reduzidas a seus próprios recursos, elas seriam impotentes para tornar qualquer aposento habitável. (1:9)

Graças a seu gênio para o banal, o hábito mantém a nave de nosso estilo de vida estável nos mares das vicissitudes, protegendo-a de choques, verdades e todas as experiências que não consolam.

Hábito: "o lastro que acorrenta o cão a seu vômito", como Samuel Beckett observou em seu estudo sobre Proust.[11] A vida normal, continua Beckett, é pouco mais. "Ou melhor, a vida é uma sucessão de hábitos, visto que o indivíduo é uma sucessão de indivíduos", e os momentos perigosos, quando ficamos brevemente desprotegidos por essa "garantia de uma monótona inviolabilidade", vêm em períodos de transição em que mudamos pouco a pouco de um indivíduo para o seguinte. Essas transições são "precárias, penosas, misteriosas e férteis, quando por um momento o tédio de viver é substituído pelo sofrimento de viver", isto é, pelo "livre jogo de todas as faculdades".[12]

O que pode ser melhor para promover essa transição fértil que os horrores do amor?

Teria sido interessante se o Narrador tivesse deixado sua fascinante descrição do amor, ou de um tipo de amor, exatamente aí. Ele nos forçou a levar em conta a possibilidade de que o amor apaixonado, inclusive aquele que parece estável e bem-fundado e promete muitas delícias, se esforce de fato para obter e manipular o ser amado usando todos os meios eficazes, inclusive o altruísmo; que esse esforço fomenta a ira, o ciúme e o pesar quando não é satisfeito e a saciedade e o tédio quando é; que as pessoas que mais amamos são aquelas cuja realidade estamos muitas vezes menos dispostos a admitir, que dirá alimentar e afirmar; que projetamos nossos medos e fantasias sobre o ser amado, e somos capazes de ver apenas pelo prisma de nossos próprios ideais; que podemos ficar obsedados por nosso amor por alguém que, sob outros aspectos, não nos atrai de fato. O que pensadores como Lucrécio, Spinoza, Rousseau e Platão diagnosticaram como patologias e nunca elaboraram com nada parecido com a intuição forense do Narrador, ele apresenta como o cerne do desejar fanático do amor, que escondemos de nós mesmos diariamente com nossos poderes multiformes do hábito e da ilusão.

Mas o Narrador é também uma figura ocidental demais, impregnada demais com o pensamento de Platão e o cristianismo, para resistir à tentação de buscar redenção do sofrimento da vida – e, no fim, encontrá-la.

Quase literalmente no fim. Após quase três mil páginas cheias de dor, esperança, mal-entendido, medo, alegrias intermitentes, acessos histriônicos, ternura, traição, humor, anseio e indiferença, o Narrador sugere, numa estranha seção final do livro de Proust intitulada "O tempo reencontrado" (Le Temps retrouvé – que poderia ser mais apropriadamente chamada "O tempo redimido"), que a libertação da armadilha de um impossível desejo de possuir um outro indivíduo é de fato viável. Pelo menos para os poucos que têm a vontade e o talento. Essa libertação – ou ressurreição – pode ser encontrada mediante um projeto de penetração criativa que, à maneira platônica, transcende o cotidiano e esforça-se para alcançar a verdade sobre o todo, neste caso sobre nossa vida tomada como um todo e a forma geral de nosso amor que ela revela:[13]

> cada indivíduo que nos faz sofrer pode ser associado por nós a uma divindade da qual ele ou ela é um mero reflexo fragmentário, o andar mais baixo na subida que leva a ela, uma divindade ou uma Ideia que, se nos voltarmos

> para contemplá-la, nos dá de imediato alegria em vez da dor que sentíamos antes, de fato, toda a arte de viver consiste em usar os indivíduos através dos quais sofremos como um passo que nos permite chegar mais perto da forma divina que eles refletem ... (3:935)

De maneira não surpreendente, talvez, para um homem profundamente moldado por ideias românticas, esse esforço para alcançar o verdadeiro e o todo está destinado a ter sucesso na arte, e especificamente na arte narrativa.[14] Num eco de Nietzsche, ouvimos que a vida deve se tornar literatura; o indivíduo deve incorporar suas experiências penosas numa narrativa que as contenha e domine, e através da qual ele seja capaz de encontrar liberdade. E alegria. Dessa maneira as devastações do tempo, que o amor tornou perceptíveis para o coração, são vencidas. O tempo, como diz Beckett, pode ser "uma condição de ressurreição porque um instrumento de morte".[15]

O trabalho da arte narrativa pode ser ficcional, mas isso não significa que podemos simplesmente inventá-lo. Ao contrário, "ele preexiste a nós e, portanto, somos obrigados . . . a descobri-lo" dentro de nós (3:915). Isso não é tão fácil. Comumente nossa natureza interior "permanece para sempre desconhecida para nós". Evitamos "a descoberta de nossa verdadeira vida, da realidade como sentimos que é", embora isso nos devesse ser mais precioso que qualquer coisa no mundo (3:915). Deixamos de olhar dentro de nós mesmos, de ler "o livro interior de símbolos desconhecidos" (3:913) – "o único que nos foi ditado pela realidade" (3:914).

Deixamos de olhar porque a tarefa é solitária. Decifrar esse livro interior é "um ato de criação em que ninguém pode fazer nosso trabalho por nós ou mesmo colaborar conosco" (3:913). Na maior parte do tempo desviamos os olhos de nós mesmos, inventando quantas desculpas grandiloquentes forem necessárias para fazê-lo: a necessidade de comparecer a grandes eventos públicos; de perseguir "o triunfo da justiça", de "restaurar a unidade moral da nação" (3:913). Mas o artista que transforma sua vida em literatura não está livre para fazer isso:

> Esse trabalho do artista, essa luta para discernir sob a matéria, sob a experiência, sob palavras, algo que seja diferente delas, é um processo exatamente contrário àquele que, naquelas vidas cotidianas que vivemos com nosso olhar desviado de nós mesmos, está a todo momento sendo realizado por vaidade e paixão e o intelecto, e hábito também, quando eles abafam nossas verdadeiras impressões, de modo a escondê-las por completo de nós, sob todo um amontoado de conceitos verbais e metas práticas que chamamos falsamente de vida. (3:932)

Para o artista quase qualquer experiência – penosa e agradável, boa e má, nobre e ignóbil, frívola e séria, indolente e diligente – pode ser proveitosa para o trabalho criativo. Na verdade, se quisermos extrair compreensão geral de nossas experiências, o que é a meta e o propósito redentor da arte, devemos ter o maior número delas possível e sofrer tanto quanto possível.

Não podemos saber, contudo, até que o tempo amadureça, que forma a narrativa assumirá e que relevância para ela nossa experiência terá. Para parafrasear Kierkegaard: só podemos viver a vida para a frente e compreendê-la para trás.[16] E assim quando o Narrador vê por fim "que a obra de arte é o único meio de redescobrir Tempo Perdido", ele percebe em relação às experiências que tivera até então que

> eu as havia armazenado adivinhando tão pouco o propósito a que estavam destinadas, ou mesmo sua existência continuada, quanto uma semente ao formar dentro de si uma reserva de todas as substâncias nutritivas com que alimentará uma planta ... Comecei a perceber que tinha vivido em benefício da planta sem o saber ... E assim toda a minha vida até o presente dia poderia e no entanto não poderia ter sido resumida sob o título: Uma Vocação. (3:935-6)

Para alcançar essa síntese devemos nos desprender de nossos amores "por mais que isso nos fira" (3:933), de modo que cada um de nós possa apreender a forma geral de nosso amor "e dar esse amor, a compreensão desse amor, a todos, ao espírito universal, e não meramente primeiro a uma mulher e depois a outra com quem primeiro um e depois outro dos eus que fomos sucessivamente desejou estar unido para sempre" (3:934).

Como na elevação platônica, nosso afeto deve se deslocar do particular para o universal. Qualquer envolvimento com um ser amado particular desencadeará o mesmo sofrimento de novo. Buscar satisfação desse desejo é

> tão ingênuo quanto tentar chegar ao horizonte andando sempre em frente. Quanto mais o desejo avança, mais a posse real recua. De tal modo que se a felicidade, ou ao menos a ausência de sofrimento, pode ser encontrada, não é a satisfação, mas a redução gradual e a extinção final do desejo que deveríamos buscar. Buscamos ver o objeto amado, mas deveríamos buscar não o ver: só o esquecimento ocasiona a extinção final do desejo. (3:458)

Lembramos ter visto esta versão particular da elevação platônica em Schopenhauer, que também vê o apaziguamento do desejo como a mais sábia resposta a uma tirania que não pode ser finalmente satisfeita. Mas o Narrador de Proust é mais sombrio até que esse grande asceta: ele parece sustentar que estamos fundamentalmente sós. Não há qualquer outra forma de intimidade com seres humanos – nenhum ágape ou compaixão do tipo que Schopenhauer espera – em que possamos encontrar consolo pelos fracassos do amor apaixonado. A razão? "Os laços entre nós mesmos e uma outra pessoa só existem em nossas mentes":

> A memória os desprende, à medida que se debilita, e, a despeito da ilusão pela qual queremos ser enganados, e com que, por amor, amizade, polidez, deferência, dever, enganamos outras pessoas, existimos sós. O homem é a criatura que não pode escapar de si mesma, que conhece outras pessoas apenas em si mesma, e quando afirma o contrário, está mentindo. (3:459)

17. O amor reconsiderado

Durante grande parte de sua história, o amor foi prisioneiro de uma obsessão com opostos. Ele é egoísta ou desprendido; possessivo ou submisso; gerador de ilusões ou interessado na verdade; condicional ou incondicional; inconstante ou duradouro; atolado em fantasia ou uma janela privilegiada para a realidade. E em todos os casos é considerado o apogeu, o paradigma, da qualidade em questão.

Para a maioria, em especial desde Lutero, o amor genuíno está à direita de cada uma dessas divisões: desprendido, interessado na verdade, submisso, incondicional, duradouro. Enquanto o amor inferior (se é que pode ser chamado de amor) está à esquerda.

Em contraposição, um pequeno bando de rebeldes insiste que todo amor genuíno, em especial amor com conteúdo erótico, é inevitavelmente egoísta, possessivo e volúvel. Ovídio, pelo menos em sua *Arte de amar*, celebra o deleite do amor no poder, no prazer e no jogo. Nietzsche faz eco a isso de maneira mais estridente, e deprecia a generosidade como a doença de uma alma consumida pelo medo e o ressentimento. "Pessimistas" como Freud e o Narrador de Proust veem a carência, as fantasias e as rupturas do amor como inevitáveis, mas estão com a maioria nessa medida: essas qualidades resultam esmagadoramente em dor e decepção. Embora, sobretudo com Proust, possa haver comédia e deleite também, assim como energia e matéria-prima para pensamento, arte e autocriação, eles não duvidam de que em nossas relações uns com os outros nós sabotemos a constância, a compreensão e a intimidade que afirmamos querer tão intensamente.

Sabemos estar em território ideológico quando o mundo é retratado em termos de opostos maniqueístas de bom e mau, otimista e pessimista.

Minha experiência, necessariamente impressionista, é que nosso tempo não só sustenta essa ideologia secular, como arma sua tenda ao lado de Lutero e seus sucessores (uma tenda em que crentes religiosos e ateus, metafísicos e naturalistas, amontoam-se felizes e talvez sem o perceber). Em particular, ele vê o amor genuíno como incondicional, duradouro e altruísta; e quando essas expectativas são desapontadas, facilmente dá uma guinada para o extremo oposto, magoando-se amargamente com os seres amados em quem tanta esperança foi investida e cancelando o amor como brutal ou impossível.

No primeiro capítulo, sugeri uma teoria do amor – do que ele é e do que o inspira e sustenta – que ao mesmo tempo evita essas expectativas ilusórias e rejeita as falsas dicotomias de que elas tiram partido. Ao concluir, retomarei alguns dos elementos essenciais dessa teoria, muitos dos quais encontramos nos capítulos ao longo do livro. Antes de fazê-lo, porém, vale a pena recordarmos quão profundamente essas expectativas estão entrincheiradas nas tradições cristãs – tal como preservadas e até intensificadas por nossa era secular.

Ilusão 1: o amor é incondicional

Apesar de apoio insuficiente nas Escrituras, o cristianismo oferece uma lógica clara para a ideia de que os seres humanos podem amar – a Deus ou uns aos outros – incondicionalmente (mesmo que, como afirmei no capítulo 7, esta seja uma lógica defeituosa):

(i) Deus é, por definição, absolutamente soberano. Nada além dele mesmo pode, portanto, condicionar seus atos de amor (atos de amor como a Criação, a Aliança com Israel e a encarnação e sacrifício de Jesus).
(ii) Todo amor humano genuíno depende de Deus e deve imitá-lo (com grande discordância quanto ao grau). Portanto:
(iii) Todo amor humano genuíno deve ser incondicional.

A aspiração a modelar o amor humano segundo o amor divino já está presente em ambas as principais fontes do cristianismo. Vemos seus germes no chamado da Bíblia hebraica à imitação das maneiras de Deus – "Sede santos porque eu, o Senhor vosso Deus, sou santo" (Levítico, 19:2) – e na narrativa platônica da elevação do amante a um estado divino de contemplação. E a vemos imensuravelmente fortalecida pela fórmula "Deus é amor" (1 João 4:8 e 16); pois se Deus é amor, então *imitatio dei* deve envolver centralmente o ideal de amar como Deus ama.

Notavelmente, o mantra do amor incondicional é reiterado até por filósofos contemporâneos do amor que escrevem numa linha inteiramente secular. Assim Irving Singer, por exemplo, fala do amor como envolvendo uma "doação", que é uma "dádiva espontânea do amante, não uma resposta condicionada" e "não evocada por bondade no ser amado"[1] – precisamente o tipo de linguagem usado pelas tradições cristãs convencionais para descrever o amor "agapeico", mas uma linguagem que beira a falta de sentido quando arrancada desse contexto vital.

Pois o amor, como tudo que é humano, é condicionado. Se somos um crente religioso e sustentamos que a graça de Deus pode capacitar seres humanos a amar de uma maneira divina, o conceito de "amor incondicional" faz ao menos sentido teórico. Na prática, porém, ele empurra relações para a armadilha de uma expectativa impossível, fundamentalmente em desacordo com a natureza do amor humano.

Ilusão 2: o amor é eterno

Modelar o amor humano segundo o amor divino também gera a ilusão de que é da própria natureza do amor genuíno ser, como o de Deus, duradouro – e até, em certo sentido, eterno. Se o amor humano diminui, pensa-se, então não era amor, em primeiro lugar. ("Não é amor o amor/ Que se altera quando alteração encontra.")

Mas seres humanos não são Deus.

O amor humano genuíno só durará enquanto o amante vir no amado o bem supremo que inspira seu amor, o que quer que lhe pareça ser esse bem. (Tomás de Aquino chega a dizer isto do amor humano a Deus: se Deus não fosse bom não teríamos razão para amá-lo.) Além disso, o amor durará apenas enquanto o amante puder sustentar a atenção ao amado, que é a principal virtude do amor e a precondição para seu desenvolvimento. Talvez, também, ele só vá durar se os amantes desenvolverem a vida compartilhada, o diálogo de suas duas vidas que, Aristóteles nos lembra, é essencial para que o potencial do amor se atualize. (Aristóteles é, lembramos, um dos poucos pensadores que reconhecem explicitamente que o amor pode morrer.)

Mas a atenção é frágil e se rende imperceptivelmente ao hábito desatento. O amor genuíno é uma façanha que pode ser, na melhor das hipóteses, esporádica. O que concebemos como nossa constância é muitas vezes tão somente hábito, aquela "garantia de uma tediosa inviolabilidade", como o expressa Samuel Beckett.

O gênio do hábito é nos manter ignorantes desse engano. Imaginamos ter encontrado uma harmonia íntima e serena em nossa relação; apoiamos os projetos um do outro e participamos deles; no entanto o que fizemos foi apenas conseguir nos introduzir num limbo de dependência, protegidos por regras tácitas cuja aceitação mútua secreta parece ela própria um sinal de nossa proximidade. De fato, o hábito consegue até nos iludir sobre sua própria natureza: convence-nos de que ela é, mais que qualquer outra coisa, prática e realista. Mas essa é uma cadeia de ilusões que nos prende a uma fantasia: "o lastro que acorrenta o cão a seu vômito".

Ilusão 3: o amor é altruísta

Os que consideram o amor altruísta o mais genuíno não se restringem ao grupo dos pensadores religiosos, como Lutero e Nygren. Encontramos aqui também ateus como Schopenhauer e um filósofo contemporâneo como Harry Frankfurt, segundo o qual o amor "consiste mais basicamente numa preocupação desinteressada com o bem-estar ou florescimento da pessoa amada"[2] – uma variante secular do altruísmo enfatizado pela tradição cristã, embora rejeite a teologia necessária para dar sentido à noção do desinteresse do amor.[3]

Mas as virtudes do amor genuíno – atenção à realidade do outro, submissão à sua legitimidade e ao que ele nos exorta a fazer; devoção a ele como um segundo eu – exigem autocontrole, interesse pessoal em nosso florescimento e assim egoísmo do tipo mais desenvolvido. Essas virtudes são realizações de um eu cujos poderes de percepção e envolvimento são dedicados a essas tarefas no mais elevado grau possível. Isso é particularmente assim porquanto o amor é tão orientado para o futuro, envolvendo uma relação sustentada com uma vida em evolução, que é em grande parte incognoscível e imprevisível.

Talvez o amor de Deus possa dar sem ser motivado por necessidade e interesse, mas aqui mais uma vez vemos o desatino, até a idolatria, de modelar o amor humano segundo o amor divino, em especial quando esse modelo é arrancado do contexto religioso, o único a que pertence.

Embora o modelo de amor de que estas três ilusões dependem tenha origem no pensamento e na prática religiosa, sugeri ao longo de todo este livro que ele se intensificou enormemente com o declínio da autoridade da religião – até sobre os religiosos, que em sua maioria aceitaram seu papel mais reduzido, desde o Iluminismo, para explicar os eventos naturais, para prescrever e impor valores, e na política e educação. À medida que esse declínio avançou, homens e mulheres esperaram cada vez mais que seu amor assumisse o controle ali onde o amor de Deus cessava. E ao atribuir à natureza humana poderes para amar outrora reservados a Deus, eles puseram de lado a humildade e a paciência em que as tradições religiosas insistiam, e às quais conceitos como "graça" dão voz.

Houve tentativas idólatras e por vezes horríveis de atribuir esse papel divino a uma comunidade, nação, Estado ou grupo étnico, e fazer destes a principal fonte e foco do amor de seus membros, os maiores exemplos sendo o culto do Führer e do Volk do nazismo. Finalmente, porém, o grupo não foi capaz de competir com o esmagador valor moral atribuído à obtenção de intimidade com a própria natureza interior e à recuperação ou descoberta de uma individualidade genuína não corrompida por desejos de status e aceitação social. Desde o século XVIII, e graças em parte a Rousseau (apesar das tendências coletivistas de seu pensamento), o amor desempenhou cada vez mais um papel de destaque nessa busca particular por valor moral: permitindo que cada um de nós se torne um ser autêntico em meio a uma identidade coletiva espiritualmente insuficiente que se esfacela.

De fato, cada aumento no individualismo alimenta o prestígio do amor. Quanto mais nossa identidade é independente de lealdades políticas, religiosas, nacionais ou comunitárias, mais nos voltamos para o amor como a fonte suprema e o sinal de uma relação íntima e segura, um sinal que as pessoas exibem hoje com tanto entusiasmo quanto em eras anteriores exibiam sua fidelidade à Igreja ou ao Estado. E quanto mais individualistas nos tornamos, mais esperamos que o amor se torne uma jornada secular para a alma, uma fonte final de sentido e liberdade, um padrão supremo de valor, uma chave para o problema da identidade, um conforto em face do desenraizamento, um desejo pelo mundano e ao mesmo tempo um desejo de transcendê-lo, uma redenção do sofrimento e uma promessa de eternidade. Ou todas estas coisas ao mesmo tempo.

Em suma: o amor está sendo sobrecarregado.

Mas o sagrado não pode custar pouco. Desde os primórdios do amor ocidental nas Alianças de Deus com Abraão e Moisés, seu mandamento de amá-lo com todas as forças apesar dos horrores que ele inflige esporadicamente a seu povo, sua turbulenta relação com Israel e – no Novo Testamento – seu sacrifício do filho para uma morte violenta e humilhante, fomos advertidos de que a paciência com o sofrimento, a autodisciplina e a privação são a marca do amor mais elevado. Não porque ele procure obstáculos por eles mesmos, como insiste Denis de Rougemont, mas porque sua meta é tão elusiva (em praticamente todas as definições que encontramos nesta curta história), sua ambição tão urgente e o caminho para ele tão traiçoeiro. Como o povo de Israel descobriu em sua relação com Deus, essa ambição irá inspirar terror e alegria, que podem ambos esmagar meros mortais.

Pois é isso que continuamos a ser: meros mortais. O amor deveria ser modelado segundo o modo como os seres humanos receberam ordem de amar a Deus, não segundo o modo como se diz que Deus ama os seres humanos. Diferentemente de Deus, tudo que seres humanos fazem é condicionado, interessado, temporário e dependente de construirmos um eu robusto em meio aos caprichos do destino e à vulnerabilidade. E temos uma necessidade suprema, que Deus por definição não tem, que na verdade ele "inventou" satisfazer: estar unido com (o que consideramos como sendo) o fundamento de nosso ser; experimentar nossa vida como indestrutivelmente segura, vívida e ancorada; encontrar um lar. Estas são todas maneiras de tentar expressar "enraizamento ontológico", em cuja busca, como sugeri primeiro no capítulo 1, o amor consiste em última análise.

O amor e a busca de um lar

O amor é o enlevo que sentimos por pessoas (ou coisas) que inspiram em nós a experiência ou a esperança de enraizamento ontológico, um enlevo que desencadeia e sustenta a longa busca por uma relação vital entre nosso ser e os delas. Experimentamos sua mera presença como fundadora – ou como uma promessa de fundação – porque ela parece receptiva ao que consideramos mais essencial a nós, ou reconhecê-lo, ou ecoá-lo, ou fornecer-lhe um ancoradouro sólido. Isso inclui em grande parte nossas origens, e as forças, vulnerabilidades, sensibilidade e destino de que elas nos dotam. E que, longe de ser puramente privados, são profundamente influenciados por modelos que absorvemos de nossos pais, sociedade e pares.

Por vezes um ser amado terá realmente uma origem comum conosco. Mas isso não é necessário. O que importa é que, para nós, sua presença simbolize ou desenvolva fontes anteriores de segurança que experimentamos; e esteja aberta para um diálogo ontológico conosco. O diálogo gira em torno dessas fontes anteriores de segurança, e insufla em nossa existência uma vivacidade e realidade que parecem tão fortes "como a morte" (Cântico dos Cânticos 8:6). Tão forte como o medo da extinção.

Não surpreende muito, portanto, que o amor possa causar tanta confusão. Seu objetivo – embasamento, enraizamento, sentir-se em casa – é de difícil definição (embora não necessariamente muito mais que "beleza" ou "bondade" ou "verdade" ou "integridade", esses conceitos que até hoje dominaram as ideias ocidentais sobre o objeto e a inspiração do amor). Não podemos ter certeza de que alcançamos esse enraizamento de alguma maneira, muito menos de maneira estável. Ele pode ser provocado por pessoas (e coisas) muito diversas, com as quais podemos ter de outro modo pouca afinidade. Nossa imaginação, influenciada por imagens correntes do que é desejável e do que não é, põe-se a trabalhar de imediato quando o amor se aproxima, idealizando aqueles que parecem nos estabelecer e afastando-nos de quem quer que não o consiga fazer.

Em consequência, demoramos muitas vezes a reconhecer alguém que pode ser uma fonte de enraizamento para nós, e demoramos ainda mais para nos submeter a esse poder peculiarmente intangível. Nossa fé no ser amado como essa fonte nunca pode ser iludida, embora possamos ser enormemente iludidos com relação à medida em que a promessa será cumprida, com que grau de certeza e de que maneira. E, é claro, com relação à retribuição que nosso amor terá ou não, e como.

Ligação apaixonada que não é amor

Em contraposição, não amaremos ninguém que deixe de inspirar em nós uma promessa de enraizamento ontológico, por mais belo ou bom que ele seja; por mais generosos, altruístas, compreensivos, compassivos, protetores ou respeitosos que possamos ser sob outros aspectos um com o outro, por mais que nos interessemos pelas vidas e projetos um do outro; por mais que compartilhemos os mesmos valores. Porque essas qualidades em si mesmas não inspiram amor. Embora, uma vez suscitadas, sejam respostas naturais a ele, e embora por certo enriqueçam a vida compartilhada que pessoas que se amam uma à outra levam e a encham de deleite, harmonia e fascinação, elas não são o que o amor busca fundamentalmente. Podemos permanecer frios a alguém que nos concede todas elas ou amar outra que não o faz; na verdade, muito amor infeliz consiste justamente nisso.

A ESTIMA, TAMBÉM, é menos importante para a inspiração do amor do que poderia parecer. Podemos nos enamorar de alguém que é indiferente ou desdenhoso em relação a nós ou que não estimamos além de sua significação ontológica para nós. Fazer isso não é perverso ou insensato: a estima de outros não pode nos embasar, embora possa parecer fazê-lo temporariamente. É por isso que nunca é suficiente fazer nossa vida parecer segura e real – é por que sempre precisamos disso ainda mais.

E é por isso que é tão perigoso avaliar a força de nossas relações de amor pelo grau em que nos respeitamos e valorizamos um ao outro. Esse erro nos faz não apenas compreender mal a resiliência de nossa ligação, mas também esperar que a estima a intensifique – e quando ela não o faz, esperar ainda mais. E quando *isso* não funciona, desconfiar de sua sinceridade. Mas esperar que a estima fortaleça o amor é procurar no lugar errado.

Isso significa também que o amor não tem a ver, em primeira instância, com a valorização de "toda a pessoa", ou do ser amado "em sua plena particularidade", inclusive todas as qualidades e projetos que importam para ele. Tem ainda muito menos, para usar o clichê, a ver com amar toda a pessoa "por si mesma". Não tem sequer a ver com gostar dela. Na realidade, poderíamos resistir brutalmente a qualidades ou projetos dela, mesmo quando os desejamos – sua sexualidade, sua beleza, seu talento artístico, seus interesses, sua bondade – se imaginamos que ela os está oferecendo em lugar de, ou para nos negar, a única coisa com que realmente queremos uma relação firme: aquele misterioso cerne de seu ser em que descobrimos a promessa de enraizamento ontológico.

Beleza como uma consequência, não causa, de amor

O poder do pensamento de Platão sob seus muitos aspectos é tamanho que se tornou axiomático que o amor é inspirado pela beleza, quer seja de corpo, de alma ou de caráter.

Mas será esse realmente o caso?

Manifestamente não amamos todos e tudo que nos parece belo, ou mesmo toda a beleza de que nós mesmos somos desprovidos. A concepção de beleza de Platão como o real objeto de amor encorajou uma enorme inflação do uso da palavra "amor", a qual contribuiu para a confusão sobre o que queremos dizer com ela e quando genuinamente o sentimos. Enquanto, na maioria dos casos, o que está realmente sendo inspirado são outras formas de intimidade, estima, devoção, possessividade e apego: formas que não têm a relação e a motivação ontológica do amor.

Na verdade podemos também amar o que é feio. Não porque seja feio, mas porque nos põe em contato com algo de primordial, algo mundanamente vital sobre (nossa) vida como ela é – que não pode ser reduzido à "beleza que vemos no feio". Não é absurdo encontrar isso, por exemplo, na ópera de Berg *Wozzeck*, e amá-la. Nem é absurdo achar os poemas sinfônicos de Richard Strauss irresistivelmente belos e, no entanto, não amá-los. O cruel, o grosseiro e o degradado podem ter um poder de existir que não é transmitido de maneira alguma pelos poemas sinfônicos – e do qual, na verdade, estes parecem, de maneira igualmente misteriosa, nos arrancar.

Isto significa sugerir que o amor tem com a beleza uma relação contrária à concebida por Platão. Encontrar beleza – ou bondade – num objeto de amor é uma consequência, não a causa do amor. O enlevo provocado pela promessa de assentamento, de enraizamento e de lar nos fará experimentar sua fonte como bela – e como boa. (De fato, o enlevo é idêntico ao julgamento de beleza.) Mas nem todas as pessoas ou todas as coisas que nos parecem belas ou boas oferecerão essa promessa.

O que inspira o amor *versus* o que o desenvolve

Portanto, quando falamos sobre amor como envolvendo um desejo de posse (como fazem Platão e Proust) ou quando caracterizamos a atitude amorosa como receptividade, ou aceitação, ou submissão, ou altruísmo, ou compaixão, ou empatia, ou paciência, ou esvaziamento do eu (como fazem várias tradições no judaísmo, cristianismo e seus sucessores seculares), ou quando consideramos que o amor idealiza o ser amado (como fazem Rousseau, Schopenhauer e muitos outros), precisamos ter cuidado para não pôr o carro na frente dos bois. O amor, uma vez despertado pela promessa de enraizamento ontológico, evoca esses sentimentos; mas não pode ser reduzido a eles.

Na verdade, esses sentimentos expressam virtudes essenciais do amor – e, quando pervertidos por outros motivos (como o desejo de fugir de si mesmo na vida de outra pessoa; ou o ímpeto de manipular outra pessoa oferecendo-lhe, por exemplo, piedade ou submissão ou aceitação), seus vícios essenciais. Posse, submissão, altruísmo ou idealização asseguram e expressam intimidade com seres amados *uma vez* que o amor por eles foi despertado em nós. São, quando judiciosamente praticados, condições para que as relações com os objetos de nosso amor se acomodem depois que essas coisas inspiraram a esperança arrebatada de uma base que parece indestrutível. São modos de atenção que o amor, para poder ter uma relação bem-sucedida com seus objetos, deve desenvolver continuamente. De fato, como mostraram muitos inovadores no amor, de Platão a Rousseau, passando pelos trovadores, as virtudes essenciais do amor precisam ser aprendidas e treinadas.

Por que o amor, embora carente, não instrumentaliza

O amor, como sustentei até agora, é distinto de todas as outras ligações apaixonadas neste único aspecto: seu foco é o enraizamento ontológico inspirado pelo ser amado; e o diálogo que o desenvolve e aprofunda é de caráter ontológico.

Isto é assim, quer o amor seja romântico, filial, fraternal, parental, a amizade perfeita descrita por Aristóteles ou mesmo amor pela natureza, pela arte, por dinheiro, status, vinho e outras coisas que não podem retribuir nossos sentimentos. O amor que anima essas relações não é de espécie diferente, mas expressa de maneiras diferentes a mesma necessidade de experimentar nossa existência no mundo como enraizada e, assim, como encontrando um eco afirmativo. Nesse sentido nenhuma emoção é mais carente que o amor, não importa quanto ele dê e compartilhe. E nenhuma emoção é mais condicional. Repudiar o amor por ser ou carente ou condicional seria repudiar o próprio amor. (Sócrates menciona, de maneira intrigante, que o amor é sempre pobre e carente.)

Tudo isto poderia soar horrivelmente frio, como se o ser amado fosse visto como um mero instrumento para satisfazer uma necessidade profunda. Mas esse não é o caso de maneira alguma. Experimentar o outro – ou melhor: nossa relação com o outro – como embasando nosso ser pressupõe que o vemos como radicalmente distinto de nós em seu ser, como a fundação de um lar que, em sua natureza, não é uma extensão de nós e precisa ser cuidado em sua diferença. Assim como o crente não pode se voltar com sucesso para Deus em busca de embasamento ontológico a menos que reverencie sua suprema soberania, assim também todo amor é natimorto se o ser amado não for experimentado como inalcançável. Estar profundamente em casa com o ser de alguém é uma experiência que, em sua natureza, não pode ser instrumental – e será imediatamente solapada por quaisquer pensamentos sobre ele como um meio para um fim. Ele parece, nessa desalentadora combinação típica do amor, ser ao mesmo tempo idêntico a nós e estranho; ao mesmo tempo familiar e inatingível.

Mas o amor não é instrumentalizador por uma outra razão também. *Depois* de despertados pela promessa de enraizamento ontológico, iremos – na situação saudável em que o amor é capaz de se desenvolver – nos abrir para seres amados com uma alegria, gratidão e generosidade tão irresistíveis, com uma lealdade e um compromisso de tamanha força, com um interesse tão decidido por suas exigências, bem-estar e projetos e com um desejo tão monopolizador de entrelaçar nossa vida com a deles, que nossa relação com eles parecerá então inteiramente incondicional.

E não apenas parecerá incondicional. Será incondicional na medida em que nenhuma *outra* condição precisa ser satisfeita para que continuemos a amá-los, e nada que eles façam poderia matar nosso amor. Nós os amaremos apesar de quase qualquer destrutividade, indiferença, mesquinharia e espírito de vingança que possam nos mostrar. E, ao contrário do que disse Aristóteles, apesar de separação, desconfiança, ou declínio em suas excelências de caráter. A menos, e esta é a única circunstância em que o amor pode ser morto, que eles parem de ser a espécie de pessoa que pode despertar em nós a esperança de enraizamento ontológico.

O amor tem face de Jano

Entre as mais persistentes expressões da procura de um lar pelo amor está seu anseio por "retornar". E acima de tudo por recobrar uma origem que nos parece definir quem somos, mas da qual nos sentimos alienados: Deus, nação, grupo étnico, família, natureza, mãe, pai. Amor e devoção por origens estão profundamente conectados. (Uma razão, talvez, por que as pessoas se enamoram por outras com origens semelhantes, mesmo sem pressão social para fazê-lo.)[4]

Encontramos poderosas expressões desse tema em momentos decisivos da tradição que examinamos. Platão diz no *Fedro* que a alma anseia para voar de volta para sua fonte espiritual; ao passo que no *Banquete* ele faz Aristófanes narrar a história da busca pelo amor de uma unidade perdida com nossa outra metade.

O *Gênesis* narra a perda de um paraíso original, o Jardim do Éden, em que os seres humanos haviam sido uma só coisa com a natureza e Deus; e grande parte da tradição religiosa subsequente apresenta a redenção através do amor como a superação dessa separação original de Deus. (A doutrina do "pecado original", embora pareça desagradável quando vista como uma condenação da natureza humana, é, no entanto, uma poderosa metáfora para a realidade de que todos nós nascemos separados precisamente desse que é o maior dos bens: a descoberta de um lar em relação ao qual nossa vida poderia ser fundada e nosso ser específico determinado, um bem ao qual grande parte de uma vida bem-vivida será dedicada.)

Agostinho caracteriza o amor genuíno como a busca da alma de retornar à sua origem espiritual em Deus, que nos oferece o bem de ser – em contraposição ao pecado, que Agostinho considera um estado de não ser.

São Boaventura descreve a espiritualidade como encontrando um caminho para o Criador original – de modo que finalmente encontramos a completude do ser que é Deus.

Friedrich Schlegel diz que através do amor "a natureza humana retorna a seu estado original de divindade".

Freud fala da "regressão" que tem lugar na experiência de união dos amantes entre si, e especula que nossos amores adultos são animados por nossas ligações libidinais com os que primeiro cuidaram de nós, em geral nossa mãe, e em certo sentido as redescobrem. Por vezes ele pergunta a si mesmo se *todos* os nossos instintos não procuram restaurar um estado de coisas anterior; se, para expressá-lo em termos de seu pensamento tardio, tanto Eros quanto o "instinto de morte" não são fundamentalmente conservadores.[5] (De fato, o instinto de morte, alvo da zombaria de muitos comentadores, é interessante precisamente como uma metáfora de nosso irresistível instinto para recobrar o puro começo, aqui descrito como o estado inorgânico que preexistiu até à própria vida.)

Além de olhar para o passado, porém, o amor é movimento rumo ao futuro. Assim, o *Banquete* expressa não apenas o puxão para trás, manifestado no mito de Aristófanes, mas também o impulso para diante, descrito na narrativa de Diotima sobre a elevação do amor à contemplação da beleza absoluta. Narrativas cristãs descrevem um movimento rumo a Deus através de uma transformação por amor divinamente inspirado: o mesmo Agostinho que fala do amor como retorno a nossas raízes espirituais também o vê como sempre relacionado ao futuro, como lutando por nossa "suficiência", com o que ele se refere ao bem máximo. Para Spinoza, o amor – que ele define como prazer associado à sua causa – sempre se esforça para alcançar maior "perfeição", em outras palavras, maior ser ou maior realização em nosso ser. Rousseau e a tradição romântica que inaugura descrevem o amor como uma jornada para dentro: a meta é descobrir e tornar-se quem se é individualmente. O ideal do *amor fati* de Nietzsche afirma não só o caminho para trás – a cadeia de eventos, em toda a sua contingência, que fez de nós exatamente a pessoa que somos agora e que no limite é toda a história de nossa existência –, mas também deseja o futuro que essa cadeia de eventos determina. Para Freud o amor catalisa não apenas regressão, mas também desenvolvimento: a diferenciação e integração de estados psíquicos em que os instintos eróticos combinaram cada vez mais substância viva em unidades cada vez maiores.

O amor, portanto, olha simultaneamente para o passado e para o futuro. Em outras palavras: seu espírito é, a um só tempo, nostálgico e utópico, conservador e idealista. Nessa medida, ele tem face de Jano: ao mesmo tempo uma recuperação e uma descoberta.[6]

O amor como impessoal

Essa experiência de um movimento de volta a uma origem ou de avanço rumo a um completamento futuro fala de uma característica essencial do amor: sua tendência, por vezes impetuosa, a "exceder" seu objeto imediato, de olhar além dele, e nessa medida a ser impessoal. E a fazê-lo precisamente quando é mais pessoal: quando está mais intensamente concentrado na particularidade do ser amado; quando a promessa de embasamento ontológico deste é maior, e quando seu amante dedicou-se por isso mais completamente à sua existência e florescimento.

Pois esse embasamento passa facilmente a ser experimentado como apontando para aquela totalidade para a qual muitas vezes se pensa que o amor nos conduz, ou mesmo como idêntico a ela. Essa totalidade, ou bem supremo, foi concebida como, por exemplo, Deus (judaísmo, cristianismo); beleza absoluta (Platão); criação divina (Ficino); Natureza (Spinoza); o mundo eterno e indivisível (Schlegel); a unidade de todas as coisas vivas (Schopenhauer); destino (Nietzsche); e narrativa (Proust). Quando quer se apoderar da totalidade – ou imaginar a relação entre duas pessoas como a totalidade – o amor corre o risco de exigir do ser amado mais do que ele pode ser.

Essa não é uma exigência pela qual deveríamos criticar o amor, insistindo com afetação para que abandone suas ambições pela totalidade e permaneça concentrado na particularidade do ser amado. Pois a natureza do amor é procurar embasamento no mundo no ser amado individual e através dele, e ao fazê-lo dificilmente pode ser útil ter uma dupla orientação. Ele olhará atentamente para sua particularidade (embora sem pretensões oniscientes a vê-lo "como tal", em sua "plena" particularidade, ou em "toda" sua complexidade, como tende a pensar o saber contemporâneo). E, inspirado precisamente por essa particularidade e sua promessa de embasamento ontológico, olhará além dele para um universo em que o amante sente agora que pode estar em casa.

Se isto soa misterioso, não poderia deixar de ser. O embasamento ontológico pode ser mais bem-expressado através de mitos de uma fonte original e sustentadora da vida. A natureza de seu poder especial sobre nós continuará sendo um segredo, um segredo que nos fascina e com o qual muitas vezes jogamos, intencionalmente ou não, quando seduzimos outrem para uma relação de amor genuína.

A destruição dos velhos opostos

Vimos que o amor condicional – despertado por um bem muito particular que o amante busca, a saber, uma promessa de enraizamento ontológico, e talvez a princípio indiferente ou até repelido por tudo no amado que não é bom dessa maneira – é o pré-requisito para um compromisso incondicional com ele, não seu oposto. Pela mesma razão, o amor egoísta, possessivo (muitas vezes chamado de "amor Eros") é o pré-requisito para o amor altruísta, submisso (muitas vezes chamado de "ágape") – e não, como a maior parte da tradição insiste, seu oposto necessário. De fato, quanto mais poderoso é o amor ágape, *mais* poderoso deve ser o amor Eros, de cuja energia perscrutadora ágape se alimenta.

Mas se submetemos Eros e ágape a um exame mais atento, vemos que, na realidade, eles não são apenas estágios no progresso do amor do desejo para a autodoação, mas são ambos, em sua forma desenvolvida, modos de se dedicar constantemente ao ser amado, com o mesmo objetivo: assimilar sua presença. Uma presença que só é possível apreender dedicando-se à sua inata legitimidade e ao que ela exige de nós, assim como a assimilação e interpretação de uma peça de música demanda esse tipo de atenção. No amor, como em música, dar-nos a nós mesmos é a única maneira de possuir genuinamente. (A posse real, em que o outro nos inunda com seu ser e sua legitimidade, e nessa medida se torna nosso ser e nossa legitimidade, nada tem a ver com o que é por vezes chamado de "posse": a tentativa de engolir e aniquilar a independência ameaçadora do outro; tentativa tão magnificamente expressada por Freud e Proust.)

A explicação que Platão dá para Eros, tal como atribuída a Diotima, reconhece de maneira tão clara essa necessidade de atenção – na verdade *versa* de maneira tão clara sobre a obtenção de atenção cada vez maior e mais refinada – que foi por mero erro que Eros foi concebido por algumas tradições cristãs, em especial pós-Reforma, como desejo cruelmente egoísta, incompatível com abertura e generosidade para com o ser amado. Assim também, seu desejo de possuir não busca em absoluto controlar ou engolir o objeto de amor, à maneira de Marcel e Albertine, pois é claro que Diotima não está falando de nada semelhante.

Poderíamos, de maneira mais proveitosa, usar palavras como "Eros", "ágape" e "*philia*" para nomear não tipos distintos de amor, mas sim três modos de atenção madura (que podem também ser três estágios no desenvolvimento da atenção do amor).[7] Deveríamos dizer então que Eros é o desejo por um ser amado que inspira enraizamento ontológico e cuja presença em nossa vida nos esforçamos por obter (embora não no sentido contraproducente de crua possessividade); que esse encontro provoca ágape, rendição apaixonada à sua presença e acima de tudo à legitimidade de seu ser, que não estabelece qualquer condição adicional; e que à medida que se desenvolve, essa rendição passa também a ter o caráter de *philia*, agora considerada puramente como um modo de atenção (que, ao contrário do que sustentava Aristóteles, não precisa ser fundado em ou dirigido para qualidades unicamente éticas): uma identificação íntima, e necessariamente recíproca, com a vida em desdobramento e imprevisível do outro, experimentado como um segundo eu. Nós o experimentamos como um segundo eu não só, ou mesmo principalmente, por termos virtudes semelhantes, mas de maneira muito mais ampla por termos uma compreensão semelhante de nossos projetos, bens, sensibilidades, histórias e origens.[8]

Amor ao nosso próximo

Mas sem dúvida, poder-se-ia protestar, o egoísmo e o altruísmo separam-se em algum momento, não é? Sem dúvida o voluntário que põe sua vida em risco para ajudar órfãos famintos ou vítimas de terremoto o faz puramente por amor altruísta e não por estar buscando alguma espécie de embasamento para sua vida, certo?

Mas aqui também o altruísmo pode ser visto como motivado por um desejo poderoso de enraizamento, neste caso experimentado como unidade com a própria comunidade, ou mesmo com a humanidade ou a natureza como um todo: o sentimento de unidade que, por exemplo, Francisco de Assis, Spinoza, Schopenhauer e Friedrich Schlegel expressam às suas maneiras muito diferentes. Em vez de identificar-se com apenas uma outra pessoa como um segundo eu, qualquer membro da comunidade ou humanidade assemelha-se a um segundo eu. Visto que as Escrituras cristãs são muitas vezes consideradas a fonte de um amor altruísta universal, vale a pena recordar as passagens do Novo Testamento em que o âmbito do amor é principalmente a comunidade em que a vida e os compromissos do amante estão ancorados – seja ela, como Jesus o expressou, a "daqueles que ouvem a palavra de Deus e a põem em prática", ou, como lemos nas epístolas e no Evangelho de João, o núcleo de uma comunidade cristã particular para cuja identidade e defesa o amor entre os membros é considerado crucial. E em que não há qualquer sugestão de que o eu esteja de algum modo esvaziado ou desinteressado. Na verdade o interesse é claro: o amor é dirigido em primeira instância àqueles com crenças semelhantes. O primeiro círculo de amor, como são Paulo sugere, compreende correligionários cristãos: "enquanto dispomos de tempo, façamos bem a todos, especialmente aos irmãos na fé" (Gálatas 6:10).

O medo é constitutivo do amor

Além de comida, água, abrigo e reconhecimento afetuoso, não há qualquer necessidade humana maior que sentir que nossa vida está seguramente enraizada. Essa necessidade ontológica – a vulnerabilidade que ela expressa e também cria – enche o amor com um grau de medo que o distingue de todos os outros tipos de ligação apaixonada, e de todas as outras formas de doação, submissão, zelo e valorização.

Por que a relação ontológica é tão amedrontadora? A razão mais óbvia é que tememos perder o ser amado. Sua vida permanece, sob muitos aspectos, um mistério para nós: nunca penetraremos por inteiro as leis que o governam inclusive a lealdade dele para conosco. Tememos que sua promessa não seja confiável, quer ele a tenha feito de maneira explícita para nós – como Deus ofereceu a Aliança a seu povo –, quer a tenhamos atribuído a ele. Tememos que ela parta antes mesmo que chegue, como o Narrador de Proust descreve na cena de infância com sua mãe; e temos pavor da rejeição, que, como disse são João da Cruz, está "entre as mais implacáveis provações". Freud sugere que a origem desses medos pode ser encontrada na primeira infância: o amor desenvolve-se através de uma longa experiência de perda, de reação a ela e de antecipação dela – a começar pela perda da atenção de nossa mãe.

Depois há o medo da destrutividade do amado – que nunca pode ser excluída, mesmo que ele mais do que retribua nosso amor. As descrições da ira divina nas Escrituras hebraicas e as palavras de Jesus sobre condenação eterna nos lembram a devastação e a vingança que Deus pode infligir à criação que ama. Devastação que pode ser previsível – punição para erros cometidos – mas que, de maneira ainda mais amedrontadora, pode ser imprevisível e incompreensível: os sofrimentos de Jó.

Mas há uma razão ainda mais fundamental para que o medo seja constitutivo do amor. Alguém dotado de poder sobre nosso sentimento de existir inspirará uma reverência que ameaça nos esmagar, mesmo que acreditemos que ele nunca nos abandonará ou destruirá. Como o conceito do "sublime" de Kant, postamo-nos, exaltados e humilhados, perante o "absolutamente grande". Sua grandeza nos faz sentir poderosos e impotentes, não apenas para possuir o ser amado, mas em nossa própria existência: a existência que ansiamos que o amado ancore. Quase todo místico religioso deu testemunho dessa penosa ambivalência.

Se experimentássemos o mesmo objeto sem amor poderíamos tentar apreendê-lo ou compreendê-lo, e nos relacionar com ele como com um igual. Mas quanto maior é sua significação ontológica para nós, mais ele frustra essas tentativas; e mais ele ameaça nos inundar com sua realidade, uma realidade cujo poder dá a impressão de que poderia ou proteger nossa vida ou destruí-la. (Sua iluminação de nossa própria existência também não nos deixa lugar algum para nos escondermos de nós mesmos – sempre a realidade da qual buscamos exílio com maior urgência. De fato, quanto mais bem-sucedido é o amor, mais impiedosamente ele revela nossa solidão.)

Esta é exatamente a experiência de que falam os profetas hebreus em relação a Deus, que é, por definição, a fonte máxima possível de enraizamento ontológico. Ela é o terror de Moisés, a quem Deus diz: "Não poderás ver minha face, porque ninguém me pode ver e permanecer vivo" (Êxodo 33:20) – o terror do ser humano finito ante a presença infinita e urgentemente desejada de Deus. É o medo de Abraão e Jó, que as histórias de suas provações expressam de maneira tão eloquente.

O mais amedrontador é *ver* Deus – não perdê-lo, ou ser punido por ele. Mesmo um ser amado que acreditamos que nunca nos deixará, que é todo-amoroso e onipresente, inspirará medo. Talvez particularmente medo.

Amor, medo e ódio

Medo, é claro, leva rapidamente a ódio, a menos que o amante possa aceitar de maneira genuína sua vulnerabilidade ao amado. (Ira e ansiedade são inflamadas quando não cremos ser de todo impotentes; quando nossas opções não parecem fechadas.)

Quando o amado é o Deus monoteísta, o amante, por mais que discuta e proteste com ele, não tem, em última instância, qualquer escolha senão a aceitação. A relação do ser humano com Deus, da criatura com o criador todo-poderoso, do ser contingente com a fonte de todo ser, é de absoluta vulnerabilidade. Na verdade, em vez de se ressentir dessa vulnerabilidade, o crente a afirma, pois ela pertence à própria estrutura de sua fé. O ódio a Deus não surgirá, e se o faz brevemente, provocado, digamos, por seu desaparecimento numa hora de grande necessidade, ainda é temperado pela ausência de todo recurso. De modo que, em relação a ele, medo e amor podem coexistir.

Mas quando o amado é um outro ser humano, nunca somos impotentes por definição. Sempre há campo, em princípio, para induzi-lo a nos amar. Como Sócrates repete, o amor é incessantemente maquinador, um mágico habilidoso, "sempre arquitetando truques como um caçador astuto". Por que aceitar nossa vulnerabilidade se ela poderia ser temporária e se o equilíbrio de necessidade, poder e disponibilidade entre dois amantes é mutável e obscuro? E assim, no amor por outros humanos, diferentemente do que se passa no amor a Deus, o medo conduz facilmente ao ódio, um ódio que pode por fim ocultar (embora nunca possa extinguir) o amor.

Repulsa, não ódio, é o oposto do amor

Mas o ódio não é o oposto do amor. Pois ele ainda exemplifica a virtude cardeal do amor: a atenção à outra pessoa. De fato, o ódio muitas vezes a fomenta, faz com que nos fixemos no outro, e precisamente naquelas qualidades que exercem o maior poder ontológico sobre nós; em outras palavras, precisamente nas qualidades que podem evocar amor.

Podemos esperar que o oposto do amor seja aquele sentimento em relação a outrem em que as condições do amor – o que o inspira e lhe permite desenvolver-se numa relação transformadora – estão completamente ausentes. Um sentimento que, diferentemente do ódio, não pode coexistir com o amor.

Esse sentimento é a repulsa. Alguém por quem sentimos repulsa não só não pode inspirar amor em nós (ao passo que alguém que odiamos pode) – não pode, em outras palavras, inspirar a promessa de enraizamento ontológico, mas, ao contrário, exacerba nossa insegurança precisamente nesse aspecto. Sua existência parece corromper todas as coisas à sua volta que importam para nós, e as torna insignificantes, ilegítimas, desatracadas, sujas, desorientadas. Temos de fugir dele para salvaguardar nosso senso de nossa própria realidade. Seu poder de induzir essas emoções é misterioso, pois ele não precisa fazer ou dizer nada contra nós para fazer com que o chão pareça sumir sob nossos pés. Na realidade sua atitude em relação a nós poderia ser genuinamente benigna, até amorosa.

A repulsa reage de maneira esmagadora a estímulos aparentemente triviais, em direção exatamente oposta à do amor. Um gesto ou ato que em si mesmo não é nem danoso nem mesmo dirigido para nós, uma boca que baba ou uma pequena mentira, pode nos fazer sentir inseguros até nossas bases. A repulsa sempre tende ao extremo, detectando um mundo escondido de perigo além de qualquer coisa que a tenha provocado e reagindo com uma repugnância que, no limite, é ao mesmo tempo física, estética, ética e intelectual.

Em suma, a repulsa é, na direção de suas reações, a antítese do amor. Onde o amor é suscitado pela promessa de enraizamento ontológico de outra pessoa, a aversão reage a alguma coisa (igualmente difícil de definir) ligada à sua presença que parece solapar a própria possibilidade de enraizamento. Onde o amor reage à promessa do outro com atenção e paciência máximas, a repulsa reage com um afastamento imediato que foge de qualquer atenção e paciência. Onde o amor procura acomodar uma relação através da posse, da submissão, da escuta, da visão, da autodoação ou da compaixão, a aversão é uma reação ontológica de luta e fuga que cancela cada uma dessas relações. Onde o amor idealiza o outro, a aversão o reduz a nada. Diferentemente do ódio, da vingança ou do ciúme, que podem envolver uma preocupação complexa, até obsessiva, com a vida de uma outra pessoa, a repulsa a quer fora do caminho: longe da mente e fora da vista, da audição, do olfato, do tato e – em todos os sentidos – do paladar. Até que ela não exista mais como sujeito e nem mesmo como objeto, mas apenas como um estremecimento relegado ao passado. O ódio nunca foi assim tão ambicioso.

Amamos necessariamente os nossos filhos?

Por fim, preciso desenvolver uma ideia que propus antes: podemos ser profundamente devotados ao bem-estar de pessoas e coisas sem as amar; isto é, sem ver nelas uma promessa de enraizamento ontológico.

Isso muitas vezes parece perverso: valorizamos *realmente* essa pessoa, deleitamo-nos com sua beleza, admiramos sua vida, emocionamo-nos com seus projetos e nos importamos com seu florescimento. Somos gratos a ela por alguma bondade, ou ajuda ou prazer extraordinários. A empatia mútua está longe de faltar. No entanto, falta alguma coisa.

Da mesma maneira que, inversamente, podemos ficar presos em relações que oferecem poucos desses deleites, e apesar disso não cessamos de amar o outro.

Muitas pessoas, talvez a maioria delas, reconhecerão esta distinção entre amor e outras formas de identificação ou ligação apaixonada. Elas admitirão sua possibilidade, ainda que com relutância, no caso de seus cônjuges, amigos, irmãos, parceiros sexuais ou pais.

Mas não no caso de seus filhos. Aqui, como em nenhum outro lugar, estamos profundamente mergulhados em território ideológico, onde o amor incondicional (e igual) deve ser professado – de fato, é experimentado como um dado biológico e moral.

Na realidade, essa santificação de nosso amor por nossos filhos não é anterior ao século XVIII.[9] Antes disso o amor parental pelos filhos por certo existia, assim como a "infância"; mas a elevação da relação a um teste de tornassol do amor genuíno, e em particular do amor incondicional, é muito mais recente.

Bons pais irão, é claro, proteger, defender e nutrir as vidas de todos os seus filhos de maneira igual, de fato ardorosamente igual; e, nesse sentido, não terão mais lealdade ou zelo por um que por outro. Mas proteger e defender, ou respeitar e admirar, a vida de uma criança – ou de qualquer pessoa – não é o mesmo que amá-la.

De fato, é como com todo amor: um pai amará mais aqueles filhos que lhe dão o maior sentimento de enraizamento ontológico, aqueles com que se sente mais embasado e em casa; talvez porque eles ecoem de maneira pungente as qualidades que, a seus olhos, definem sua vida e as origens dela; talvez por razões mais misteriosas. Eles podem ser irresponsáveis, fracos e lhe causar grande tristeza; mas o pai os amará de qualquer maneira.

Tanto nas Escrituras hebraicas quanto nas cristãs, vemos uma descrição muito mais verdadeira do amor por filhos e sua espantosa desigualdade. Vemos como, através da concessão desigual e imerecida da graça, o Deus do Antigo *e* do Novo Testamentos elege alguns e não outros; como a parábola da festa de casamento nos conta que "muitos são chamados, mas poucos são escolhidos", ao passo que a história dos trabalhadores, também no Evangelho de Mateus, proclama que "os últimos serão os primeiros, e os primeiros serão os últimos"; como Deus ama Davi mais que Saul, embora eticamente Saul seja sem dúvida a melhor pessoa; como o filho pródigo é mais celebrado que seu irmão virtuoso, aquele que trata o pai com generosidade, solidariedade e lealdade (se o amor pelos filhos fosse igual, ele poderia ao menos ser celebrado da mesma maneira); como, embora esteja escrito que "Deus amou tanto o mundo que entregou seu Filho único ...", alguns de seus filhos, conta-nos o próprio Jesus, serão enviados para a condenação eterna do Inferno; como Jacó tinha doze filhos, e amava um deles, José, acima de todos os outros (o que, uma vez que

Jacó é o pai das doze tribos de Israel, está longe de ser um favoritismo que possa ser posto de lado); como Jacó havia sido por sua vez o filho favorito de Rebeca; e como ficara em segundo lugar, depois de Esaú, aos olhos do pai, Isaac. E assim por diante…

A MORAL NÃO É QUE SEJA PERVERSO amar a um Deus que se comporta dessa maneira, ou aderir a religiões cujos mitos fundadores retratam a "injustiça" do amor de maneira tão implacável. A moral é que o amor, em contraposição ao zelo, à devoção e à proteção, não pode, nem em princípio, ser igual, ou universal ou incondicional. E que embora os filhos, com sua aguda sensibilidade à diferença entre zelo e amor, façam todo o possível para tentar evocar amor em seus pais quando ele não está naturalmente presente, eles fracassarão.

Esses mitos nos fazem ver, também, que o amor deve aprender a aceitar que pode não ser correspondido. A única base para o amor mútuo bem-sucedido é a atitude da cortesã, Philine, em *Wilhelm Meister* de Goethe: "Wenn ich Dich liebe, was geht's Dich an?" Se eu te amo, que tens a ver com isso? O amante faz-se então disponível para o amado – progenitor, amigo, filho, amante romântico ou Deus – sem o considerar obrigado a corresponder. E ciente de que somos opacos demais uns para os outros para estar seguros da natureza e da extensão do amor do outro por nós.

Amor e imoralidade

Se o anseio por enraizamento ontológico é tão poderoso como sugeri, o resultado é claro: quanto mais forte o amor – o que significa: quanto mais vívida a promessa desse enraizamento –, mais o amante sacrificará tudo que lhe é caro à lei do amado.

Inclusive tudo que é moral. É aí que o potencial do amor para perdoar ou ignorar a imoralidade realmente reside: *não* na violência do ciúme ou da possessividade, nem na perseguição e captura de seres amados, mas, ao contrário, na obediência do amante a eles.

Quanto maior o poder ontológico do amado, mais claramente suas exigências suplantarão toda moralidade pela qual o amante, de outra maneira, se sentiria preso. É por isso que a submissão ao Deus monoteísta – como a máxima presença ontológica possível – ou a seus sucessores seculares, como o Comunismo, a Liberdade, o Progresso ou a Nação, pode abrir a porta à máxima desumanidade.

Como vimos no capítulo 2, o exemplo supremo de amor é o de Abraão por Deus, precisamente no momento em que Deus lhe ordena sacrificar Issac. Sim, ele ama a Deus mais que ao filho. Não por uma razão misteriosa, mas porque Deus é o fundamento de seu ser (e, é claro, o fundamento do de Isaac – o qual não protesta, o que é muito menos comentado, mas igualmente significativo).

O que Deus está pondo à prova em Abraão são aqueles atributos centrais do amor: medo de, e obediência a, alguém que reconhecemos como embasando nosso ser. Mas Deus não está interessado em medo e obediência que conduzem a um esfacelamento do eu – a um amante que seu poder ontológico torna caótico, confuso e paralisado. O que o interessa é um eu que pode agir decisivamente, que tem o autodomínio (do qual a coragem é apenas um elemento) para assumir responsabilidade por sua ordem, inclusive de sacrificar-lhe tudo mais que ama. O que significa: sacrificar todos os outros ditames de consciência ou justiça.

Abraão compreende isso, e age de maneira inflexível. Ele experimenta a ordem de Deus não como extrínseca, mas como sua própria lei recôndita. Sua lealdade a Deus, sua meticulosa atenção ao que Deus quer dele, não é passiva, mas obstinada.

E assim o amor pode ser ao mesmo tempo comandado e livre. Somos atentos à ordem de pôr tudo – todo o coração, a alma e a força – na relação amorosa, porque já amamos livremente. Quando é submetido à prova suprema, Abraão já se enamorou da vasta presença ontológica que é o Deus hebreu, e já recebeu dele a Aliança.

A ATENÇÃO COM QUE SERES HUMANOS são convidados a amar o Deus hebreu e cristão é, afirmei ao longo de todo este livro, o modelo para todo amor. O Deus monoteísta é o máximo ser concebível, e a fonte e sustentáculo de todos os outros seres; e assim, por definição, satisfaz à única condição do amor: a promessa de enraizamento ontológico. Mas ele não nos enraíza meramente por existir: precisamos buscar uma relação com ele, o que exige paciente cultivo dos três modos de atenção que sugeri que chamássemos de "Eros", "ágape" e "*philia*".

Tal relação só pode prosperar se estivermos preparados para a injustiça, a crueldade e o abandono, uma preparação de que toda intimidade sustentável depende. Ela é marcada pelo medo, em especial o medo do sucesso: pois a proximidade com o ser amado, com seu poder ontológico sobre nós, pode nos esmagar mais do que sua perda. Desejamos retribuição, mas estamos prontos para dispensá-la (certos de que Deus não precisa de nós, assim como, no *Banquete* de Platão, o objeto mais elevado de amor – a beleza absoluta – não pode retribuir). Esforçamo-nos para conhecer o ser amado e nos exercitamos para realmente olhar e ouvir; no entanto sem a pretensão onisciente de podermos – com nossas perspectivas parciais, distorcidas pela necessidade, a ansiedade, o hábito e a história – compreendê-lo algum dia "como tal", ou "em toda a sua complexidade", ou "como ele é em si mesmo". Assim, colocamo-nos à sua disposição, tentando compreender o que a lei de seu ser nos convida a fazer.

Esse é o molde para a relação humana bem-sucedida. Em vez da arrogância de modelar o amor humano segundo a maneira como se diz, questionavelmente, que Deus nos ama, ficamos em melhor situação olhando para a maneira como nós o amamos. A ordem de amar a Deus é uma maneira de dizer que nosso florescimento está fundado numa busca de toda uma vida por uma relação poderosa com o fundamento de nosso ser – e que essa busca, quer assuma forma religiosa ou secular, é o propósito máximo de uma vida bem-vivida.

Notas

1. O amor faz-se de Deus (p.13-28)

1. Friedrich Nietzsche, *The Antichrist*, section 19, in *The Portable Nietzsche*, p.586.
2. Devo esta formulação a Irving Singer, *The Nature of Love*, vol.II, p.294.
3. Por exemplo, Harry Frankfurt afirma que o amor "consiste da maneira mais básica numa solicitude desinteressada pelo bem-estar ou o florescimento da pessoa amada. Ele não é impelido por nenhum objetivo ulterior, mas busca o bem do ser amado... por ele mesmo" (*The Reasons of Love*, p.79, cf. p.42 e 52). Irving Singer, em sua trilogia, *The Nature of Love*, distingue reiteradamente o amor como "apreciação" de valor no ser amado do amor como uma "atribuição" espontânea ou gratuita de valor. Distinção essa que, como veremos, é apenas mais uma expressão da velha dicotomia Eros/ágape, embora rejeite a estrutura religiosa de que essas distinções derivam, a única em que fazem pleno sentido. Continuando, ele repreende qualquer pensador, a começar por Platão e Aristóteles, que não reconheça a importância da atribuição, que considera a mais excelente das duas (mais uma vez nas linhas convencionais da priorização de ágape). Um outro exemplo desse extraordinário respeito pelas ideias correntes por parte de importantes pensadores contemporâneos é a crítica que Martha Nussbaum faz a Proust por não subscrever o que são, de fato, clichês da época, sem fazer uma pausa para indagar se o escritor poderia ter razão para tanto. Assim ela suscita três "inquietações" relativas ao que falta na concepção do amor de Proust: "uma inquietação relacionada à compaixão, uma inquietação relacionada à reciprocidade e uma inquietação relacionada ao indivíduo". Esta última é uma inquietação relativa a qualquer pensador (Platão é outro) que não veja que o amor deve reconhecer que as pessoas são "qualitativamente distintas e especialmente separadas, tendo suas próprias vidas para viver", reconhecimento que deve "abarcar o próprio fato da diferença" (*Upheavals of Thought*, p.496-9 *passim*). E ela acrescenta que "um amante que se concentra em objetos como fontes de bem e bem-estar tem pouca probabilidade de amá-los em sua plena particularidade" (ibid., p.527). Mas em momento algum esses três filósofos, três na pequena minoria que escreve alguma coisa sobre o amor, investigam de fato se o amor está fundamentalmente relacionado a essas meritórias ambições; e, caso esteja, se essas afirmações, que soam tão oniscientes, como ser capaz de amar outros "em sua plena particularidade", são possíveis ou mesmo significativas.
4. Philip Larkin, "An Arundel Tomb", l.42, in *Collected Poems*, p.117.
5. Devo as ideias sobre textos hindus, Plotino e Rumi, a Singer, *The Nature of Love*, vol.I, p.216-19.
6. Bento XVI, encíclica, *Deus Caritas Est*, Parte I, seção 11.

2. O fundamento do amor ocidental: Escrituras hebraicas (p.29-57)

1. A datação do Deuteronômio e do Levítico, com seus mandamentos de amor, é extremamente controversa, mas é quase certo que eles não são posteriores, respectivamente, aos séculos VII e VI a.C. – muito antes, portanto, que Platão, Aristóteles ou Jesus vivessem. Ao mesmo tempo, a redação final das tradições testemunhadas na Torá (os cinco primeiros livros da Bíblia hebraica) não poderia ter ocorrido antes do século V a.C. Ver Alexander Rofé, *Introduction to the Literature of the Hebrew Bible*, Jerusalem Biblical Studies, vol.9, p.214-49.
2. Esta expressão em Deuteronômio 6:5 é mais enfatizada em Deuteronômio 10:12: "E agora, Israel, o que exige de ti o Senhor teu Deus, senão que o temas, seguindo por todos os seus caminhos, amando e servindo ao Senhor teu Deus, com todo o coração, com toda a alma." Ela é também encontrada em Deuteronômio 11:1 e em Josué 22:5. Em estudos críticos, esta exigência, e sua relação terminológica com expressões de lealdade encontradas em juramentos neoassírios, foi demonstrada por Moshe Weinfeld, in *Deuteronomy and the Deuteronomic School*, p.59-146, e em seu artigo "The Loyalty Oath in the Ancient Near East", p.379-414. Ver mais recentemente: Udo Rüterswörden, "Die Liebe zu Gott im Deuteronomium", in *Die deuteronomistischen Geschichtswerke: Redaktions- und religionsgeschichtliche Perspektiven zur 'Deuteronomismus'-Diskussion in Tora und Vorderen Propheten*, org. Markus Witte et al., p.229-38. Agradeço a Sandra Jacobs por me mostrar isso.
3. Levítico 19:18 declara: "Não te vingues nem guardes rancor contra teus compatriotas, amarás a teu próximo como a ti mesmo. Eu sou o Senhor."
4. A palavra hebraica usada com mais frequência para amor é [אהבה] (*ahavah*), que abrange não só o amor a Deus e ao próximo, mas também a intimidade de amigos, de pais e filhos, bem como de amantes. O amor erótico é também designado pelo termo hebraico [דוד] (*dod*); ao passo que [חסד] (*hesed*) designa algo semelhante ao amor-amizade e suas qualidades de lealdade, bondade amorosa e identificação com o outro como um segundo eu. O uso de algumas destas palavras varia de maneira significativa, porém, entre os diferentes textos bíblicos.
5. De Maimônides, "Laws of Repentance", cap. X, § 5, in Moses Hyamson (org. e trad.), *Mishneh Torah, The Book of Adoration by Maimonides*, p.92b. Devo esta citação a *The Code of Maimonides: Book II, The Book of Love*, p.xvi.
6. Isto é indicado também em fontes literárias pós-bíblicas, como O Livro dos Jubileus, 36:4: "E em meio a vós mesmos, meus filhos, amai vossos irmãos como um homem ama a si mesmo, cada homem buscando para seu irmão o que é bom para ele, e agindo juntos na terra, e amando uns aos outros como a si mesmos." Ver "Jubilees", trad. O.S., Wintermute, in James H. Charlesworth, (org), *The Old Testament Pseudepigrapha*, vol.2, Nova York, 1985, p.124.
7. Devo esta ideia sobre igualdade e a citação do Talmude de Jerusalém (*Hagigah* ch. 2: *Mishnah* 1) a Lenn Goodman in *Love Thy Neighbor As Thyself*, p.12. Tenho grande dívida para com sua iluminadora discussão desse mandamento e suas implicações.

O Talmude de Jerusalém (Hebraico: *Talmud Yerushalmi*) é também comumente conhecido como Talmude Palestino. Para uma tradução analítica, ver *The Talmud of the Land of Israel*, vol.20 (*Hagigah* e *Moed Qatan*), p.50.

8. Como discutido em Goodman, *Love Thy Neighbor*, p.15-17.
9. Segundo Provérbios 11:17, "O homem amável faz bem à sua alma, mas o homem violento faz mal à sua própria carne".
10. Mishnah, "The Fathers" (*Avot*), cap. 2, Mishnah 10, in *The Mishnah*, p.447. Esse tratado é também conhecido como "A ética dos pais".
11. Namânides sobre Levítico 19:18, citado em Goodman, *Love Thy Neighbor*, p.13.
12. A palavra hebraica [גר] (*ger*) é traduzida tanto como "forasteiro" quanto como "estrangeiro".
13. A tradição rabínica normativa considera que a palavra "forasteiro" refere-se ao convertido na Bíblia, mas não há nenhuma base clara para isso. Devo esta ideia a Graham Davies (comunicação pessoal).
14. Deveríamos notar a tradição muito diferente em Naum 1:2: "O Senhor é um Deus ciumento e vingador! O Senhor é vingador e cheio de cólera! O Senhor se vinga de seus adversários e guarda rancor dos inimigos."
15. A New Revised Standard Version da Bíblia diz: "Não deves tirar proveito do sangue de teu próximo", mas reconhece numa nota de rodapé que a tradução literal é: "Não te deves pôr de pé contra o sangue de teu próximo." [As citações da Bíblia foram transcritas de: *A Bíblia Sagrada em CD-ROM*. Petrópolis, Vozes, Seafox Engenharia de Software, Comissariado da Terra Santa e King James, 1996.]
16. Esta é a concepção daquelas partes do Deuteronômio permeadas por um "espírito militarista e o mandamento inflexível de destruir pelo banimento todos os habitantes da terra" (Rofé, *Introduction*, p.204). Na Bíblia hebraica, como no antigo Oriente Próximo, a guerra e o estabelecimento da ordem social eram percebidos num contexto cosmológico. Aqui a relação entre os deuses (divinos) e o rei (humano) representava as atividades militares do rei como parte da luta cósmica contra as forças do caos. Como tal, a guerra nacional era compreendida não só como "moralmente tolerável, mas como moralmente imperativa", como demonstrado em C.L. Crouch, *War and Ethics in the Ancient Near East*, p.194.
17. Cf. Gênesis 1:26, 5:1; e Hebreus 1:3. Neste contexto é interessante que na tradição mesopotâmia comparativa expressões como "a imagem do deus Marduk" e "a imagem do deus Nergal" representam a presença do deus nesse templo e cidade. Ver Moshe Weinfeld, *The Place of the Law in the Religion of Ancient Israel*, p.106-9; e V.A. Hurowitz, "The Divinity of Mankind in the Bible and the Ancient Near East: A New Mesopotamian Parallel', in *Mishneh Todah*, p.263-74. Agradeço a Sandra Jacobs por mostrar-me isto.
18. Cf. Miqueias 6:8.
19. Babylonian Talmud, *Shabbat* 133b, citado in Goodman, *Love Thy Neighbor*, p.16. Ver *Shabbath II*, no Babylonian Talmud.
20. Cf. Levítico 25:35-8, Provérbios 22:22-3 e Provérbios 17:5, que declara: "Quem zomba do pobre insulta o Criador."

21. Como indicado em Levítico 5:23-26, que estabelece que a infração contra o próximo obriga a um pagamento à pessoa envolvida de um quinto mais que o valor do item furtado, bem como a uma oferenda de culpa ao sacerdote para expiar o pecado para com o Senhor.
22. Babylonian Talmud, *Ta'anit* 20b. Devo as referências neste parágrafo a Goodman, *Love Thy Neighbor*, p.17.
23. Devo este comentário a Michael Harris (comunicação pessoal). A tradução grega "EU SOU EXISTÊNCIA", ou "EU SOU AQUELE QUE EXISTE" é evocativa do estado de ser divino, mas infiel ao hebraico (Graham Davies, comunicação pessoal).
24. Para uma valiosa discussão do uso do nome divino aqui (e em relação também a Êxodo 6:3) ver Thomas L. Thompson, "How Yahweh Became God: Exodus 3 and 6 and the Heart of the Pentateuch", *Journal for the Study of the Old Testament*, vol.68, p.57-74.
25. Ver *The Concise Dictionary of Classical Hebrew*, p.148; e [הוה] in Brown, F., Driver, S.R. e Briggs, C.A., *The Brown-Driver-Briggs Hebrew and English Lexicon of the Old Testament*, p.217-18.
26. Ver "*Imitatio Dei* and the Nature of God", in Menachem Kellner, *Maimonides on Human Perfection*, p.59-60.
27. Harold Bloom observa, com esplêndida falta de ênfase: "O maior paradoxo do cristianismo em Lucas, João e quase tudo que vem depois é a rejeição do povo judaico como obsoleto (na melhor das hipóteses), ao mesmo tempo em que continua se baseando quase totalmente numa interpretação revisionista da Bíblia hebraica." Harold Bloom, *Jesus and Yahweh*, p.165.
28. De maneira similar em Salmos 145:20 ("O Senhor guarda todos os que o amam") e Salmos 31:23.
29. Cântico dos Cânticos 8:6.
30. Esta exegese sobre Deuteronômio11:13 é fornecida pelos antigos comentadores rabínicos (anônimos) in *Sifre: A Tannaitic Commentary on the Book of Deuteronomy*, Piska 41, p.85.
31. Mishnah, "The Fathers" (*Avot*), cap. 1, Mishnah 2, in *The Mishnah*, p.446.
32. "Amarás a teu próximo como a ti mesmo", disse R. Akiva, "é o princípio fundamental da Torá", tal como registrado em *Sifra: An Analytic Translation*, vol.III, p.109. Compare Romanos 13:8: "A ninguém fiqueis devendo coisa alguma, a não ser o amor com que deveis amar-vos uns aos outros. Porque quem ama o próximo, cumpriu a Lei"; e também Mateus 22:39-40.
33. Babylonian Talmud, *Shabbat* 31a. Hillel, o ancião, floresceu em Jerusalém na segunda metade do século I a.C. e no início do século I d.C. Para uma discussão da expressão comparativa no antigo Targum Aramaico (Palestino), ver Serge Ruzer, "From 'Love Your Neighbour' To 'Love Your Enemy': Trajectories in Early Jewish Exegesis", *Revue Biblique*, vol.109, n.3, p.378.
34. Cf. Lucas 6:31. Ver também João 13:34-5; Mateus 19:19, 22:39-40; Marcos 12:31; Lucas 10:27; Romanos 13:8-9; Gálatas 5:14; e Tiago 2:8.

35. Tessa Rajak, *Translation and Survival*, p.7-10.
36. Henry Chadwick, *The Early Church*, p.42.
37. Na Septuaginta, ágape ainda não está associado exclusivamente com amor "incondicional" em contraposição a amor Eros, mas abarca amor materno ou paterno em, por exemplo, Levítico 19:18; amor entre marido e mulher em, por exemplo, Gênesis 24:67, 29:18 e 29:30; e desejo erótico, como no desejo de Siquém por Dina relatado em Gênesis 34:3; e no desejo de Amon por sua meia-irmã, Tamar, relatado em 2 Samuel 13:1, 4 e 15.
38. No capítulo 7 demonstro que mesmo no Novo Testamento ágape não é distinguido de maneira nítida e consistente de amor Eros. De fato, essa distinção é atribuída ao Novo Testamento muitos séculos depois, sobretudo pela Reforma e seus sucessores.
39. O amor erótico é também designado pelo termo hebraico [דוד] (*dod*) e é usado, muitas vezes de maneira sinônima, com "meu bem-amado". Ver também Cântico dos Cânticos 1:13, 14, 16; 2:16; e 6:3.
40. Como Isaías 6:3 revela: "Santo, santo, santo é o Senhor Todo-poderoso, e toda terra está cheia de sua glória."
41. Para uma perspectiva diferente sobre o status ritual de eunucos ver Isaías 56:3-5.
42. "Jônatas tirou o manto que vestia, e o entregou a Davi, dando-lhe igualmente a armadura e mesmo a espada juntamente com o arco e o cinturão" (1 Samuel 18:4). Esse gesto prenuncia a substituição de Jônatas por Davi como monarca, aparentemente por consentimento simbólico do príncipe.
43. E de maneira semelhante em 20:17: "Em seguida Jônatas tornou a jurar Davi por causa da amizade que lhe tinha: é que o amava como a si mesmo."
44. Em contraste com as Escrituras, a tradição rabínica refere-se à devoção de Jônatas por Davi como um exemplo de amor incondicional, e ao desejo de Amon por Tamar como amor condicional (2 Samuel 13:1-20). Ver Mishnah, *Avot* cap. 5, *Mishnah* 16, in *The Mishnah*, p.457.
45. Martin Buber, *On Judaism*, p.210.
46. Esse senso do que é correto e justo fazer equivale, neste contexto, ao que chamaríamos hoje de consciência; e, embora "consciência" não seja um termo bíblico, eu o utilizarei no que se segue.
47. Por exemplo, Êxodo 20:12-17, 23:1; Levítico 18:6-23, 19:11.
48. Salmos 51:17-19 citado em Agostinho, *City of God*, p.377.
49. Jó 1:12, 2:6. Devo minha discussão de Jó a Singer, *The Nature of Love*, vol.I, p.254-5.
50. Cf. Romanos 9:15.
51. Esta maravilhosa frase diz: "Eu sei que meu Redentor está vivo, / e que, no fim, se levantará sobre o pó, / e, através de minha pele retalhada, / na minha carne, verei a Deus. / Eu verei aquele que está a meu favor, / e meus olhos contemplarão quem não é um adversário." (Jó 19:25-7).
52. Jó 2:9, onde ela lhe pergunta: "Persistes ainda em tua integridade? Amaldiçoa a Deus e morre de uma vez."

53. Em relação à prece, Jó 42:10 declara somente: "O Senhor mudou a sorte de Jó, porque intercedia por seus companheiros, e duplicou todas as suas posses."
54. A deslealdade a Deus pode provocar sua ira e destrutividade, como o sugere a história da Arca de Noé – a Arca estando reservada para o leal Noé, cujo amor a Deus é comparado com "a maldade dos homens na terra" (Genesis 6:5).
55. Immanuel Kant, *Critique of Judgement*, sect. 25, p.94.
56. Embora o judaísmo rabínico posterior vá associá-la ao mérito dos Patriarcas (ideia que devo a Menachem Kellner, correspondência pessoal).
57. Harold Bloom caracteriza a natureza indomável de Deus em termos shakespearianos: "Javé funde aspectos de Lear, Falstaff e Hamlet: as fúrias imprevisíveis de Lear, o vitalismo tempestuoso de Falstaff e a inquietação da consciência de Hamlet". Bloom, *Jesus and Yahweh*, p.169.
58. Por exemplo, vemos essa intercessão na consequência da história do "Bezerro de Ouro" em Êxodo 33-4. Com alguns dos profetas, como Oseias e Jeremias, as coisas se passam de maneira diferente e, em contraste com o que ocorre na Torá, diz-se que Deus estende a mão para Israel mesmo quando ela transgrediu e antes de qualquer reforma. (Agradeço a Graham Davies por ter me mostrado isto – comunicação pessoal.)
59. Não estou supondo que tais pessoas sejam apenas dublês ou metáforas de nossos pais.

3. Do desejo físico ao paraíso: Platão (p.58-80)

1. Devo esta ideia a Martha Nussbaum, *The Fragility of Goodness, passim*.
2. Para mais sobre o amor como uma força cósmica, ver Jonathan Barnes, *The Presocratic Philosophers*, p.309-10 e 419-20.
3. Ver Barnes, *Presocratic Philosophers*, p.241.
4. Sófocles, *Antigone*, ll.881-7, in *The Three Theban Plays*, p.101.
5. Platão, *The Symposium*, 177C, p.40.
6. Embora Platão exclua o amor entre os sexos dessa bondade.
7. Beleza para os gregos – *kalon*, por vezes traduzido como "bom" – era algo muito amplo, abrangendo tanto a beleza estética quanto a beleza ética, sendo por isso exemplificada por todas as coisas de valor.
8. Platão, *Symposium*, 209C-D e 212A, p.91-4.
9. Devo esta especulação e a citação de Baudelaire que se segue a A.W. Price, *Love and Friendship in Plato and Aristotle*, p.228.
10. Kenneth Dover, em seu importante (embora não mais inconteste) estudo, *Greek Homosexuality*, expressa assombro à ideia de que o pênis do jovem passivo "permanece flácido mesmo em circunstâncias em que se esperaria que o pênis de qualquer adolescente saudável respondesse, ainda que a contragosto". Citado em Nussbaum, *The Fragility of Goodness*, p.188.
11. Em duas obras posteriores, *A República* e *As leis*, Platão adota uma posição intransigente contra a homossexualidade, condenando-a como antinatural. Ver Platão, *The Republic*,

403B-C, p.99-100; Platão, *The Laws*, 636C-E e 838E, p.61-2, 336-7. Ver também Platão, *Phaedrus* 250E e 255E-256E, in *Euthyphro, Apology, Crito, Phaedo, Phaedrus*, p.484-7, 500-1.

12. Platão, *Charmides*, 155C-D, in *Early Socratic Dialogues*, p.179.
13. Platão, *Symposium*, 191D, p.62.
14. Platão, *Symposium*, 192E, p.64.
15. Platão, *Symposium*, 193C, p.65.
16. Platão, *Symposium*, 191C, p.61.
17. Roger Scruton descreve com elegância a natureza de um mito, e seu poder duradouro, quando (no contexto de uma discussão das óperas de Wagner) diz que "ele não é uma fábula ou doutrina religiosa, mas um veículo para conhecimento humano. O mito nos familiariza com nós mesmos e nossa condição, usando símbolos e personagens que dão forma objetiva a nossas compulsões mais íntimas". In *Death-Devoted Heart: Sex and the Sacred in Wagner's* Tristan and Isolde, p.5.
18. Cf. Platão, *Symposium*, 191D-192B, p.62-3.
19. Sigmund Freud, *Inhibitions, Symptoms and Anxiety*, vol.XX, p.122, in *Standard Edition of the Complete Psychological Works of Sigmund Freud*.
20. Platão, *Symposium*, 193C, p.65.
21. Platão, *Symposium*, 192D-E, p.63-4.
22. Platão, *Symposium*, 201A, p.78.
23. Platão, *Symposium*, 205E, p.85-6.
24. Platão, *Symposium*, 201A, p.78.
25. Platão, *Symposium*, 205E, p.85-6.
26. Platão, *Symposium*, 199E, p.76.
27. Platão, *Symposium*, 200A, p.76.
28. Marcel Proust, *Remembrance of Things Past*, vol.2, p.637.
29. Na tradução de Robin Waterfield, 203B, p.44.
30. Platão, *Symposium*, 203C-D, p.82.
31. Platão, *Symposium*, 206C-E, p.86.
32. Não fica claro se procriar na beleza significa procriar na presença da beleza ou procriar a partir da beleza – ou ambas as coisas.
33. Platão, *Symposium*, 203E, p.82.
34. Platão, *Symposium*, 212A, p.95.
35. Platão, *Symposium*, 211A-B e D-E, p.93-5.
36. Platão, *Symposium*, 202E, p.81.
37. Platão, *Symposium*, 212A-B, p.95.
38. Platão, *Symposium*, 210A, p.92.
39. Platão, *Symposium*, 210B, p.92.
40. Platão, *Symposium*, 210D, p.92-3.
41. Platão, *Symposium*, 212B, p.95.
42. Platão, *Symposium*, 212A, p.95.
43. Platão nos diz em outro lugar que o bem mais elevado é como o sol; ele é a fonte de luz que revela todas as outras coisas como realmente são. Isto significa presumivel-

mente que, como o sol, não o podemos ver com clareza fitando-o diretamente. Ver a discussão de Iris Murdoch do Bem platônico in *The Sovereignty of Good* (Londres, 1970), em especial p.46-76.

44. W.H. Auden, *The Age of Anxiety*, p.35.

4. O amor como amizade perfeita: Aristóteles (p.81-97)

1. A palavra que Aristóteles usa é *eudaimonia*, por vezes (e inadequadamente) traduzida como "felicidade".
2. Além da perfeita *philia*, baseada na bondade dos amigos, Aristóteles também usa o termo *philia* em dois outros sentidos, que não nos dirão respeito aqui: para denotar relações baseadas na utilidade, como relações de negócios, quando estas são cooperativas e não competitivas, e para denotar aquelas baseadas no prazer.
3. Proust, *Remembrance*, vol.1, p.968.
4. Caráter, para Aristóteles e muitos outros gregos, é um determinante muito mais significativo da vida de uma pessoa do que tende a ser para nós hoje. Para eles virtudes de caráter – como coragem, benevolência, confiabilidade, veracidade, autodomínio, sabedoria ou generosidade – ditam toda a capacidade de uma pessoa de realizar seu potencial humano. "O caráter de um homem é seu destino" diz Heráclito (floresceu c. 500 a.C.), um dos fundadores do pensamento grego. Charles H. Kahn, *The Art and Thought of Heraclitus*, fragment CXIV (Diels-Kranz fragment 119), p.81.
5. Embora, é claro, o amor platônico que conduz uma outra pessoa escada acima (como é explícito no *Fedro* e implícito em *O banquete*) requeira sua cooperação. Agradeço a A.W. Price por lembrar-me disto.
6. Price, *Love and Friendship*, p.108.
7. Nussbaum, *The Fragility of Goodness*, p.358-9. Cf. A.W. Price, que, de maneira semelhante, defende que uma vez que "o eu é primariamente realizado em suas escolhas", o melhor amor baseia-se num compartilhamento muito amplo das atividades pelas quais essas escolhas são manifestadas. Ver Price, *Love and Friendship*, p.107.
8. Nussbaum, *The Fragility of Goodness*, p.358.
9. Soneto 116, in *William Shakespeare, The Sonnets and a Lover's Complaint*, p.134.
10. Nussbaum, *The Fragility of Goodness*, p.360.
11. "... se a ausência é prolongada, ela parece causar o esquecimento do próprio amor". Citado em Nussbaum, *The Fragility of Goodness*, p.360.
12. Nussbaum, *The Fragility of Goodness*, p.338-9.
13. Aristóteles, *Nicomachean Ethics* (daqui em diante *NE*), 1165b15, in *The Complete Works of Aristotle*, vol.II, p.1.842.
14. *NE*, 1165b23-5, p.1.844.
15. *NE*, 1165b26-30, p.1.842.
16. *NE*, 1156b12, p.1.827.

17. *NE*, 1155b32, p.1.826. Cf. Price, *Love and Friendship*, p.107.
18. Ver *NE*, 1168b7, p.1.847; 1170b6, p.1.850; 1245a34-5, p.1.974. Para uma excelente discussão desta ideia de "um outro eu" ou "segundo eu" ou "alma única", ver Price, *Love and Friendship*, p.110-11 e 123-4.
19. *NE*, 1156b7-8, p.1.827.
20. "Ora igualdade e semelhança *são* amizade": *NE* 1159b3, p.1.832, grifo meu.
21. Relações entre maridos e esposas pertencem, para Aristóteles, às relações intrinsecamente desiguais (*NE*, 1158b13-19, p.1.831), e nelas a melhor parte deveria ser mais amada do que ama e a pior menos (*NE*, 1158b24-8, p.1.831).
22. *NE*, 1158b13-14, p.1.831.
23. "Como escravo, portanto, não podemos ser amigos dele. Mas como homem podemos" (*NE*, 1161b4-8, p.1.835). Cf. C.C.W. Taylor, "Politics", in *The Cambridge Companion to Aristotle*, p.256-7.
24. *NE*, 1159b12-13, p.1.832.
25. *NE*, 1155b7, p.1.826. O próprio Aristóteles diz que "semelhante é caro a semelhante": *NE*, 1165b16-17, p.1.842.
26. Ver, por exemplo, David M. Buss, *Evolutionary Psychology: The New Science of the Mind*, p.130.
27. "… boa vontade [*eunoia*] quando *é* recíproca sendo amizade." *NE*, 1155b33, e 1156a3-5, p.1.826. Ver John M. Cooper, "Aristotle on Friendship", in *Essays on Aristotle's Ethics*, p.308-11. Minha discussão deve muito ao capítulo de Cooper.
28. *NE*, 1155b31-2, p.1.826.
29. *NE*, 1164a3-13, p.1.839.
30. Como Martha Nussbaum, a quem esta seção muito deve, o exprime: "diferentemente de Platão, ele não parece acreditar que intenso desejo sexual ou excitação desempenha qualquer papel essencial nos valores e benefícios do amor". Nussbaum, *The Fragility of Goodness*, p.358.
31. *NE*, 1159a11-12, p.1.832.
32. John M. Cooper sugere que, para Aristóteles, "*ao* amar e valorizar a outra pessoa por si mesma tornamo-nos capazes de amar e valorizar a nós mesmos" ("Aristotle on Friendship", p.333).
33. "Pois não há nada tão característico de amigos quanto viver juntos." *NE*, 1157b19-20, p.1.829.
34. *NE*, 1170a4-11, em especial 5-6, p.1.849.
35. Devo esta interpretação do que Aristóteles quer dizer por "viver juntos" a Nussbaum, *The Fragility of Goodness*, p.358-9.
36. *NE*, 1170b12-13, p.1.850.
37. *NE*, 1156b4-5, p.1.827; 1157b11-12, p.1.829.
38. Aristóteles, *Eudemian Ethics*, 1245b18-19, in *The Complete Works of Aristotle*, vol.II, p.1.974.
39. Aristóteles, *Politics*, 1253a28-9, in *The Complete Works of Aristotle*, vol.II, p.1.988.
40. Esta minha discussão deve muito a Cooper, "Aristotle on Friendship", p.320-4.

41. *NE*, 1105a29-33, p.1.746.
42. Aristóteles, *Magna Moralia*, 1213a16-17, in *The Complete Works of Aristotle*, vol.II, p.1.920.
43. Friedrich Nietzsche, *On the Genealogy of Morals*, in *The Basic Writings of Nietzsche*, p.451 (Preface, section 1).
44. Aristóteles, *Magna Moralia*, 1213a20-6, p.1.920. Cf. *NE*, 1169b28-1170a3, p.1.849, e *Eudemian Ethics*, 1245a35-6, p.1.974: "Portanto, perceber um amigo deve ser de certo modo perceber nosso próprio eu e conhecer um amigo é conhecer a nosso eu." Alguns estudiosos duvidam de que *Magna Moralia* seja de fato de Aristóteles, mas a passagem citada aqui é tipicamente aristotélica.
45. In Kahn, *Art and Thought*, fragment XLIV (Diels-Kranz fragment 94), p.49.

5. O amor como desejo sexual: Lucrécio e Ovídio (p.98-111)

1. Este capítulo deve muito a Singer, *The Nature of Love*.
2. Lucrécio, *De Rerum Natura* (daqui em diante *DRN*, seguido por livro e número da linha), traduzido com uma introdução por C.H. Sisson, IV: 1054-7, p.131. (Devo esta referência a Singer, *The Nature of Love*, vol.I, p.132.) Usei a tradução de Sisson de Lucrécio porque seu inglês é menos arcaico que o da tradução superior de W.H.D. Rouse, revisada por M.F. Smith, Cambridge, MA, 1975.
3. Lucrécio, *DRN* IV: 1089-90, p.132.
4. Lucrécio, *DRN* I: 4-5, p.15.
5. Lucrécio, *DRN* I: 21-5, p.15-16.
6. Lucrécio, *DRN* IV: 1110-11, p.133.
7. Lucrécio, *DRN* IV: 1079-83, p.132.
8. Lucrécio, *DRN* IV: 1155-64, p.134.
9. Estou em dívida aqui para com Singer, *The Nature of Love*, vol.I, p.133 e *passim*.
10. Epicuro, *Epicurus*, p.89. Sou grato às observações de M.F. Smith sobre Epicuro em sua introdução à tradução de W.H.D. Rouse de *De Rerum Natura*.
11. Epicuro, *The Extant Remains*, p.123.
12. Epicuro, *The Extant Remains*, p.101.
13. Epicuro, *The Extant Remains*, p.95.
14. Epicuro, *The Extant Remains*, p.95.
15. Como lorde Illingworth graceja na peça de Oscar Wilde, *A Woman of No Importance*, Ato III.
16. Lucrécio, *DRN* IV: 1240-7 *passim*, p.136.
17. Lucrécio, *DRN* IV: 1261-2, p.137.
18. Lucrécio, *DRN* IV: 1265-8, p.137.
19. Lucrécio, *DRN* IV: 1269-77, p.137.
20. Lucrécio, *DRN* IV: 1063-7, p.132.
21. Citado in Stuart Gillespie e Philip Hardie, orgs., *The Cambridge Companion to Lucretius*, p.6-7.

22. Alfred, Lord Tennyson, "Lucretius", ll.14-23, in *The Major Works*, org. Adam Roberts, p.380-1.
23. Singer, *The Nature of Love*, vol.I, p.140.
24. Ovídio, *The Art of Love*, Book 2, ll.233-4.
25. Aqui parafraseio Octavio Paz, que louva a capacidade de Catulo de transmitir como "Nossa carne cobiça o que nossa razão condena". In *The Double Flame*, p.48.
26. Paz, *Double Flame*, p.47. Politicamente, porém, as mulheres estavam longe de ser emancipadas, apesar de um lento desenvolvimento em sua autonomia à medida que o Império Romano se desenvolveu. Como observa Augusto Fraschetti, "Vidas de mulheres muitas vezes entreteciam histórias de intriga política (uma esfera de que estavam excluídas) com intrigas românticas (em que elas eram os principais atores). ... Se algumas mulheres ... parecem irromper (e elas o fazem com frequência) nessa esfera exclusivamente masculina, convém observar que suas ações são descritas pelas fontes não apenas como atos de intriga, mas também como atos muito danosos, prejudicando não apenas homens envolvidos com elas, mas a cidade como um todo." In Augusto Fraschetti, org., *Roman Women*, p.16.
27. Ovídio, *The Art of Love*, Book 3, ll. 793-4.
28. Ovídio, *The Art of Love*, Book 2, ll. 153-8. Devo esta referência a Singer, *The Nature of Love*, vol.I, p.129.
29. Ovídio, *The Art of Love*, Book 1, ll.35-6.
30. Ovídio, *The Art of Love*, Book 1, ll.89-92.
31. Ovídio, *The Art of Love*, Book 1, ll.269-70.
32. Ovídio, *The Art of Love*, Book 1, ll.365-6.
33. Ovídio , *The Art of Love*, Book 1, ll.459-62.
34. Ovídio, *The Art of Love*, Book 1, ll.509, 513, 520-4 *passim*.
35. Ovídio, *The Art of Love*, Book 1, ll.579-80.
36. Ovídio, *The Art of Love*, Book 1, ll.601-2.
37. Ovídio, *The Art of Love*, Book 1, ll.659-62.
38. Ovídio, *The Art of Love*, Book 2, ll.109-23 *passim*.
39. Ovídio, *The Art of Love*, Book 3, ll.95-6.
40. Ovídio, *The Art of Love*, Book 3, l.193-4.
41. Ovídio, *The Art of Love*, Book 3, l.201.
42. Ovídio, *The Art of Love*, Book 3, l.280.
43. Ovídio, *The Art of Love*, Book 3, ll.475-7.
44. Ovídio, *The Art of Love*, Book 3, ll.529-31.
45. Ovídio, *The Art of Love*, Book 3, ll.773-6, *passim*.
46. Ovídio, *The Art of Love*, Book 3, ll.795-6.
47. Ovídio, *The Art of Love*, Book 3, ll.797-8.
48. Ovídio, *The Art of Love*, Book 1, ll.342.
49. Ovídio, *Metamorphoses*, Book IV, ll.376-9. Devo esta referência ao mito de Salmácis e Hermafrodito a Singer, *The Nature of Love*, vol.I, p.127.

6. O amor como a suprema virtude: cristianismo (p.112-29)

1. O cristianismo obviamente abarca um conjunto muito amplo e diverso de crenças e práticas, por isso precisamos ter extremo cuidado ao atribuir qualquer coisa muito precisa a ele, e não a seus vários textos, denominações e pensadores. Mas se tentamos considerar sua complexidade a distância e perguntamos quais são suas grandes inovações no amor, são estas, penso eu, as duas que se apresentam.
2. Agostinho, *Tractates on the Gospel of John*, 55-111, p.131.
3. Os Evangelhos Sinópticos são aqueles sob os nomes de Mateus, Marcos e Lucas, semelhantes o bastante em conteúdo específico e estrutura narrativa para serem proveitosamente vistos lado a lado ("sin-opticamente"). A maior parte de Marcos aparece – muitas vezes de maneira literal – em Mateus e Lucas, e Mateus e Lucas compartilham material que não está em Marcos. Esses três Evangelhos parecem ter sido compostos sobretudo a partir do arranjo de curtas "perícopes" – histórias e ditos de Jesus que circulavam na Igreja primitiva. O quarto Evangelho, de João, é notavelmente diferente, em especial no que diz sobre o amor mas também nos discursos e diálogos mais longos através dos quais Jesus é apresentado. Considera-se em geral que João foi escrito bem mais tarde que os Sinópticos – segundo algumas estimativas 65 anos depois da morte de Jesus.
4. Mateus 5-7, cf. o paralelo "Sermão na Planície", mais curto, de Lucas, 6:17-49.
5. Como vimos no capítulo 2, a versão de Hillel deste princípio é formulada de maneira negativa: "Não faças a teu próximo o que te é detestável; isto é toda a Torá. O resto é comentário." (Babylonian Talmud, *Shabbat* 31a). Hillel foi uma figura dominante por trás do partido fariseu na Palestina no século I, um partido de intérpretes religiosos com que o Jesus dos Evangelhos Sinópticos partilha muita coisa, ao mesmo tempo em que se opõe vivamente a ele.
6. Dos Evangelhos Sinópticos, é Mateus que apresenta Jesus mais claramente devotado à lei. Ele chega a dizer que quem quer que relaxe qualquer dos mandamentos será o menor no Reino dos Céus (Mateus 5:19-20). Mesmo nos outros Evangelhos – e em São Paulo –, onde o corpo das leis judaicas parece menos peremptório, a lei é cumprida no mandamento de Deus de amar.
7. Anders Nygren, *Agape and Eros*, p.251.
8. Agostinho, *On the Spirit and the Letter*, p.69.
9. John Rist, "Faith and Reason", in *The Cambridge Companion to Augustine*, p.36.
10. Werner G. Jeanrond, *A Theology of Love*, p.79.
11. Agostinho, "Letters 100-155", in *The Works of Saint Augustine*, p.413.
12. Agostinho, *City of God*, p.636-7.
13. Isto é especialmente verdadeiro para o Lutero inicial – antes de 1525 –, embora eu tente refletir seu pensamento posterior também no que se segue.
14. In Nygren, *Agape and Eros*, p.720 n.1.
15. In Nygren, *Agape and Eros*, p.734 n.2.
16. In Rudolf Otto, *Mysticism East and West*, p.194.

17. In Nygren, *Agape and Eros*, p.734. Originalmente, encontrei a maioria das citações deste parágrafo em Singer, *The Nature of Love*, vol.I, p.312-42. Tenho uma dívida para com Singer em minha discussão de Lutero.
18. Agostinho, "Sermon 192: On Christmas Day", in *The Works of Saint Augustine*, p.46.
19. Agostinho, "Sermon 121: On the Words of the Gospel of John 1:10-14: The World Was Made through Him", in *The Works of Saint Augustine*, p.234.
20. A ideia de que o eu individual florescente é estruturado por uma hierarquia de capacidades, atingida apenas por poucos e apenas após a mais intensa e prolongada preparação, teve um curso muito longo na história das ideias, e ainda é vista em pensadores tipicamente modernos como o autoproclamado "Anticristo", Friedrich Nietzsche (e.x. *On the Genealogy of Morals*, Essay II, section 2, p.494-6).
21. Boaventura, *The Soul's Journey into God, the Tree of Life and the Life of St Francis*, p.79. Estou em dívida com a discussão de Boaventura e misticismo em Singer, *The Nature of Love*, vol.I, p.179-81.
22. Ver Jeanrond, *A Theology of Love*, p.77.
23. Agradeço a Liz Carmichael por comentários sobre a concepção de Aquino da capacidade humana de amizade com Deus (comunicação pessoal).
24. Citado in Jeanrond, *A Theology of Love*, p.82. Nesta observações sobre Aquino estou em dívida com Jeanrond, p.77-83.
25. Devo esta formulação da ideia a Jeanrond, *A Theology of Love*, p.108.
26. Agostinho, "Confessions", in *The Works of Saint Augustine*, p.39.
27. Platão, que Agostinho tanto utiliza, faz seu mestre Sócrates narrar o mito da alma humana como um cavaleiro cujo corcel de raça superior o puxa para cima até o teto do cosmo, apesar de estar também sendo puxado para baixo para a gênese ou história pelo corcel de má raça (*Phaedrus*, p.246, in Platão, *Euthyphro, Apology, Crito, Phaedo, Phaedrus*, p.471-5.) É claro que Platão não tem nenhuma doutrina comparável da graça pela qual a elevação deve ser inspirada e dirigida, mas a ideia da alma como puxada em duas direções tem claramente raízes nele. Sou grato a Stanley Rosen por mostrar isto.
28. Citado in Nygren, *Agape and Eros*, p.528, n.3 (tradução de Nygren). A citação é de Agostinho in "Answer to the Pelagians, III: Unfinished Work in Answer to Julian", *The Works of Saint Augustine*, p.342, onde se lê: "Ou antes, a graça de Deus os faz dispostos e indispostos."
29. Citado in Oliver O'Donovan, *The Problem of Self-Love in St Augustine*, p.128. A citação é de "A Trindade" de Agostinho. Na tradução da The New City Press (Agostinho, 'The Trinity', in *The Works of Saint Augustine*, p.209) lê-se: "Recebemos ordem de imitar essa mutualidade pela graça, tanto com referência a Deus quanto uns para com os outros ..."
30. Agostinho expressa este pensamento numa metáfora: "Purifica esse amor, depois, desvia para teu jardim a água que desce pelo escoadouro, deixa a corrente que te impeliu para os braços do mundo ser redirigida para o Criador do mundo." Agostinho, 'Exposition 2 of Psalm 31', in *The Works of Saint Augustine*, p.367.

31. Através dessa vaidade o amor está "curvando-se sobre si mesmo" (*curvatus in se*), como Agostinho o exprime, e assim deixando de ser a *caritas*.
32. Agostinho, *Treatises on Various Subjects*, p.252.
33. Martinho Lutero, "Second Christmas Sermon: Early Christmas Morning Service, Titus 3:4-8", *Sermons of Martin Luther*, vol.6, p.145.
34. Citado in Singer, *The Nature of Love*, vol.I, p.327. Em minhas observações sobre Lutero e nas citações dele que escolhi, tenho grande dívida para com Singer.
35. Citado in Singer, *The Nature of Love*, vol.I, p.327.
36. Citado in Nygren, *Agape and Eros*, p.733.
37. Lutero, "Second Christmas Sermon", p.145.
38. Citado in Nygren, *Agape and Eros*, p.734 n.2.
39. Nygren, *Agape and Eros*, p.734.
40. Meister Eckhart, *The Works of Meister Eckhart*, p.381-2. Devo esta citação a Singer, *The Nature of Love*, vol.I, p.225.

7. Por que o amor cristão não é incondicional (p.130-59)

1. Por exemplo, Agostinho, *Tractates on the Gospel of John*, p.127-8.
2. São João da Cruz, *A Spiritual Canticle of the Soul and the Bridegroom Christ*, p.172-3. Aqui João da Cruz faz eco a são Paulo quando o apóstolo considera que o corpo existe para o Senhor (Jesus) e para ser um membro de Cristo. Enquanto aquele que se une a uma prostituta torna-se um só corpo com ela, diz Paulo, "aquele que se achega ao Senhor faz-se um só espírito" (1 Coríntios 6:17vv.)
3. São João da Cruz, *A Spiritual Canticle of the Soul*, p.239. Encontrei estas passagens originalmente em Singer, *The Nature of Love*, vol.I.
4. Santa Teresa de Ávila, *The Interior Castle or the Mansions*, p.272. Devo esta referência a Singer, *The Nature of Love*, vol.I, p.222.
5. São João da Cruz, *Dark Night of the Soul*, p.52.
6. São João da Cruz, *Dark Night of the Soul*, p.55.
7. Meister Eckhart, *The Essential Sermons, Commentaries, Treatises and Defense*, p.78. Devo esta referência a Denis de Rougemont, *Love in the Western World*, p.156.
8. Eckhart, *The Works of Meister Eckhart*, p.176. Devo esta referência e a seguinte a de Rougemont, *Love in the Western World*, p.155.
9. Eckhart, *The Works of Meister Eckhart*, p.186.
10. Cf. João Evangelista: "Não ameis o mundo nem o que há no mundo. Em alguém que ama o mundo não mora o amor do Pai." (1 João 2:15).
11. Clifton Wolters, introdução in Julian of Norwich, *Revelations of Divine Love*.
12. Ver Jeanrond, *A Theology of Love*, p.72.
13. Bernardo de Claraval, *Bernard of Clairvaux: Selected Works*, p.198. Devo esta citação e a seguinte a Singer, *The Nature of Love*, vol.I, p.191.
14. Bernardo de Claraval, *Selected Works*, p.196-7.

15. Tomás de Aquino, *Summa Theologiae*, vol.34: *Charity*, trad. R.J. Batten (Londres, 1975), p.93-5; citado in Jeanrond, *A Theology of Love*, p.80.
16. "Não vos conformeis com os esquemas deste mundo mas transformai-vos pela renovação do espírito" (Romanos 12:2).
17. "Nem todos morreremos, porém todos seremos transformados ... pois a trombeta tocará – os mortos ressuscitarão incorruptos, e nós seremos transformados" (1 Coríntios 15:51-2).
18. O autor da epístola posterior aos Efésios, que frequentemente afirma ser um discípulo de Paulo escrevendo em seu nome, encontra uma imagem de Cristo e da Igreja na transformação de um homem e uma mulher em uma só carne (Efésios 5:31). Mas não há em Paulo qualquer linha clara em louvor à "santidade do casamento" que encontramos mais tarde no cristianismo.
19. Esta formulação, usada várias vezes no Sermão da Montanha, refere-se quase certamente à Escritura hebraica.
20. Levítico 20:10; Deuteronômio 17:7, cf. 22:22.
21. João 8:1-11 cita Jesus pedindo que se perdoasse a mulher apanhada em adultério.
22. *Dikaiosune* – também traduzível como "justiça".
23. "Os humildes" – o que quer dizer os bondosos, mas também com o sentido de "os aflitos" – são aqueles que sofrem nas mãos de outros. Jesus está citando diretamente o Salmo 37, que recomenda ao justo: "Descansa no Senhor e espera nele!/ Não te exaspere a sorte dos que prosperam/ nem a do homem que tece intrigas!" Versículos 10-11: "Ainda um pouco, e não existirá o ímpio;/ examinarás o seu lugar: já não estará ali./ Mas os humildes possuirão a terra/ e desfrutarão de abundante paz./ O ímpio tece intrigas contra o justo/ e contra ele range os dentes./ O Senhor porém se ri do ímpio,/ porque vê chegando seu dia."
24. Isto faz eco ao Eclesiástico, que proclama que "o princípio da soberba é o pecado" (10:13).
25. Isto é o que Samuel Huntington chama de a ética essencial que liga os Estados Unidos e seus imigrantes de outras fés e nações numa só coisa. Ver Samuel P. Huntington, *Who Are We?*, p.59s.
26. Será fortuita a conexão entre pudicícia sexual e acumulação de poder e riqueza? Provavelmente não. Como o sociólogo Max Weber salientou, a autonegação ascética está estreitamente relacionada com um foco na criação de riqueza: "Pois quando o ascetismo foi levado das celas monásticas para a vida cotidiana ... ele fez sua parte construindo o extraordinário cosmo da ordem econômica moderna." Ver Max Weber, *The Protestant Ethic and the Spirit of Capitalism*, p.155-83.
27. João 3:16; cf. 1 João 4:9vv.
28. Tomás de Aquino, *Summa Theologiae*, vol.16: *Purpose and Happiness*, p.139.
29. Anthony Kenny, *What is Faith?*, p.66.
30. Agostinho, "Letter 194: Augustine to Sixtus", in *The Works of Saint Augustine*, p.296.
31. Ver Agostinho, "The Trinity", p.252, 421; e Oliver O'Donovan, *The Problem of Self-Love in St Augustine*, p.130, 135.

32. João Calvino, "Articles concerning predestination", in *Theological Treatises*, p.179, citado in Vincent Brümmer, *The Model of Love*, p.189.
33. Marcos 10:27; Mateus 19:26; Lucas 18:27; cf. também Lucas 1:37.
34. Aquino, *Summa Theologiae*, vol.34: *Charity*, p.135.
35. Para uma discussão iluminadora da abrangência do amor em Lucas e na comunidade joanina, ver Jeanrond, *A Theology of Love*, p.36-7.
36. *The Righteous*, de Martin Gilbert, é um corretivo necessário à visão de que o papa e o Vaticano estavam indiferentes à sorte dos judeus. Gilbert menciona, por exemplo, o clero na França que foi franco em sua condenação das deportações e os muitos clérigos na Itália, incluindo importantes jesuítas, que salvaram judeus da deportação.
37. Martin Rhonheimer, "The Holocaust: What Was Not Said", *First Things*, n.137, 2003, p.18.
38. Mesmo tratamentos mais serenos deste assunto que *A Moral Reckoning*, de Daniel Goldhagen, ainda tendem a explicar o comportamento da Igreja em termos de pragmatismo ou de antissemitismo ou ambos.
39. A expressão tem sua mais antiga fonte sobrevivente em 1 Coríntios 11:25. Paulo transmite o que "recebi do Senhor" com relação à instituição da Eucaristia: após a ceia, Jesus pegou o cálice, "dizendo 'Este cálice é a nova Aliança no meu sangue'". Cf. Lucas 22:20. Marcos e Mateus omitem a palavra "nova" de seus relatos das palavras de Jesus nessa ocasião.
40. Apesar disso, invocar esses crimes como um argumento contra toda crença religiosa é absurdo: o secularismo também gerou incalculável intolerância e violência, e o mal de um credo por certo não é uma simples função do número de pessoas executadas em seu nome.
41. Tomás de Aquino, *Summa Theologiae*, vol.9: *Angels*, p.197.
42. Ibid., p.203.
43. Citado em Nygren, *Agape and Eros*, p.642.

8. Mulheres como ideais: o amor e os trovadores (p.160-71)

1. O medievalista francês Gaston Paris cunhou a expressão "*amour courtois*" em 1883.
2. Friedrich Nietzsche, *Beyond Good and Evil*, in *The Basic Writings of Nietzsche*, sect. 260, p.398.
3. A coincidência do *fin' amor* e do culto da Virgem na Europa medieval é um dos momentos mais notáveis e misteriosos na relação do mundo ocidental com o feminino. Ver a última nota deste capítulo.
4. Tenho uma dívida para com o trabalho de L.T. Topsfield, *Troubadours and Love*, ver p.39.
5. Hoje mais conhecido como Guilherme IX, duque de Aquitânia e conde de Poitiers.
6. Citado in Linda M. Paterson, "Development of the courtly *canso*", in *The Troubadours*, p.36.
7. Alan R. Press (org. e trad.), *Anthology of Troubadour Lyric Poetry*, p.13.

8. Press, *Anthology of Troubadour Lyric Poetry*, p.15.
9. C.S. Lewis, em seu estudo clássico e ainda influente *The Allegory of Love*, considera o adultério uma das quatro principais características do amor cortês; mas as críticas ao adultério feitas por alguns trovadores da segunda geração em diante sugerem que essa não é em absoluto uma característica invariável, ainda que o próprio desejo adúltero seja.
10. Devo esta ideia a Catherine Léglu, "Moral and satirical poetry", in *The Troubadours*, p.49-50.
11. Léglu, "Moral and satirical poetry", p.49.
12. Citado in Linda M. Paterson, *The World of the Troubadours*, p.235.
13. Citado in Singer, *The Nature of Love*, vol.II, p.80, com o qual este capítulo tem uma grande dívida; cf. de Rougemont, *Love in the Western World*, p.34. Não está claro, contudo, se Tribunais do Amor de fato existiam, pelo menos já no século XII, ou se, naquele estágio, eram meras ficções textuais.
14. Agradeço a Stephen Jaeger por comentários iluminadores sobre este assunto (correspondência pessoal).
15. Press, *Anthology of Troubadour Lyric Poetry*, p.19.
16. Press, *Anthology of Troubadour Lyric Poetry*, p.69.
17. Sou grato a Simon Gaunt por chamar minha atenção para sentimentos misóginos em "*Can vei la lauzeta mover*" de Bernart de Ventadorn (correspondência privada).
18. Press, *Anthology of Troubadour Lyric Poetry*, p.79, grifo meu.
19. Paterson, "Development of the courtly *canso*", in *The Troubadours*, p.31.
20. Press, *Anthology of Troubadour Lyric Poetry*, p.79.
21. Press, *Anthology of Troubadour Lyric Poetry*, p.67.
22. Press, *Anthology of Troubadour Lyric Poetry*, p.81.
23. Devo esta ideia a Paterson, "Development of the courtly *canso*", p.31-2.
24. Press, *Anthology of Troubadour Lyric Poetry*, p.183.
25. Press, *Anthology of Troubadour Lyric Poetry*, p.187.
26. Press, *Anthology of Troubadour Lyric Poetry*, p.313.
27. Por exemplo, de Rougemont, *Love in the Western World*, p.35, 76.
28. Citado in Topsfield, *Troubadours and Love*, p.11 – embora não se saiba até que ponto esses relatos biográficos sobre os trovadores são confiáveis.
29. Press, *Anthology of Troubadour Lyric Poetry*, p.189.
30. Tenho uma dívida neste parágrafo para com a discussão do ciúme de Singer in *The Nature of Love*, vol.II, p.27.
31. Topsfield, *Troubadours and Love*, p.221-2. Meus comentários sobre o ciúme devem muito a Topsfield.
32. Topsfield, *Troubadours and Love*, p.32; cf. p.28-33.
33. Segundo Topsfield, *jois* "é uma força interior que busca prazer na vida; ela é poderosa e autoperpetuadora, mas precisa de um objeto sobre o qual cristalizar-se". *Troubadours and Love*, p.123-4.
34. Press, *Anthology of Troubadour Lyric Poetry*, p.197.
35. Press, *Anthology of Troubadour Lyric Poetry*, p.69.

36. Esta interpretação do amor cortês como masoquista-narcisista foi proposta pelos mais diversos autores, desde Denis de Rougemont in *Love in the Western World*, a Slavoj Žižek, fortemente baseado em Lacan, in "Courtly Love, or Woman as Thing", *The Žižek Reader*.
37. É fascinante que a idolatria da dama (*ma domna*, ou *midons*) no amor cortês coincida com a explosão do culto a Maria (*Madonna*) nos séculos XII e XIII. Bernardo de Claraval (1090-1153), o padre e místico que encontramos no capítulo 7, foi um contemporâneo quase exato do primeiro trovador conhecido, Guilhem de Peitieu. Enquanto Guilhem prestava homenagem às suas amantes casadas, Bernard fomentava uma veneração casta, mas não menos apaixonada, por Maria.

9. Como a natureza humana se tornou amável: da alta Idade Média ao Renascimento (p.172-88)

1. Algumas dessas cartas de amor foram descobertas cerca de um século depois que Abelardo e Heloísa morreram: as demais só vieram à luz no final do século XX. Os historiadores dividem-se com relação à sua autenticidade, alguns duvidando em especial de que a correspondência recentemente descoberta seja de Abelardo e Heloísa.
2. Abelardo e Heloísa, *The Lost Love Letters of Heloise and Abelard*, p.229.
3. Abelardo e Heloísa, *The Letters of Abelard and Heloise*, p.69.
4. Abelardo e Heloísa, *The Letters of Abelard and Heloise*, p.11.
5. Abelardo e Heloísa, *The Letters of Abelard and Heloise*, p.12.
6. Devo esta ideia a Singer, *The Nature of Love*, vol.II, p.102, e grande parte de minha discussão foi inspirada por ele.
7. Scruton, *Death-Devoted Heart*, p.32.
8. Gottfried von Strassburg, *Tristan*, p.262-3.
9. Gottfried, *Tristan*, p.263.
10. Gottfried, *Tristan*, p.264, citado in Singer, *The Nature of Love*, vol.II, p.105-6.
11. Devo esta ideia a Singer, *The Nature of Love*, vol.II, p.106.
12. Gottfried, *Tristan*, p.43.
13. Gottfried, *Tristan*, p.265.
14. Gottfried, *Tristan*, p.267-8.
15. De Rougemont, *Love in the Western World*, p.133-4.
16. São Francisco de Assis, *Francis and Clare*, p.39.
17. Devo este parágrafo e a citação a Ingrid D. Rowland, "The Renaissance Revealed", in *From Heaven to Arcadia*, p.3-4.
18. Bamber Gascoigne, *A Brief History of Christianity*, p.62. Esta seção sobre são Francisco deve muito a Gascoigne.
19. Friedrich Nietzsche, *On the Genealogy of Morals*, Essay III, sect.28, p.598.
20. Agostinho, *City of God*, p.375-6.
21. Por exemplo, como Ingrid Rowland ressalta, quando Ticiano pintou sua *Assunção da Virgem* em 1518, "ele pôde confiar a descrição do êxtase religioso inteiramente

à esfera da beatitude física". "Titian: the Sacred and the Profane", in *From Heaven to Arcadia*, p.129-30.

22. Marsilio Ficino, *Platonic Theology*, *Journal of the History of Ideas* vol.5, n.2, p.238. Citado in Richard Tarnas, *The Passion of the Western Mind*, p.214.
23. Giovanni Pico della Mirandola, "The Dignity of Man", in *The Portable Renaissance Reader*, p.478. Citado in Tarnas, *The Passion of the Western Mind*, p.215.
24. Singer, *The Nature of Love*, vol.II, p.170-1. Minha discussão do amor no Renascimento deve muito a Singer.
25. Devo estas ideias a Singer, *The Nature of Love*, vol.II, p.171-2.
26. Mais uma vez tenho uma dívida para com Singer, *The Nature of Love*, vol.II, p.173-5 *passim*.
27. Citado in Singer, *The Nature of Love*, vol.II, p.180.
28. Michel de Montaigne, *The Complete Essays*. Esta citação é de "On Affectionate Relationships" (também traduzido como "On Friendship"), p.212.
29. Montaigne, *The Complete Essays*, p.212.
30. Montaigne, *The Complete Essays*, p.208.
31. Montaigne, *The Complete Essays*, p.212.
32. Montaigne, *The Complete Essays*, p.215.
33. Montaigne, *The Complete Essays*, p.212-13.
34. Montaigne, *The Complete Essays*, p.215.
35. Montaigne, *The Complete Essays*, p.214.
36. Montaigne, *The Complete Essays*, p.217.
37. Montaigne, *The Complete Essays*, p.210.
38. Montaigne, *The Complete Essays*, p.207.
39. *Homo sum, humani a me nihil alienum puto*. Citado in Peter Burke, *Montaigne*, p.9.
40. Montaigne, *The Complete Essays*, p.1.251.
41. Devo esta formulação a M.A. Screech, *Montaigne and Melancholy*, p.122.
42. Montaigne, *The Complete Essays*, p.1.268.
43. Citado in Burke, *Montaigne*, p.12.
44. Montaigne, *The Complete Essays*, p.1.261.
45. Citado in Burke, *Montaigne*, p.10; cf. Montaigne, "On educating children".
46. Montaigne, *The Complete Essays*, p.1.269.
47. Montaigne, *The Complete Essays*, p.1.268.
48. Montaigne, *The Complete Essays*, p.1.261.
49. Montaigne, *The Complete Essays*, p.1.267.
50. Montaigne, *The Complete Essays*, p.1.268.

10. O amor como alegre compreensão do todo: Spinoza (p.189-200)

1. Baruch (Benedict de) Spinoza, *Ethics*, org. e trad. G.H.R. Parkinson (Londres, 1989), Part II, proposition xlviii. (Daqui em diante as referências dão Parte e número da proposição.)

2. Spinoza, *Ethics*, I, xxix, p.25.
3. Spinoza, *Ethics*, I, xxxiii, p.27.
4. Uma vez que, para Spinoza, Deus não é um criador separado da criação, ele não pode ser pensado como criando o mundo e depois, sem mais interferências, deixando-o funcionar de acordo com as leis e os mecanismos que criou. Deus está continuamente ativo como a causa corrente de todos os eventos e coisas.
5. Spinoza, *Ethics*, V, xxiv, p.213.
6. Spinoza, *Ethics*, IV, xlii, p.223.
7. Spinoza, *Ethics*, III, xiii, p.94-5.
8. Spinoza, *Ethics*, III, xxxi, p.105.
9. Spinoza, *Ethics*, III, xxxi, p.106.
10. Citado in Spinoza, *Ethics*, III, xxxi, p.106.
11. Spinoza, *Ethics*, V, vi, p.204.
12. Spinoza, *Ethics*, V, iii, p.202.
13. Spinoza, *Ethics*, V, xv, p.208.
14. Sou grato a Sue James por comentários a partir de um rascunho anterior deste capítulo e estou em dívida também para com Henry E. Allison, *Benedict de Spinoza*, e Stuart Hampshire, *Spinoza*.

11. O amor como Romantismo esclarecido: Rousseau (p.201-16)

1. Jean-Jacques Rousseau, *The Reveries of the Solitary Walker*, p.89. Devo esta citação a Singer, *The Nature of Love*, vol.II, p.343.
2. Jean-Jacques Rousseau, *Emile, or On Education*, p.433.
3. Rousseau, *The Reveries of the Solitary Walker*, p.89-90.
4. Rousseau, "Discourse on the Origins of Inequality" in *Discourse on the Origins of Inequality (Second Discourse), Polemics, and Political Economy*, p.38.
5. Rousseau, "Discourse", p.36.
6. Rousseau, "Discourse", p.42.
7. Rousseau, *Emile*, p.212.
8. Rousseau, *Emile*, p.213.
9. Rousseau, "Discourse", p.76.
10. Rousseau, "Discourse", p.91.
11. Rousseau, "Discourse", p.63.
12. Rousseau, "Discourse", p.36.
13. Rousseau, "Discourse", p.36 (acrescentado na edição de 1782).
14. Agradeço a Nicholas Dent por me mostrar isto (comunicação pessoal).
15. Rousseau, "Discourse", p.36.
16. Rousseau, "Discourse", p.38-9.
17. François de la Rochefoucauld (1613-1680), *Maxims*, trad. Leonard Tancock (Harmondsworth, 1982), p.54.

18. Rousseau, "Discourse", p.86.
19. Devo esta ideia a Bloom, *Love and Friendship*, p.65.
20. Jean-Jacques Rousseau, *Julie, or the New Heloise*, p.294. Devo esta referência a Ernst Cassirer, *The Question of Jean-Jacques Rousseau*, p.93.
21. Rousseau, *Emile*, p.235.
22. Bloom, *Love and Friendship*, p.57. Em todo este parágrafo, devo muito a Bloom, em especial p.44-6, 56-7 e 61.
23. Rousseau, *Emile*, p.333-4. Devo esta referência a Bloom, *Love and Friendship*, p.93.
24. Rousseau, *Confessions*, in *The Confessions and Correspondence*, p.91.
25. Bloom, *Love and Friendship*, p.47.
26. Bloom, *Love and Friendship*, p.47.
27. Minhas observações sobre Rousseau e piedade devem muito a Bloom, *Love and Friendship*, p.67-71.
28. Rousseau, *Emile*, p.329, citado in Bloom, *Love and Friendship*, p.91.
29. Rousseau, *Emile*, p.391, citado in Bloom, *Love and Friendship*, p.112-13.

12. O amor como religião: Schlegel e Novalis (p.217-30)

1. Friedrich Schlegel, *Lucinde*, in *Friedrich Schlegel's* Lucinde *and the Fragments*, p.113. Citado in Singer (*The Nature of Love*, vol.II, p.386-7), a quem minha discussão e escolha de citações muito devem.
2. Schlegel, *Lucinde*, p.47.
3. Friedrich Schlegel, "On Philosophy: To Dorothea", in *Theory as Practice*, p.423-4.
4. Schlegel, *Lucinde*, p.49.
5. Friedrich Schlegel, "Athenaeum Fragments", in *Friedrich Schlegel's* Lucinde *and the Fragments*, n.34, p.165.
6. Schlegel, *Lucinde*, p.46.
7. Schlegel, "Athenaeum Fragments", n.34, p.165-6.
8. Schlegel, *Lucinde*, p.108.
9. Schlegel, "On Philosophy: To Dorothea", p.427.
10. Schlegel, *Lucinde*, p.113, grifo meu.
11. Schiller, carta a Goethe, 19 de julho de 1799, in *Werke und Briefe, Band 12, Briefe II: 1795-1805*, p.467.
12. Schlegel, *Lucinde*, p.113. Devo esta referência a Singer, *The Nature of Love*, vol.II, p.386.
13. Schlegel, *Lucinde*, p.48. Devo esta referência a Thomas Mann, *Pro and Contra Wagner*, p.124.
14. Devo esta formulação a Singer, *The Nature of Love*, vol.II, p.294.
15. Schlegel, *Lucinde*, p.48.
16. Devo este parágrafo a Singer, *The Nature of Love*, vol.III, p.18-19.
17. Novalis é o pseudônimo literário de Friedrich von Hardenberg. Ele conheceu Sophie von Kühn em novembro de 1794, quando tinha 22 anos e ela doze. Os dois ficaram

noivos no ano seguinte, mas ela caiu doente e morreu em 1797 (dois dias após completar quinze anos). O próprio Novalis morreu de tuberculose aos 29 anos. Devo minha discussão de Novalis e escolha de citações a Mann, *Pro and Contra Wagner*.

18. Novalis, *Hymns to the Night*, in *Hymns to the Night and Other Selected Writings*, p.4.
19. Novalis, *Hymns to the Night*, p.6.
20. Novalis citado em Mann, *Pro and Contra Wagner*, p.124. Esta frase foi extraída de uma nota anexada à edição alemã do Diário de 1797 de Novalis, mas não incluída na tradução inglesa. ["Im Tode ist die Leibe, am süßesten; für den Liebenden ist der Tod eine Brautnacht – ein Geheimniß süßer Mysterien."] Fonte: Novalis, *Schriften*, vol.4, p.50. A tradução inglesa do Diário [Journal] pode ser encontrada em *The Birth of Novalis*, p.79-97.
21. Novalis, *Hymns to the Night*, p.6-7.
22. Emily Dickinson, carta a Louise e Frances Norcross, fim de maio de 1863. In *The Letters of Emily Dickinson*, p.425.
23. Novalis, "Faith and Love", sect. 16, p.39, in *The Early Political Writings of the German Romantics*. "Faith and Love", publicado em julho de 1798, é um texto curto escrito para a coroação de Frederico Guilherme III e sua mulher Luísa.
24. Novalis, "Faith and Love", sect.4, p.35-6.
25. Novalis, *Hymns to the Night*, p.4.
26. Novalis, *Hymns to the Night*, p.4.
27. Schlegel, *Lucinde*, p.127, citado in Mann, *Pro and Contra Wagner*, p.125. Mann chama atenção para o extraordinário paralelo entre estas palavras e o texto de *Tristan und Isolde* de Wagner, pelo que lhe sou grato.

13. O amor como a ânsia de procriar: Schopenhauer (p.231-45)

1. Arthur Schopenhauer, *The World as Will and Representation* (daqui em diante *WWR*), vol.II, p.513.
2. Schopenhauer, *WWR*, vol.II, p.513.
3. Schopenhauer, *WWR*, vol.II, p.512-13.
4. Schopenhauer, *WWR*, vol.II, p.513-14.
5. Schopenhauer, *WWR*, vol.II, p.513.
6. Schopenhauer, *WWR*, vol.II, p.533-4.
7. Schopenhauer, *WWR*, vol.II, p.531.
8. Schopenhauer, *WWR*, vol.II, p.534.
9. Schopenhauer, *WWR*, vol.II, p.542.
10. Schopenhauer, *WWR*, vol.II, p.545.
11. Schopenhauer, *WWR*, vol.II, p.544.
12. Schopenhauer, *WWR*, vol.II, p.545.
13. Schopenhauer, *WWR*, vol.II, p.544.
14. Schopenhauer, *WWR*, vol.II, p.543.

15. Traduzo *Wille zum Leben* como "*will-to-life*" [vontade de vida], e não como "will-to-live" [vontade de viver] (como na tradução inglesa de Payne), visto que "will-to-life" apreende melhor o desejo não meramente de perseverar como indivíduo, mas de sobreviver através dos próprios filhos.
16. Schopenhauer, *WWR*, vol.II, p.571.
17. Schopenhauer, *WWR*, vol.II, p.542.
18. Schopenhauer, *WWR*, vol.II, p.536.
19. Schopenhauer, *WWR*, vol.II, p.216.
20. Schopenhauer, *WWR*, vol.II, p.205.
21. Schopenhauer, *WWR*, vol.II, p.209.
22. Schopenhauer, *WWR*, vol.II, p.216.
23. Schopenhauer, *WWR*, vol.II, p.216-17.
24. Schopenhauer, *WWR*, vol.II, p.217.
25. Schopenhauer, *WWR*, vol.II, p.209-10.
26. Schopenhauer, *WWR*, vol.II, p.573.
27. Schopenhauer, *WWR*, vol.II, p.507-8.
28. Schopenhauer, *WWR*, vol.II, p.613.
29. Schopenhauer, *WWR*, vol.II, p.621.
30. Schopenhauer, *WWR*, vol.I, p.374.
31. Schopenhauer, *WWR*, vol.I, p.372, 375.
32. Schopenhauer, *WWR*, vol.I, p.374.
33. Schopenhauer, *WWR*, vol.I, p.373.
34. Schopenhauer, *WWR*, vol.I, p.404.
35. Schopenhauer, *WWR*, vol.I, p.411-12.

14. O amor como afirmação da vida: Nietzsche (p.246-58)

1. Citado in John Hick, *Evil and the God of Love*, p.51.
2. Friedrich Nietzsche, *Ecce Homo*, in *The Basic Writings of Nietzsche*, p.714.
3. Friedrich Nietzsche, *The Gay Science*, sect.370, p.328.
4. Nietzsche, *The Gay Science*, sect.370, p.328.
5. Nietzsche, *Beyond Good and Evil*, Preface, p.193.
6. Nietzsche, *On the Genealogy of Morals*, Essay III, sect.14, p.558.
7. Nietzsche, *On the Genealogy of Morals*, Essay III, sect.28, p.598-9.
8. Nietzsche, *On the Genealogy of Morals*, Preface, sect.5, p.455.
9. Nietzsche, *The Gay Science*, sect.338, p.269.
10. Nietzsche, *The Gay Science*, sect.14, p.88.
11. Nietzsche, *Beyond Good and Evil*, sect.225, p.344.
12. Friedrich Nietzsche, *Twilight of the Idols*, in *The Portable Nietzsche*, p.562 ("What I owe to the Ancients", sect.4).
13. Nietzsche, *The Gay Science*, sect.338, p.270.

14. Nietzsche, *Thus Spoke Zarathustra*, Part I, sect.16, in *The Portable Nietzsche*, p.172.
15. Nietzsche, *Beyond Good and Evil*, sect.293, p.420-1.
16. Nietzsche, *On the Genealogy of Morals*, Preface, sect.5, p.455.
17. Nietzsche, *On the Genealogy of Morals*, Preface, sect.6, p.456.
18. Nietzsche, *On the Genealogy of Morals*, Essay I, sect.8, p.470.
19. Nietzsche, *On the Genealogy of Morals*, Essay I, sect.8, p.470, o grifo é meu.
20. Nietzsche, *On the Genealogy of Morals*, Essay I, sect.8, p.471.
21. Friedrich Nietzsche, *Human All Too Human*, vol.I, sect.224, p.107.
22. Nietzsche, *On the Genealogy of Morals*, Essay II, sect.18, p.523-4.
23. Nietzsche, *On the Genealogy of Morals*, Essay I, sect.6, p.468-9.
24. Nietzsche, *Beyond Good and Evil*, sect.168, p.282.
25. Nietzsche, *The Gay Science*, sect.290, p.233.
26. Nietzsche, *Twilight of the Idols*, p.500 ("The Four Great Errors", sect.8).
27. Nietzsche, *The Gay Science*, sect.14, p.89.
28. Nietzsche, *The Gay Science*, sect.14, p.89.
29. Nietzsche, *The Gay Science*, sect.334, p.262.
30. Nietzsche, *On the Genealogy of Morals*, Essay III, sect.6, p.541.
31. Nietzsche, *The Gay Science*, sect.276, p.223.
32. Nietzsche, *The Gay Science*, sect.125, p.181-2.

15. O amor como uma história de perda: Freud (p.259-78)

1. Nietzsche, *Beyond Good and Evil*, sect.23, p.222.
2. Neste capítulo tenho uma grande dívida para com a obra de Jonathan Lear, *Love and Its Place in Nature*, que exerceu grande influência sobre minha argumentação e escolha de citações, e para com Sebastian Gardner, Ken Gemes e Bernard Reginster (comunicações pessoais).
3. Sigmund Freud, *Group Psychology and the Analysis of the Ego*, vol.XVIII, p.90. *Standard Edition of the Complete Psychological Works of Sigmund Freud*, vols.I-XXIV (daqui em diante *SE*).
4. Sigmund Freud, *Civilization and Its Discontents*, *SE*, vol.XXI, p.101.
5. Freud, *Civilization and Its Discontents*, p.102-3, grifo meu.
6. Sigmund Freud, *Three Essays on Sexuality*, *SE*, vol.VII, p.222, grifo meu.
7. Freud, *Three Essays on Sexuality*, p.222-3.
8. Freud, *Three Essays on Sexuality*, p.223.
9. Mais uma vez, estou em dívida nesta argumentação para com Lear, *Love and Its place in Nature*, p.e. p.160-3.
10. A noção de "narcisismo primário" foi em grande parte desacreditada por pesquisas empíricas sobre a psicologia da primeira infância.
11. Freud, *Civilization and Its Discontents*, p.66-7.
12. Sigmund Freud, *The Future of an Illusion*, *SE*, vol.XXI, p.24.

13. Freud, *Civilization and Its Discontents*, p.68.
14. Sigmund Freud, *New Introductory Lectures on Psycho-Analysis*, lecture 31, *SE*, vol. XXII, p.63.
15. Sigmund Freud, *The Ego and the Id*, *SE*, vol.XIX, p.45.
16. Freud, *Group Psychology*, p.106.
17. Freud, *New Introductory Lectures*, lecture 31, p.65.
18. Freud, *Civilization and Its Discontents*, p.120.
19. Sigmund Freud, *The Economic Problem of Masochism*, *SE*, vol.XIX, p.170.
20. Freud, *Civilization and Its Discontents*, p.126-8. Este pensamento é surpreendentemente prefigurado na *Genealogia da moral* de Nietzsche, segundo ensaio, onde o desenvolvimento da consciência é explicado em termos quase idênticos.
21. Freud, *The Ego and the Id*, p.58.
22. Freud, *The Ego and the Id*, p.58, citado in Lear, *Love and Its Place in Nature*, p.154-5, de que sou devedor em minha discussão.
23. Freud, *The Ego and the Id*, p.29, citado in Lear, *Love and Its Place in Nature*, p.164, n.24.
24. Freud, *Group Psychology*, p.112-13.
25. Freud, *Civilization and Its Discontents*, p.71-2.
26. Freud, *Civilization and Its Discontents*, p.118. Ver também Freud, *New Introductory Lectures*, p.106.
27. Freud, *Civilization and Its Discontents*, p.69.
28. Freud, *Civilization and Its Discontents*, p.66.
29. Freud, *New Introductory Lectures*, Lecture 32, p.107.
30. Freud, *The Ego and the Id*, p.45.
31. Devo esta formulação a Lear, *Love and Its Place in Nature*, p.176.
32. Freud, *New Introductory Lectures*, lecture 31, p.80; cf. Freud, *The Ego and the Id*, p.56.
33. Este pensamento é desenvolvido de maneira excelente in Lear, *Love and Its Place in Nature*, p.164-72.
34. Devo esta formulação a Bernard Reginster (comunicação pessoal).
35. Há claramente grandes diferenças entre os conceitos de Eros de Platão e Freud; por exemplo, Freud não acredita em absoluto que o instinto sexual impele uma busca por um bem eterno, transcendente, e assim comete um enorme exagero ao afirmar que em "sua origem, função e relação com o amor sexual, o 'Eros' do filósofo Platão coincide exatamente com a força do amor, a libido da psicanálise…" Ver Freud, *Group Psychology*, p.91; cf. Freud, *The Resistances to Psycho-Analysis*, *SE*, vol.XIX, p.218.
36. Sigmund Freud, *Analysis Terminable and Interminable*, *SE*, vol.XXIII, p.243; cf. Freud, *New Introductory Lectures*, p.107.
37. Sigmund Freud, *Beyond the Pleasure Principle*, *SE*, vol.XVIII, p.55.
38. Freud, *Beyond the Pleasure Principle*, p.38.
39. Freud, *New Introductory Lectures*, p.106-7.
40. Freud, *Civilization and Its Discontents*, p.112.
41. Ver capítulo 3.

42. Freud, *Group Psychology*, p.101. Freud sugere que somente a relação de uma mãe com seu filho poderia ser uma exceção a esta regra.
43. Passagens semelhantes nos outros Evangelhos também não atribuem às crianças uma capacidade especial para amar. O Evangelho de Marcos diz: "Quem não receber o Reino de Deus como uma criança, jamais entrará nele" (Marcos 10:15), sem explicar de maneira alguma em que consiste ser como a criança que Jesus está valorizando. Nem a humildade é expressamente mencionada.

16. O amor como terror e tédio: Proust (p.279-302)

1. Marcel Proust, *Remembrance of Things Past*, vols.1, 2 e 3, vol.3, p.105. Passo a citar volume e números de página no texto.
2. Fui influenciado nesta formulação por Singer, *The Nature of Love*, vol.III, p.161-2.
3. Tenho uma dívida para com Malcolm Bowie, *Proust Among the Stars*, p.262.
4. Devo a formulação desta frase a Lear, *Love and Its Place in Nature*, p.133.
5. Agradeço a Alison Finch por me mostrar isto (comunicação pessoal).
6. Devo esta ideia a Alison Finch, "Love, sexuality and friendship", in *The Cambridge Companion to Proust*, p.169. Este capítulo deve muito a seu artigo. Bowie (*Proust Among the Stars*, p.263-4) também enfatiza as texturas "completamente eróticas" da escrita de Proust, no sentido não de um pansexualismo simples, mas sim da complexidade, discriminação, intensidade e vulnerabilidade do desejo – e "pensamento desejante".
7. Devo esta referência a André Maurois, *The Quest for Proust*, p.210.
8. Sou grato à discussão que Singer faz desta cena in Singer, *The Nature of Love*, vol.III, p.170-1.
9. Esta passagem é magnificamente analisada por Martha Nussbaum, a quem sou grato. Ver *Love's Knowledge*, p.261-85.
10. Agradeço a Alison Finch por enfatizar o lado cômico de Proust (comunicação pessoal), deixado de lado por muitos comentadores, em especial, talvez, por filósofos.
11. Samuel Beckett, *Proust*, p.19-20.
12. Beckett, *Proust*, p.19.
13. Nesta seção, e em especial na ideia de redimir o sofrimento do amor por indivíduos através de uma "elevação" platônica, tenho uma dívida particular para com Martha Nussbaum, *Upheavals of Thought*, em especial p.511-26. Uma explicação semelhante é oferecida em seu "People as Fictions: Proust and the Ladder of Love", in *Erotikon*, em especial p.229-38. Devo-lhe também minha escolha de citações. Agradeço ainda a Finch, "Love, sexuality and friendship", p.ex. p.169.
14. Nussbaum, "People as fictions", p.229.
15. Beckett, *Proust*, p.35.
16. Kierkegaard observa: "A filosofia está perfeitamente certa ao dizer que a vida deve ser compreendida para trás. Mas tende-se então a esquecer a outra cláusula – que ela deve ser vivida para a frente". *Søren Kierkegaard's Journals and Papers*, vol.1, p.450.

17. O amor reconsiderado (p.303-29)

1. Singer, *The Nature of Love*, vol.I, p.96; cf. vol.I, p.5 (valor é conferido ao objeto amado "independentemente de sua capacidade de satisfazer interesses") e p.15 ("Amor é pura gratuidade. Ele brota do amante como cabelos em sua cabeça ... não pode ser derivado do exterior.")
2. Frankfurt, *The Reasons of Love*, p.79.
3. Por exemplo, se você acredita, com Agostinho, que apenas Deus pode amar genuinamente e que amor humano não auxiliado será sempre pervertido pelo egoísmo e o mal, então precisamos nos esforçar para alcançar o altruísmo de modo que o amor de Deus possa operar através de nós. Mas se jogamos fora essas crenças, a preocupação desinteressada nunca fornecerá a paixão e o envolvimento que caracterizam o verdadeiro amor.
4. De fato, é por isto que amor genuíno de todas as espécies é tão notavelmente conservador. Pois mesmo quando o amor procura mundos não familiares, mesmo quando anseia pela "diferença", ele o faz, poderíamos conjecturar, porque esses são mundos com que o amante sente uma afinidade não explorada e que deseja reivindicar como sua legítima herança, e não, como sugere o Narrador de Proust, por estar procurando algo fundamentalmente diferente de si mesmo.
5. Freud, *New Introductory Lectures*, p.107-8.
6. Tal como são as virtudes gêmeas do amor, o arrependimento e o perdão, que, apropriadamente concebidas, também têm o caráter de retorno e renovação. O arrependimento é crucial para qualquer relação amorosa porque é requerido para a tarefa de fundar ou abrigar: de levar o indivíduo de volta para si mesmo, de volta para o verdadeiro fundamento de seu ser. Ele o repõe em movimento, por assim dizer, de modo que ele ganha sua liberdade de traições passadas de si mesmo e especificamente da relação genuína com o fundamento de seu ser – traições que tornavam impossível relacionar-se com seu ser amado e falar livremente com ele.

   Perdão é a aceitação desse ato pelo ser amado, e a intimidade renovada que a torna possível. Ele acolhe com alegria o amante de volta a esse modo de ser em que o outro pode ser um lar ou um fundamento para ele. Como o próprio amor, perdão e arrependimento têm um movimento circular em que um recuo rumo ao passado é também um avanço para o futuro. Como se o amor de fato experimentasse o tempo não como um movimento puramente linear em direção a algum momento ou "consumação" ou salvação final, mas como interminavelmente circular.
7. Em outras palavras, como modos de atenção, Eros, ágape e *philia* podem ser tanto sincrônicos quanto diacrônicos.
8. No capítulo 2 sugeri que vemos todos os três modos de atenção no amor de Jônatas por Davi e de Rute por Noemi. De maneira mais importante, vemos todos os três no amor a Deus dos hebreus, por vezes descrito em tons enlevados e eróticos que

lembram o Cântico dos Cânticos, por vezes em termos da devoção e da benevolência oferecidas a um amigo e inspiradas por sua bondade, por vezes em termos de submissão irrestrita à vontade do outro.

9. Agradeço a Jay Belkin por uma estimulante discussão sobre a história da "infância".

Bibliografia

Abelardo e Heloísa. *The Lost Love Letters of Heloise and Abelard: Perceptions of Dialogue in Twelfth-Century France*, trad. Constant J. Mews e Neville Chiavaroli. Basingstoke, Palgrave Macmillan, 2001.

______. *The Letters of Abelard and Heloise*, trad. Betty Radice. Harmondsworth, Penguin, 2003.

Allison, Henry E. *Benedict de Spinoza*. New Haven e Londres, Yale University Press, 1987.

Aquino, Tomás. *Summa Theologiae*, vol.9: *Angels*, trad. Kenelm Foster. Londres, Eyre & Spottiswoode, 1968.

______. *Summa Theologiae*, vol.16: *Purpose and Happiness*, trad. Thomas Gilby. Londres, Eyre & Spottiswoode, 1969.

______. *Summa Theologiae*, vol.34: *Charity*, trad. R.J. Batten. Londres, Eyre & Spottiswoode, 1975.

Aristóteles. *Eudemian Ethics, Magna Moralia, Nicomachean Ethics* and *Politics*, in Jonhathan Barnes (org.). *The Complete Works of Aristotle*, vol.2. Princeton, NJ, Princeton University Press, 1984.

Auden, W.H. *The Age of Anxiety: A Baroque Eclogue*. Nova York, Random House, 1947.

Agostinho. "Answer to the Pelagians, III: Unfinished Work in Answer to Julian", in *The Works of Saint Augustine*, Part I, vol.25. Nova York, New City Press, 1999.

______. *City of God*, trad. Henry Bettenson. Londres, Penguin, 2003.

______."Confessions", in *The Works of Saint Augustine*, Part I, vol.1. Nova York, New City Press, 1997.

______. "Exposition 2 of Psalm 31", in *The Works of Saint Augustine*, Part III, vol.15. Nova York, New City Press, 2000.

______. "Letter 194: Augustine to Sixtus'", in *The Works of Saint Augustine*, Part II, vol.3. Nova York, New City Press, 2004.

______. "Letters 100-155", in *The Works of Saint Augustine*, Part II, vol.2. Nova York, New City Press, 2003.

______. *St Augustine: On the Spirit and the Letter*, trad. W.J. Sparrow-Simpson. Londres, Macmillan Co., 1925.

______. "Sermon 121: On the Words of the Gospel of John 1:10-14: The World Was Made through Him", in *The Works of Saint Augustine*, Part III, vol.4. Nova York, New City Press, 1992.

______. "Sermon 192: On Christmas Day", in *The Works of Saint Augustine*, Part III, vol.6. Nova York, New City Press, 1993.

______. "Teaching Christianity", in *The Works of Saint Augustine*, Part I, vol.2. Nova York, New City Press, 1996.

______. "The Trinity", in *The Works of Saint Augustine*, Part I, vol.5. Nova York, New City Press, 1991.

______. *Tractates on the Gospel of John, 55-111*. Washington, DC, Catholic University of America Press, 1994.

______. *Treatises on Various Subjects*, trad. Mary Sarah Muldowney, *The Fathers of the Church*, vol.16. Washington, DC, Catholic University of America Press, 1952.

Babylonian Talmud, org. e trad. I. Epstein. Londres, Soncino Press, 1935-48.

Barnes, Jonathan. *The Presocratic Philosophers*. Londres, Routledge, 1982.

Beckett, Samuel. *Proust*. Londres, Calder & Boyars, 1970.

Bento XVI. Encíclica, *Deus Caritas Est* [*Deus é amor*]. Vaticano, Libreria Editrice Vaticana, 2005.

Bernardo de Claraval. *Bernard of Clairvaux: Selected Works*, trad. G.R. Evans. Nova York, Paulist Press, 1987.

Bíblia. New Revised Standard Version, Anglicised Edition (Oxford, Oxford University Press, 2003). [Para esta edição, foi utilizada *A Bíblia Sagrada em CD-ROM*. Petrópolis, Vozes, Comissariado da Terra Santa e King James; Seafox Engenharia de Software, 1996.]

Bloom, Allan. *Love and Friendship*. Nova York, Simon & Schuster, 1993.

Bloom, Harold. *Jesus and Yahweh: The Names Divine*. Nova York e Londres, Riverhead Books, 2005.

Boaventura. *The Soul's Journey into God, the Tree of Life and the Life of St Francis*, trad. Ewert H. Cousins. Nova York, Paulist Press, 1978.

Bowie, Malcolm. *Proust Among the Stars*. Londres, HarperCollins, 1998.

Brown, F., Driver, S.R. e Briggs, C.A. *The Brown-Driver Briggs Hebrew and English Lexicon of the Old Testament*. Peabody, MA, Hendrickson Publishers, 2000.

Brümmer, Vincent. *The Model of Love: A Study in Philosophical Theology*. Cambridge, Cambridge University Press, 1993.

Buber, Martin. *On Judaism*. Nova York, Schocken Books, 1967.

Burke, Peter. *Montaigne*. Oxford, Oxford University Press, 1981.

Buss, David M. *Evolutionary Psychology: The New Science of the Mind*. Boston, MA, Allyn & Bacon, 1999.

Calvino, João. *Calvin: Theological Treatises*, org. e trad. J.K.S. Reid. Filadélfia, Westminster Press, 1954.

Cassirer, Ernst. *The Question of Jean-Jacques Rousseau*, trad. e org. Peter Gay. New Haven, Yale University Press, 1989.

Chadwick, Henry. *The Early Church*. Londres, Penguin Books, 1967.

The Concise Dictionary of Classical Hebrew, org. D.J.A. Clines. Sheffield, Sheffield Phoenix Press, 2009.

Cooper, John M. "Aristotle on Friendship", in Amélie Oksenberg Rorty (org.). *Essays on Aristotle's Ethics*. Berkeley e Los Angeles, University of California Press, 1980.

Crouch, C.L. *War and Ethics in the Ancient Near East: Military Violence in Light of Cosmology and History*, Beihefte zur Zeitschrift für die alttestamentliche Wissenschaft. Berlim e Nova York, Walter de Gruyter, 2009.

Dickinson, Emily. *The Letters of Emily Dickinson*, org. Thomas H. Johnson. Cambridge, MA, Harvard University Press, 1997.

Dover, Kenneth. *Greek Homosexuality*. Cambridge, MA, Harvard University Press, 1978.

Eckhart, Meister. *The Essential Sermons, Commentaries, Treatises and Defense*, trad. Edmund Colledge e Bernard McGinn. Nova York, Paulist Press, 1981.

______. *The Works of Meister Eckhart*, org. e trad. C. de B. Evans. Franz Pfeiffer. Kila, MT, Kessinger, 1992.

Epicuro. *Epicurus: The Extant Remains*, org. e trad. Cyril Bailey. Hildesheim e Nova York, Georg Olms Verlag, 1970.

Ficino, Marsilio. *Platonic Theology*, trad. Josephine L. Burroughs, *Journal of the History of Ideas*, vol.5, n.2, 1944, p.227-42.

Finch, Alison. "Love, sexuality and friendship", in Richard Bales (org.). *The Cambridge Companion to Proust*. Cambridge, Cambridge University Press, 2001.

Francisco de Assis. *Francis and Clare: The Complete Works*, trad. Regis J. Armstrong e Ignatius C. Brady. Nova York, Paulist Press, 1982.

Frankfurt, Harry G. *The Reasons of Love*. Princeton, NJ, Princeton University Press, 2004.

Fraschetti, Augusto (org.). *Roman Women*, trad. Linda Lappin. Chicago, University of Chicago Press, 2001.

Freud, Sigmund. *Standard Edition of the Complete Psychological Works of Sigmund Freud*, trad. e org. James Strachey, vols.I a XXIV. Londres, Hogarth Press, 1953-1974.

______. *Analysis Terminable and Interminable*, vol.XXIII (1964).

______. *Beyond the Pleasure Principle*, vol.XVIII (1955).

______. *Civilization and Its Discontents*, vol.XXI (1961).

______. *The Economic Problem of Masochism*, vol.XIX (1961).

______. *The Ego and the Id*, vol.XIX (1961).

______. *The Future of an Illusion*, vol.XXI (1961).

______. *Group Psychology and the Analysis of the Ego*, vol.XVIII (1955).

______. *Inhibitions, Symptoms and Anxiety*, vol.XX (1959).

______. *New Introductory Lectures on Psycho-Analysis*, vol.XXII (1964).

______. *The Resistances to Psycho-Analysis*, vol.XIX (1961).

______. *Three Essays on Sexuality*, vol.VII (1953).

Gascoigne, Bamber. *A Brief History of Christianity*. Londres, Constable & Robinson, 2003.

Gaunt, Simon e Kay, Sarah (orgs.). *The Troubadours*. Cambridge, Cambridge University Press, 1999.

Gilbert, Martin. *The Righteous: The Unsung Heroes of the Holocaust*. Londres, Black Swan, 2003.

Gillespie, Stuart e Hardie, Philip (orgs.). *The Cambridge Companion to Lucretius*. Cambridge, Cambridge University Press, 2007.

Goldhagen, Daniel. *A Moral Reckoning: The Role of the Catholic Church in the Holocaust and Its Unfulfilled Duty of Repair*. Nova York, Random House, 2002.

Goodman, Lenn E. *Love Thy Neighbor as Thyself*. Nova York, Oxford University Press, 2008.

Hampshire, Stuart. *Spinoza*. Harmondsworth, Penguin, 1987.

Hick, John. *Evil and the God of Love*. Londres, Macmillan, 1985.

Huntington, Samuel P. *Who Are We?: The Challenges to America's National Identity*. Nova York, Simon & Schuster, 2004.

Hurowitz, V.A. "The Divinity of Mankind in the Bible and the Ancient Near East: A New Mesopotamian Parallel", in N. Sacher Fox, D.A. Gilat-Gilad e M.J. Williams (orgs.). *Mishneh Todah: Studies in Deuteronomy and Its Cultural Environment in Honor of Jeffrey H. Tigay*. Winona Lake, IN, Eisenbrauns, 2009.

Hyamson, Moses. *Mishneh Torah, The Book of Adoration by Maimonides*. Jerusalém e Nova York, Feldheim, 1975.

Jeanrond, Werner G. *A Theology of Love*. Londres, T & T Clark, 2010.

João da Cruz. *Dark Night of the Soul*, trad. E. Allison Peers. Garden City, NY, Image Books, 1959.

______. *A Spiritual Canticle of the Soul and the Bridegroom Christ*, trad. David Lewis. Londres, T. Baker, 1919.

Julian of Norwich. *Revelations of Divine Love*. Harmondsworth, Penguin, 1966.

Jung, C.G. *Answer to Job*. Londres, Routledge, 1984.

Kahn, Charles H. *The Art and Thought of Heraclitus*. Cambridge, Cambridge University Press, 1979.

Kant, Immanuel. *Critique of Judgement*, trad. J.C. Meredith. Oxford, Oxford University Press, 1952.

Kellner, Menachem. *Maimonides on Human Perfection*, Brown Judaic Studies, vol.202. Atlanta, Scholars Press, 1990.

Kenny, Anthony. *What is Faith?: Essays in the Philosophy of Religion*. Oxford, Oxford University Press, 1992.

Kierkegaard, Søren. *Søren Kierkegaard's Journals and Papers*, vol.1, A-E, trad. e org. Howard V. Hong e Edna H. Hong. Bloomington e Londres, Indiana University Press, 1967.

Larkin, Philip. *Collected Poems*. Londres, Faber & Faber, 2003.

Lear, Jonathan. *Love and Its Place in Nature*. Nova York, Farrar, Straus & Giroux, 1990.

Leclercq, Jean. *Monks and Love in Twelfth-Century France*. Oxford, Oxford University Press, 1979.

Léglu, Catherine. "Moral and satirical poetry", in Simon Gaunt e Sarah Kay (orgs.). *The Troubadours*. Cambridge, Cambridge University Press, 1999.

Lindemann, Albert S. *Anti-Semitism before the Holocaust*. Harlow, Longman, 2000.

Lucrécio. *De Rerum Natura*, trad. C.H. Sisson. Nova York, Routledge, 2003. Também trad. W.H.D. Rouse, rev. M.F. Smith. Cambridge, MA, Harvard University Press, 1975.

Lutero, Martinho. "Second Christmas Sermon: Early Christmas Morning Service, Titus 3:4-8", in *Sermons of Martin Luther*, vol.6. Grand Rapids, MI, Baker Books, 1995.

Maimônides, Moisés. *The Code of Maimonides: Book II, The Book of Love*, trad. Menachem Kellner. New Haven e Londres, Yale University Press, 2004.

Mann, Thomas. *Pro and Contra Wagner*, trad. Allan Blunden. Londres, Faber & Faber, 1985.
Maurois, André. *The Quest for Proust*, trad. Gerard Hopkins. Londres, Penguin, 1962.
The Mishnah, trad. Herbert Danby. Londres, Oxford University Press, 1958.
Montaigne, Michel de. *The Complete Essays*, trad. M.A. Screech. Londres, Penguin, 1993.
Murdoch, Iris. *The Sovereignty of Good*. Londres, Routledge, 1970.
Nietzsche, Friedrich. *The Antichrist*, *Thus Spoke Zarathustra* e *Twilight of the Idols* in *The Portable Nietzsche*, trad. W. Kaufmann. Nova York, Viking, 1954.
______. *Beyond Good and Evil*, *Ecce Homo* e *On the Genealogy of Morals*, in *The Basic Writings of Nietzsche*, trad. W. Kaufmann. Nova York, The Modern Library, 1968.
______. *The Gay Science*, trad. W. Kaufmann. Nova York, Vintage, 1974.
______. *Human, All Too Human*, trad. R.J. Hollingdale. Cambridge, Cambridge University Press, 1986.
Novalis. "Faith and Love", in Frederick Beiser (org. e trad.). *The Early Political Writings of the German Romantics*, Cambridge Texts in the History of Political Thought. Cambridge, Cambridge University Press, 1996.
______. *Hymns to the Night*, in *Hymns to the Night and Other Selected Writings*, trad. Charles E. Passage. Indianápolis, Bobbs-Merrill, 1960.
______. *Journal*, in *The Birth of Novalis: Friedrich von Hardenberg's Journal of 1797, with Selected Letters and Documents*, trad. Bruce Donehower. Albany, NY, State University of New York Press, 2007.
______. *Schriften*, vol.4, org. Richard Samuel. Stuttgart, Kohlhammer, 1975.
Nussbaum, Martha. *The Fragility of Goodness: Luck and Ethics in Greek Tragedy and Philosophy*. Cambridge, Cambridge University Press, 1986.
______. *Love's Knowledge: Essays on Philosophy and Literature*. Oxford e Nova York, Oxford University Press, 1990.
______. "People as Fictions: Proust and the Ladder of Love", in Shadi Bartsch e Thomas Bartscherer (orgs.). *Erotikon*. Chicago e Londres, University of Chicago Press, 2005.
______. *Upheavals of Thought*. Cambridge, Cambridge University Press, 2001.
Nygren, Anders. *Agape and Eros*, trad. Philip S. Watson. Filadélfia, Westminster Press, 1953.
O'Donovan, Oliver. *The Problem of Self-Love in St Augustine*. New Haven, Yale University Press, 1980.
Otto, Rudolf. *Mysticism East and West: A Comparative Analysis of the Nature of Mysticism*, trad. Bertha L. Bracey e Richenda C. Payne. Nova York, Macmillan, 1932.
Ovídio. *The Art of Love*, trad. Rolfe Humphries. Bloomington, Indiana University Press, 1957.
______. *Metamorphoses*, trad. F.J. Miller. Cambridge, MA, Harvard University Press, 1951.
Paterson, Linda M., "Development of the courtly *canso*", in Simon Gaunt e Sarah Kay (orgs.). *The Troubadours*. Cambridge, Cambridge University Press, 1999.
______. *The World of the Troubadours*. Cambridge, Cambridge University Press, 1993.

Paz, Octavio. *The Double Flame: Essays on Love and Eroticism*, trad. Helen Lane. Nova York, Harcourt Brace, 1995.

Pico della Mirandola, Giovanni. "The Dignity of Man", in J.B. Ross e M.M. McLaughlin (orgs.). *The Portable Renaissance Reader*. Nova York, Penguin, 1977.

Platão. *Charmides*, in *Early Socratic Dialogues*, trad. Trevor J. Saunders. Londres, Penguin, 1987.

______. *Euthyphro, Apology, Crito, Phaedo, Phaedrus*, trad. Harold North Fowler. Cambridge, MA, Harvard University Press, 2005.

______. *The Laws*, trad. Trevor J. Saunders. Harmondsworth, Penguin, 1975.

______. *The Republic*, trad. Desmond Lee. Londres, Penguin, 2003.

______. *The Symposium*, trad. Walter Hamilton. Harmondsworth, Penguin, 1951. Também trad. Robin Waterfield. Oxford, Oxford University Press, 1994.

Press, Alan R. (org. e trad.). *Anthology of Troubadour Lyric Poetry*. Edimburgo, Edinburgh University Press, 1971.

Price, A.W. *Love and Friendship in Plato and Aristotle*. Oxford, Oxford University Press, 1997.

Proust, Marcel. *Remembrance of Things Past*, vols.1, 2 e 3, trad. C.K. Scott Moncrieff e Terence Kilmartin. Harmondsworth, Penguin, 1983.

Rajak, Tessa. *Translation and Survival: The Greek Bible of the Ancient Jewish Diaspora*. Oxford e Nova York, Oxford University Press, 2009.

Rhonheimer, Martin. "The Holocaust: What Was Not Said", *First Things*, n.137, 2003, p.18-27.

Rist, John. "Faith and Reason", in Norman Kretzmann e Eleonore Stump (orgs.). *The Cambridge Companion to Augustine*. Cambridge, Cambridge University Press, 2001.

Rochefoucauld, François de la. *Maxims*, trad. Leonard Tancock. Harmondsworth, Penguin, 1982.

Rofé, Alexander. *Introduction To The Literature of the Hebrew Bible*, Jerusalem Biblical Studies, vol.9. Ein-Kerem, Jerusalém, Simor, 2009.

Rougemont, Denis de. *Love in the Western World*, trad. Montgomery Belgion. Princeton, NJ, Princeton University Press, 1983.

Rousseau, Jean-Jacques. *Confessions*, in *The Confessions and Correspondence, Including the Letters to Malesherbes*, The Collected Writings of Rousseau, vol.5, trad. Christopher Kelly. Hanover, NH, University Press of New England, 1995.

______. "Discourse on the Origins of Inequality", in *Discourse on the Origins of Inequality (Second Discourse), Polemics, and Political Economy*, The Collected Writings of Rousseau, vol.3, trad. Judith R. Bush e Roger D. Masters. Hanover, NH, University Press of New England, 1992.

______. *Emile, or On Education*, trad. Allan Bloom. Nova York, Basic Books, 1979.

______. *Julie, or the New Heloise*, The Collected Writings of Rousseau, vol.6, trad. Philip Stewart e Jean Vaché. Hanover, NH, University Press of New England, 1997.

______. *The Reveries of the Solitary Walker*, in The Reveries of the Solitary Walker, *Botanical Writings and Letter to Franquières*, The Collected Writings of Rousseau, vol.8, trad. Charles Butterworth. Hanover, NH, University Press of New England, 2000.

Rowland, Ingrid D. "The Renaissance Revealed" e "Titian: The Sacred and the Profane", in *From Heaven to Arcadia: The Sacred and the Profane in the Renaissance*. Nova York, New York Review of Books Collections, 2005.

Russell, James C. *The Germanization of Early Christianity: A Sociohistorical Approach to Religious Transformation*. Nova York, Oxford University Press, 1994.

Rüterswörden, Udo. "Die Liebe zu Gott im Deuteronomium", in Markus Witte et al. (orgs.). *Die deuteronomistischen Geschichtswerke: Redaktions- und religionsgeschichtliche Perspektiven zur 'Deuteronomismus'- Diskussion in Tora und Vorderen Propheten*. Berlim, Walter de Gruyter, 2006.

Ruzer, Serge. "From 'Love Your Neighbour' To 'Love Your Enemy': Trajectories in Early Jewish Exegesis", *Revue Biblique*, vol.109, n.3, 2002, p.371-89.

Schiller, Friedrich. *Werke und Briefe, Band 12, Briefe II: 1795-1805*, org. N. Oellers. Frankfurt, Deutscher Klassiker Verlag, 2002.

Schlegel, Friedrich. *Lucinde* e "Athenaeum Fragments", in *Friedrich Schlegel's* Lucinde *and the Fragments*, trad. Peter Firchow. Minneapolis, University of Minnesota Press, 1991.

______. "On Philosophy: To Dorothea", in J. Schulte-Sasse et al. (orgs. e trads.). *Theory as Practice: A Critical Anthology of Early German Romantic Writings*. Minneapolis, University of Minnesota Press, 1991.

Schopenhauer, Arthur. *The World as Will and Representation*, trad. E.F.J. Payne, 2 vols. Nova York, Dover, 1966.

Screech, M.A. *Montaigne and Melancholy: The Wisdom of the Essays*. Londres, Penguin, 1991.

Scruton, Roger. *Death-Devoted Heart: Sex and the Sacred in Wagner's* Tristan and Isolde. Nova York, Oxford University Press, 2004.

Shakespeare, William. *The Sonnets and a Lover's Complaint*. Londres, Penguin, 1995.

Sifra: An Analytic Translation, vol.3, trad. Jacob Neusner. Atlanta, Scholars Press, 1988.

Sifre: A Tannaitic Commentary on the Book of Deuteronomy, trad. R. Hammer. New Haven, Yale University Press, 1986.

Singer, Irving. *The Nature of Love*, vols.1, 2 e 3. Chicago, University of Chicago Press, 1984-87.

Sófocles. *Antigone*, in *The Three Theban Plays: Antigone, Oedipus the King, Oedipus at Colonus*, trad. Robert Fagles e Bernard Knox. Londres, Penguin, 1984.

Spinoza, Baruch (Benedict de). *Ethics*, org. e trad. G.H.R. Parkinson. Londres, J.M. Dent & Sons, 1989.

Strassburg, Gottfried von. *Tristan*, trad. A.T. Hatto. Londres, Penguin, 1960.

The Talmud of the Land of Israel, vol.20 (*Hagigah* e *Moed Qatan*), trad. Jacob Neusner. Chicago, University of Chicago Press, 1986.

Tarnas, Richard. *The Passion of the Western Mind*. Londres, Random House, 1991.

Taylor, C.C.W. "Politics", in Jonathan Barnes (org.). *The Cambridge Companion to Aristotle*. Cambridge, Cambridge University Press, 1995.

Tennyson, Alfred (Lord). *The Major Works*, org. Adam Roberts. Oxford, Oxford University Press, 2009.

Teresa de Ávila. *The Interior Castle or the Mansions*. Londres, T. Baker, 1921.

Thompson, Thomas L. "How Yahweh Became God: Exodus 3 and 6 and the Heart of the Pentateuch", *Journal for the Study of the Old Testament*, vol.68, 1995, p.57-74.

Topsfield, L.T. *Troubadours and Love*. Cambridge, Cambridge University Press, 1975.

Weber, Max. *The Protestant Ethic and the Spirit of Capitalism*, trad. Talcott Parsons. Mineola, Dover Publications, 2003.

Weinfeld, Moshe. *Deuteronomy and the Deuteronomic School*. Oxford, Clarendon Press, 1972.

______. "The Loyalty Oath in the Ancient Near East", *Ugarit-Forschungen*, vol.8, 1976, p.379-414.

______. *The Place of the Law in the Religion of Ancient Israel*, Supplements to Vetus Testamentum. Leiden e Boston, Brill, 2004.

Wilde, Oscar. *A Woman of No Importance*. Londres, Penguin, 1996.

Wintermute, O.S. Trad. "Jubilees" in James H. Charlesworth (org.). *The Old Testament Pseudepigrapha*, vol.2. Nova York, Doubleday, 1985.

Wolters, Clifton. Introduction in Julian of Norwich, *Revelations of Divine Love*. trad. Clifton Wolters. Harmondsworth, Penguin, 1966.

Žižek, Slavoj. "Courtly Love or Woman as Thing", in Elizabeth Wright e Edmond Wright (orgs.). *The Žižek Reader*. Oxford, Blackwell, 1999.

Agradecimentos

Beneficiei-me dos comentários de muitos estudiosos, que cederam seu tempo com tanta generosidade. Gostaria de registrar minha grande dívida para com Rachel Adelman, Keith Ansell-Pearson, Liz Carmichael, Graham Davies, Nicholas Dent, Alison Finch, William Fitzgerald, Sebastian Gardner, Simon Gaunt, Ken Gemes, Lenn Goodman, Edward Harcourt, Philip Hardie, Michael Harris, Sandra Jacobs, Robert Jackson, Stephen Jaeger, Susan James, Chris Janaway, Werner Jeanrond, Menachem Kellner, Christopher Kelly, Duncan Large, Diana Lipton, Oliver O'Donovan, George Pattison, James Porter, Anthony Price, Bernard Reginster e Gudrun von Tevenar. Um especial reconhecimento vai para Michael Burdett, Meade McCloughan, Barnabas Palfrey e Chris Sykes, que forneceram uma ajuda inestimável com a pesquisa, verificando citações e indicando fontes que me haviam escapado. Tive muitas conversas frutíferas com Stepehn Barber e Francis Pike, a quem agradeço pelo interesse e pela amizade.

O Birkbeck College, da Universidade de Londres, foi meu lar filosófico durante muitos anos e meus mais sinceros agradecimentos vão para meus colegas e alunos ali por inúmeras conversas agradáveis e formativas, que constituíram toda uma educação. Estou, como sempre, grato a meu agente, Bill Hamilton, por seu incentivo e apoio. Por fim, foi um enorme prazer trabalhar com Robert Baldock e Rachel Lonsdale na Yale University Press. Nenhum autor poderia desejar editores mais estimulantes, competentes e tenazes.

Índice remissivo

FSC
www.fsc.org
MISTO
Papel produzido a partir de fontes responsáveis
FSC® C019498

A marca FSC é a garantia de que a madeira utilizada na fabricação do papel deste livro provém de florestas de origem controlada e que foram gerenciadas de maneira ambientalmente correta, socialmente justa e economicamente viável.

Este livro foi composto por Letra e Imagem em Dante Pro 11,5/16 e impresso em papel pólen soft 70g/m² e cartão triplex 250g/m² por Geográfica Editora em setembro de 2012.